【大成智慧学——教育工程方法类图书】

全新方法论
变革教育实践探索
——中的三维结构化具体整体性研究

曹子杰 著

合肥工业大学出版社

图书在版编目(CIP)数据

全新方法论变革教育实践探索——中的三维结构化具体整体性研究/
曹子杰著. —合肥:合肥工业大学出版社,2018.7
ISBN 978 - 7 - 5650 - 4066 - 5

Ⅰ.①全⋯　Ⅱ.①曹⋯　Ⅲ.①小学课程改革—教育哲学研究
Ⅳ.①G622.0

中国版本图书馆 CIP 数据核字(2018)第 159019 号

全新方法论变革教育实践探索
——中的三维结构化具体整体性研究

曹子杰　著　　　　　　　　　　责任编辑　朱移山

出　版	合肥工业大学出版社	版　次	2018 年 7 月第 1 版	
地　址	合肥市屯溪路 193 号	印　次	2018 年 7 月第 1 次印刷	
邮　编	230009	开　本	710 毫米×1010 毫米　1/16	
电　话	人文编辑部:0551 - 62903310	印　张	21.75　彩　插　1 页	
	市场营销部:0551 - 62903198	字　数	370 千字	
网　址	www.hfutpress.com.cn	印　刷	安徽昶颉包装印务有限责任公司	
E-mail	hfutpress@163.com	发　行	全国新华书店	

ISBN 978 - 7 - 5650 - 4066 - 5　　　　　　定价:48.00 元

如果有影响阅读的印装质量问题,请与出版社市场营销部联系调换。

态叠加中的相对论性整体结构方法论——中标上下具有对偶二象结构模式；中轴左右具有共形对称结构模式；中位前后构建的是一个全息对应圆圈，一正二反三类全息对应圆圈构筑成一个完整的系统周期结构模式。全部存在就是中的立体化三维结构化（在这里，结构由功能体现；结构又是一种互动关系模式，任何部分只能在整体中获得意义；结构同时乃是一种规范）。其内在层级有：类范畴中的内容结构、类范畴中的性质结构、类范畴中的关系结构、经验范畴中的连续统结构、运动规律范畴中的连续统结构等多横多纵结构。一个个事件信息流结构，一圈圈螺旋展开时空。科学理论与实践统一于中的具体整体性全息结构方法论或谓中的活动组织结构工程方法论。"这种方法论具有极强的迁移能力，几乎可以在任何一个领域生根发芽"。

总图模式包罗万象是"书"，书为图解——书内有的内容为"中的"解，有的内容为"两极"解，有的内容为实在结构（一体三位）解，有的内容为形态结构（三位一体）解，有的内容为具体整体性结构解，还有的内容为实践解或供作比较研究解等，可以看作全是例子或注脚。要强调的即所有的先进理论都成了这种工程方法的注解，所有的有效实践都受这种工程方法的引领。此总图是纲、纲举目张——"任何自然科学的知识内容都具有确定的逻辑结构，可以用一个形式命题系统来表示"。数学上的自洽性可以证明"宇宙整体及其万物是由规律制约的"。"一族我们能够发现并理解的合理的定律制约着宇宙"。世界的统一性在于物质与物质、物质与意识、意识与意识三种类型态叠加中的相对论性运动性与活动性。"三者"是物质世界从低级阶段向高级阶段发展的一个整体，且又具有相对的独立性。其中段周期性应为物质—意识—物质、物质—物质—意识、意识—物质—物质，取中、用中。中的活动结构（缩放）一元本体论。唯物论、唯心论统一于唯活动论—合两个50%概率为一，一又翻转为两个50%概率宇称守恒。逻辑实证时空的单元就是由分—合两部分关系构成。时空片、时空块就在事件流网络中有序地排列着。此图或许就是"哲学家们始终在努力发现或者建立一种科学方法，使哲学成为百科全书式的、包罗万象的科学体系"框架模式。

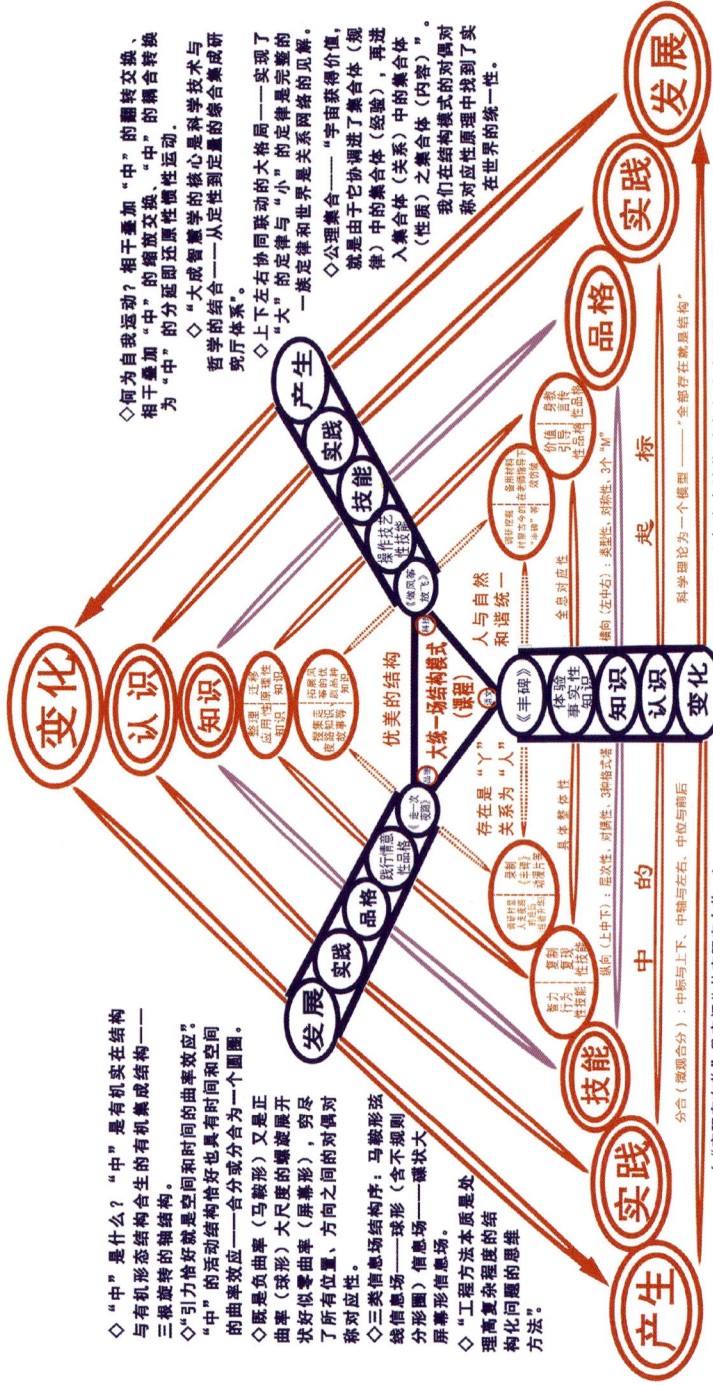

致 意 读 者

　　古往今来人类第一次尝试以学校重建和教育再造变革实践（即社区时空里"技艺操作—知识体验—品德践行"协同联动的三个课堂结构）为范例，探索采用广义相对论（对时空描述的关系本性——曲率效应高度整体化）与量子力学理论（对时空描述的关系本性——曲面模式深度分化）对应统一起来——中的存在整体化结构思维（关于事件之间信息流理论表述）的书——具体与抽象、分析与综合、简单与复杂、微观与宏观等均具结构模式的对偶对称对应性。这就是等于说结构模式的对偶对称对应性原理统一了广义相对论与量子力学理论——既是态叠加性又是相对论性，既是相对论性又是态叠加性。中的存在缩放、翻转将时空扭曲。在这种工程方法结构模式里，一切对立统一的概念都是具体的，并以整体性的方式呈现，所谓具体整体性就是对偶对称对应统一性。

　　若解其中味——唯有变革实践，躬身实践。相信人类总过程中"实践走在科学的前面""（实践）哲学衍生出了科学""（工程技术）哲学是物理学的家、是全部科学之母"。大统一理论推想——大成智慧学理论（一个"几乎包罗万象"的理论即中的结构模式的对偶对称对应统一性哲学工程方法论）不但不疯狂，而且相当"传统"。

　　"中"的三重视角：两端之间近似平衡的点；上下或左右（垂直或水平）的"轴"；三根（基本常数）弦线紧密扭结在一起、不可分离的圈环。"中"的思维既是点又是轴，更是圆圈——即由"中"生发又回到"中"的一个全息网络结构思维——上中下、左中右、前中后是一个有机结构共同体（信息集合体）思维。

　　"中"的终极概念属还原性惯性的"自我运动"组织结构概念，假定其量子化定律为同位素的两类"半衰期"结构宇称守恒。普朗克尺度上也就是玻色子（整数自旋）与配对的费米子（半整数自旋）"中"的翻转变换组织结构宇称守恒。

"中"印证了相对论实际上说的"物质如果存在必定是相对论性对称的"——合二为一翻转为一分为二（凡是说到"二"的都是指"一"的两个一半，即两个50%概率）。两个50%概率（波峰）合为"一（波谷）"，"一（波谷）"又分为两个50%概率（波峰），"偶奇数"相互交换对称——量子引力论超对称性宇称结构守恒。（超对称本身一定是破缺即翻转的对称——"指可以使费米子和玻色子互换的对称性"。）

"中"既是有机实在结构一体三位，又是有机形态结构三位一体，两者对偶对应。终极意义上"中"就是造物主、第一推动（来时空缩翻转为去时空放）；造物主、第一推动（来时空缩翻转为去时空放）就是"中"。它既是瞬间位置，又是永恒存在——生生不息的场结构——两类费米子与玻色子、玻色子又与两类费米子中的相互作用——对"终极实在"的研究即形而上学（第一哲学）——存在方式是合二为一（对立统一）翻转为一分为二（统一对立）自为方式的形式过程。全部存在也就是中的三维结构化——因为中的种属是可以根据研究的需要不断置换的。它涵盖了一切领域。存在是时空结构形式的存在，结构化形而上学统一了知性论形而上学和辩证法形而上学，从而实现存在及其关系性质形式化极限的科学之科学的最高理想。

中论即动论（中的存在就是动来又动去的）——动论即圈论（动的关系就是圈）——圈论即集合体论（圈的过程里实在与潜在就是集合体）——集合体论即统一性论（集合体的具体整体性就是大统一性）。态叠加中的相对论性结构研究以"一种哲学结束（包容）所有的哲学"。

前　言

　　"最高意义的教育是哲学"。杜威又曾得出哲学起源于教育的结论，"欧洲哲学是在教育问题的直接压力下起源的，这一点，使我们有所启发"。中国古代哲学思想，在相当大的程度上就是教育思想。

　　"行—知—行、行—行—知、知—行—行"三种经验统一的教学法及教材编制其本身就是一个哲学上的周期性概念或可谓"经验神性"。它是人类学习与发展的规律。"探索技术上的解决办法可以是新的科学问题和答案的有效来源"。没有"三个课堂"的实践探索，哪来"三生万物"哲学观念图式的发现。实践辩证法合理、完整的形态是中的活动过程辩证法。中的活动过程辩证法游戏规则："三位一体，互为中的存在、互为两极关系对应合二为一又一分为二对立统一的近平衡非线性三类一体三位。（上下对偶统一）。"笛卡儿提出的"利用几何学方法使哲学成为科学体系"的设想在这里实现了——统一的、综合的、整体的东西既没有被放弃；零碎的、松散的、混沌的东西又被作为注意的中心。科学技术哲学既是理论的又是实践的，既是规范的又是描述的，既是抽象的又是具体的，既是辩证的又是形而上学的，它们均为对应关系和对偶模式。"顶层规范、中层设计、基层操作"是一条基本原则，书中设计和操作的全是初等教育阶段的"技能—知识—品格"，三位一体系统优化、互为中的存在结构优化、互为两极关系功能优化。一切智慧全都蕴含在每一个一体三位的单课活页之中，没有东西在周期性中的活动过程之外。

　　每个人都可以去设计自己感兴趣的"三位一体、互为中的存在、互为两极关系（要素全能）"，去操作有这方面能力结构的"合二而一与一分为二对立统一的超对称性一体三位"（自身为一整体）。人人参与学智慧、做学问，"使哲学成为百科全书式的、包罗万象的科学体系"就有可能成为现实，我们的哲学观念图式必然也就成为"事业"了。哲学是大众的哲学，这本书只不过是理想化理论框架下的一些范例。也就是说，书的前一部分是深度分化研究（根据量子理论在进行实践研究），所以是零碎的、松散的、杂乱的；后一部分是高度整体化研究（根据广义相对论在进行理论研究），所以是统一的、综合的、整体的。两者整合（理论与事实同构），证明描述微观世界的量子力学与描述引力的广义相对论是融通的——"物理学是否有可能走另一条路，虽然面貌完全不同，却能够解释所有的实验"。"在通往量子力学的路上，我们走我们的，他们走他们的，两条路完全有可能在某个地方相会。"我们作了有益的尝试。有专家说："什么定律够得上是量子力学大厦的奠基石呢？这一定律必须具有至少是相等的普遍性和概括性，不仅如此，这一新的定律还必须独自描述具有二象性的微观世界。"存在与思维相等的普遍性和概括性，内容与形式相等的普遍性和概括性，统一性与多样性相等的普遍性和概括性等，它们都是叠加态，具有二象性。存在与思维、内容与形式、同一性与多样性等的叠加翻转推进，即粒的能聚（合二为一）、波的能散（一分为二），似乎可以说"中的活动组织结构"便成了量子力学的基本定律。何况已有专家预言："不久的将来，量子力学将会成为整个近代科学共同的理论基础。""态叠加中的活动结构"定律（态叠加中的相对论性整体方法论）任重而道远——它同时又是广义相对论的基本定理。

需要强调的这不是一本阐发教育理论的书（只是一些引用），但所有的教育新理念都渗透在每个具体中的活动过程的"涨落"生成智慧（三位一体"循环定义"）之中；这也不是一本叙述教育实践的书（只是一些例子），但所有有效的教育实践也都蕴藏在每个具体中的活动过程的"涨落"创造智慧（一体三位"逻辑实证"）之中。这是一本推介方法论的书，中的活动过程辩证法填补了教育理论与教育实践之间的一切鸿沟，并惠及整个哲学、社会科学及自然科学的创新。

运用和推广中的活动结构辩证法即态叠加中的相对论性方法论（中的存在整体化思维模式）要从儿童做起，从教育做起。

教育大业——提升人的素质，只争朝夕。

今后如若国家真的能推行这种素质教育模式与中的活动结构整体化思维方式，那么这本书就是一本新型教学活动参考书、一本新式思维活动指导书。

本书的基本观点是：变中的关系为中的存在，颠覆改变一切。世界万事万物都属于中的（内容活动）存在——阶段性合二为一又一分为二（"二即"一"的两个一半），揭示出事物是由矛盾（弦）的叠加翻转来自己展示自己的内在具体运动规律；周期性三位一体、互为中的存在、互为两极关系，揭示出自然的、历史的、精神的世界运动、变化和发展内在系统联系的优化演化规律，没有东西在上下左右对应的中的存在（内容结构）之外。中的结构就是运动性、自组织性，中的结构就是系统性、过程性，中的结构就是微观（一体三位）与宏观（三位一体）相对统一性。一切皆流，万物长新。

亚里士多德曾把对存在的形式中发生的内容的研究称为物理学，把对存在的形式自身的研究称为在哲学之后，"他这种把物理学和哲学分开的方法，导致了形而上学的形式对应于物理学的形式化，从而成为一门独立的知识体系。"亚里士多德认为："有一门学术，它研究实是所以为实是，以及实是由于本性所应有的秉赋。""形而上学是这样的学科，它研究作为存在的存在以及按其本性来说属于存在的属性""第一哲学即一切存在背后的存在"。中的活动结构辩证法的研究又使形而上学重新变成了"科学"，哲学与物理学又重新统一起来。"任何科学都是形而上学的形式——形式的形式化的结果"（包括宗教）。

我们寻求到了形式化的极限，即宏观上的三位一体、互为中的存在、互为两极关系对应微观上的三类一体三位：当下中的内容性存在是在其当下两极时空的形式性存在中显现自身的合二为一又一分为二的叠加翻转推进的圈状"闭合弦"。上下两者整合即为中的活动结构标准模型。合二为一与一分为二结构模型具有三重性（形式逻辑思维），即从形式性内容结构（线性律），走向内容性形式结构（非线性律），再走向既是内容性形式又是形式性内容的自我运动结构（二象性律）。一言以蔽之，万有引力形成的过程即中的活动过程，既在中轴上下，又在中轴左右；由于有上下存在，才有左右存在。存在方式及其关系性质是三种不同类型左右对应、相反相成、螺旋展开的弦环。中的活动过程即中的运动过程，是四种自然力相互作用共同参与、统一运作的过程。这就是说，四种基本相互作用力统一的过程就是中的活动（运动）过程。穷究时间和空间的起源就在中轴。当下性是中的上下左右协同联动的一个圆圈、一个循环往复的周期。

黑格尔认为，一切存在都是有机的整体。恩格斯评价曰："黑格尔第一次——这是他的巨大功绩——把整个自然的、历史的和精神的世界描写为一个过程，即把它描写为处在不断运动、变化、转变和发展中，并企图揭示这种运动和发展的内在联系。"中的活动结构理论之所以胜出，就在于它揭示出了"这种运动和发展的内在联系"——既自在又自为的还原性惯性，关于物质的两种基本形式——实物和场——之间的相互关系的确切定律——合二为一翻转为一分为二（量子理论结构的核心是叠加原理）。"中"即翻转即缩放——这个宇宙的所有维度都是由相同的负曲率集合而为正曲率的。

有一首诗写道："面对终极——我简直不敢认它，它竟是那么的简单而普通。"终极理论假定可以用一句话来具体概括即：中的势能玻色子收缩左右两极配对的两类费米子，势能翻转为质能，又反射出左右两极配对的两类费米子，缩放都是中的两种力量（引力与惯性力）在相互作用。合二为一翻转为一分为二，超对称性组织结构宇称守恒。它印证了爱因斯坦的话——"自然界应当满足简单性原则。"全部存在也就是态叠加中的三维结构化。

新中道义、新中论观：既生又灭、既常又断、既一又异、既来又去。

在中国传统文化里，"中就是太极，而太极就是万事万物的总源头，中是事物的本原，又是事物的法则，而且是处于自发的不断运动之中的"。这里面的精玄之处，在于"中"有两面，本原是内容，法则是翻转，"中"既是内容又是活动，两极皆为形式。如果把"中"的反正两面看成纯活动的话，那么两极中就有一极的形式成为内容，这就是所谓的"体四用三"结构。它从属于还原性惯性运动原理。"中"的研究承载着一种中国特色、中国风格、中国气派的学术体系和话语体系。

"哲学是时代精神的精华"，中的活动结构哲学（态叠加中的相对论性流形结构方法论）不仅体现着并且可以塑造着的时代精神是——互联互通精神、合作共赢精神、公正平等精神、多元共存精神及人类命运共同体精神。

中的活动结构思维至少解决了
三个世界"经典"性难题

（代序言）

美国著名教育家杜威在《芝加哥实验的理论》一文中指出，芝加哥实验学校的一个重要理论是，把学校建设成为社会生活的形式，首要的因素是使"个人因素和社会因素"相协调或平衡，目的是培养个人和别人共同生活和合作共事的能力；实验学校的另一个重要理论，是拟订一套以社会性的作业为中心的课程和教材，它的基本原理是"一切学习都来自经验"。但是，杜威不得不承认，要在儿童当前的直接经验中寻找一些东西来解决教材这个问题，"是非常困难的，我们并没有解决好，这个问题到现在还没有解决，而且永远不可能彻底解决"。中的活动过程体系教育的"行知行、行行知、知行行三种模式单课活页"的教材编制及其教学法（控制论方法），彻底解决了基础教育阶段"一切学习都来自经验"这一基本原理问题，即：操作←体验→践行，践行←操作→体验，体验←践行→操作。它体现的教育哲学是"属于经验、由于经验和为着经验"的"连续性"和"交互作用"的原则。

中国课程专家王逢贤在《新课程新理念》一书的序中说，结构性原理表明，在社会文化与课程文化之间存在着结构迁移的机理，其迁移的形态是由"多而博"转化为"少而精"。如何从"多而博"的社会文化中选择、重构"少而精"的课程文化，再从"少而精"的课程文化向"多而博"的社会文化迁移转化，实现课程本质的"由博返约"和"举一反三"的构建，这是古今中外课程研究迄今仍未彻底解决的"经典"性难题。其难点即在浩瀚、复杂、交织、多变的知识、能力、情感、态度、方法等海洋中，具有可化约性、可迁移性的"少而精"或"一"的东西究竟是什么？更重要的是"选一""构一"的规则有哪些？这两个难点问题得不到科学的解决，真正符合教育规律的课程文化是难以建构起来的。依此看来，当今世界的各种"新课程"建设，也只能说是向本真的课程文化方向逐步靠近，远未达到理想的境地。中的活动过程体系教育中的"技能—知识—品格，三位一体，互为中的存在，互为两极关系"的三个课堂课程形态结构对应"三类一体三位"内容结构的可化约性、可迁移性及包容性，完全解决了基础教育阶段真正符合教育规律的课程文化理想建构问题。其"选一""构一"的规则就是三种范畴连续统里"中"的共在性结构——"我中有你、我中又有他。你中有他、你中又有我，他中有我、他中又有你"联立的系统化过程结构。

中国翻译家杨富斌在翻译怀特海《过程与实在》一书的序中说，……总之，怀特海试图以动态原则和过程原则来重建哲学和科学的基础，并以一系列范畴和新阐释来系统阐述其过程哲学的基本主张，力求避免对自然的二重化、简单位置的谬误和误置具体性的谬误等，这一切都标志着他是一位"一流的天才"。然而，正如有些批评家所说的那样，他在所有争论点上都只是提出问题，并试图解决之，最后却没有取得成功，因此，他的思想只具有过渡性质。……他似乎并未给出一个含义清晰明白、没有歧义的"过程"定义。他试图借助于静态逻辑去重建动态的实在时，便遇到了不可克服的理论困难。还有的批判者说，怀特海"本可以继续发挥一种妥协的方法以自己的术语去处理过程，而以其自己术语研究过程就会意味着试图在过程之中发现一种功能结构，而不是在过程之外去发现一种永恒绝对的'实在'"。其实，中的活动过程思维就是用既成系统中的"三位一体，互为中的存在、互为两极关系"（永恒客体）及"三类一体三位"（实际存在物）的对偶性结构功能模式，使得怀特海的思想"不再令人不知所云，如坠五里云雾之中"，而成为可运用的现实。与之相比较，中的活动过程辩证法更为先进之处还在于，它既是理论的，又是实践的；既是形而上学的，又是辩证的对真实世界的构造所作的一种解释方式、一种概念图式——即站在改变世界（实践活动）的立场上解释世界——"把实际存在的客体转化为应该存在的客体，因此，实践活动就是永远不断地谋求理想与现实相一致的活动"。对立统一范畴概念应是由三重合二为一与一分为二相互作用合生构成。过程也就是由"亦此亦彼"的矛盾叠加翻转推动着发展。这就是说，矛盾的实质是合二为一（两极性中的同一性）又一分为二（同一性的两极性）叠加翻转（不变的形式）。过程是由叠加翻转（纠缠分解）构成的合二为一与一分为二的三种形式振动圈环。过程哲学观念图式的构成了却了怀特海晚年来苦思冥想的夙愿——"哲学建设的真正方法是构建一种观念图式，最好的图式是那种人们能够毫不畏惧地根据这种图式去探索对经验的解释。"逻辑推理将四种基本相互作用力统一于中的活动（运动）过程——即将四种力解释为一个单独力的不同方面是史无前例的猜想。中的整体化思维为一个圆圈思维——可操作的上下左右协同联动的全息关系思维（纵向分层、横向分类、纵横揽括化的大格局思维）。中的活动结构哲学显然就成了全部科学之母。

魏宏森、曾国屏著的《系统论》中说："大脑系统在自组织的混沌运动中，模式迅速地发生着改变，凸现出极为多种多样的可能模式，这个可能模式世界以至实际上比我们所要用到的模式——包括由我们的经验认可的模式和我们的推理能力所认可的模式——要丰富得多。但是由于我们缺乏这样的经验或我们的逻辑能力在眼下并不认可这样的模式，于是其中绝大多数的模式都消失了，只有那些被我们认可的模式才得以放大、强化，从而就作为系统的一种相对稳定的动态序即思想或意识出现了。这里，值得注意提及的是，可能的模式比实际上需要的模式丰富得多，这是具有深刻含义的。它可能意味着创造性思维的可能性，因为这里可能出现在我们的经验之中不曾遇到过的模式，即从思维的角度看来，是全新的东西。"中的活动过程体系教育就是一种将可能的模式做成了实际上需要的模式，全新的创造性的模式——全是内在一致的活动生成过程模式。

学校的教育教学事件（内容）、时空（形式）以社区为中心，其实做的就是中观的学问、中观的文章，上有顶，下有托。姑且比方说，社区的事做细、做实、做好了；社区的时空宁静、清新、温馨了，那么国家（宏观）也就长治久安了，家庭（微观）也就美满幸福了。"中也者，天下之大本也"——宏观有"中"、中观有"中"、微观有"中"，"中"中有"中"，用中取中，一般情况下取、用中观的"中"。打造社区时空里的"知识体验—技艺操作—品德践行"协同联动的三个课堂可谓是第一个吃螃蟹的教育科学工程师。其他领域的例子还多着呢，需要去开发，要有人去做——比如健康工程、社会治理工程、文明创建工程等等，最好也以社区为中心进行操作。三位一体只有放在社区层面进行操作，方能显示出生命力，因为社区事件是开放的基本事件、社区时空是开放的基本时空。王立志在《回到过程哲学原点》中揭示："自然界的终极事实就是事件，相对论性理论的本质就是用时间和空间详细地说明事件。世界是无休止的事件流。事件的过渡构成时间，事件互涵的扩张构成空间；有时空只是因为有事件，除了事件，就不会有任何存在了。"

中的活动过程思维方法还可以说解决了系统科学理论与过程科学理论的统一问题——即世界的复杂性是"三"，组织性也是"三"，整体性同样是"三"，这些"三"都是近似平衡的、非线性的"场"，演化系统理论大统一于"三"，周期过程理论同样大统一于"三"，系统论与过程论无缝对接，融为一体。终极意义上的"三"就是三维时空——合二为一缩放（翻转）为一分为二的物质场，（物质不是以单独的点，也不是以单纯的线，而是以唯一的节点和边构成的负曲率统一场"⋈"的方式存在的）。所谓相互作用（相干叠加）即缩放、翻转，即活动、运动——"世界不是由事物构成的，而是由事物之间的各种关系构成的"。"⋈原理就是人类知识的第一原理"。

中的活动结构一体化思维研究即中的拉与伸、缩与放翻转交换一体化思维研究，中的合二为一与一分为二翻转交换一体化思维研究，认识客体与认识主体在中的认识三个系统活动中翻转交换一体化思维研究，起、承、转、展、合一体化思维（命题的证实方法）研究，形式⟺内容⟺形式一体化思维研究，多样性⟺统一性⟺多样性一体化思维研究及行⟺知⟺行、行⟺行、知、知⟺行⟺行一体化思维研究等等，也就是中的动态化结构内容、中的动态化结构性质、中的动态化结构关系、中的动态化结构经验、中的动态化结构规律研究。简约地说，中的存在一体化思维即中的存在带动两极潜在（关系）一块儿思维，中的内容带动两极形式一块儿思维，中的统一性带动两极多样性一块儿思维等等，叠加态格式塔（M型）即为立体化、整体化。——中的存在整体结构方法论的显著特征就是中标上下两极具有理论与实践等态叠加（面的）对偶性结构模式，中轴左右两极具有事实与价值等态叠加（点的）对称性结构模式，中位前后两极具有过去与未来等态叠加（线的）对应性结构模式。三类阶段性结构模式集合成一个周期性结构模式。中的结构化即中的相对论性运动结构化、中的相对论性活动结构化，给"中的结构化"下个确切的定义即：中的活动/存在轴结构，连着盘旋的两极关系功能一体化。动一下就是一个圈。从微观到宏观的圈有三种几何类型：四个90°粘贴成的平行四边形圈（马鞍形）；两个180°半圆合成的圆圈（球形）；三个120°即六个

60°，架构的六边形圈（屏幕形）。它穷尽了所有的位置和方向。所谓的自我运动即为态叠加中的相对论性结构化运动（反作用力翻转为作用力运动），隶属于还原性惯性原理。

中的活动过程结构——实践哲学、方法论哲学、过程哲学、本体论哲学融为一体的哲学。"中"从定性到定量综合集成法，即大成智慧工程。"工程方法本质是处理高复杂程度的结构化问题的思维方法"。一言以蔽之，中的活动过程即物质运动的固有属性与存在方式的融合统一，找到了"存在之所以为存在"（一切存在背后的存在）的根源——中的活动结构化（态叠加中的相对论性结构化）——上下、左右、前后同时合二为一缩放为一分为二圈环。

依据作者对终极理论的猜想，宇宙的前世相变起源于一分为二，终结于合二为一。宇宙的今生相变从合二为一（修复）开始且翻转为一分为二（破裂），以此往复循环，生生不息——"自然界是既要经管对立的统一，又要经管统一的对立。具有相反电荷、相同质量的两个粒子（即互为镜中映象的两个粒子，一旦从镜中跳出）相互遭遇，就会将双方的电荷勾销而转化为起着相互作用的场量子"——"一类称为电的，另一类称为磁的，它们都保留了一半的超对称性"永不止息地在翻转。

作者本人的教育教学课改实践研究，对应专家们哲学、量子力学的前沿理论研究，成就了中的活动过程方法的研究。这种方法研究不易把握，问题就在于每一个分析都对应综合，每一个具体都对应抽象，每一种复杂都对应简单，每一个弯曲时空都对应平滑时空，每一种微观都对应宏观。实在结构都与形态结构对应统一。这就是说殊相与共相、理论与实践、先验与经验、连续性与累积性等是对偶对称性统一的。"理性在关于实际的判断中所起'同语反复'（且又循环定义）的作用。"它们都不是"两张皮"而是"一张皮"。这需要反复训练才能熟练，成为习惯。所以说这不是一本拿来看的书，而是一本用来操作、研究的科学技术工程类书，具体讲是一本教育科学工程类书，属科学技术体系哲学范畴——中的具体整体性网络结构是这种方法论的智慧特征：横向看，"这里把整体事物之所以说成是一个整体，是因为它内部有多样性，有它的许多构成部分"；纵向看，"实在是有组织实体的庞大的层次序列，科学的统一性是来自实在的不同层次的一致性。"

客观实在性全属物质的特征吗？曹子杰认为欠妥，概念的实在性其实是客观的又是主观的。他认为所有的社会事物都可以看作一半的客观实在性

（物质），一半的主观能动性（意识）构成。关于合分（缩放）与分合（放缩）的区别在于宏观上我们所看到的东西都是合起来的东西，所以要用到分合，其实它来自微观的合分。微观与宏观也在中观翻转交换。曹子杰把唯物论、唯心论统一于唯活动论。所谓唯活动论即"中"的牵引力（缩放）将上下、左右、前后时空扭曲——不间歇地翻转交换式的相互作用。这也就是说，运动与活动既是物质的基本属性又是意识的基本属性。动不是以点的方式也不是以线的方式而是以圈的方式行进的。动就是圈，唯动论就是唯圈论。它既可以用逻辑实证又可以用数学验证。唯动论——中的活动结构一元本体论，"动"使存在与关系一体化。那么何为"静"呢？守恒即为静，动极则为静，光速则为静，飞矢不动则为静。

　　但是要推行这种中的体系教育工程模式，这种中的活动化辩证思维模式，"不是一个人的力量所能胜任的，如果我们希望得到绝对完美的结果，那是一个人一辈子也完成不了的，所以应当交给有行动能力的团队去担任"。特别是国家应该拿出更大的政治勇气和智慧来进行"顶层设计"才是。

　　有学者认为21世纪最伟大的产品，不是在征服自然和物质生产方面的科学发现或新的技术的发明，而应是在科学研究的基础上新的学校教育和人的潜能的开发，牵涉到的也就是学校重建和教育再造的命题——提高劳动者素质，实现人的现代化，彰显的其实也就是软科学技术的宏观性、综合性、系统性、战略性、超前性、创新性的历史使命。正如著名科学家钱学森所言："科学的社会科学也是直接生产力。"

　　若问中的存在结构化思维育人树人的价值，孔子曰：三十而立，四十而不惑；曹子杰曰：三十而立，二十已不惑。

　　"黑格尔以辩证法为结构，第一次使形而上学成了一个科学的体系"。曹子杰以"中"的一体三位有机实在结构与"中"的三位一体有机形态结构对应统一，再一次使形而上学成了一个大成智慧学工程体系即全部科学之母——全部存在也就是态叠加中的相对论性三维结构化。

　　但愿"中的活动过程体系教育""中的结构化集合体思维方式"能造福于中华民族，造福于全人类！

童一傲

2017 年 12 月 27 日于寓所

目　　录

"三生万物"观念图式发现——事件信息流理论构建

"三个课堂"课程实践创新

——事件信息流路径探索

既是量子化事件、时空一体三位，又是相对论性事件、时空三位一体。实践操作验证了宋毅、何国祥《论系统结构模式的对偶性原理》中的论述："对偶性原理经常体现出个体与总体、微观与宏观、低层次与高层次的对应关系和对偶模式。它的研究和运用可能产生崭新的科学理论体系或建立新兴的学科领域。"

复演论："个体发生过程（一体三位）有着系统演化过程（三位一体）的重演特性。"

中的活动过程体系教育——用方法培养新人

我们这里所讲的"中的"即过程性中介，而非传统意义上的间接性中介，也就是中的即存在，两极为关系，而非传统意义上的中的即关系，两极为存在，恰好是在传统意义上翻了一个筋斗。下面谈到的是整体的、全方位的中的存在结构化的教育。让我们试着用中的存在思维的方式来分析探讨一下中的活动过程体系教育中的各层级结构关系，若能在实践中推广应用的话，尚需进一步接受检验和改进。

一、课堂组织形式中的结构存在思维

著名教育家夸美纽斯在人类教育史上有一大贡献，就是他系统地制定了分班上课的教学制度。为了要实现他的"教一切人"的理想，夸美纽斯探索找到了使这种教育成为切实可行的教学制度——分班上课制度。这种制度在今天已经是习以为常的事情，但在夸美纽斯的时代，这是一种伟大的发明。三百多年过去了，分年级上课的弊端逐渐地显露出来：学生在狭小的教室空间里日复一日地从事着单一的学习活动，兴趣爱好、个性特长受到了压抑，一年一年的考试升级等于是一年又一年的苦役，班级课堂束缚了儿童的成长。现代美国教育家古德莱德认为："如果我们把目光投射到活生生的儿童个体在学校中不同时间段的发展，我们就可以看到学生个体与年级制环境之间不可避免的矛盾。尽管课程改革强调了活动课程，强调了课程内容与教学方法的多样性，以期促进学生的个性发展，但是在年级制这一大环境下，学生在一年之后，仍然会被外来的标准厘定、甄别、选拔。"所以古德莱德倡导"不分年级小学"。这对历来具有超强稳定性的学校体制来说，可谓一剂猛药。猛药对于缠绵难愈的沉疴，也许是一帖良方，可中国的教育绕不过杜威和陶行知，要想从夸美纽斯一步就迈向古德莱德或华德福是不切实际的。所以在单一的分班上课课堂与不分年级的课堂中选择三个课堂（分年级体验知识课堂、分兴趣操作技艺课堂、分学段践行品格课堂）是符合中国国情和中国教育发展规律的。第一课堂占一周的 3/5，它还是传统的分班分年级上课课堂；第二课堂兴趣班课堂，目前我们是将美术、音乐、科技课改为书画兴趣班，乐器兴趣班和科技小制作兴趣班，按兴趣爱好打乱年级进行教学，让这些方面能力存在差异的儿童按照适合他们能力发展的领域学习，从而不断获得成功。这个课堂占一周时空的 1/5。兴趣班是班级，但它是不分年级的班级。第三课堂是集思想品德课与综合实践活动课而打造的一个以社区为中心的活动课堂。占一周时空的 1/5，是因为思想品德课原来 3 课时，综合实践活动课原来也是 3 课时，整合起来刚好一天。这个课堂一般分两个学段（一至三年级，四至六年级）或全校统一组织进行活动。这等于又向不分年级课堂迈进了一步，与世界最先进，最前沿的教育思想接近靠拢。陶行知先生也曾有言："科学方法不必全部采用班级上课，一部分要使其在行动上获得方为有效。"

二、课程编制中的结构存在思维

"已经归了类的各门科目，是许多年代的科学产物，而不是儿童经验的产物"。分科课程的缺陷是"儿童一到学校，多种多样的学科便把他的世界加以割裂和肢解了"。教师只好用机巧的方法引起兴趣，用糖衣把它裹起来"灌"。那么就全部采用以社会性的作业为中心的课程，在儿童当前的直接经验中寻找一些东西来解决教材这个问题。可连杜威本人也不得不承认："是非常困难的，我们并没有解决好，这个问题到现在还没有解决，而且永远不可能彻底解决。""以社会性作业为中心的教材"是好，它适合儿童生长，可只能做成一部分，不能完全替代"知识中心式教材"。"知识中心式教材"是有缺憾，与儿童的生活有距离，却承载着文化的传承，不可偏废。教材编制不能非此即彼，三分课程的天下，顺理成章地成了儿童教育的明智之举。其实三个课堂的课程包括了三个领域的学习，即以陈述性知识为主的领域、程序性知识为主的领域与情意性知识（态度）为主领域的学习，也就是古人所说的"传道、授业、解惑"三个领域。杜威说："学习至少包括三个要素：知识、技能和品格。这三者之中的每一样都必须学习。"是在一门一门的科目中渗透这三个要素学习，还是将三个要素互为中的存在，然后再联结另外两个要素作为关系连贯起来学，这是两种不同的课程编制思想和方法。前一种编制思想和方法落到操作层面上凸显的往往只是知识，而技能和品格的训练和渗透很容易走过场。后一种编制思想和方法各有侧重，又不失连贯，在实践中任何一种因素都无法被忽视，因为它们是一组组本质上不可分离的合生的过程结构，并且具有超强稳定性。比较如下：

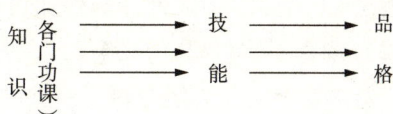

图1　第一种编制思想和方法

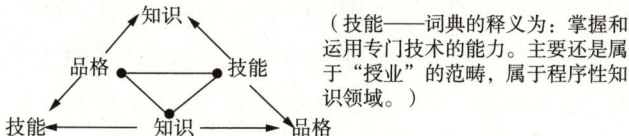

（技能——词典的释义为：掌握和运用专门技术的能力。主要还是属于"授业"的范畴，属于程序性知识领域。）

图2　第二种编制思想和方法

　　就目标体系而言，互为中的存在、互为两极关系的编制方式，条块分明而又相互协调，目标明确而又具有弹性，三个维度才能真正相互渗透，融为一体，具有很强的整体性和立体感。

　　第一课堂知识学习，时代发展到今天，是可以"引导学生有一种生动的和个人亲身的体验"，"使教材变成儿童经验的一部分"，"使教材心理化"，甚至使"教材转化为生活的名词"。这就需要把学科知识作为中的存在，一头联结"还原"，一头联结"运用"来进行编制。就语文单课活页来说，还原文本生活事实，可以制作动漫片或连环图片；还原作品时代背景和作者写作意图也可以用图片呈现，配上文字说明，让学生感知体验。不断地回到原点，是为了更好地出发。中的部分才是文本及意义认同。"心理化的教材是有兴趣的——这就是把教材放在整个有意识的生活之中，以便它分享生活的价值"。另一极"运用"的编写就应该尽量往这方面去考虑，"把教材转化为生活的名词"。根据学习文本概括出的道理进行反思，这是为行动、对行动、也是在行动中的思维。然后根据儿童的生活环境布置做做练练题型及实践性体验作业。如上《穷人》一课，做做练练题可以这么设计：（1）渔夫与桑娜的对话（16句），个性鲜明，恰如其分地表达了人物的真情实感。请自找同伴扮为穷夫妻到操场上去演一演这段对话。看哪一对表演逼真。（2）课文主要是通过对环境、人物心理活动描写的表达方式来抒发作者情感的，请将课文中描写桑娜复杂心理活动的两段话抄写下来，制成卡片（或制作描写环境句子的卡片），进行语言积累，看谁的卡片制作得有特色、有情趣。（3）随文练笔：A. 展开想象续写课文；B. 给桑娜写一封信；C. 写件后悔的事，通过心理描写来反映自己的悔过之情（三题任选一题）。实践性体验作业可以有：（1）为村里的贫困户做一件善事。（2）调查了解村里一户穷苦人，看看他们为别人、为社会做了哪些好事。（3）走访老年人，弄清楚村里一些"穷人"致贫的原因等（任选一题）。做后以体验报告的形式呈现在单课活页册上。从中的存在视角切入编制的教材"使得儿童在日常所获得的经验能带到学校里来并在那里使用；而儿童在学校里所学习的东西则可以带回去应用于日常生活"。作为间接经验的知识，采用中的存在体验式编制方法，两头都与学生自己的直接经验连接起来，通过交互作用，间接经验被直接经验具体化和生命化了。"这样的课程不仅是一种'作为事实'的存在，而且是一种'作为关系、过程和价值'的实践样式了。'作为实践的课程'，是基于主体哲学、价值哲学、过程哲学和实践哲学来进行课程理解和课程决策的"。

第二课堂比如书画兴趣班，《点》的单课活页教材编制中的存在思维可以是，首先，教师提供（或由学生搜索）楷书、行书、篆书、美术字等的横点、竖点、组合点等的各种写法摹本，还原传统；然后指导学生在草稿纸上进行反复练习，并将练得满意的点写在单课活页册上。"运用一极"的设计思路可以是：（1）书面运用，呈现一些没点上点的各种字体的字，由学生用那种字体的点给补点上。（2）操作运用，将各种字体的点用彩色颜料写在硬纸板上，一行一行地剪贴在单课活页册上。（3）到生活中去找点：芝麻是黑点，豆子是黄点，西红柿是红点；鼻子是一个长点，眼睛是两个圆点，手指甲是十个方点；雪花是飘落的点，鸭子是浮动的点，星星是闪亮的点；等等。（4）设计点的美术字，比如，在少年的家的"家"字上画上逗号的点；在老年的家的"家"字上画上句号的点；在破碎的家的"家"字上画上泪水的点；在幸福的家的"家"字上画上心字形的点等。繁星作点的"夜"字表示是盛夏的农历二十七八；弯弯月亮作点的"夜"字表示的是每月农历的初四五；灯光作点的"夜"字表示正在挑灯夜战等等，拓展"点"的知识面。画画也可以《一座山》一单课活页册，《一种水》一单课活页册，《一株树》一单课活页册，照上述的模式框架进行设计。从"练""做""操作"等技能切入，一头与传统、传授人联结起来，另一头与生活知识和原理知识的体验等联结起来，在整体中体现美感、体现价值。

"兴趣是生长中的能力的信号和象征。兴趣显示着最初出现的能力。"杜威说，"如果我们要给教育的过程添加一些活动，而这些活动投合于那些其主要兴趣是要做和制造的人，那么我们就会看到学校所施加于它的成员的影响，将更为生动，更为持久，含有更多的文化意义。"

再说，"职业发展在个人生活中是一个连续的、长期的发展过程。人的职业态度和要求也不是面临就业时才有的，而是在童年时期就开始孕育职业选择的萌芽。"

第三课堂道德践行课程以"小项目体验活动"为中的存在，"还原"就是与道德榜样的言行举止（间接经验知识）联结起来，编制时，如果条件不成熟，需提供一些有关"榜样"知识的背景资料；条件允许，应由学生自己去检搜、选择相关的资料文章拿来读。"运用一极"主要是进行相关内容的社区调研，比较研究、规划设计等等。在分析综合社会上各种不同现象的积累中，形成基本的待人做事的观念和思考问题的价值取向。它的课程编制中的存在思维框架是："为行动而读书←在行动中体验→沿行动去研究"。比如设计编制道德体验小项目活动单课活页——《进村入户宣传"孝道"》，读的一极内容可以有风土人情知识《不同的孝道习俗》、历史故事《木兰代父从军》、小评论视频《当代孝道建设的新价值》等。然后组织学生分组进村入户宣传孝道，可采用唱歌、表演、讲故事或小品等形式进行。每家宣传的时间一般不超过10分钟，也可采用写黑板报、发传单或抄写大字报等形式进行宣传。活动之前应进行相关安全和纪律教育。中的活动后，由学生将体验报告写在单课活页册上。从儿童现有经验出发，再将其引导到更广泛、更具社会性的经验学习和活动中去。另一极"沿行动去研究"（验证实践的实践）的题型可以有：（1）调查了解村里一两个子女孝顺老人的故事；（2）向孤寡老人献一份孝心（可送小礼品、捐零花钱或帮助做一件好事等）；（3）对一贯不孝顺老人的家庭或个人进行规劝、疏导或向村委会提出自己的看法和建议（任选一题）。学生完成后在单课活页册上写出体验报告。第三课堂课程"既和儿童充满活力的经验相联系，又和近代最优秀的知识和思想中的重要而可靠的内容有关联"。它成了儿童个体经验、邻里人经验及人类社会群体经验的一个载体。要说进度，它"不是在于各门科目的连贯性，而是在于对经验的新态度和新兴趣的发展"。第三课堂课程纵向上与各种认识或运动规律相互联系，横向上又让不同领域不同类型的知识相互关联，是一种综合的有把控的内在一致的过程性课程。其内容的选择极其宽广，可以根据不同的小项目活动，大量构建、开设，进而形成一个琳琅满目、各具特色的"课程超市"，给教师和学生提供丰富多样的自由选择空间。第三课堂"学习过程是伴随着创造、追求、选择、意志、努力、喜怒哀乐等情感的综合过程，是学生整个内心世界的全面参与"。我们要充分开发和利用学生生活环境之内的社区教育资源，满足学生发展的需要，促进学生的发展，并为学生以社区为中心形成终身学习的能力打下基础。

三类课程中既保留了传统的分科课程，又有创新的以社会性的作业为中心的课程，并且每一类课程里都含有一部分目前世界上最先进的课程编写理念——由学生自己编写的课程。它融合了教本、学本、作业本于一个统一体，是一种"传记"式的课程。中的存在思维的课程编制坚持了教育是在经验中、由于经验、为着经验的一种成长过程、发展过程。

三类课程的编制能解决在经验的基础上关于知识性教材的选择和组织问题及教育回归生活的具体路径，使"学科体系""儿童发展""社会需要"三者关系展现出整体效应。

三、教学法中的结构存在思维

教材怎么编制，教学就怎么进行。中的活动过程体系教育是把"教什么"与"怎么教"有机地融为一体的。夸美纽斯说："教学时要注意从事物的原因去解释事物。"因为"一切事物都是由于它的原因使它存在的"，"解释任何事物的原因就等于真切地揭露了那件事物的本性"，"知识在于坚定地把握原因"，"原因是悟性的向导"。"事物是可以这样通过产生它们的过程的知识去最好地、最容易地、最准确地加以认识的。假如一件事实通过产生它的过程去加以解释，它便会容易地和无疑地得到理解。所以，教学所用的方法应当根据自然的方法。"杜威也说："需要把各门学科的教材或知识各部分恢复到原来的经验，它必须恢复到它所被抽象出来的原来经验。它必须心理化；反过来变成直接的和个人的体验，在其中有着它的原状和意义。"他们所说的"原因""恢复"不就是"还原"嘛，怎么"还原"呢？杜威说到了"体验"。怎么去体验呢？请记住这三种体验形式：（1）进行现时体验——即时地看、听、触、嗅、尝及各种活动。（2）调动原有体验（以前的经历、经验）或称想验——说出来、画出来、演出来等，让头脑中的表象在认识过程中发挥着中的作用——调动感性经验向抽象思维过渡。这里也有个互为中的存在形式，那就是：经验→表象→思维（过程）；思维←经验→表象（目的）；表象→思维←经验（结果）。（3）布置运用体验——去操作、去调研、去统计、去实践等。这三种体验形式的精细化可以直达一个生字、生词、句子或数学概念。"体验"的中的存在思维特征是：形象直观性→情感共生性←操作实践性。时代发展到今天，将教学做合一中的"做"定位在"体验"上，其内涵扩张了，才真正吻合陶行知先生给"做"所下的定义："在劳力上劳心"，"具有行动、思想、新价值之产生"的特征。课程与教学专家钟启泉说："理想的教学一定是情境化的，而且也唯有情境化的教学才称得上是有效的教学或理想的教学。从定型化教学走向情境化教学，这是现代教学发展的一个愿景、一个方向、一种标尺。"说到"运用"，夸美纽斯和杜威都认为知识的应用是教学中的一个十分重要问题。归纳起来，他们的意思是：第一，应用可以加深理解，可以培养技能；第二，应用能检验思想观念，解决实际问题；第三，应用是一种创新，以理解为基础的体验生活和建构生活，是儿童自我经验的不断改造或改组，这既意味着知识的重组和发现，还意味着教育必须面向未来。

"中的存在思维"用到教学上是再恰当不过的了，因为学生们学习的是过去的成果，无论是知识、技艺或品德方面的成果，都不是自己的创造，都是别人的成果，学校的教学本身就是一种中的性质的传递。怎样的传递才是有效的传递，才是符合科学规律的传递？实践证明，从学习内容中的切入，一极应为三步左右的"还原体验活动"，它要解决的是，知识是怎么来的，知识产生的过程是怎样的，知识是由谁创生的，在什么时间、什么背景下产生的等问题，通过"复现、复演"，以探究的方式，与发现发展知识的人和历史沟通。另一极就是三步左右的"运用体验活动"，它要解决的是，所学知识有什么价值，与我们生活有什么关系，与它自身发展又有什么联系等，与人类的生活世界沟通，使儿童的经验不断扩展。中的部分所要解决的才是学科体系、成长需要即价值生成。从中的存在切入，"还原"与"运用"的过程，就是"一个学习人类生长的手段和方法的过程"，整篇课文学习的"行知行"是这么一个过程，整个活动开展的"读行研"也是这么一个过程，这种中的存在性质的教学就连一个小小的知识点也能体现出这么一个崇高境界的过程。不信，举个例子与你说：一年级小朋友学习计算"9+4"，还原到远古时代：有一个人上午采到了9个野果，放进山洞，下午又采到4个野果放进山洞，这天他一共采到多少个野果？那时要计算这道题，他是从 1 连续数到 13 的。到了古代，人类进步了，计算这道题时，是从 9 开始接着往上数，数到 13。后来有人发明了算盘，上档一颗珠子代表 5 个数。上档拨一个珠子，下档拨 4 个珠子就是 9，加 4，"四去六进一"，得出 13。近代人更进步了，用心算，将 4 分成 1 个 1 和 1 个 3，9 加 1 得 10，10 加 3 等于 13。四步"还原"探索清楚了"9+4"的四种计算方法（教学时均采用情境化的体验方式展开）。"运用"呢，可以是以下四种：（1）书面运用，将上述四种计算方法在练习簿上画图演练一遍。（2）操作运用，请教室里第一组站起 9 名同学来，第二组站起 4 名同学来，一共站起了多少名同学？再请第三组举起 9 双手，第四组举起 4 双手，一共举起了多少双手？这里的 9 和 4 代表的又是双数了。（3）编题运用（调动原有经验想象），一名同学说：奶奶养了 9 只母鸡，4 只公鸡，一共养了多少只鸡？一名同学说：爸爸在一块田里竖起了 9 行葡萄柱，在一块地里竖起了 4 行葡萄柱，你知道我家种了多少行葡萄？（4）实践运用，请同学们放学回家后到河滩边去拣 9 颗美丽的白石晶、4 颗好看的黑石晶，不过这 4 颗黑石晶里面要有一颗颜色是灰白的。拣好后把它收藏在一个别致的盒子里，用来观赏。四步"运用"，有演练有想象有实践，重在过程，与人类生活世界又联系起来了。这样的学习不就是"一个学习人类生长的手段和方法的过程吗？"把一个小小的知识点做到这么至高无上的境界，真是"大道至简"了。中的存在思维的教学过程还可以说是一个着眼现在、回顾过去、应对未来的全程关联式策划。从方法论的角度来审视，它又是一个从"科学—实证"到"人文—理解"的过程。这样学到的知识，不再单纯是社会历史认识的产物，而成了个人经验和体验的统合了。中的存在结构体验式教学，"把教学智慧当作一种课程实践中的必然现象，破除了加在教学智慧上的神秘面纱，使教学智慧走进日常的教学生活，使教学智慧从自发状态走向自觉状态"。教学成了一个生态式的"孕育"过程——"既是学生通过自己与外部环境的交互活动主动获得知识的过程；又是学生通过自己独特的认知方式和生活经验对外在信息的独特理解、感悟、体验和特定情境下的心理加工，构筑知识意义与价值理念的过程；而且是师生乃至同学之间在现实的交往互动中探索生命意义、创造人生体验和生活智慧的生命活动的过程"。

四、教学评价中的结构存在思维

目标取向的课程评价追求的是科学性和客观性，其基本方法论就是量化研究方法，注重甄别与选拔。主体取向的课程评价反对量化的评价方法，主张质的评价，评价过程是一种民主参与、协商和交往的过程，尊重差异，价值多元。这种评价由于过分强调人为因素而少了客观性。过程取向的课程评价强调评价者与具体情境的交互作用，它既倡导量化的研究方法，又有质性的研究方法，这种评价把人在课程开发、实施和教学过程中的种种表现作用作为评价的主要内容，评价本身就是学习活动客观化过程中的一个有机组成部分，人的主体性、创造性又充分地得到了尊重。过程取向评价是取两极之优、弃两极之弊的一种全面评价。

五、目标定位中的结构存在思维

在"以人为本，全面发展"的理念目标与"因材施教，个性发展"的具体操作目标中间又是一个中的存在性质的目标，那就是"学会学习，学会做事，学会做人"。它是从属于方法的目标。德智体的发展不是空穴来风，要在学习、做事、做人上体现出来。会学习的学生，智育肯定发展得好；一天到晚忙着做"事"（活动）的学生，身体一定健康；做人交往一流的学生，品德一定是上乘的学生。再说"因材施教，个性发展"就是具体的人具体对待，这就需要讲究方法，方法得当，个性才能得到发展，因材施教才有可能实现。所以要想做到全面发展和个性发展的统一，只有统一在方法的目标上，让目标融入过程之中予以全能式实现。

六、学校教育定位中的结构存在思维

概括杜威关于学校及教育的论述，可以这么理解：学校是社会生活的一种形式。在学校里，最有效的是培养儿童分享人类所继承下来的文明成果，教育的作用是如何使这些文明成果成为儿童生活经验的一部分。这就是说，学校教育一头挑着人类文明成果，另一头挑着少年儿童生活。怎样使少年儿童在生活中更好地来分享人类文明成果？或者说，把人类历史经验如何组织到少年儿童个体生活经验中去？是学校教育迄今仍未彻底解决好的"经典"性难题。我们认为，唯一的最有效的措施就是"教学做合一的体验式学习"，将间接经验与直接经验交互融合进行学习，学校教育的定位也就是一种行为、一个生长的方法。

七、教育理论中的结构存在思维

教学做合一是生活现象的说明，也即是教育现象的说明。一个活动对事来

说是做，对己之长进是学，对人之影响是教。当学校的每个活动都情境化、生活化，都能做并能还原体验时，教学做合一就回到了它的原点——"教育即生活"上去了。"活动"的社会广为开展不就是"社会即学校"吗？陶行知曾说："要先能做到'社会即学校'，然后才能讲'学校即社会'；要先能做到'生活即教育'，然后才能讲'教育即生活'。这正体现了'生生不已'的'生活'。"对于陶行知来说，这样的"生活"正是"教育"本身，可"教育"已从"生生不已的生活"中另起炉灶，制度化的教育已是一个从属于人类生活的概念。杜威的"教育即生活"的主张就已揭示了教育源于生活，为了有效地指导制度化教育的实践，我们认为"教育即生活"这半个筋斗，还是不要去翻为好。再说，不能把"社会"关闭在"学校"之内倒是真的，后半个筋斗，翻得好的原因还在于：其一，是对传统的"死读书""滥做题"教育的反叛和超越；其二，新理念已提出 21 世纪全球教育改革的目标是"把学校作为社区的文化传承和学习中心加以重建"。从基础教育阶段操作层面上来看，将"社会即学校"定位在"社区即学校"更为合适。"教育即生活"与"社会即学校"是相通的，可以通过"教学做合一"来完成。教学做合一，一头挑着理论本体论，一头挑着实践领域论。教学做合一是理论与实践相结合的好办法。

中的结构存在思维的独特性就在于它赋予了教育观念以方法的支持，同时又为实践的探索注入了方法的引导。中的结构存在思维具有理论和实践的双重品格。

杜威说："在无目标的教育和灌输教条的教育之间，有一种中介的教育。这种教育使教材和求知识的方法联系于对事情怎样做和可能怎样做的了解，其方法并非要使人浸染于某种最终极的哲学，而是要使个人如此了解现在情况，致使明智行动的一个态度将从社会了解中产生出来。"教学做合一体验式的三个课堂课程编制，教学做合一体验式的教学法，教学做合一体验式的课程目标、教学评价等构成了生活（素质）教育理论中的中的活动过程体系教育，即教学做合一的内容存在系列与其两极之间关系的结构化体系教育。通过中的结构存在连接两极功能关系和更具生命色彩的教学，使"家庭教育、学校教育、社会教育"一体化了。陶行知先生所倡导的"六大解放"在这种教育生活中成了不争的事实。中的活动过程体系教育的价值取向就是人的解放与社会的民主，也就是国家富强、民族振兴、人民幸福。

中的活动过程体系教育是先进教育理论与一线实践之间愉快结合的产物，

从而寻求到了教育哲学与教育科学互相协作的共同目的——学习是一个健康成长的方法。这方法就是体验，体验既是内容，又是形式。体验式学习（包括操作与践行），重新恢复知识与身体、知识与情感、知识与活动的本原关系，它是世界上最有价值的学习，是人生生长的大智慧。中的活动过程体系教育用教学做合一全程关联体验式学习（即内容与形式是一个圆圈，结构与功能是一个圆圈）这一方法培养社会主义事业的建设者和接班人。

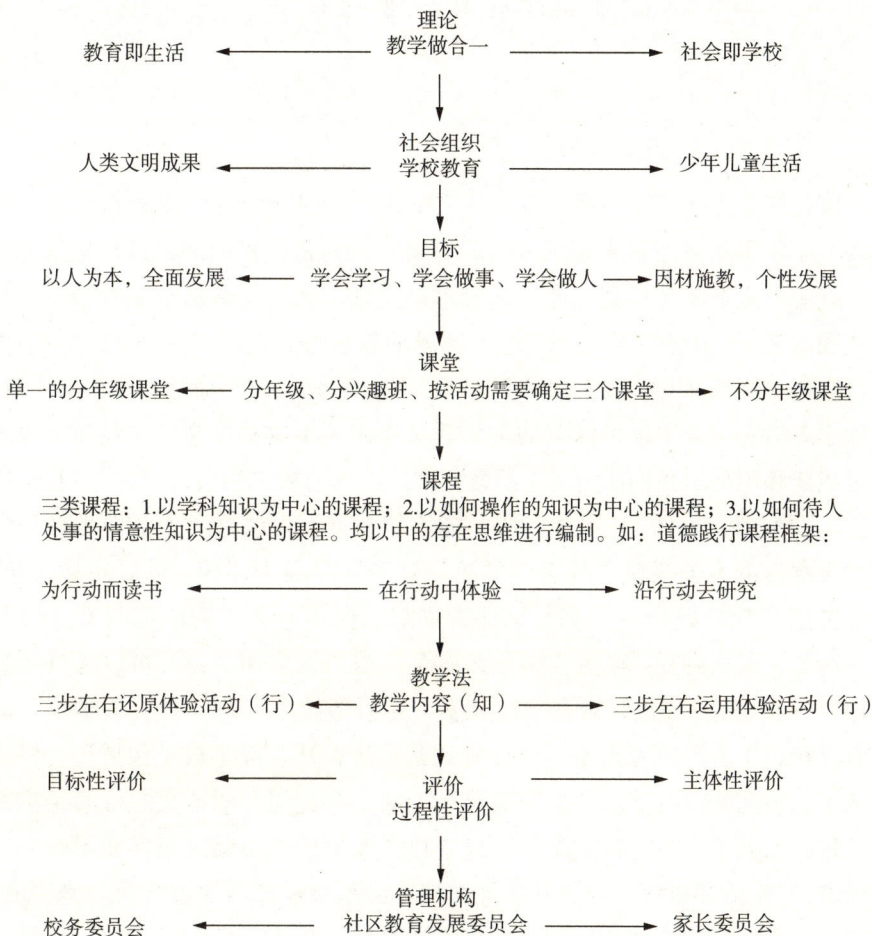

理论
教育即生活 ◄———— 教学做合一 ————► 社会即学校

社会组织
人类文明成果 ◄———— 学校教育 ————► 少年儿童生活

目标
以人为本，全面发展 ◄———— 学会学习、学会做事、学会做人 ————► 因材施教，个性发展

课堂
单一的分年级课堂 ◄———— 分年级、分兴趣班、按活动需要确定三个课堂 ————► 不分年级课堂

课程
三类课程：1.以学科知识为中心的课程；2.以如何操作的知识为中心的课程；3.以如何待人处事的情意性知识为中心的课程。均以中的存在思维进行编制。如：道德践行课程框架：

为行动而读书 ◄———— 在行动中体验 ————► 沿行动去研究

教学法
三步左右还原体验活动（行）◄———— 教学内容（知）————► 三步左右运用体验活动（行）

评价
目标性评价 ◄———— 过程性评价 ————► 主体性评价

管理机构
校务委员会 ◄———— 社区教育发展委员会 ————► 家长委员会

图3　中的活动过程体系教育设计图

以社区为中心三个课堂教学做合一，整体推进素质教育

——三个课堂系统优化、整体优化、协同优化

陶行知先生在《生活即教育》一文中说："生活即教育与社会即学校如何实现？小学里如何把它实现出来？假使诸位以为是行得通的，最好是每一个人拟好一个方案来交给我，那一部分可以实现，我们就拿那个地方当一个社会实现出来。"他还举了一个"吃水问题的教学做"的例子来证明"生活即教育"与"社会即学校"是相关联的。"生活教育"这个命题宽泛而又深湛，专家学者对它的含义进行深刻的剖析后又提出了不少的疑义，一线教师更多的是迷茫和困惑。我们认为，生活教育理论不是包括"生活即教育""社会即学校""教学做合一"三大主干吗？能不能暂且不去谈论"生活即教育"这篇大文章，也不去探讨"社会即学校"这个重量级的课题，而是转换视角，潜心去把"教学做合一"的行动研究做好，说不定会"柳暗花明又一村"，获得转机。怎么讲呢？既然"生活即教育"与"社会即学校"可以通过"教学做合一"相通，"教学做合一"就是"生活即教育"与"社会即学校"的中的存在。生活即教育是本体论，好比是此岸；社会即学校是领域论，好比是彼岸，中间隔着河流；"教学做合一"则是架在河上的桥梁，桥梁架牢固了，畅通无阻了，"生活即教育"与"社会即学校"不就可以实现了嘛。也就是说："生活即教育"与"社会即学校"必须通过"教学做合一"来完成。三者是一个统一的整体。新的视角是在这个统一体中，桥梁是存在，此岸与彼岸为关系。

时至今日，我们实验学校拟了一个方案想把它交给教育部、中陶会及各级教育行政部门，希望能把它实现出来。

学习内容有三大领域：其一，陈述性知识为主领域；其二，程序性知识为主领域；其三，态度为主领域。我们参照一个完整个体发展的三大领域的概念打造了"三个课堂"，分学科知识体验为主领域、如何操作的技艺为主领域及如何待人处事的态度为主领域教学做合一进行学习，其整体框架如下：

第一课堂：知识体验，班级课堂，占一周时空的3/5，采用"知识中心式教材"，用"行知行体验式教学"。（行—知—行）

第二课堂：技艺操作，兴趣班课堂，占一周时空的1/5，采用"技艺中心式教材"，用"教学做合一体验式教学"。（仿—成—知）

第三课堂：道德行动，年级段课堂，占一周时空的1/5，采用"生活中心式教材"，用"小项目活动体验式教学"。（读—行—研）

三个课堂合一：学会学习，学会做事，学会做人，全面发展

著名科学家钱学森说："我们应该考虑智慧与知识的体系即系统化了的、有合理结构的人类知识之间的关系"。三个课堂合一回答了什么是系统化了的、有合理结构的人类知识这个问题。

第一课堂中的"行知行体验式教学"与第三课堂中的"小项目活动体验式教学"，其实就是"教学做合一体验式教学"，只是说法不同而已。

有人要问，将一周内的教学时空分为3/5、1/5、1/5，依据是什么？省义务教育课程安排（小学）一周共有30个课时，它是这样体现的：语文6课时，数学5课时，外语2课时，体育3课时，还有地方和学校课程2课时，我们把它划归在第一课堂，这18课时不正好三天吗？音乐1课时，美术1课时，科学3课时，还有地方和学校课程1课时，这6课时我们把它划归在第二课堂，不刚好是一天吗？品德与社会3课时，综合实践活动3课时，这6课时我们把它划归在第三课堂，不也正好是一天吗？三个课堂是以知识类型的性质为中心统整了多学科课程，旨在训练学生的实践能力、创造性解决问题能力、社会适应能力。三个课堂顺应了课程领域追求的"教育内容和教材要适应学习者的生活经验和文化背景"与"课程应该是开放的活动体系"的要求。至于课时安排，新课改实施意见中也指出："可实行弹性课时制。课时集中使用与分散使用相结合。可以将每周的时间集中在一个单位时间使用，也可根据需要与某学科打通使用。"将第二课堂、第三课堂原本零零碎碎的课时安排（40分钟一节课），集中整合成半天或一天来上，只是便于活动、便于管理、便于实践罢了。

"课程改革从某种意义上讲就是课程结构的调整"。"国家课程最优化实施

的唯一途径就是国家课程校本化"。

这"三个课堂"似乎有点像陶行知先生曾倡导的一种新型生活教育实体，即"工学团"，工是做工，学是科学，团是集团。他认为做工（技艺）、学习（知识）和社会生活（品格）缺少一样便是残废的教育。

陶行知先生在《试验乡村师范学校答客问》一文中说："教学做有一个共同的中心，这个中心就是'事'，就是实际生活，教学做要在'必有事焉'上用功。"后来他进一步主张："事怎样做就怎样学，怎样学就怎样教；教的法子要根据学的法子，学的法子要根据做的法子。""教学做合一"在我们实验学校的"三个课堂"中处于什么位置呢？它是方法，是课程论，更是原则与原理。

一、第一课堂：语文学习教学做、数学学习教学做和英语学习教学做

这个课堂教学做的中心是"知识的还原和运用"，还原和运用的知识皆为生活与实践。"做"指的是"体验知识还原和运用的活动"。教和学都是围绕"体验知识还原和运用的过程"展开的，合一应该合在五官等身体性"体验活动"上。所谓"体验"，新课标强调：第一，身体性参与，即用自己的身体去亲自经历，用自己的心灵去亲自感悟。第二，重视直接经验，就是要把学生的个人知识、直接经验、生活世界看成重要的课程资源。即使是间接经验也要整合、转化为儿童的直接经验。有专家说："如果某个东西不仅被经历过，而且它的经历存在还获得一种使自身具有继续存在意义的特征，那么这种东西就属于体验。"他的意思是把体验本身当作一种实体来比喻。称"体验"为"做"，才真正吻合陶行知先生给"做"所下的定义："在劳力上劳心"，"具有行动、思想、新价值之产生"的特征。正是在深沉的体验中，主体的学习才能深入生活的内部，领悟到生命的真谛。

语文学习的教学做体验报告一例：

张老师的体验式教学包括五官体验、情景体验、实践体验、原有体验等，是一种着眼现在、调动过去、关照未来的"我"在其中的快乐学习。它分三个层面来展开：（1）现时体验；（2）原有体验；（3）运用体验。

现时体验就是老师一面上课一面引导我们进行体验。比如说学一个"打"字，你打我一下，我打你一下，是触觉体验；看视屏上两只狮子在打斗是视觉体验；录音机里放出"啪啪啪"打豆荚的声音是听觉体验；做一下"打"

的手势是模拟体验。区分"在"和"再"两个字，体验时，老师点名，同学回答"在"；一名同学走出教室"再"回来；桌上放着语文书，老师叫我们"再"拿出一本数学书。学"别具一格"这个词，老师叫我们看看班上女同学的头发，所有的女生几乎都是一种发型，唯独小宣八根小辫扎成一束，特别显目，真是"别具一格"。《将相和》中有三个故事，老师把它编成课本剧，由几个同学分别扮演秦王、赵王、蔺相如、廉颇，演课本剧。这些"亲验"活动皆为现时体验。

原有体验就是"想验"，调动我们已有的表象进行学习。《我的"长生果"》里有这么一段话："我把秋天比作一个穿着金色衣裙的仙女，她那轻飘的衣袖拂去了太阳的焦热，将明亮和清爽撒给大地；她用宽大的衣衫挡着风寒，却捧起沉甸甸的果实奉献人间。"张老师就叫我们拿起水彩笔把这段话的意思画出来。

运用体验就是应用学习总结的文本内容思想，去关注社会，感受生活，解决问题，也就是进入真实的情境中去体验。比如上了《只有一个地球》这课，为了践行保护地球、保护地球生态环境的思想，老师就布置了一个体验作业"种一棵树，养一盆花，拾一天废旧垃圾"让我们去做。上了《凡卡》这篇课文后布置的体验作业是："听一位做苦力农民工的讲述，代他写一封信给政府。"阅读《难忘的启蒙》这篇课文后，张老师特意安排了我们几个同学去低年级"当一次小老师"。《桃花心木》结尾处有一段话："不只是树，人也是一样，在不确定中生活的人，能比较经得起生活的考验，会锻炼出一颗独立自主的心。"根据这段话，张老师联系生活实际，给我们布置了三道体验"不确定性"的践行作业：（1）想法绕道回家，不准走老路；（2）天天妈妈做饭，今天我掌厨；（3）跟随爸爸妈妈去工厂加一次夜班。（三题任选一题）。学以致用，怎么致用？用布置体验作业的方式去致用。体验作业是一种学习活动，而且是一个创造性的学习过程。

数学学习的教学做体验报告一例：（略）

数学教育家弗赖登·塔尔说："数学是现实的，学生从现实生活中学习数学，再把学到的数学应用到现实中去。"这就是行知行合一的最好解读。行知行法教学从课内数学探索活动的行中获"知"，再拓展延伸到课外数学活动的行中去运用，"行以求知知更行"，"数学教学是数学活动的教学"，实质上就是这么一个教学做合一的完整过程。

第一课堂上，将知识还原为行动，文化还原为实践，就是课程专家所说的"把孤立封闭的知识自赏式的价值关注，还原为人的生活和实践及学生的探索发现"，再加上知识的运用，这个过程打的是一套"起、承、转、展、合"的学力组合拳。

"一切知识都是概率性知识，只能以假定的意义被确认。"

"以前人们认为知识是客观的，只能被认识和掌握的对象。现在人们认识到科学知识也有主观的特性，对同一事物，人们可以从不同的角度研究。角度不同，研究水平不同，认识成果也会不同，这就是知识的主观性（接受性、选择性）的体现，所以要肯定认识主体在知识获得过程中的地位和作用，着力于培养认识者发现知识、获取知识和吸收知识的整体能力。"

二、第二课堂：学习乐器教学做、学习书画教学做和科学小制作教学做

这个课堂教学做的中心是"技艺"。"做"专指兴趣小组中的"操作"，教和学都是围绕"技艺操作活动"进行的，合一就应该合在"操作活动"上。陶行知先生在《教学做合一》一文中说："为种稻而讲解，讲解也是做；为种稻而看书，看书也是做。这是种稻的教学做合一。一切生活的教学做都要如此，方为一贯。"这里的讲解、看书怎么也是做呢？殊不知学乐器看书、教乐器讲解、学书画看书、教书画讲解、为科技小制作看书、为科技小制作讲解，都是一边看书一边练习和模仿、一边讲解一边指点和示范的。照书上的在"做"，照讲的在"做"，看书和讲解不是做是什么？所以在这里"教学做是一件事，不是三件事。做是学的中心，也就是教的中心"，"唯独艺友制（师傅带徒弟式）才是彻底的教学做合一"。

学乐器的教学做体验报告一例：

妈妈的一句话："笛子真好听"，促使我参加了乐器兴趣小组。你知道吗？学竹笛通常以第三音孔为1，全闭筒音为5，从低音5按顺序放开，可以吹出567i234七个音；高八度67i23也是用同样的指法，用较大的气力吹出，不过吹高音4时开第六和第一音孔，其他音孔关闭。我照着纪老师的指点和示范，一开始就从会唱的《我们多么幸福》练起，在学校里吹，在家里也吹，一天也不间歇，慢慢地我把《我们多么幸福》的曲调吹得滚瓜烂熟了。又在这首

歌曲中学吹倚音、打音、指颤音等，功夫不负有心人，两个月一过，我能熟练地吹出《小牧笛》《快乐的少先队》《林中月夜》等歌曲了。

一天在外打工的爸爸妈妈打来电话，询问我的学习情况，我告诉他们，数学考了100分，语文考了96分。爸爸听了很高兴，说要奖励我。"奖什么呢？"我问爸爸。爸爸说："你需要什么就奖什么。"我说："你到温州那大城市里给我买一套竹笛来吧，听清了是一套，各种音调要齐全，质地一般的就行了，千万不要买贵的。我在学校参加乐器兴趣小组已学会吹笛了。""那你吹一曲给我听听。"爸爸说。我说："我要先吹给妈妈听。"妈妈接上话筒，我深情地吹起了纪老师正在教我们的《雨花石》。照纪老师指点的，特别注意到了指颤音的运用。一曲吹完，竟听见妈妈在话筒里呜呜地哭了。我也禁不住流下思念的泪水。

科技小制作的教学做体验报告一例：（略）

第二课堂：联合国教科文组织在修订的《关于技术与职业教育的建议》中曾强调："初步了解技术和职业生活应是普通教育不可或缺的组成部分。这种入门教育应成为教育改革和民主化过程所关心的一个主要问题，它应该成为从初等教育开始一直到中等教育头几年课程中必须有的内容。"

有专家说："相比而言，我们缺少对'手的教育'，手一直处于闲置状态。中国学生只会用脑思考，而不会用手生活，其实在生活中手是第一位的，没有手的生活是不健全的生活。让'手的教育'、让动手制造、动手劳动在生活中显现出应有的理性价值。""技可进乎道，艺可通乎神。"

注重美术、音乐、科技课程与学生生活经验与时代的发展需要紧密关联，使学生在积极的情感体验中增强想象力和创造力，同时增强审美意识和审美能力，发展原始创新、集成创新、引进消化吸收再创新及创造美好生活的愿望与能力。

让"劳动光荣、技能宝贵、创造伟大"成为时代的风尚。

三、第三课堂：爱心体验教学做、责任体验教学做和环保体验教学做

这个课堂教学做的中心是"活动"。"一个活动对事来说是做，对己说是学，对人说是教"。"教"是围绕"小项目活动"进行设计、组织、引导、点

拨、参与评价等。"学"除了围绕"小项目活动"进行体验外，也还要看书和进行研究，合一合在"行动"上。这个课堂教学做合一的课程设计均采用一种模式，以小项目环保活动《当一次村卫生检查员》为例：1. 为行动而读书（读个人卫生保健知识《口腔卫生、用眼卫生、饮食卫生》等，读食品卫生常识《蔬菜水果的卫生管理》，读散文《小环保卫士》）等。2. 在行动中体验：分组组织进行村卫生检查，并公示检查结果。3. 沿行动去研究（研究性问题有：（1）调研村里不同卫生习惯的老人，写一篇调研报告；（2）调研农村里哪些污染现象严重，人们是如何解决的；（3）查询资料，发挥想象，综合提出你对农村卫生发展的看法和建议等。

爱心学习的教学做体验报告一例：

今天的品德活动课是服侍孤寡老人。李老师把我们分成三个小组，分别到村子里去慰问三位孤寡老人。我们这一组是去慰问一位退休的高龄教师，他叫汪进学，今年85岁了。其实他并不是孤寡，虽然老伴早已去世了，可他还有儿子、女儿、孙子孙女一大群，但他们都在大城市工作，只有他一个人待在农村。是汪老师不习惯城市生活，还是怕麻烦儿孙们，或者是儿子媳妇不孝顺，不得而知，反正他中风多年了，都是一个人待在家中，请了一个年老的保姆长年服侍着。

村里人都说，汪老师并不缺钱，缺的是精神上的慰藉，所以我们把捐的零花钱买了一本人物传记《陶行知》，准备送给他。他看到我们佩戴红领巾、手拿书籍和鲜花来到他面前，竟禁不住抽咽起来，渐渐地声音越来越大，变成了号啕大哭，吓得我们愣在那儿不知如何是好。慢慢地他才回过神来，叫我们坐，招呼保姆为我们沏茶。他说看到我们就想起了孙儿小时候的情景。这在介绍汪老师的书中我们已经读到，他的孙儿所以能考上北京大学，全是他含辛茹苦地栽培的结果。

汪老师坐在轮椅上，平时一个人只能推着在院子里兜兜圈，老保姆也无力把它搬出去。听说我们要把他搬到大路上去兜兜风，他满心欢喜。我们推着汪老师沿途慢慢走，看到一幢新屋，汪老师要问这是谁家盖的呀？看到山坡上新竖起了一座电讯塔，他要问造那个东西拿来做什么用的？原来坑坑洼洼的石子路现在变成了宽畅的水泥路，他感慨地说："变化不小啊，我都八年没出过门了。"

回来以后，李老师又安排我们洒水扫地，为盆花浇水除草，我和小慧打来了一盆热水要为汪老师洗脚，汪老师一再推辞不让我们干，我俩不由分说，就把汪老师的鞋和袜脱了下来。呈现在我们面前的是一双萎缩了的干瘪得像根柴棒似的脚腿，这是我们从来没有看到过的。汪老师，病魔把你折磨得好惨哪。

责任学习的教学做体验报告一例：（略）

道德教育需要鲜活的"教育场"。所谓鲜活，就是真的生活、真的世界、真的经历，甚而是真的痛苦。

德育专家朱小蔓说："德育的土壤、养料在于生活，德育应该从书本走向生活，应该让儿童从自己的生活中进入德育。""道德教育是什么？它是营造生动的、具体的、形象的教育文化情景。情景就是一种润泽、一种滋养、情景就是教育智慧的物化。"

教学做合一作为一种课程形态，陶行知说："育才学校之一般'教学做'的过程有三种形式：（一）以工作或问题为中心的教学做过程；（二）以事物之历史发展为中心的教学做过程；（三）各学科各系统的学习和研究的教学做过程。"我们实验学校三个课堂的教学做课程，是陶行知先生在育才学校时所推行的三种教学做课程形态在新形势下的再发挥、再创新、再综合。

"教学做合一"作为原理，储朝晖博士说："它所要阐明的是，教学是从教育或个体成长角度对人类生活活动进行的描述，它们的本质都是人类的认识和实践活动，即是做。"

"'做'是发明，是创造，是实验，是建设，是生产，是破坏，是奋斗，是探寻出路"。"做"就是生活，就是用生活来教育，就是在生活中受教育，难怪陶行知先生要说："生活教育就是教学做合一。"

学习的所有领域均能采用"教学做合一"，并且是大手笔——沟通课堂内外，充分利用学校、家庭和社会等教育资源进行教学，这好比是飞机的机身造好了，两翼就等着展翅飞翔了。"生活即教育"与"社会即学校"的实现也就不断地接近，"用生活来教育"进而达到了"在生活中受教育"。每一门课程实施都具备了这么一个过程。

"基础教育是'培根'，而不是'选果'。越是初级的教育，其意义和价值越是长时段的、恒久的。其作用要在学生一生的发展中来思考。"

怀特海说：教育目标"我所敦促的解决方案是，根除科目之间致命的断裂局面，因为它扼杀了现代课程的生命力。教育只有一个主题，那就是具有各种表现形式的生活"。

　　"三个课堂"中的教学做合一（体验、操作、践行既是教，又是学，也是做）是整体推进生活教育的中的存在、切入点和抓手，做细做实、做深做透其两极关系的生活教育理论、素质教育实践，三位一体办学"毫不例外地使所有人的创造才能、创造潜能都能结出丰硕的果实"。

　　"三个课堂"——技能、知识、品格互为中的结构存在、互为两极功能关系，系统优化、整体优化、协同优化。

　　三个课堂中的存在结构教学如图1所示，体验一体化和行知行一体化如图2、图3所示。

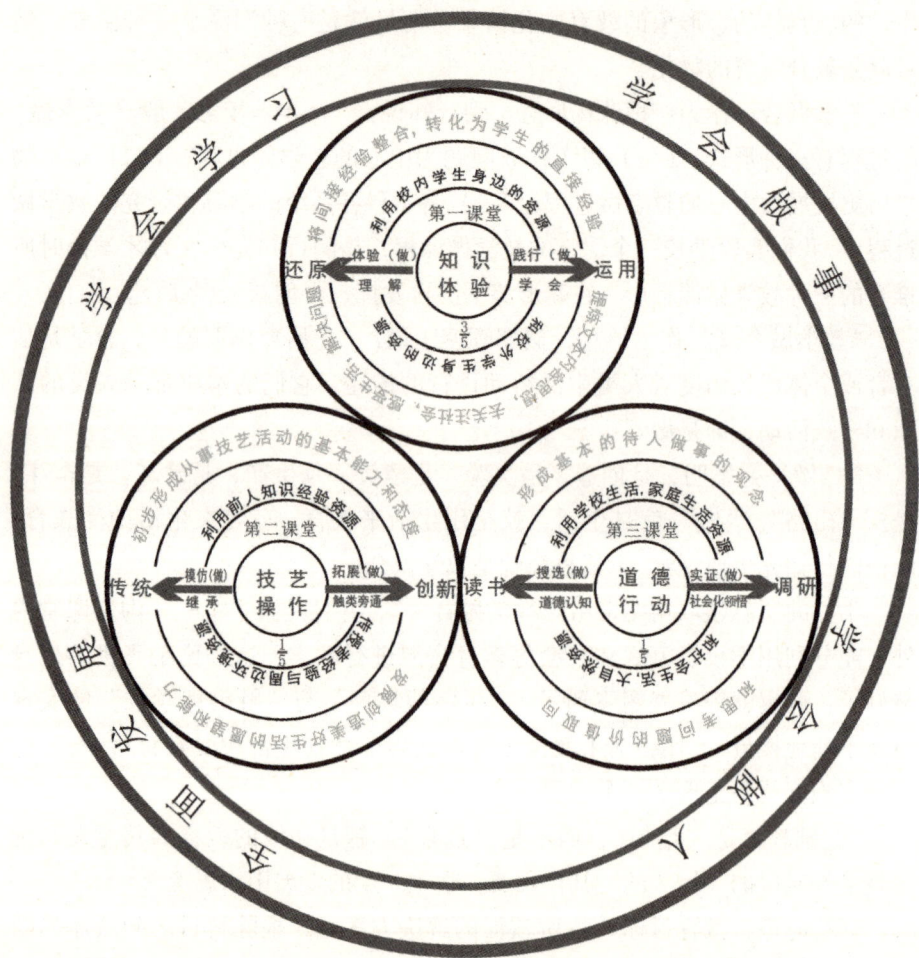

图1　三个课堂中的存在结构范式

五官参与　　　　　　　　　心脑参与　　　　　双手参与
（行为体验）　　　　　　　（内心体验）　　　　　　　（行为体验）

形象直观性　　　　　　　　情感共生性　　　　　　　　操作实践性
（亲历）　　　　　　　　　（认识/感悟）　　　　　　　（亲历）

调动原有体验　　　　　　　进行现时体验　　　　　　布置运用体验

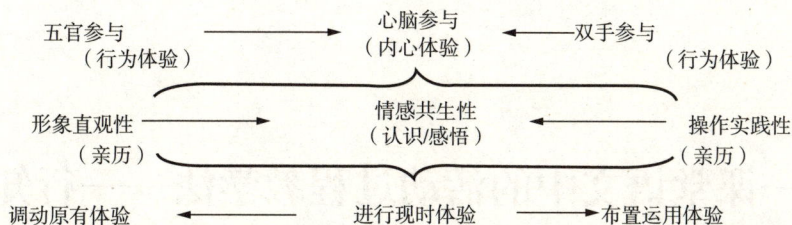

图2　体验的一体化综合图式

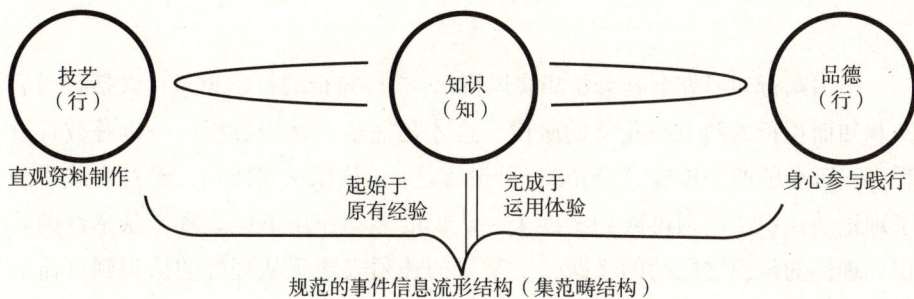

技艺　　　　　　　　　　知识　　　　　　　　　　品德
（行）　　　　　　　　　（知）　　　　　　　　　（行）

直观资料制作　　　　起始于　　完成于　　　　　身心参与践行
　　　　　　　　　　原有经验　运用体验

规范的事件信息流形结构（集范畴结构）

图3　行知行一体化操作模式

第一课堂语文中的活动过程教学法——行知行

中国陶行知研究会副会长胡晓风指出："行知行的哲学思想，含括行而后知和知而再行的两个相联结的阶段，这才是完整的认识过程……也是教育过程必不可少的两个步骤。"行知行思想就是："认识从实践始，经过实践得到了理论的认识，还须再回到实践去。认识的能动作用不但表现于从感性的认识到理性的认识之能动的飞跃，更重要的还须表现于从理性的认识到革命的实践这一个飞跃。"就人类总体来说，认识来自社会的实践、历史的实践。具体到个体而言，认识有来自直接经验的，也有来于间接经验的。世间万事万物，不可能人人都去亲力亲为，所以我们要读书。书"在我为间接经验，在人则仍为直接经验"，书是别人直接经验的产物，"人类和个人知识的妈妈都是行动"就是这个道理。对读书人来说，别人的行是枝条，是无根的一部分，理解知识后，自己再去体验践行，这是有根的砧木，两两结合，嫁接成一棵整树——个体从学习文本中完成认识的整个过程，实现"文本"对自我发展的意义和价值。

一、第一个行的解读

（一）行是文本知识的还原

陶行知先生在《生活教育之特质》一文中说："我们还得追本推源地问：书是从哪里来的？书里的真知识是从哪里来的？我们是毫不迟疑地回答：'行是知之始'，'即行即知'，书和书中的知识都是著书人从行动中得来的。"在另一篇文章中他又说："我们的理论是'行知行'，他（指谢育华）说，有了电的知识，才去开电灯厂，电的知识更能进步，这不是知行知吗？我说，那最初的电的知识是从哪里来的？是像雨一样从天上落下来的吗？不是，是法拉第、爱迪生几个人从把戏中玩出来的。说得庄重些，电的知识是从实验中找出来的。其实，实验就是一种有目的、有计划、有组织、有步骤、有创意的把戏。把戏或实验都是一种行动。故最初的电的知识是由行动中得来的。那么它的进程是行知行，而不是知行知。"将知识还原为行动，文化还原为实践，突显"第一手的事实"，这就是我们把"文本"界定为"行"的理由和依据，也就是课程专家所说的："把孤立封闭的知识自赏式的价值关注，还原为人的生活和实践及学生的探索发现。"这是一种视角，也应是一种教学观念。其实，"观念也是由动作引起的，并且为了更好地控制行动。我们所谓理性，主要就是有顺序的或有效的行动法则。"所以，我们要拿这种观念——行动法则来指导教学，分析课文时先要还原文本中的人物、事物、景物或将概念还原，学生精读课文就是零距离地与文本中的人物、事物、景物或概念同行，进行再创造。也就是说，要求去还原言语的整个行为过程，即"事实—作品""作品—读者"的过程。有条件的学校，可以通过制作动漫片、绘制连环画或表演课本剧等方式还原文本生活事实及时代背景等。

（二）行是文本内在的规律

叶圣陶先生在《认真学习语文》一文中说："思想是有一条路的，一句一句，一段一段，都是有路的，好文章的作者是决不乱走的。"不管什么文章，只要有一贯到底的思想和一脉贯通的逻辑，就必然有一缕贯穿的线索和脉络。文章就是按"这一缕贯穿的线索和脉络"运行的。教师备课时，首先要掌握文章运行的安排方式，它一般有以下几种：（1）以主题为线索的运行；（2）以人物为线索的运行；（3）以景物为线索的运行；（4）以中心事件为线索的运行；（5）以感情为线索的运行；（6）以论点、道理为脉络的运行等。运行中有单线、复线，还有放射线，文章运行的内部结构是这样。文章运行的外部结构顺序安排又有：（1）以时间的推移为顺序的运行；（2）以空间的变换为顺序的运行；（3）以时空交叉为顺序的运行；（4）以材料性质的分类安排为顺序的运行；（5）以作者的认识和感情发展为顺序的运行；（6）以人物的意识流即心理结构为顺序的运行等。文字记录的是生活信息，"思维的材料不是思想，而是各种行动、事实、事件和事物的种种联系。当一个人把观念告诉别人时，对听的人来说，不再是观念，而是另一个已知的事实"。学生学习语文就是在头脑中把语言文字还原成为客观事物，从而获得主观感受。爱因斯坦说："我思考问题时，不是用语言进行思考，而是用活动的跳跃的形象进行思考。"右脑开发就是让我们的大脑从左脑思维习惯变为右脑思维习惯，让我们的记忆从文字记忆变为图像记忆。用"行"来梳理课文，它的思维加工模式也是从课文的"最高位"开始，再到越来越具体的信息，最后到特定的词。它的心理历程是由思路到语文、由形式到内容、由整体到部分，切入点一般不是中心思想而是在文体的结构形态上。从整体上把握知识的框架，符合右脑的活动规律，有利于发挥形象思维，提高学习效率。用"行"将书本知识激活，使书本知识"动"起来，与学生的原有生活经验联结，把书读懂。

（三）行是问题情境的再现，是体验文本的操作方式

什么在行？怎么样行？这些就构成了教学实施过程中一两个能够穿透全文而又富有挑战性的问题情境。以"行"这样一两个"探究专题"（带着问题学）来取代多达数十个的"烦琐提问"，目的在于突出重点，以学为主，把探究、再现的阅读主动权、时间支配权和空间占有权真正还给学生。以"一问抵许多问"的"行"为主问题，引导学生探究、经历，本身就是一种富有创意的再创造过程，有一定的难度，它既需要每个学生的独立思考，也需要同学、师生之间的互动合作。这正如陶行知先生所说的："知识是要自己像开矿那样去取来的"，"取便是行"。学生接受间接知识的过程，某种意义上是对人类探索知识过程的亲历和再现。要给活动化教学以应有的地位，教师应积极组织各种教学活动，以提供机会让学生经历。一般的教学活动有：（1）个性化朗读、朗诵；（2）情景对话；（3）角色扮演；（4）讲述与专题报告；（5）简单戏剧表演；（6）讨论、辩论；（7）幻灯片、录像带或录音带欣赏；（8）情景模拟，利用网络虚拟现实情景，让学生身临其境。这是主体的体验。再说客体的行，在课文中也是可感觉到的动的东西，它是一幅幅画面，一次次"过电影"，主体伴着形象进行思维，还原文本事实，归根结底所有的文本事实皆是行。再现文本情景的过程一般要求是客观的，但也可以是主观的，可以拿"行"来梳理全文，也允许拿"行"去感受全文，写出来、画出来、演出来、说出来，不拘一格地再现文本。阅读过程充满不确定性、多样性和丰富性。教师在教学时要用"行"来处理课文内容，用"行"来选择教学行为，用"行"来设计组织形式。在这里"行"是思路，是流动性的，表示进行某种活动。这种"行"既是文本思路，别人的行，又要把它看作在别人行的基础上学生自己进行的体验，是二者的统一。它是教学中的"主动脉""指挥棒""主宰者"。把"行"推向前台，教师就要退到幕后，从演员转变为导

演。学生读书"行进去"了，才好引导他们"走出来"。

二、知的解读

（一）知为理解词句，了解语文知识

知识的内在意义强调知识的建构性，对个体的价值及存在性意义；知识的外在意义侧重知识对个体的理解性意义。词语教学是一至六年级的重要任务。《语文课程标准》主要强调了"理解"与"积累"两个方面。"理解"的要求主要是：（1）理解词句的意思；（2）体会关键词句在表达情意方面的作用；（3）辨别词语的情感色彩；（4）体会词句的表达效果。"理解"也有一个方法问题。《语文课程标准》从四个方面提出理解词语的途径：（1）联系上下文，理解词句的意思和作用；（2）结合生活实际，借助生活积累理解词句；（3）借助字典词典理解词语；（4）在运用中加深理解。我们认为要特别强调和突出体验式理解，注重心领神会，重在引导学生感悟文字的妙处，产生美的遐想。

关于语文知识，《语文课程标准》没有将它们列在一起，更没有把它们分解为多少个多少个知识点，而是渗透、分布在阅读教学写作教学的目标之中，主要是要体现学以致用与随文学习的原则。陆志平教授说：语文知识应随文学习。词类、短语、单句、篇篇文章里都有，在哪里学呢？是不是都在第一次见面时学呢？我想，首先是学在精彩处。文中炼字炼句特别精彩之处，往往都是语法修辞运用最妙之处（应体验知）。其次是学在疑难处。文中有疑难之处，可以运用语文知识帮助理解（应体验知）。

（二）知为体会文章思想感情

《语文课程标准》将过去教学大纲中以分段、归纳段意和概括文章中心思想的内容转换为"在阅读中揣摩文章的表达顺序，体会作者的思想感情，初步领悟文章基本的表达方法"。其中的"揣摩""体会""领悟"都属于描述性的语言，这种模糊性的表述含有两层意思："一是强调学习者的积极主动性，学习不是被动地接受外在信息，他要对外部信息作主动的选择加工，自己对信息的加工是别人代替不了的；另一层意思是说，由于学习者本身的性格、能力、价值取向不相同，因此，学习的方式不同，所获得的对文章的理解也是不同的。"每一篇文章都是有意义的，每一篇文章的意义都是在它与人相遇的时候才显现的。人的不同，"体会"也就不同，教学时要尊重学生个性

化、创造性的阅读，教师要鼓励学生敢于提出自己的看法，作出自己的判断，悟出自己的道理，允许有不同的体会和领悟。

（三）知为领悟写作方法，知为联结

《语文课程标准》对写作的总目标作出了这样的规定："能具体明确、文从字顺地表述自己的意思。能根据日常生活需要，运用常见的表达方式写作。"引导学生从学习课文中领悟写法，也是教学中必不可少的一环。如：夹叙夹议法就是一边叙述，一边议论，其结构上总的特点就是边叙边议，叙事和议论穿插进行，写法上灵活多变，学生可以自由自在地表情达意。心理描写法指的是对文章中的人物在一定环境中思想活动和心理状态的描写。文章通过心理描写，能使人物个性的刻画从外表形象到内在灵魂保持和谐统一，使人物形象更为丰满，使文章的主题表达得更充分。总—分—总式就是先进行总的概述，然后再从不同的方面进行具体说明，最后进行总结。采用这种方式来安排材料，构段成篇，会使文章层次清楚，主题鲜明。另外还有倒叙法、对比法、联想法、反衬法、语言描写（对话）法、伏笔照应写法和多层取喻表达方法等等，学生都应在学习课文的同时体验式了解和领悟。这里所说的"知"就是"行动所产生发展的理论，还是为了要指导行动引着整个生活冲入更高的境界"。知不是教学的起点，也不是终点，它是资源，是桥梁纽带，它帮助学生进行思维和行动联网，通过下一个"行"的教学"转知成识，转识成智"。

三、第二个行的解读

（一）行是反思交流活动

"反思即为行动、对行动、也在行动中的思维"。这里的反思是指阅读文本后运用学习总结的文本道理进行的对比思考，如"人家是怎么做的，你以前又是怎么做的"一类问题。"学习者原有经验是学习的基础，外部信息的输入，如果没有主体已有经验作为基础，这种信息对于学习主体来讲，是毫无意义的"。教学活动必须引导学生在现有的认知水平上和已有的知识经验进行联结。这种联结有知识领域和行为领域两个方面，这里侧重于行为的领域。正如杜威所说的："反思的方法就是一种解决经验中存在的问题的方法，一种使人明智地行动的方法。"当然，也包括"对阅读之后所理解内容的回味再思考，分清哪些是正确的，哪些是错误的，哪些是有效思维，哪些是无效思维"

的反思和批判。《语文课程标准》"总目标"中还提出了"学会倾听、表达和交流",其要求是"有表达的自信心;在交谈中能认真倾听;乐于参加讨论,敢于发表自己的意见;能根据交流的对象和场合,稍作准备,作简单的发言"。反思后的交流是必须重视的一个环节。

(二)行是做做练练活动

陶行知先生将"做"定义为"在劳力上劳心""具有行动、思想、新价值之产生"的特征。做是一种实践,《新课标教学建议》中指出:"应创造性地理解和使用教材,积极开发课程资源,灵活运用多种教学策略,引导学生在实践中学会学习。"根据课文动手又动脑地做,可以有动手实验、种植、饲养、走访调研;根据课文,制作简单器具,进行演示;根据课文展示自己的手工制作和图画作品等,以增强学生在应用场合学语文、用语文的意识,多方面增强学生的语文应用能力。"阅读与写作的练习永远应当结合在一起"。"练"就是指小练笔,是做的另一种形式,运用学习总结的文本艺术特色去指导写作,进行写作训练。小练笔有群体的,如办墙报,出刊物,征文比赛,集体采访,调查和写调查报告等等;也有个体的,如写观察日记,生活手记,读书笔记,以及其他形式的练笔手册、词汇集锦、佳句摘抄等等。范守纲编著的《作文题型研究》一书中的三大类24种作文题型均可作为学生小练笔时的借鉴。

(三)行是应用性体验践行

徐特立先生说:"没有行动上的发展和改造,从外面吸收来的知识就停止在脑中,成为原封未动的混合物,而不是经过化分和化合所产生的新物质。""细心考察一下学校教育中永远成功的教学方法,全靠它们返回到校外日常生活中引起学生思维的情境。它们给学生一些事情做,而做事又是属于这样的性质,要求进行思维或者有意识地注意事物的联系,结果他们自然地学到了东西。""知识作为一种行动,就是考虑我们自己和我们所生活的世界之间的联系,调动我们一部分心理倾向,以解决一个令人困惑的问题。"是不是可以这么讲,我们把学习文本谓之行动,也就是说要调动起学生学习文本所产生的情感、态度、价值观,去更好地体验或解决生活中的一个相关问题。《新课标教学建议》中也指出:要"沟通课堂内外,充分利用学校、家庭和社会等教育资源,开展综合性学习活动,拓宽学生的学习空间,增加学生语文实践的机会"。我们要在真正弄清楚教材的本意,在尊重教材的价值取向的基础上，再结合儿童经验和时代发展去挖掘和追求教材的延伸义、拓展义，运用学习总结的文本思想，去关注社会，感受生活，认识自我，解决问题，把教科书"这本小书"与生活"这本大书"融为一体。体验活动可以划分为四大领域，即人与人、人与社会、人与自然、人与自我。体验形式主要是，让少年儿童以自己的身份、自己的视角去实践，去体验生活，感受参加的真实，从而获得真情实感，体悟内化，生成创新。也就是说，"以亲身经历、实践活动为基础，又是对经历、实践和感受、认知和经验的升华，这种升华是对感受的再感受，对认知的再认知，对经验的再经验"。体验、实践使学习进入生命的领域，因为体验、实践，使学习由认知领域扩展到了情感、心理和人格领域，使学习不仅是知识增长的过程，而且是整个人的成长过程，即发展的过程。

四、"行知行合一"的解读

"教学过程优化、教学过程的真正改善才是教育质量提升的核心"。用教科书进行教学，传统意义上的总序列是知—行。知为书本上的知识道理，行为实践。现在我们将"知"一分为二：（1）还"知"的本源——文本内容是别人的行（或内容自身的行）和需要学生探索发现的行；（2）"知"的实际意义是理解和内化。"知"一分为二后就变成了"知在行中"的行—知两部分，再合上自己的践行，故曰：行—知—行，"行以求知知更行"。也就是说，第一个"行"是探索知识的形成过程，"知"为理解；第二个"行"是知识的应用，以理解为基础的体验生活和建构知识的意义。行知行法教学使"教什么"与"怎么教"浑然天成，有机地融为一体。它具有两方面的特征：一是外显行为特征，间接经验—联结—直接经验；二是内隐行为特征，形象思维—迁移—社会思维，或曰形象思维—抽象思维—形象思维。它是认识论和方法论在具体教学情境上的统一。运用"行知行"三分法（一个过程由行致知，又由行证知）进行课堂教学是"最好的一种教学，是牢牢记住学校教材和实际经验二者相互联系的必要性，使学生养成一种态度，习惯于寻找这两方面的接触点和相互关系"。行知行课堂将书本知识"激活"，实现了与三个方面的沟通："书本知识与人类生活世界沟通；与学生经验世界、成长需要沟通；与发现、发展知识的人和历史沟通。"这样的课堂，真正体现了整体性思想和整体性方法这个科学思维方法。从知识技能层面上说，行知行合一体现在感知—体悟—运用整体上；从备课设计方法层面上说，行知行合一体现在问察把脉—推理诊断—开方治疗的整体上；从情感、态度、价值观层面上说，行知行合一体现在感性化—理性化—人性化的整体上；从学生学习操作层面上说，行知行合一的整体流程为：经历文本整体把握—体会文本重点领悟—走出文本拓展延伸。行知行课堂使学习方式优化提炼，学习流程简单实用，解决问题思路不会杂乱无章，学习效果实惠有效。行知行课堂真正对知识、能力、态度进行了有机整合，体现了对人的生命存在及其发展的整体关怀。

"不过行知行课堂教学更像一部不能画上句号的手稿，它一直处在自我校正、自我完善的动态发展之中，它是一次次实践之后的对比、反思和提升。它的重要意义并不体现在课前的构思和设想中，而是展现于具体的教学过程、情境和环节之中，完成于教学反馈之后。"

行知行内在形态结构教学涵盖了新课程教学的全部新理念。

统一的内在形态结构
——行知行数学教学法解读

数学是研究客观世界的数量关系和空间形式的科学。新课程理念认为"数学学习的认识过程应是从学生所熟悉的现实生活出发,从具体的问题引出抽象的概念,得到抽象的认识后,再把它们应用到现实生活情境中去"。这就是辩证唯物论在数学认识论上的具体表现,反映了数学本质上是数学知识的经验性与演绎性在实践基础上的辩证统一。

数学学习的过程性目标均采用了"体验、经历、探索"等行为动词来描述学习过程,并且针对各部分学习内容,具体给出了一些实现过程性目标可以选用的课内学习活动和课外实践运用活动。采用"行知行法"进行教学,看来不仅是数学学习的认识需要,而且是小学数学教学的整个操作过程的需要。

一、第一个行的解读

(一)行是人类获得数学知识的生产实践

数学最早的起源是因为人类生产生活的需要。大约在 300 万年前,人类还处于茹毛饮血的原始时代,以采集野果、围猎野兽为生。这种活动常常是许多人共同进行的,所谓的"产品"也平均分配。这样,古人便渐渐产生了数量的概念。他们学会了在捕获一头野兽后用一块石子、一根木棒来代表;或者用在绳子上打结的方法来记事、记数。一个绳结就代表一头野兽,两个绳结代表两头;一只羊就竖起一根手指,六只羊就竖起拇指和小指,弯曲中指、食指和无名指……

在 2000 多年前,我国劳动人民就会计算土地的面积了,当时用"亩"做单位。先用走步量出长方形土地的长和宽的步数(1 步＝5 尺),计算出它们的面积，然后除以 240，就得亩数。这个单位现在已经废除（但农村仍在用），一亩约等于 667 平方米。

指南针是用来指示方向的。早在 2000 多年前，我们的祖先就用磁石制作了指示方向的示器——司南，后来又发明了罗盘。更早一些的"刻漏"，就是用一种滴水的器具来计时的。

轮子是古代的重要发明，给人们的生产和生活带来了极大的方便。由于轮子的普遍使用，人们很自然地想到这样一个问题：一个轮子转一圈可以走多远？很显然，轮子越大，转动的距离越长，那么距离与轮子的直径之间有什么关系呢？人们最早用测量的方法来解决这个问题，经许多人多次测量后，人们发现了圆的周长总是其直径的 3 倍多一些。1500 多年前，南北朝时期的祖冲之计算出圆周率的值在 3.1415926 和 3.1415927 之间，祖冲之的这一成就，领先了西方约 1000 年。

数学产生于人类的生产实践，出自行动，这是一种观念，说明数学本质上是经验性的，表现为一种经验知识的积累。就是它的公理法和演绎法也是对数学经验知识的概括。

（二）行是学生经历数学知识形成过程的探索活动

荷兰教育家弗赖登·塔尔指出："学习数学的唯一方法是实行'再创造'，就是学生本人把要学的东西由自己去发现和创造出来，教师的任务是引导和帮助学生进行这种再创造的工作，而不是把现成的东西灌输给学生。"认知心理学也认为，如果学生机械地学习，而不通过在有意义的学习活动中展开智力活动，那就难以形成新的认知结构。所以新课程中每一个学习内容都尽可能地体现知识的形成过程，使学生在经历知识形成的过程中，探索理解有关内容。课程总目标短短的十几条中就有五处用到了"经历"这个行为动词，其中的"知识和技能"总目标全部要靠"经历"来实现。这里的"经历"指的是什么？是在老师引导下探索知识形成过程的行为和活动，不就是师生互动的"行"吗？

例如，在实际情境中体验数的意义。数的出现是对实际生活中物体个数的抽象概括，也是小学生用符号表示物体数量多少、大小的起始阶段。研究表明，学生认识数的符号将经历三个过程：直观操作—图像符号—数字符号。例如，对于"3"的认识，教师可以创设学生熟悉的生活实例，让学生自己来数一数，认一认，如 3 个苹果、3 条红领巾等；在学生理解单一量的数数之后，可以安排出示一类物体的个数，如3排桌子、3组同学，这些直观操作对学生形成数字符号的印象有很大帮助。接着，教师可以逐渐将具体物体的个数转化为图像符号来表示，如上述的3个苹果、3组同学，可以逐渐转化为3个小三角形或3个小圆圈来表示；然后再次进行抽象，从而出示"3"的数字符号。

教师让学生在操作中体验多位数。例如，让学生数一数一袋黄豆的粒数。在数的过程中，学生既可以学习数黄豆的策略，也可以体验1粒黄豆与几万粒黄豆的实际概念。

创设具体的情境，让学生体验分数的形成。例如，教师在课堂上出示3杯水，然后询问学生："讲台上有几杯水？"接着，教师移去其中的两杯水，再询问学生："现在还剩几杯水？"最后，教师把剩下的一杯水倒出来一半，再询问学生："现在有几杯水？"在这一活动中，学生可以体验到分数的形成过程。

通过实物和模型认识立体图形。例如，教师让学生每人都带一两个立体实物，如饮料罐、牙膏盒、魔方、积木、乒乓球等，在小组中交流，进行比较、观察，介绍自己带的立体实物的名称与它的样式。学生通过直观的实物，初步能辨认长方体、正方体、圆柱和球等。这时我们可以把这些实物放到一个口袋内，要求学生从口袋内摸出某一实物。学生在摸的过程中，首先，需要在头脑中把直观实物进行分类；其次，手接触的物体又需与头脑中实物的特征加以比较。经常开展此类活动，学生就能逐渐脱离实物进行思维了。

实验操作了解三角形三条边长短关系。三角形的两边之和大于第三边的结论，学生可以通过实验操作的方法来获得。例如，教师让学生准备一些小棒，在课堂上搭一些三角形；接着，可以安排一些特殊的小棒，如三根小棒的长分别为5cm、3cm、10cm，请学生再搭三角形。当学生发现不能搭成三角形时，教师可以引导他们用实验的方法，再取一些类似的材料来证明不能搭的理由，从中获得三角形两边之和大于第三边的结论。同时，学生在探索圆的面积公式时，也应指导学生运用分割的思想，把圆分成若干等份，拼成一个近似的长方形，再利用长方形的面积计算公式，推导出圆面积的计算公式。

教学"元、角、分的认识"时，教师提出这样一个问题：小明拿30个1角硬币与隔壁的老爷爷换3张1元的纸币亏不亏？为什么？问题一出，学生们就积极地展开了探索活动：通过将10个硬币放在一起换1张1元，30个1

角硬币刚好换成 3 张 1 元，从而解决了问题，并找出了元和角之间的换算关系。

建立千米、米、厘米的实际长度概念应多让学生看一看、量一量、测一测实际的长度。例如，在学生认识"千米"时，教师可以带领学生到学校的操场去走一圈。如操场一圈的长度是 200 米，那么走 5 圈是多少米呢？学生有了这种感受，才能真正理解"千米"的含义。

概率的意义是比较抽象的，在教学时，我们应多为学生提供游戏活动，丰富游戏形式，让学生在游戏中体验感悟。例如，掷硬币的游戏、手逮苍蝇的游戏、摸奖的游戏、摸（红黑白）球的游戏活动，玩转盘、掷骰子的游戏等。

还有许多发现模式的活动，找关系的活动，发现规律的活动等，都属于"行—经历"的范畴。

苏霍姆林斯基说："在人的心灵深处都有一种根深蒂固的需要，这就是希望自己是一个发现者、研究者、探索者。在儿童的精神世界中，这种需要特别强烈。"教师要依据学生年龄特点和认知特点，设计探索性、挑战性问题，让学生在动手操作、自主探索中，去了解一个问题是如何提出来的，一个概念是如何形成的，一个结论是如何探索出来的，规律又是如何被发现的，让学生们在一系列熟悉的、有趣的、丰富的活动里经历数学知识形成的过程。

（三）行是获取多样化呈现问题策略的经历

多样化形式有：题材呈现形式多样化（表格、图形、漫画、对话、文字等），探索解决问题的策略多样化（列表、画图、列举、倒推、替换、假设、转化等），问题答案探索可以不唯一。

掌握解决问题的一些基本策略，体验解决问题策略的多样性，发展实践能力与创新精神，学生将经历"了解、办法—探索、有效办法、其他方法—尝试、评价、方法之间的差异"这样三个层次。

二年级教学"认识角"时，教材给学生提供了活动角，两根小棒、钉子板、绳、一张长方形纸，鼓励学生用多种材料和方法制作角。

物体的分类是按一定的标准，分辨物体各自的异同，不同的标准其分类结果也是不同的。例如，杯子的分类。现在桌上有 10 个杯子，杯子的颜色各种各样；杯子内有的放水，有的没有放水；杯子内有的放调羹，有的没有放；杯子的材料有的是玻璃的，有的是塑料的等。在对以上这些杯子进行分类时，就能体验到不同标准下分类的多样性。

探求规律的方法。例如，联欢会上，小明按照 3 个红气球、2 个黄气球、1 个绿气球的顺序把气球串起来装饰。你知道第 16 个气球是什么颜色吗？解决这个问题有多种方法。可以用画直观图的形式来发现这个规律，还可以用字母表示的办法来寻找规律等。

拓展平均分的认识。例如，出示一张"6×4"的格子图，请学生在这张格子图上平均分成两份。一般学生在分时，都是按照长方形的对称轴平均分。这时我们可以引导学生，同样表示还可以怎样分？因为平均分不一定就是对称分，这样学生可以动手用很多种不同的分法来表示。

在讲解方法时，教师应多让学生自己进行探索。例如，"24×16"，如果说这个算式是学生第一次接触两位数乘两位数，那么我们能否让学生自己来讨论这道题该怎样算？在讨论活动中，学生可以出现"24×2×8"，"24×4×4"，"24×（10+6）"等几十种不同的算法。然后再请学生比较这些不同的方法，从中引出竖式计算。

表 1　学生成绩统计表

	第一次	第二次	第三次
小青	89 分	84 分	82 分
小敏	62 分	70 分	80 分
小华	80 分	81 分	79 分

根据表 1 的统计，你认为谁的成绩好？在讨论活动中，学生可以回答小青的成绩最好，因为他的平均成绩最高；也可以回答小敏成绩好，因为他在不断进步；也可以回答小华的成绩好，因为他的成绩比较稳定。对于学生这些不同的回答，我们都应该给予鼓励。同样一张统计图表，如果分析的角度不同，得出的结论也将不同。

估算、估测和算法多样化都是问题解决策略多样化的一些重要的体现，呈现出形式多样化、算法多样化，学生就可以带着解决问题的渴望去学习新知识、形成新技能。多样化对培养学生的创新意识与创新思维是十分必要的。其本质，主要是尊重学生的独立思考。

我们要在实践中逐步积累多样化呈现问题的经验，不断增强多样化算法的策略意识，获得多样化探索解决问题的成功体验。

二、知的解读

（一）知为定义、公式、算理等建立数学模型

学生对数学概念的理解就是通过引导学生开展丰富多彩的数学活动，让学生经历"数学化"与"再创造"的过程获得的。

所谓数学模型就是把错综复杂的实际问题用数学的结构式加以表达。具体地讲，凡是一切数学概念、数学理论体系、各种数学公式、各种方程以及由公式系列构成的算法系统等都称为数学模型。列举如下：

四则运算的定义：加法的定义是"把两个数合并成一个数的运算"。减法的定义是"已知两个加数的和与其中一个加数，求另一个加数的运算"。乘法的定义是"求相同加数的和的简便运算"。除法的定义是"已知两个因数的积与其中一个因数，求另一个因数的运算"。

方程的定义：含有未知数的等式叫作方程。方程必须同时具备两个要素：一是必须是等式；二是等式中须含有字母。

表2　立体图形表面积、体积（容积）计算公式

图形名称	表面积	体　积
	文字公式	文字公式
长方体	表面积=（长×宽+宽×高+长×高）×2	体积=长×宽×高
正方体	表面积=棱长×棱长×6	体积=棱长×棱长×棱长
圆　柱	表面积=侧面积+底面积×2（侧面积=底面周长×高）	体积=底面积×高
圆　锥	—	体积=$\frac{1}{3}$×底面积×高

分数百分数应用题解题思路

（1）求一个数是另一个数的几分之几（百分之几）的实际问题的解题思路：

确定单位"1"的量和与单位"1"的量相比较的量。与单位"1"相比较的量÷单位"1"的量=几分之几（百分之几）。

（2）求一个数的几分之几（百分之几）是多少的实际问题的解题思路：

找准单位"1"的量，单位"1"的量×所求量占单位"1"的几分之几

（百分之几）＝所求量。

（3）已知一个数的几分之几（百分之几）是多少，求这个数的实际问题的解题思路：

通常用方程法求解，即设单位"1"的量为 x，根据单位"1"的量×分率（百分率）＝分率（百分率）对应的数量列出方程，解方程求得单位"1"的量。也可用除法解答，即已知数量÷已知数量对应的分率（百分率）＝单位"1"的量。

（4）工程问题的解题思路：

总工作量（一项工程）用"1"表示，工作效率用"1/完成工作的时间"表示。

1÷（甲的工作效率+乙的工作效率）＝甲、乙合作完成工作的时间

（二）知为数学思想方法，数学观念品质

现代数学思想方法的内涵极为丰富，诸如整体思想、集合思想、极限思想、优化思想、猜想与证明、演绎与归纳等，教学时教师要有意渗透，有效点拨，让学生在渗透中掌握这些数学思想方法。

例如：在教学"11—20 各数的认识"时，教师可在黑板上画出一条数轴，借助数轴使学生将读数、写数、基数、序数、后续数等概念分清，体验对应思想；在进行"同分母减法"的教学后字母概括出法则，体验符号思想；在"异分母加减法"的教学中体验化归思想。

两个量的大小、多少比较，从表面上看，是比较大小、多少，而深层的分析是数学对应思想的体验。例如，5 只苹果与 3 只梨子进行比较。首先，它们是在一一对应的比较中，得出苹果比梨子多 2 只；其次，才得出 5 比 3 多的概念。除了安排一些物体数量的个数比较外，还可以安排一些其他量的比较。例如，"两个房间大小的比较"，"两个人身材高矮的比较"等，进一步体验对应思想。

十进制的读、写方法，其本质是对事物的个数"按十为群"进行分类。为了让学生体验数的"按群"分类思想，还可以体验一些二进制、三进制、五进制等记数方法。

数形结合思想。教师通过实际情境中物体个数的相加、减，让学生逐步体验其算理，然后再抽象出符号运算。同样道理，当学生明白了符号运算的算理后，我们仍应请学生反过来说一说每个算式的实际意义。例如："9+6"的算式，学生看到这个算式，就应该知道"9"可以表示"9 支铅笔""9 块

橡皮""9个人"……"6"可以表示"6支铅笔""6块橡皮""6个人"
……通过这样的练习，学生看到实物的计算就可以想到数学算式，而看到数学算式，又能用实物来表示，逐渐渗透数形结合的思想。

一些不规则的实物可以通过转换方式，用间接计算的方法来测量。例如，用量杯放入水，记录刻度计算土豆的体积，经过学生自己的动手操作就能够体验到"等积变形"的思想，即同样一个实物，其形状可以有不同的变化，但它所占空间位置的大小是不变的。"等积变形"在小学数学各平面图形的学习中均有反映，如长方形的等积变形、平行四边形的等积变形、三角形的等积变形、圆形的等积变形等。

"统计与概率"其目的在于培养学生以随机观点来理解丰富多彩的现实世界，初步掌握数据收集、整理、描述和分析的方法，逐步形成统计的观念。"统计与概率的思想"体现在小学第二学段是："能解释统计结果，根据结果作出简单的判断和预测；能设计统计活动，检验某些预测；初步体会数据可能产生误导等。"

学生数学思想方法的形成是一个循序渐进的过程，是一个多次孕育、适时渗透的过程，在数学教学中，教师应重视将抽象的思想方法逐渐融入具体的实在的数学知识中，使学生对这些思想方法具有初步的感知，并在解决问题的不断实践中理解和掌握。

数学观念是学生对数学本质的认识和看法，具体表现为理解数学的价值，知道数学有巨大力量和无穷魅力，懂得数学与我们的生活密切相关，并能自觉地从数学角度去观察、分析日常生活现象。数学观念也是在学习过程中逐步形成的"知"。

（三）知为联结

由学生自己经历去发现知识形成的过程是一个"行"，参与实践活动运用知识去解决生活中的问题又是一个"行"。那么"知"就成了这两个"行"的中间介绍人。"知"不是教学的起点，也不是终点，它是资源，是桥梁纽带，它帮助学生拓宽思维空间与生活联网，通过下一个"行"培养数学应用意识和实践能力，学会用数学的眼光看待现实生活，从而"转知成识，转识成智"。

三、第二个行的解读

（一）行是提出问题和解决问题的习练经历

做题活动是运算和推理技能的训练，在数学教学中是必不可少的课堂应用。每个知识点、每个学习领域的内容，都要让学生去经历运算和演绎推理的过程，不断训练，熟能生巧。

例如，一题多变训练。原题：大马 20 匹，小马比大马少 4 匹，小马多少匹？（求比一个数少几的数。）分组讨论：你还能提出哪些问题？上台交流。

学生（1）：大马 20 匹，比小马多 4 匹，小马多少匹？（求比一个数多几的数。）

学生（2）：大马 20 匹，是小马的 4 倍，小马多少匹？（求一个数的几分之一是多少。）

学生（3）：大马 20 匹，小马 4 匹，大马的匹数是小马的几倍？（求一个数是另一个数的几倍。）

学生（4）：小马 14 匹，大马 20 匹，一共多少匹马？（求两数和。）

学生（5）：大马 20 匹，平均分成 4 份之后，每份与小马匹数同样多，小马几匹？（把一个数平均分成几份，求一份是多少。）

学生（6）：小马 4 匹，大马是小马的 5 倍，大马是多少匹？（求一个数的几倍是多少。）

1. 用简便方法计算（分组讨论）

$8.8×（7.9+5.4-0.8）$

老师：当先算出括号里是 12.5 时，会联想到 $8.8×12.5$ 可以用哪几种方法简算：

学生一上黑板演示：	学生二上黑板演示：	学生三上黑板演示：
$8.8×12.5$	$8.8×12.5$	$8.8×12.5$
$=1.1×（8×12.5）$	$=8×12.5+0.8×12.5$	$=（8.8÷8）×（8×12.5）$
$=1.1×100$	$=100+10$	$=1.1×100$
$=110$	$=110$	$=110$

2. 立体图形体积计算

把下面的三角形围绕一条直角边旋转一周，形成的立体图形的体积最大是多少立方厘米？

画图表示三角形围绕直角边旋转一周后形成的立体图形是圆锥。两种不同的旋转法，会形成两种不同的圆锥：

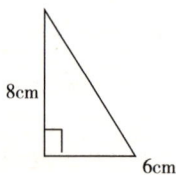

学生甲上黑板演示：

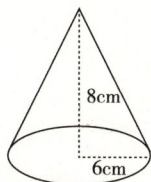

学生乙上黑板演示：

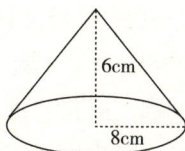

根据公式计算：学生甲：$3.14 \times 6^2 \times 8 \times \dfrac{1}{3} = 301.44$ （立方厘米）

学生乙：$3.14 \times 8^2 \times 6 \times \dfrac{1}{3} = 401.92$ （立方厘米）

答：底面半径大的体积大。最大的立体图形体积是 401.92 立方厘米。

3. 复杂的分数应用题的解答

果园里有苹果树和梨树共 420 棵，苹果树的 $\dfrac{1}{3}$ 等于梨树的 $\dfrac{4}{9}$，这两种果树各有多少棵？

学生 A 交流演示：若以苹果数为单位 "1"，则 $1 \times \dfrac{1}{3} =$ 梨树 $\times \dfrac{4}{9}$，那么梨树就相当于单位 1 的 $\dfrac{1}{3} \div \dfrac{4}{9} = \dfrac{3}{4}$。两种果树的总数 420 棵对应分率为 $\left(1 + \dfrac{3}{4}\right)$

苹果树：$420 \div \left(1 + \dfrac{3}{4}\right) = 240$ （棵）

梨　树：$240 \times \dfrac{3}{4} = 180$ （棵）

答：苹果树有 240 棵，梨树有 180 棵。

学生 B 交流演示：该题例也可将两个分率转化成苹果树与梨树棵数的比，按比例分配来解答。

用线段图可以看出：

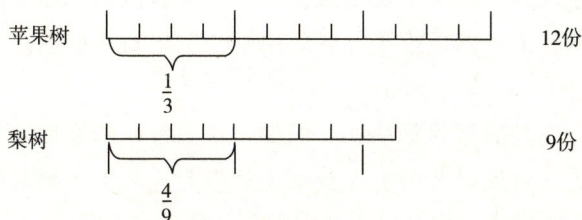

苹果树与梨树之比是 12∶9，即 4∶3；总份数是：4+3＝7（份）；每份数是：420÷7＝60（棵）

苹果树棵数：60×4＝240（棵）

梨树棵数：60×3＝180（棵）

解题活动由审题、解析、列式、运算、检验并答题五个要素构成。它的能力构成要素是按一定程序组织起来的内隐的动作系统，即由课题表征系统向解法搜索系统再向解法操作系统的程序行进的。这里的"行"应为注释中的"思路""流动性的""做"及"进行某些活动"。动静、知行交互作用的推进是一种智慧的设计，也是过程教学的必然要求。

（二）行是数学知识应用的实践活动

课标指出：小学数学教学强化应用性和实践性，应该成为小学数学教育改革的一个基本趋势。小学数学教师在教学工作中，要充分贯彻联系生活和数学应用的思想，让学生有实践活动的机会，有运用数学知识解决现实生活问题的机会。难怪英国数学家怀特海说："教育是教人们如何掌握运用知识的艺术。"

例如，教"东南西北"后，教师可布置作业让学生在早晨观察太阳从东边升起的情境，晚上在星空下找北极星，以及观察自己校园的坐落朝向，自己家居住房的朝向等。为了让学生熟悉路线图以及描述的方法，教师可以布置作业让学生画一些学校到家的路线示意图等。

灵活运用平移、对称和旋转方式在方格纸上设计图案。教师先让学生利用单一的变换进行图案设计，经过一定的积累，再进行两种或者三种变换组合形成图案设计。

在课内实践活动，用沙子堆一个圆锥体并测量出高度后，布置课外实践活动，每个同学至少制作一个圆锥体，要求用红泥土或者石膏做，3 天后交给老师。3 天后收课外作业时，同学们都完成了任务，大部分是用红泥土做的，有的用学校的玻璃漏斗做模子倒出来后抛光；少数用陶土制作然后上色；有人先用铅锤压入软泥中做成模子，然后用模子倒出石膏模型；有个同学还用木头削出一个。

开展一些专题性数据收集活动。例如，收集台风的数据信息活动。学生可以从报纸杂志、电视以及网上寻找有关的内容，从中了解我国每年台风形成的次数、受影响的地区以及世界范围内台风的一些情况。

应用性实践——开展"量一量"土地的实践活动；调查性实践——记录一周内的用电用水量；探究性实践——探究用四个完全相同的等腰直角三角形可以拼成哪些图形等。

统计小调查——调查班上同学最喜欢的电视节目，调查班上同学的生日在什么季节，调查组里的同学每天睡眠的时间，调查交通路口的车辆通过情况，调查一个星期你家扔了多少个塑料袋等活动。还有"大自然中轴对称图形"专题调查，"生活中的百分数"专题调查等等。

数学实践与应用的形式可以是多种多样的，如小调查、小制作、小实验、小游戏、小课题研究等，主要形式有以下七种：（1）调查分析型实践；（2）专题探究型实践；（3）设计制作型实践；（4）趣味游戏型实践；（5）探究验证型实践；（6）学科应用型实践；（7）生活体验型实践。我们倡导的是以"生活体验型实践"来统领其他的几种实践形式，均以布置一道道小小的体验作业，让学生去做，在做中践行应用。小学阶段的每个知识点，都可以在生活中找到运用的场景。

研究表明，当数学和学生的现实生活密切结合时，数学才是活的、富有生命力的，才能激发学生学习和解决数学问题的兴趣。正如爱因斯坦所言："纯逻辑的思维不可能告诉任何经验世界的知识，现实世界的一切知识是始于经验并终于经验的。"

"数与代数、空间与图形、统计与概率三领域都不可能按照自己的学科体系从头到尾地发展，都将被实践和综合应用这一个领域不断打断，总是交织在一起出现，交织在一起解决问题。不应把'实践与综合应用'看成是单独的项目，它贯穿于数学教学的始终，是整个教学过程中的一部分。"实践运用不能仅放在口头上坐而论道，而要实实在在地落到具体操作中起而行之。

（三）行是结果交流、反思、评价活动

每个知识点通过课内探索活动和课外应用实践活动后，要留出时间让学生进行交流，表达交流是对活动、体验、理解结果的展现。交流运用数表示日常生活中的一些事物；经历与他人交流各自算法的过程；能用自己的语言描述长方形、正方形、圆形等形状的特征；交流在生活中找出的成正比例和成反比例量的实例；交流统计结果，根据结果作出简单的判断和预测；经历观察、操作、实验、调查、推理等实践活动，与人交流自己的发现、领悟、收获与困惑；等等。学生在合作交流中，不仅可以表达自己的想法，培养参与意识，也可以了解别人的想法和做法，调整自己的认知和行为。这有利于学生用不同的方式探索和解决问题，提高自己的思维水平和实践能力。"应该让学生在表达中学会表达，在表达中实现表达，在表达中展示个体独特的发展状态和发展的思想与意愿"。

通过解题应用和实践应用，学生将逐步形成评价与反思的意识。对结果的反思非常重要。教师要经常要求学生反思这样的问题："你是怎样想的？又是怎么做的？""出现什么错误了？""你将怎么办？"以此来引导学生的注意力，使学生逐步具有反思的意识和纠错习惯，以培养认真的学习态度和实事求是的实践精神。

评价是教学过程中一个有机组成部分。运用"行知行法"进行教学，特别要重视过程性评价和发展性评价。"学习的重要目的在于过程，过程是学生索取知识、同化知识、物化知识、应用知识的过程"。我们把以评价学生学习结果为重点，转化为以评价学生学习的过程为重点，是为了更好地促进学生的发展。

四、行知行合一解读

数学教育家弗赖登·塔尔说："数学是现实的，学生从现实生活中学习数学，再把学到的数学应用到现实中去。"这就是行知行合一的最好解读。行知行法教学从课内数学探索活动的行中获取"知"，然后拓展延伸到课外数学实践活动的行中去运用，"行以求知知更行"，"数学教学是数学活动的教学"，实质上就是这么一个完整的过程。"行知行"教学完成了知识学习的整个过程，即知识的感知、知识的理解、知识的应用建构三个彼此密切联系和相互渗透的阶段。

"活动是认识的基础，智慧从动作开始"。通过感知操作—表象操作—理性操作，外部活动逐步内化为智慧活动，行知行数学教学将皮亚杰的活动内化原理体现得淋漓尽致。

"行知行"法数学教学过程不再是"以本为本"，把教材作为圣经的执行教材的过程，而是师生从实际出发，利用更广泛的课程资源，共同开发课程和丰富课程，使得课程的结构合理化、课程的内容综合化、能力的发展协调化。行知行教学真正成了师生富有个性化的创造过程、发展过程。

（注：文中所引用的实例和理念大多出自《新课程理念与小学数学课程改革》及《小学数学知识大全》等书）

以论立论，谈"还原""运用"与"方法"

中的活动过程体系教育告诉我们，世界万事万物都处于变化的过程之中，具有动态的实在和动态化的逻辑特征，要想完整地全面地认识事物，就必须随着事物的运动过程去"走"一遭。从教学上来看，"还原"一极首先是奥苏贝尔提出的"先行组织者"的概念。"当学生头脑的认知结构不具备可利用性、可辨别性及稳定性与清晰性时，通常先用学生能懂的'引导性材料'在介绍学习内容本身以前呈现出来，以便建立有意义学习的心向。设计'先行组织者'作为影响认知结构的变量，是一种重要的教学策略。'先行组织者'的主要功能就是在学习者能够有意义地学习目前的课题之前，在他已经知道的东西和他需要知道的东西之间，架起一座沟通的桥梁。""认知结构直接影响有意义学习。因为一切有意义学习都是在原有认知结构基础上产生的，也就是说，学习者积极主动地使新知识与他的认知结构有关的旧知识发生相互联结，把新知识纳入已有的认知结构中，利用旧知识理解新知识，结果旧知识得到了充实或改造，新知识获得了实际意义。"

"学习者原有的经验是学习的基础。知识或信息的获得是学习者通过新旧知识经验间反复的、双向的相互作用而建构成的，不是简单由外部信息决定的。外部的信息的输入如果没有主体已有的经验作为基础，这种信息对于学习主体来讲，是毫无意义的。"

杜威也一直反对把现存的知识作为结论直接教给学生，主张将书本知识加以"还原"，将知识"还原"为儿童的经验，"还原"为儿童有效率的习惯，通过活动和探究进行"发现式"学习，从做中学。他曾说："我们并不生活在一个固定不变和完结了的世界，而是生活在一个向前发展中的世界。在这个世界上，我们的主要任务是展望未来，而回顾过去——一切知识和思想不同，它是回顾过去的——它的价值在于使我们可靠地、安全地和有成效地去应付未来。"

布鲁纳的发现法也就主要是发现那些人类已经知晓的事物,让学生经历发现与探索的过程,训练发现与探索的思维,收获发现与探索的方法。

黑格尔说:"前进就是回溯到根据,回溯到原始的和真正的东西。"

也有人把"还原"称为反思性实践,称作对文本的"再创造"过程。

再从科学史来看,一直存在一种"还原"的倾向:把复杂的现象归结为一些最简单的原始的因素的作用。物体分成了"质点""电荷";分成了分子、原子、亚原子的粒子;生物分成了细胞,然后又是细胞核、细胞质、染色体、基因、核酸等。

张志勇教授说:"我们要把人类的教育教学过程,看作是人类原始创新活动过程的'智慧复演'的过程"。

"还原"既是向后看,又是向前看,是形式的回复、内容的前进。由此看来,"还原"不仅是"引导性材料",是与旧知识、与儿童的经验联结,还是一种反思性实践和一种"再创造",更是一种未知领域的探索,是一种人类历史的"智慧复演"。"在还原论者看来,认识了事物的组成,也就是认识了事物本身"。"我们必须忠实地接受它(还原论),不是因为我们喜欢,而是因为世界本来就是那样运行的"。"不懂得历史,就没有美好的未来","还原"的价值就在于可靠地、安全地和有效地去应对未来。一句非洲谚语说得好:"如果你不知道到哪里去,请你回头看一看你是从哪里来的。"

新课标强调:知识应用是指学生运用已获得的知识去解决练习性的课题或实际问题。这个过程既是学生把通过感知、思维、记忆所获得的知识,通过具体化推广到同类事物,从而认识新事物、解决新问题的过程,也是抽象知识的具体化过程。

"小学数学具有现实性的性质:数学来自于现实生活,再运用到现实生活中去;学生通过熟悉的现实生活自己逐步建构数学结论,学生学习数学是一个'再创造'的过程。"

"知识是形成新创意的素材,但发挥创造力的真正关键在于如何运用知识"。

"'学以致用'就是说,只有当知识在生活中发挥作用时,知识对掌握者来说是有用的,或者说,是'物有所值'的。反之,当知识不能在生活中发挥作用时,知识对掌握者来说是无用的,或者说,是'物非所值'的。"

　　"学生的学习是建立在丰富表象积累的基础上的，没有直接经验就不会有丰富表象的积累。运用能对学生进一步获取知识提供丰富的表象积累，并使学生生活更有趣，更有意义和富有创造性。"

　　"运用有利于加强学生对自然的了解，对社会的了解与参与，密切学生与社会生活的联系，建立新的学习方式。能促进学生各方面的情感、态度和价值观的形成和发展。培养学生的动手能力、利用信息能力和创新精神。"

　　古代颜元认为：在"动"的过程中，一方面可以使"心上思过、口上讲过、书上见过"的东西能够在实践中得到检验；而另一方面，是使人的身体在"动"的过程中得到锻炼，即"健人筋骨，和人血气，调人性情，长人信义"。

　　"运用是一种创造性实践，一种探究人生意义的活动，一种给予学生的'大发展'。"

　　"还原"（左旋）与"运用"（右旋）涉及哲学上的"形式化、量变、可能性、多样性、功能性一类范畴概念"，引入量子力学范畴似乎就是"镜像对称性"和对偶性假设、不确定性等一类关系范畴的命题。

　　将"还原"与"运用"联结在一起，就是一个学习人类生长及发展的手段和方法的过程，一个探究、见证事物产生、变化、发展的系统过程。

　　"学习的革命就是方法的革命"。李希贵教授说："我始终认为，那个符合学科学习的内在规律的方法一定是简单的。好的方法一定是简单的，而且用这个方法教学一定会使老师和学生都感到愉快的，所以找到每一个学科特别是主要学科的教学方法，是我们的重大目标。"

　　"学习就是学习如何学习"，意思是学习重在掌握学习方法和重视学习过程。

　　"对于学校方面，一旦方法确定以后，学校确乎将变成快乐的场所，富于欢乐和吸引力的宇舍。"

　　罗杰斯说："只有学会如何学习和学会如何适应变化的人，只有意识到没有任何可靠的知识，唯有寻求知识的过程才是可靠的人，才是有教养的人，现代世界中，变化是唯一可以作为确立教育目标的依据，这种变化取决于过程，而不取决于静止的知识。"

　　钱伟长院士说："教育的目标就是要使学生掌握正确的学习方法、工作方法和思想方法，所学的专业也好，课程也好，无非是一种载体，通过这个载体来促使大家掌握这种方法。"

笛卡儿认为，"研究科学也就只有一种方法，从本质上讲就是一种一般的方法，应该是对于科学的任何分支都是适用的。'唯一的方法'正在于它的普遍性、一般性和唯一性。"

"方法是任何事物所不能抗拒的、最高无限的力量。"黑格尔的这句名言更指明了方法的重要性。

"最好的学习方法是简单的、充满乐趣的、即充分调动你的听觉、视觉、味觉、嗅觉、触觉来学习——像婴儿一样学习，一种顺其自然的学习。这是学习的本质性的方式，是人的天性所需求的。"

教育家蔡元培说："科学结论是点石成的金，量终有限；科学方法是点石成金的手指，可以产生无穷的金。""我们不能仅满足于会使用方法，还应努力理解、寻找隐藏在方法背后的思想。只有真正理解了方法背后的思想和意义，才能驾驭方法，让方法为你的学习、研究服务。"

黑格尔说：科学方法"正是内容本身，正是内容在自身所具有的，推动内容前进的辩证法"。"方法不是外在的形式，而是内容的灵魂和概念。"我们的任务是去发现事物自己运动的内在方式，也就是让事物自己展示自己内在的运动规律。

"马克思主义世界观不是教义，而是方法。"

行—知—行、行—行—知、知—行—行内容性中的结构存在思维方式是方法论（两个行，一个曰操作，一个曰践行，互为先后），"它是一个人站在特定立场上审视世界的产物，它凝结着一个人的人生观、世界观和价值观"。

科学实证与人文精神相统一，理论与实践相统一，学校教育与社区教育相统一，间接经验与直接经验相统一，知识与技能、过程与方法、情感态度价值观相统一，合目的性与合规律性相统一是中的活动过程体系教育、中的活动过程辩证思维的显著特征。

事物即中的——演化规定的存在。中的即阶段性过程——事物产生一端环节（关系）联结着事物发展一端环节（关系）；知识即中的——演化观点的间接经验；中的即阶段性过程——将发现者的直接经验通过两种方式的体验转化为学习者自己的直接经验。诸如此类，三个互为中的的场合就构成了一个集合体，无数的过程集合体即构成了纷繁复杂的世界。这是一种人与世界关系总体把握的新的思维方式。当"一分为二"等思维方式逐渐变成机械的、教条的、封闭的思维模式时，机动的、开放的、立体的三位一体对应一体三位思维方式规律将擎起认识史上一片新的蓝天，领航五光十色的生活与纷繁多元的价值选择。

"探索技术上的解决办法，可以是新的科学问题和答案的有效来源"。

"谁找到了方法这把钥匙，谁就掌握了解决哲学问题的关键"。

中的活动过程辩证法——属于科学技术哲学范畴——形而上者谓之道（三位一体），形而下者谓之器（一体三位），道器合一，整体性与类型性合一，思维形式与存在形式同一……总之，近平衡非线性过程是一分为二与合二为一对立统一的场合与三位一体、互为中的结构存在、互为两极功能关系的集合体的对应统一——"对立在每一时刻都重新产生，又在每一时刻被消除。对立在每一时刻这样一再产生，又一再被消除，必定是一切运动的最终根据"——中的合二为一翻转为中的一分为二，"中"即统一，它来的一极是上下对立，去的一极是下上对立，两者合起来说，"中"的先部分即对立统一，"中"的后部分即统一对立。这也就是说，"中"的前一个对立面是对立统一，后一个对立面是统一对立，统一对立是直接地存在于对立统一自身之内。在这种研究里，凡是对立统一均谓合二为一，凡是统一对立均谓一分为二。认识过程规律如是也，自然界运动规律亦如是也，中的上下左右协同联动方法论（中的全息圆圈结构方法论）有可能就是"唯一的方法"也。

评第三课堂一堂"思想品德"课中的活动过程教学

最近听了校长曹子杰老师的一堂思想品德公开课，颇受教益。课的内容是省编《思想品德》第九册第9课《要有健康的体魄》①

一、检查预习效果

1. 在课文的两幅图上找出刘骏这个人，并注上名字；2. 在书上画出"健康的身体是从事各项工作的基础"这句话；3. 根据学校创立的"行知行"教学法，你知道老师心中拟了哪几个问题准备拿出来供同学们讨论？

（评点：检查预习，不能仅停留在表层，如果一个问题90%的学生都举手，问这个问题就是在做无效功。里层、深层的问题才能引发学生去钻研教材，看懂课文，学会分析思考。老师给出"行知行"教学法，引导学生亲自去想一想课文内容的来龙去脉，学生心中有个谱儿，学习这堂课就多了一分自信。）

二、师生共同归纳，拟出讨论题

1. 课文中讲了什么人的行，怎样的行？
2. 通过学习别人的行，你懂得了哪些道理？
3. 你自己以前在这些方面做得怎样？今后应该怎样去行？

三、根据拟题，分组讨论，理清课文思路

1. 教师提示：可以在书上找答案，也可以自己概括归纳。

---

① 当时新课改还没轮到小学中高年级，用的是省编老教材。

2. 教师深入各小组指导讨论，引发思考。

3. 小组推荐代表发言，班上交流。

4. 纠错归正，学生上黑板板书。（大致归纳如下）

榜样的行 {
   1. 王若飞——在狱中锻炼身体（增加革命本钱，更好地为人民的事业贡献力量。）

   2. 刘骏——（1）1500 米跑第一；（2）饮食上不挑食；（3）按时作息。
}

其间有两名同学表演了王若飞在狱中锻炼身体的片段及扮演刘骏的哑剧。又有一名同学绘声绘色地讲述了毛泽东青少年时代在学校里锻炼身体的故事。

同学们说出懂得的道理，大致归纳如下：

书上告知 {
   1. 经常参加体育锻炼，能强身健体，发展身体的美和动作的和谐，能够锻炼意志力。

   2. 从小要加强锻炼，按时作息，合理饮食，讲究卫生，预防疾病。
}

其间老师强调健康的体魄是由多方面因素组成的，包括前一课讲的"心胸开阔益健康"在内，要全面顾及，不可偏废。

同学们"知"后反思，大致可以归纳如下：

行动反思 {
   1. 晚上看电视睡得迟，早上睡懒觉；爱吃荤菜，很少吃蔬菜和水果；平时除了上体育课，懒得活动；不讲卫生等（缺点方面）。

   2. 外村的同学坚持每天走路进校，走路回家，不用亲人接送；吃东西不挑肥拣瘦，什么都吃；学习、生活、休息有规律，养成好的生活习惯等（优点方面）。
}

其间针对学生一些泛泛而谈，喊口号式的现象，老师强调要举出平时生活中的实例来阐述。

（评点：徐特立同志在《中国教育家陶行知的学说》一文中说，"行知行"就是从做得到知识，又由知识帮助做，那么第二个做就是有知识的做。"知"只是一切行的中间的介绍人，前一个行在课文中是王若飞的行、刘骏的行，并不是自己的行，但可以还原，可以去体验。曹老师把陶行知的名字"打造"成一种教学法，用在思想品德课上真是恰到好处，新颖巧妙。第二个"行"的课堂教学中已有了孩子们的经验和信念，光停留在反思层面还是不够的，学过教材后还要将已有经验提升，信念付诸行动，还必须再来一次亲历的践行，这样的学习才算是更完整的学习。"纸上得来终觉浅，绝知此事要躬行"，"学到的东西，只有与丰富的社会实践相结合，才能变得鲜活起来；只有经过自己的亲身实践，知识才能变得丰满、深刻"。曹老师来了一招"压台戏"。）

四、每个同学根据自己的弱项自拟体验作业，践行一周，并逐渐养成行为习惯

1. 课堂上同学们思考、议论、自拟题。

2. 教师收集个性化践行作业，归纳四类公示如下：

体验践行
- （1）坚持每晚8点半睡，早上6点起床（按时作息方面）；
- （2）每天吃一个水果或每天吃一块肥肉（合理饮食方面）；
- （3）每天刷两次牙，补上晚上一次（讲究卫生方面）；
- （4）每天在自家院内跑步10圈等（加强锻炼方面）。

3. 老师与班长，同桌同学之间互相拉钩，齐声说道："说到做到，不放空炮。"

（评点：课在同学们的承诺声中愉快结束了，而听课者的思考没有结束，古人云："授人以鱼，不如授人以渔。"曹老师给了学生一个方法，放手让学生自主探索，合作学习，课间虽然有同学出错犯难，可他不急不躁，而是舍得"浪费时间"去慢慢地"磨"（2课时），在"磨"的过程中让学生学会思考，学会学习。"行知行"教学法，使学生的学习方式发生了可喜的变化，凸显了思想品德课教学的最新理念："德育教学流程运筹要从揭示道德概念为基础，循着封闭的道德逻辑演绎，追索出道德结论的教学流程，转变为以儿童的生活为基础，以活动为载体，并延伸到生活实践中去的开放式教学流程。""行知行"教学流程是教育目标达成并拓展的理想之路，其根本意义在于转化和生成——道德认识的提高，情感的升华，意志的增强，良好行为习惯的养成。）

（叶茨萍）

第三课堂《思想品德》"运用一极"
活动主要做法

目前我们用的《思想品德》教科书是经全国中小学教材审定委员会 2002 年审查通过的省编教材①。如何利用目前的教材更好地与新课程实验教材有效地接轨，在基本理念和操作方法上接近靠拢，帮助学生更好地参与社会，学习做人，我们走的是一条"行知行"之路。

"道德是践行的学问"。徐特立同志在《中国教育家陶行知先生的学说》一文中说："'行知行'就是从做得到知识，又由知识帮助做，那么第二个做就是有知识的做。'知'只是一切行的中间的介绍人，先一个行是古人的行，今人的行，外国的行和中国的行，并不是自己个人的行。陶先生说，自己的行如接木的砧木。砧木是有根的那部分，别人的行如枝条是无根的一部分，两两结合，融化成一棵整树。"从以上观点不难看出，"知识"只是一切行的中间的介绍人，学过文本后还必须再来一次自己的行，这样的学习才是完整的学习。这对于思想品德课来说尤为重要，它将为学生认识社会、参与社会、适应社会提供更有效的"服务"。第二个"行"是理论指导下的实践，如何在思想品德课中把第二个"行"的功夫下深下透，我们是从三个方面来进行操作实践的。

（一）认真落实课后"做"的练习，采用儿童乐于接受的生动活泼的方式，帮助他们解决学习中的问题

思想品德课中"做"的练习有"学学做做""想想做做""填填写写""做做试试"等。如第九册《自信自尊不自卑》的"做做试试"是"开展一

---

① 当时新课改还没轮到小学中高年级。

次'露一手'活动，展示自己的才华，大胆表现自己"。活动一开始，同学们跃跃欲试，都想一展身手。江凯同学来了一段口琴独奏，叶剑海就来一段笛子独奏。童静一口气背下了 10 首非课文上的古诗，李健即席画了一幅山水画。连平时学习成绩欠佳的吴小正和汪少雪还自编自演了一个小品《卖花》，剧末有这么一段话。吴小正说："哎哎，这盆花，不能卖了，要留给我心上人。"这句话逗引得大家狂笑不止。通过"露一手的做"，同学们相信了这个道理：人人都有长处，人人都有优点，只要有信心，付出切实的努力，人人都会成功。像这类"做"的练习，课后还有不少，例如："在母亲节那天，自己动手制作'孝心书签'，在书签上写一句祝福的话送给妈妈"；"记住好朋友的生日，到时候亲手做一张别致的生日卡送给他（她）"；"参加一次劳动，为校园花圃除杂草，并写下劳动体会"；等等。徐老说："心里想和口里念，而手不做，读书人就成了书呆子，成了一个半残废的人。"我们要让孩子们"做"出勤劳，"做"出爱心，"做"成一个手脑并用的健全人。

（二）积极开展"实践活动"，让少年儿童用自己的眼睛观察社会，用自己的心灵感受社会，用自己的方式研究社会

如第 10 册"实践活动"：开展一次人物采访活动，了解身边的人物是怎样为社会主义现代化建设做贡献的，并立志向他们学习。我们事先联系好采访对象——老村干部、退休教师和护林员，约定采访时间，分组采访。姜敬薇同学写的《人物采访记》词真意切，感触颇深："在一个幽深的山凸里，有一间孤单单的土墙屋，屋里住着一位瘦削的老大爷，名叫庄志和，1965 年响应党的号召，从城市里下放到农村务农。1969 年村里封山育林，他进了大山，一住就是三十多年。他没有婚娶，孤苦伶仃，一年到头，牛是他的伙伴，狗是他的朋友。他无儿无女，却养育了漫山遍野郁郁葱葱的树林。……这位将自己全部的爱奉献给大山的老爷爷，对工作尽职尽责，他每天都是 4 点多钟就起床，早上山，赶在别人准备偷盗之前，先劝住他们，将大事化小，小事化了。多善良的老人啊，想的多是别人，很少想到自己。"什么叫生存，什么是生活，什么叫保护植被，什么叫乐于奉献，通过采访，从庄志和身上，不少同学有了体验，有了感悟，有了积累，说不定终生受益呢。在开展《我为家庭添欢乐》实践活动时，有的同学为亲人弹唱，有的讲故事，有的为爸妈盛饭、洗头，有的送孝心卡等，以自己的良好表现给家庭生活添了一份欢乐。开展实践活动《一次科普宣传活动》时，同学们在广泛阅读了有关防"非典"报刊资料的基础上，利用一个下午的时间分组到村里开展宣传活动。进行总结交流时，板报组印象最深的是每到一处，农民群众扛着锄头、挑着粪箕围来看，连活也不去干了。几个的老人戴着老花镜，眼睛都快凑着展板了。广播组利用土喇叭进行宣传，几个同学嗓子也喊哑了。传单组分送的150多份图片，是从《中国教育报》上放大复印的"防非典个人防护措施"的材料。"实践活动"贴近小学生生活的实际和社会实际，内容都是小学生日常生活中可能遇到的问题，形式多样，有利于启发学生思考，训练学生的行为，增强了小学思想品德教育的实效性和主动性。

（三）精心设计"体验作业"，引导学生通过与自己生活密切相关的社会环境、社会活动和社会关系，不断丰富和发展自己的经验、情感和能力

《思想品德》第5册第1课《专心学习很重要》，介绍的是外国居里夫人小时候的事情，那么作为三年级的小学生自己如何做到专心致志，做作业不受别人影响呢？光靠闻知是不够的，必须有自己的亲知。课后我们设计的践行作业是："一周内在家每天专心致志学习30分钟，雷打不动。"具体安排为，在电视机旁学习一次，不要斜视；在家人吃饭时学习一次，不要口馋；在嬉闹的场所或大路旁各学习一次，不要分心；个人独处学习一次等。何为专心致志，一周下来的身体力行体验，是任何讲解也无法替代的，继续努力下去，相信专心致志的好品质、好习惯一定会从小养成。又如第10册第4课《节约传统不能丢》，讲的是周恩来总理几十年中，没有做过一件新大衣，两件旧大衣经过多次修补，不论是出国访问，还是迎送外宾，或者是到各地视察，总理都穿着它们……课后我们设计的体验作业是"一周内穿一件打补丁的衣服或裤子、鞋子进学校"，以此来践行"俭以养德"的古训。还有《敬老助老是美德》，课后我们设计的践行作业是"为村里两位五保老人捐一次爱心款"，师生共同参加。徐润兰同学就有一种与众不同的感受："一放学回家，妈妈听说捐款，皱着眉头说：捐捐捐，只知道捐，我们家没有钱，都没有人捐给我钱哩。我的眼圈红了，可妈妈铁石心肠，连一角钱也不给。中午，当我走到教室门口时，教室里传来了'我捐5毛，夏静，我捐1元。'听着同学们争着抢着捐自己的零花钱，我的眼泪在眼眶里打着转，我擦擦眼泪，当作没事一样走进教室。好不容易盼来了一个献爱心的小活动，自己却没钱捐。傍晚，我焦急地在门口走来走去，一个熟悉的身影推着自行车向我走来，我抬头一看，啊，原来是爸爸回来了，我高兴得一蹦三尺高，……爸爸二话没说，用他那双粗糙的大手伸进口袋，掏出 1 元钱，我心里甜蜜极了。"这正如《公民道德歌》上所唱的"敬老爱稚幼，恤孤助残伤，扶危济贫困，爱心洒阳光"。

"儿童的现实生活对其品德的形成和社会性发展具有特殊的价值。"学生的学习活动不是被动地接受灌输，而是主动地体验实践。只有通过自身的体验，儿童才能真正理解和掌握知识，培养和增强能力，领会和懂得道理。

陶行知先生说："先生拿做来教，乃是真教；学生拿做来学，方是实学。"思想品德课上的真教实学就是在乎于在"做"字上下力气，在"做"字上用功夫。只有做，才能把做人做事的基本道理内化为健康的心理品格，转化为良好的行为习惯，"做"是"感觉不到教育的教育"的高境界。

社区日常生活活动过程教育行知行案例

——统一的内在思维形态结构

陶行知研究专家胡晓风说："无知之行是认识的起点，能行之知是再行的起点。行而后知，知而再行是认识、实践、再认识，再实践往复不止的全过程。""探知"是最原始的也是最高级形式。可是日常生活中中国人的教育大多是"告知"为多。如何巧妙地用活动的方式去"告知"，做得好，也是一种智慧。这种"行知行"的排列组合是：自己无知之行—从别人（老师、父母等）的诱导或自己调动已有的经验中悟知—然后自己再去行。

案例（1）

行 （无知盲动）	一学生嫌早上的稀饭煮硬了不好吃，扒了几口，随手将稀饭朝走廊下面一倒，说了声："我宁可打饿肚"。随即走进了教室。	这是一种冲动。最好不要迫不及待去教育，应该学会等待和抓住时机。
知 （导教活动）	1. 背默《锄禾》这首诗，并说说这首诗的意思。 2. 或将皮定均将军吃战士扔在猪桶里饺子皮的故事复述一遍，说出自己的感受。 3. 或听老师讲革命故事《柴担里的秘密》，反思自己的行为。 4. 或选读有关非洲儿童忍饥挨饿的新闻报道，谈自己的感受。	懂得尊重劳动人民，珍惜劳动果实，爱惜粮食。感知节约光荣，浪费可耻。

| 行
（纠错活动） | 1. 把倒掉的饭粒捡起来或扫在一起拿去喂猪。
2. 或唤只狗，捉只鸡来将饭粒吃掉。
3. 也可以留给鸟吃，如果到傍晚鸟还没吃完，再将它清洗干净。 | 让学生自己想办法解决问题。 |

案例（2）

盲　行	星期五中午休息时间，三个男生赶赶舞舞，来到学校边一块西瓜地，偷摘了农民老王家的一个大西瓜，正吃得津津有味时，被老王逮着了。	小学生自我控制、自我约束能力都比较弱，说它偷不过是"玩"的变种，在探索"吃"的另一种味道。
导　知	1. 以《西瓜地里》为题写一篇日记。 2. 或阅读革命故事《一把菜刀》和《西瓜的故事》，谈感受。 3. 或观看录像片《小偷的行踪》，演一演其中的片段。 4. 或收集一个有关拾金不昧的故事，抄写下来。	维护群众利益，不做有损于学校和个人名誉的事。
正　行	1. 三人凑钱赔偿损失； 2. 或写份检讨书向老王认错； 3. 或为老王家做一件好事补过。（比如：打一篮猪草，清扫庭院，星期天为他家守一天西瓜，放一天牛等）	自己选择解决问题的办法。

案例（3）

行 （无知之行）	几个同学星期天带着渔网和粪箕去溪涧里捉鱼，看见鱼不少，捉来捉去却逮不到鱼	实　践。
知 （自己探知）	他们火了，干脆把渔网和粪箕往边上一扔，用手去摸，竟在石洞和水草深处发现有不少鱼躲藏在里面。	认　识。
行 （理智之行）	以后他们去溪涧中逮鱼，下好网，摆好粪箕后就拿一根棒子去石洞里戳，深水草处赶，果然逮到了不少鱼。	再实践。

案例（4）

行 （失败之行）	一天刮风，三个值日生在教室里打扫卫生，他们将垃圾扫到教室门口时，被风吹了回去；继续扫，又被风吹了回去，感到无可奈何。	特殊情况下还是按照老习惯在行
知 （反思领悟）	老师叫停了他们，说："想一想风大应该怎么办"？他们凝神骤思地想，知道压住纸屑，纸屑就不会乱跑，或把风阻挡住，垃圾也就不会乱窜了等。	想一想，就是去联结已有的经验明理理。
行 （成功之行）	一值日生用扫把将纸屑压住，用劲推出教室。 一值日生把门关上，将垃圾扫进畚箕。 一值日生逆风而扫，将垃圾扫到背风的角落，用畚箕装好去倒掉。	明智之举，来自反思。

把事件当课程来上百个选题库

——供本地区小学五六年级"道德践行"单课活页选用

按：这个课堂课程实施的要点是：为行动而读书（知）—在行动中体验（行）—为行动而调研（行）的连续统，或者说是整理应用性知识—践行情意性品格—习练研究性技能的连续统。

弦理论家们普遍相信标准模型中的基本粒子实际上都是一些很小很小的线状的"弦"（存在与关系结构），完成这些单课活页的过程，就好比是经历一个个圈状"闭合弦"的起伏涨落——中的活动过程。

第一单元 热爱祖国，认识家乡

1. 春游黄山
2. 夜游屯溪
3. 花山谜窟探幽
4. 陶馆一天熏陶
5. 感受千岛湖
6. 见识太平湖
7. 登临齐云山
8. 认知绩溪县城
9. 棠樾牌坊群值得看
10. 走进水墨宏村
11. 古香古色西递
12. 屯溪儿童公园玩乐
13. 祭小练烈士墓
14. 亲近张曙家乡
15. 唐模农家乐
16. 鲍家花园一日游
17. 渔梁坝上采趣
18. 亲密接触许村
19. 宰相故里——雄村游
20. 踏青昌溪
21. 大型游戏——村中"寻宝"
22. 与城镇学校师生联欢
23. 参观徽州府衙
24. 去监狱参观一次
25. 旁听法院审判

第二单元　自我磨炼，行中发展

1. 同学间互吃三餐饭　　　　2. 吃三餐忆苦饭

3. 赤脚行走一天　　　　　　4. 尝一次饥饿的滋味

5. 夏日露宿一夜　　　　　　6. 淋一场大雨

7. 开一次篝火晚会　　　　　8. 学当一次推销员

9. 加一次夜班　　　　　　　10. 拍几张贫困家庭的照片

11. 在同学家里活动一天　　　12. 当一次乞丐

13. 为村里德高望重的老人送丧　14. 过一天残疾人的生活

15. 穿破旧衣服进学校　　　　16. 走一次夜路

17. 冬游附近村庄　　　　　　18. 一次野炊活动

19. 叫卖瓜果蔬菜　　　　　　20. 模拟大火中逃生

21. 登一座高山　　　　　　　22. 拾一天破烂卖钱

23. 上街擦一次皮鞋　　　　　24. 当一次辅导老师

25. 烈日下背负行走

第三单元　关心他人，服务社会

1. 给村里孤寡老人送一次小礼物　2. 合作办个流动阅览室

3. 给爸爸妈妈洗一次脚　　　　4. 给亲人捶背、盛饭、剪指甲

5. 做一次村卫生检查员　　　　6. 做一次防疫员——给农户小鸡滴疫苗

7. 进村入户宣传"孝道"　　　　8. 出一期宣传"好人好事"墙报

9. 拾一次废旧电池，集中销毁　10. "环保"宣传岗哨

11. "推广普通话"岗哨　　　　12. 为村里五保老人举办一次祝寿活动

13. 用压岁钱买一两本书捐给村文化室

14. "八荣八耻"家喻户晓——手抄传单散发

15. 清明节前后为已故村干部上墓

16. "八一建军节"与军烈属同庆

17. 给村里的退休老师（职工）拜年

18. 星期天广播站　　　　　　19. 小小红歌宣传队

20. 封山育林（守山）一天　　21. 假期轮流护校

22. 巡视河道——禁捕鱼　　　23. 夜巡——防偷防盗

24. 自制贺年卡向老师拜年　　25. 一次宣传"控烟"活动

第四单元　生产劳动，家政操持（此单元也可放在第二课堂）

1. 一次采摘茶叶劳动　　　　2. 采摘桑叶喂蚕

3. 挖山芋，挑山芋　　　　　4. 放一次牛

5. 一次抗旱劳动　　　　　　6. 打一次猪草

7. 一次锄玉米草劳动　　　　8. 上山掐一次蕨

9. 上山拔一次野笋　　　　　10. 一次植树劳动

11. 一次砍柴劳动　　　　　　12. 一次拉板车劳动

13. 挖树桩，自制盆景　　　　14. 清理一次厕所和猪圈

15. 家庭大扫除　　　　　　　16. 一次割稻劳动

17. 一次清扫村道劳动　　　　18. 一次粪沟清污劳动

19. 为亲人洗一次衣裤　　　　20. 中餐我当家

21. 整理一次家里的房间　　　22. 一次洗刷锅碗劳动

23. 做一餐菜馃　　　　　　　24. 包一次肉饺

25. 在家布置一个好的学习环境

中的关系——"悄悄话信箱"活动书信选

——举一例"中的关系"是与"中的存在"作比较研究

按语："悄悄话信箱"是传统意义上的间接性中介，是一种关系，师生通过"悄悄话信箱"相互联系，相互沟通，相互交心。中的活动过程体系教育并不排斥这种间接性中介，而是要与之携手共进。不过两者的区别还是需要挑明的：中的关系、两极存在、主客是分离的，它们组合成的是三者之间的形式性结构；中的存在、两极关系、主客是合和的，它们组合成的是自身内容性结构。一个非线性的内容结构里就包含着其形式性存在与内容性关系在内。"中的关系"（中间联系环节）不能将事物全面完整地统一起来，"中的存在"却能稳操胜券。"中的存在"优于"中的关系"高于"中的关系"，并且包含了"中的关系"。或者说，"中的关系"是从"两极到中的"；"中的存在"是从"中的到两极"，确切地说，"中的存在既是从中的到两极，又是从两极到中的。"

（一）

曹校长：

您好！我们天天能见面，想必您一切均好。

我的心里话很多，就借这个机会跟您讲讲吧。

那一次，我和几个同学约好为张洁彬过生日。张欣告诉我，自从张洁彬的妈妈去世之后，他再也没有过个生日，真是很可怜。再说他一个人在外读书，又不能经常见到爸爸，心里真有多少说不出的难过。我们对他十分同情，心想他没过过生日，我们得给他补过个生日，以还他的心愿。

一转眼星期六过去了，我们过完了他的生日。到了自己家之后，妈妈骂了我一顿，说："你算个什么东西，到学校不好好学习，去给一个男同学过生日。"听了这话，我真说不出心里的酸甜苦辣，也就默默地承受了。但心里还在想，你们大人就没有一点同情心吗？他是一个多么可怜的孩子，这么小就没有了母亲。

哦，时间不早了，就写到这里了，再见！

祝：身体健康，工作顺利，合家欢乐。

您的学生　江　芳

2002 年 4 月 7 日

江芳同学：

你好，本周话题是"谈谈家中亲人对待自己的态度"。你用实例反映了母亲对待你的学习以及与男同学交往的态度。信写得虽然不长却情真意切，其中还隐含着一种委屈和无奈。你没有错，你是一个爱憎分明、富有同情心的好孩子。

张洁彬同学四岁的时候，母亲就去世了。爸爸又长年在外打工，是爷爷和奶奶把他和妹妹两人抚养长大。爷爷奶奶一天天衰老了。四年级的时候，因为不方便，上学要走许多山路，才转到江村小学来读书。他缺少母爱，可生活自立自强，思想品质好，成绩优秀。张欣和你发起了要为他过生日的倡议，并打算采用野炊的方式举办，另外十一个同学响应了。生日那天，有的送钢笔，有的送书。你送去了一个精巧的铅笔盒和一些学习用品。生日活动别具一格，牵心动肠。张洁彬从没过过生日，这是他平生第一次过生日，在这情意盈盈的温馨集体里他陶醉了。"纯洁的友谊呵，你是这样美好，你永远给人向上的力量。"

在给一个缺乏关爱的同学过生日时，引动了你的酸甜苦辣。回家后，你受到了母亲的责备。你母亲不放心，怕你惹上不良习气。其实孩子长大了，有自己的主意想法，越"封闭"越糟糕，是吗？从教育的角度来看，人，从小就应该多进行各方面的交往，并重视环境适应能力的培养。这样，才能有效地防止变成"含羞草"。"画地为牢"只会造成孤陋寡闻，缺乏自信，麻木不仁。你妈妈可能没有充分意识到"精神上感情上的东西是生活中最为宝贵的东西"。素质教育以人为本。人的生命活动，不光是衣食住行，更为重要的是要精神的发展。有专家说，现在的学校生活必须把重心从传授知识转变为精心培养丰富情感。一些发达国家在学校教育上不仅重视"智商"，更强调培养孩子的"情商"。由此可见，你们的富有人情味的"生日祝贺"是何等的珍贵。很令人担忧的却是现在一些独生子女，他们生活在爱的海洋里，习惯着被别人爱，却不知道怎样去爱别人，一个劲儿自私。可喜的是在你们身上老师看到了希望。"关心、帮助、同情、体贴、宽容和谦让"是你们可贵的品质，你们精神富有。

有人说，没有秘密的"水晶人"是永远长不大的，谁成长的过程中没有秘密的滋养呢，关键在于正确的导向。特别是你们这些十三四岁的女孩子，一定要把握好与男同学交往的尺度，尽可能少单独在一起，正确认识自我，把握好自己，真正做到男女同学之间交往与友谊纯洁无瑕，晶莹透亮。望你能体谅你母亲为你着想的一片苦心，增进理解，消除代沟。

祝

快乐！

校长　曹子杰

2002 年 4 月 12 日

（二）

曹校长：

您好，我爸爸的所作所为我还是比较满意的，比如说为同学过生日，捐款给穷同学等，他都同意。可我的妈妈就不同了，那回，学校里提出倡议叫我们捐款给一个名叫汪海滨的同学，他家很穷，得了尿毒症，面临着生命危险。回家后我准备把储蓄罐里的三元钱再加上妈妈给我的两元钱一起捐给他，却给妈妈拦下了，她叫我捐三元钱，可我不肯，妈妈就不让我走。我只给了她一元三角就跑了，生怕妈妈会再来把我的七角钱抢夺去。

曹校长，我还是认为捐五元钱好，因为我家毕竟不穷，捐五元钱代表着我的一片心意，可妈妈却让我捐三元，我真的好想捐五元啊！可妈妈为什么要阻拦呢？曹校长，如果以后再遇到这种情况，请问，我该怎么办？

祝您身体健康！

张　欣

2002 年 6 月 6 日

张欣同学：

　　你是一个富有同情心的好孩子。你们捐款去救助一个生命垂危的同学。他得了尿毒症，已卧床不起，家里穷，付不起昂贵的医药费，一直拖着。你心里知道，几角钱，块把钱，虽然同学多，也是"杯水车薪"，解决不了什么大问题。所以你要把储蓄罐里的三元加上妈妈给你的两元一起捐上。你是大气的，为人不吝啬。能急人所急，想人所想，精神可嘉。五元钱对于小孩来说是一个大数目了。你却没有把它看得多么重，你看重的是友谊，是他人，这种人生的价值观难能可贵。再说储蓄罐里的钱也是你平时一分一角地积攒下来的，说明你平时用钱非常节约，不铺张浪费。"节约每一分钱"与"慷慨捐赠"是对立统一的，品质同样可贵。

　　谈谈你妈妈吧，她没有正式工作，上有老，下有小，知道生活艰苦，过日子不容易。她挣不来多少钱，手头紧，所以对钱就特别珍惜。她并不反对你捐款，只是觉得你捐多了，有点舍不得。她对钱比你看得重，这是与她的生活经历有关的。现在许多人外出给老板打工，一天要干十几小时的活，一个小时只能挣到两块来钱，这样的血汗钱谁不看重。你妈去年下半年到宁波灯泡厂做工，手臂大面积烧伤，差点送命。他们的钱可以说是用命换来的，当然就看得跟命一样值钱。"一个钱一个命"，不光是说"吃小米"吧。钱来得艰难，去得就不会那么痛快了。这一点想必你能够理解。

　　你家并不富裕，你妈的做法也并非毫无道理。今后遇到这种情况要具体问题，具体分析，具体对待。是你的钱（包括你妈给的）你有自主权，有你用的自由。你可以委婉地跟你妈讲清楚，争取你妈对你的尊重和理解。再则，对于"捐款"应量力而行，有，就多捐一点；没有，就少捐一点，关键的一点是要有一颗爱心、一颗善良的心。不管你将来是富是穷，对他人，对社会，对自然，一颗爱心永远不变，这才是最重要的，也是老师们所企盼的。你说是吗？

　　祝

　　上进！

校长　曹子杰

2002 年 6 月 16 日

（三）

曹校长：

　　您好！

　　谢谢您，您让我终于能够把许多沉重的负担减轻。

　　其实，我有许多话想对您说，但是，我不敢。我明白我的大脑思想都不太健康，我心中有许多秘密，有许多烦恼，有许多痛苦的事，我真的不知道怎么办。

　　今天，我们先谈谈我的烦恼吧。我最大的苦恼就是——没有知心朋友。我不知道从何说起。我虽然成绩还不错，又乐于助人，但我总不明白为什么连一个知心朋友都没有。您和其他老师常说："只要你对别人好，乐于助人，别人就会对你好，你也会有许多知心朋友。"开始，我相信这句话，尽量做到为别人着想，乐于助人，希望我有许多知心朋友。可是后来，我才渐渐明白，原来全班同学把我所作所为当成一场戏一样，漫不经心。上面那句话全是假的，我越来越不相信这句话了。但我还是做得和以前一样，帮助别人。慢慢地，我觉得旁边的人都不再让我相信，他们都在骗我，欺负我，把我当成他们的一粒棋子。我的脑海里充满了怨恨，我总是哭着对自己说："我恨，我恨……他们……他们为什么要这样对待我，为什么……为什么，他们是否知道，他们这样子做让我有多么伤心，有多么痛苦、多么孤独，他们太过分了……"我心里这样想，可我却不会这么做，因为我知道，我那样子也会伤了他们的心。我是个班长，我不能这样做。曹校长，我该怎么办？我该怎么办？您快回信告诉我，我现在真的很需要一个真的、正确的答案，请回信告诉我吧。

　　祝您身体健康，万事如意！

您的学生：吕慧琳

2002 年 9 月 21 日

吕慧琳同学：

　　你好，你是一个明理懂事的好孩子。思想品质好，成绩不错，心地善良又乐于助人。这与你的良好的家庭环境熏陶是分不开的。谢谢你的父母与亲人，为我们学校输送了一名优秀的学生。

　　你身为班长，"尽量做到为别人着想，乐于助人"，却得不到同学们的同情和理解，你苦恼，你怨恨，甚至想痛哭一场。你是在为同学们着想，着想些什么呢？大概不外乎这些吧：上课了，不要有乱哄哄的声音，影响文明班队的评分；打扫红领巾路，不要敷衍了事，老师要批评；总是这几个人考不及格，又拖后腿，成绩排队进不了前列。助人方面嘛，是不是高喊：上课不要讲话！扫地你敷衍，我再来扫一遍；作业拖拉，作为课代表的我耐心等你做好再交；等等。你为别人着想，是为同学们的不能落后着想，是为老师着想，为班级荣誉着想。这些都是对的，没有错，可是同学们没有往心里去呵。张三需要你给他辅导辅导功课。李四需要你星期天陪她去拔笋。助人能助到点子上吗？能做到"因人而宜"吗？不能，少数顽皮点的同学就把你的"所作所为当成戏一样来看待，骗你、欺负你"，甚至将你"当成一颗棋子来摆布"。他们是"太过分了"点。可不是存心不良，除了个别嫉妒的以外，说不定，还是他们拥护你、喜欢你的另一种方式呢。对于各种委屈，对于这些善意的小"恶作剧"，统统地把它接收下来，珍藏起来吧，说不定将来还是一笔"财富"呢。

再说你现在最苦恼的是没有一个知心朋友。我随便问了一些同学，个个都说你好。无论是男是女都说喜欢你。这不都是你的朋友？何谓朋友？字典上的释义是："彼此有交情的人。"彼此是指双方而言的。我看你为人太认真，处处都要求规范。同学们有点小调皮，没有按规矩去做，你心里就不高兴，是吗？"曲高和寡"，可能同学们认为你高不可攀呢？这并不是说你当干部有架子，而是说你心里太要求完美了，容不得半点瑕疵，一切都要好，一切都要标准化。校长、老师说的每句话你都照着去做，并且以此来要求同学们也要跟你一样做好，事实可能吗？要承认别人是与你不同的，要允许"另类"存在。班上同学们的个性、脾胃、思想不可能一致，要是完全一致了，反而不正常了，你懂吗？难怪有人说："谁要求没有缺点的朋友，谁就没有朋友。"道理也在这里。多与同学们交心、沟通，以诚相待，相信你会找到知心朋友的。

我的希望是你要善于成为"良好的沟通者"，与同学们融为一体，一同愁喜忧游，一同享受欢乐与成功，一同承担责任；努力做到既要求同学们遵纪守规，又要尊重同学们的调皮打趣。两方面和谐统一了，你这班长就会又上一个台阶啰。

祝

愉快！

校长　曹子杰

2002 年 9 月 30 日

社区资源的第二、三课堂事件作文选

前言："任何课程的设计与实施都必须以一定的课程资源为支撑。课程资源是学校课程设计与实施的全部条件的总和，是课程得以呈现的基石。课程资源是课程内容的直接来源，是课程内容本身。"任何课程都包含一定的经验。它应是有直接经验和间接经验两种形态叠加构成。录选的这些活动事件作文一些发表在我省《小学生导读》杂志上，有的发表在黄山日报《教学周刊》上，还有的发表在天津市《小学生作文》杂志上。它贴近和卷入儿童的真实生活，贴近家乡，贴近实际，融通学校、家庭和社区技能与德育资源，培养未成年人的能力和健康人格。

从量子理论角度来审视，这一篇篇事件作文就好比是一个个"纠缠粒子"，完成它的过程就在于一个个起伏涨落的圈状"闭合弦"——中的活动过程。

自制象棋，学会对弈

"郑春慧，你的象棋子做好了吗？你看我的——"汪刚走近我的身边，掏出一把棋子神秘地说。啊——一色子河滩里的石头。扁圆形的，个头大小差不多，上面用水彩笔写着字。我正犯难呢，昨天一个晚上，用墨水瓶盖做模子，在硬纸板上好不容易剪下 32 个棋子，那么单薄，用起来多不方便。再说，普普通通的，一点创意也没有。这石头棋子多好啊，又美观又方便，说不定还是一件艺术品呢。"我也去河滩里捡——""小姑娘，我劝你别费心血了。为这些石子我和徐志良一整天'泡'在河滩里，脚板都磨破皮了。你想想看，圆圆的，大小厚薄都要差不多，有那么容易找。"汪刚不无感慨地说。

我打消了效仿的念头，闷闷不乐地走进家里。一只小狗从柴堆里窜出来，"啪"的一声碰倒一根扫帚柄粗细的青柴棒。当我俯身将它扶起来时，触电似的想到，把它截成一节一节的，不正好可以拿来做棋子吗？真是"踏破铁鞋无觅处，得来全不费工夫"。于是我便拿来了一把小锯子，动手锯起来，"刺刺"，锯齿跳开了；再对着痕迹锯，没锯两下，锯齿又跳开了。爸爸见了做着示范说：锯东西手要有股暗劲，浮翘翘不行。我试着再锯，锯了一身汗，才把32个圆柱子锯下来。用手摸一摸，怎么这么粗糙，于是一有空，我便放在地上磨……功夫不负有心人，一副高脚棋子做成了，有点与众不同吧。棋盘嘛，我把旧挂历裁下一半，照着样子画，画好后，在楚河、汉界处写上"竞争不怕对手强"几个大字。

又一个难题出现了，找谁去学呢？我把这事告诉了爸爸，希望他能给我出点主意。谁知爸爸听完哈哈大笑，指着自己的鼻子，拖长声音说："找——我——学。"惊得我差点没跌倒，真是有眼不识泰山。晚上，爸爸铺开棋盘，对我说：这里放车，这儿摆马，帅在营里，兵在前线……摆好棋阵，爸爸说："下象棋，其实不难，无非是马跳日，象飞田，车横冲直撞，架起炮来隔山打……可要学精，那就不是一件容易的事了。"接着爸爸一边教我下棋，一边讲了一个故事："聂卫平9岁的时候和弟弟继波常趁父母不在家，偷偷地下棋。当时继波是北京市儿童围棋比赛冠军。他就把弟弟当作了超越的目标，每天放学回家后第一件事，不是扔下书包跑出去玩，而是向弟弟下'挑战书'。同样好战的弟弟也总是欣然应允。常常杀得难解难分，昏天地暗。""嗳，蹩马脚，不能走。"爸爸提醒道，"有一个星期天，他俩从大清早起床就开始下棋，一直不间断地下到了黄昏。由于体力不支，再加上急火攻心，聂卫平竟然出现了短暂的休克，把他爸爸妈妈吓坏了。"爸爸最后说，"要想学好棋，就要靠拼搏和辛勤汗水的浇灌。"

我将爸爸的教诲牢记心中。根据体验作业的布置，一个月后，学校举行了象棋比赛。想不到，我一个小女孩竟将许多强手杀得无立锥之地，稳稳当当地坐上了全校冠军的宝座。

学生：郑春慧

指导老师：刘　敏

过一天残疾人的生活

上个星期，老师布置了一项作业，就是去体验一下残疾人的生活。

晚上，我模仿了几个残疾人的动作给爸爸看，然后分别问爸爸是什么意思，爸爸被弄得莫名其妙。

第二天，我就闭上嘴不说话了。我心想：我平时在家都不太说话，这回让我不说话可难不倒我。

要做事了。我做动作给外婆看，外婆看不懂；写字给她瞧，她又不识字。外婆只好不理睬我，免得看我尽出洋相。

唉！我不能说话了，弟弟却得意了。平时，我对他很严厉，这回他可要乘机报复喽！

七岁的弟弟骂我，我又不能回话，心想：真是倒了八辈子霉了，居然让他骂。实在气不过了，我管它三七二十一，开口说话了。唉，没想到当残疾人有这么痛苦。

晚上，我又来当盲人，心想：这会儿弟弟可害不了我了吧。可万万没想到自己却害了自己。

吃饭喽，我拿起碗，闭上眼睛，开始舀饭。我用手在锅灶上东摸摸，西摸摸，突然摸到了一个勺子，心想：连老天也帮我这么快就拿到勺子。我拿起勺子在锅里瞎舀。"唉，怎么舀不起来呀！"我自言自语。我爸爸走过来，吓了一大跳，说："哎呀，怎么满锅面都是饭啊。"听爸爸这么一说，我忍不住笑了。

过了好一会儿，我好不容易舀了一小碗饭，开始夹菜了。我用筷子在盘里乱搅，外婆骂了："好好一个人做什么瞎子，神经病。"我小声说："真倒霉，没口福，又没心情了。"爸爸见我夹菜困难就帮我夹了些菜。吃饭的时候，我在碗里瞎扒，弄得脸上衣服上都是油和饭。

突然，我在碗里夹到了一根细细的、长长的"菜"，放进嘴里就嚼，这一嚼，差点把我戳哭了，这根又细又长的东西原来是一根鱼刺。

唉，盲人的生活多艰难啊！"一个人有了残疾，生活、学习、工作都不能像正常人一样方便。如果残疾人又得不到同情，得不到帮助，更会加深他们的痛苦。因此，我们要真心地同情、帮助残疾人。"通过体验，我对《思想品德》课中的这段话有了真切的理解。

学生：方明珠

指导老师：吴　海

冬游附近的村庄

春游、秋游我都去过，可冬游还是头一遭。曹老师布置体验作业，安排我们冬游附近的村庄，并且要到没有去过的村庄。自由组合，两至三人一组，并强调了四条安全纪律。

星期六，我、徐金金、吴佳佳几个同学商量后决定去慈姑"考察"。路两边的枯草上铺满了厚厚的白霜。田野里却是一片片绿，走近一看，原来是鲜嫩的大白菜，一棵一棵，像排列着的大圆球。瞧，吴佳佳开始说笑话了，刚开口自己先笑了，你笑他笑我也笑，大家笑成一团。爬上一个坡岭，一排排崭新的房子呈现在面前。二层的三层的楼顶上，还建有不少"亭台楼阁"，十分别致。家家大门都贴着瓷砖，有红的、绿的、酱色的，让人看了都想住进去。一打听，才知道是金川乡皂太村，那里山体开裂，政府把他们迁移到这里来了。新村里鸡鸣犬吠，生机盎然。老师说到一个村庄，一定要去看看学校。我以为这里的学校多么美丽，哪知操场那么小，我们的操场比他们的大两倍呢。还有那个水泥砌的乒乓球台，居然有人拿来晒萝卜干，旁边的两个旧教室又堆放着许多柴火，操场上还堆了一堆稻草，这还像个小学吗？周围的人家一点也不把学校放在眼里。

看完学校，按照体验作业的要求，我们走访村里的老人，了解村里的历史。有个人说："我不太清楚，你去问别人吧。"有个人甚至说："什么历史不历史，历史是什么东西呀！"后来，总算问到一位老爷爷，他和蔼地告诉我们："解放前，这里是个血吸虫窝，村里荒草丛生，一片荒凉。许多人得了血吸虫病，肚子一天天大起来，膨胀得像面大鼓，人瘦得皮包骨头，十几二十岁便死了。一到下午三四点钟家家就关门闭户了。真是个'万户萧条鬼唱歌'的地方。"我们的心情一个个沉重起来，吴佳佳眼眶里盛满了泪水。老爷爷停了一会儿，从口袋里抽出一支烟，又慢条斯理地说："刚才有个同学问这个村有什么故事。我听以前的老人说过'姣姑亭'的来历。传说，这姣姑叫秀芝，十八岁时为供养一个脊椎骨折断而残疾的小伙子，发誓终身不嫁。几十年如一日，护理着小伙子，直到他去世。后来人们为纪念她，建造了一座亭叫'姣姑亭'，由于她心灵美好，品德高尚，是一位大慈大悲的姑娘。村庄也由此得名。"

谢过老大爷，我们走进小店，一人买了一包方便面当中餐。望见对面一片楂树林，吴佳佳提议上去玩玩。啊，这座小山上全是楂子树，有好几百棵呢。染红了的树叶大多还挂在树枝上，像举起的一个个火把。脚下嘛，却有了薄薄的一层红地毯，阳光照射进来，如梦似幻。许许多多活泼可爱的小松鼠，在树枝上蹦来跳去，好像在跟我们捉迷藏。几只大松鼠趴在树枝上一动不动地看着我们，好像在说："你们是从哪儿来的，怎么从来没见过？"

在回家的路上，又遇上几名同学，最有趣的还是吴佳佳了，她衣衫领上插着两根松树枝，嘴巴里含着两根草，额头贴着一个大树叶，说："巫婆来了，巫婆来了。"我们追逐打闹，乐趣无穷。

这真是一次美好的、有意义的自主性活动。

学生：方孝健

指导老师：张剑平

走一次夜路

星期五，曹老师布置了一个体验作业《走一次夜路》，范围在附近五华里之内随便到哪个村去都行，比如：慈姑、园艺场、岑山、丰瑞里、承狮等。来到家中，我把这件事告诉了妈妈。妈妈愁眉紧锁，左思右想才对我说："你一个女孩，我陪你一块走吧。"我连忙说："妈，这样不好，老师要讲的。我已经邀好和姚笑林一同走。"妈妈深深地叹了一口气说："路上一定要小心，不要害怕。"

月亮还没有升起，天灰蒙蒙的，又黑又冷。一路上，小山变得像一个个手拿斧头的大恶人，张牙舞爪，面目可憎。什么鸟儿"哇——哇"隔三岔五地叫一声，使人毛骨悚然。当我们走近一块墓地时，忽然发现身边有个影子在闪动。"难道是——鬼？"我们心里疑惑起来，鸡皮疙瘩一下子蹿满全身。我们俩站住了，一阵冷风吹来，不由自主地浑身发抖。影子离我们越来越近，突然咳嗽一声。仔细一辨认，原来是邻居去田里守甘蔗。不一会儿，后面射来一束强烈的光，并发出"呜——呜"的声音，我转过身一看，姚笑林兴奋地喊了起来："汽车来啰。"何不跟在车子后面跑，正好有灯。于是，我俩跟着车跑，跑了一截路，累得上气不接下气。汽车转了个弯，淹没在暮色之中，一切又恢复旧模样。田里捆扎好的稻草一排排站着。就像墓地里的兵马俑。草丛中"沙沙沙"的声音，似乎有野兽出没。好害怕哦——

当我们提心吊胆地走到新民村大姨家时，大姨早已从电话里得知消息，特地炒了瓜子招待我们。我们嗑着瓜子，喝着热茶，紧张的阴影才渐渐地从身边退去。我、姚学林和表姐几个人情不自禁地唱起《夜航之歌》："夜沉沉，海茫茫，战舰奔驰在领海线上……我们在海上巡逻站岗，保卫着祖国的繁荣富强。"

哼着深沉豪迈的歌声，我们回头了，这时月亮已悄悄地爬上了山岗。水乡山村沐浴着银辉，美极了。田野山川甜蜜地睡去了，只有几只蟋蟀在草丛里弹奏着催眠曲，大地更显得宁静了。忽听得姚笑林一声惊叫："蛇！"我掉头迅跑，姚笑林哈哈大笑起来，原来她在吓唬我。

"小静——"一个亲切的声音从耳边传来。啊，妈妈不放心，来接我们了。一股暖流涌上心头，我跑过去扑在妈妈的怀里。

学生：童　静

指导老师：汪在文

做风筝放飞

吴老师站在讲台上，笑容满面地说："在这'草长莺飞二月天，拂堤杨柳醉春烟'的时节，'儿童放学归来早'，想不想——'忙趁东风放纸鸢'？""想！"我们笑着回答。"想，要拿出真本事来自己做一个放飞，不准去买，能行吗？""能行！"回答非常响亮，可我从来没有做过风筝，心里没底。

星期六，江凯、郑晶莹心情畅快地来到我家。做什么样的风筝呢？听老师说，山东潍坊的"龙头蜈蚣"长达百余尺，梁山泊一百零八位好汉也被做得栩栩如生，放上天，排成一队，真是气势非凡。我的胃口不大，做只大蝴蝶，能在蓝天飞舞也就心满意足了。第一步，我在白纸上绘画着色，设计图案。不吹牛皮，画蝴蝶是咱的拿手好戏，各式各样的蝴蝶画了不下几百只了。上次学校绘画比赛，我的"彩蝶"不是得了一等奖吗？第二步要做骨架了，材料还不知道在什么地方。竹丫枝随处都有，粗细不匀，能保证平衡吗？正当我一筹莫展时，突然看见一个小孩拿着一根竹篾在玩。一打听邻居家请竹匠师傅编竹筐，肯定有一些没用的下脚料，真是天赐良机。我用篾条扎成面对面两个大"3"字，中间再扎一个长圆形"0"。一边扎，一边看郑晶莹画大青蛙。她用了三张白纸了，一张也不满意。老凯走到郑晶莹身边，只见她发脾气，一脚将一只"青蛙"踢了个大窟窿，垂头丧气地坐在门槛上，大眼睛里填满了泪水，一副心灰意懒的样子。江凯赔着小心，拿起画笔替她描绘起来，"呱呱——呱呱——"在老凯的学叫声中，大青蛙跃然纸上。郑晶莹看了，破涕为笑。第三步把彩绘的蝴蝶糊上骨架，糊好后，好像少了点什么？呵，人家风筝尾部都有彩穗。对！要给蝴蝶按上长尾巴。不一会儿三条美丽的孔雀彩屏张开了。我说："得取个名儿。""就叫杂交蝴蝶吧。"老凯风趣地说。大家听了哈哈大笑。

开始放飞了。我郑重其事地请老凯给我提着风筝，自己在前面拉线。微风起了，我跑了几步说："放!"老凯好像没听见，一动没动。"啪"的一声绳断了。原来老凯正盯着他自己的风筝，一只小狗正用脚扑棱着与它逗乐呢。接好线，我的风筝缓缓地扬了起来，不一会儿，扬起的风筝开始摇摆，像电风扇一样慢慢地旋转，转着转着，一头栽了下来，奄奄一息，不能动弹了。

郑晶莹的风筝也是一会儿这边倒，一会儿那边倒，像个调皮捣蛋的小男孩。它好像对郑晶莹上午踢了它的同伴一脚，怀恨在心，想乘机报复似的，怀有怨气的风筝跌跌撞撞，撞到树枝上去了。这一下乖了，躺在树上还哗啦哗啦地飘。

老凯从山坡上往下跑，一边跑一边放线。水溅到身上也不在乎。风筝往上爬的劲儿越来越大，一会儿就升上蓝天，仿佛一只苍鹰在翔升；我们欢呼雀跃，庆贺老凯放飞成功。

我坐在草地上想着老师说的话：风筝能升空的原理，主要是靠风的推力，是受空气的力量支撑向上。风筝提线的角度若放置上方时，扬力增强，抗力减少，才会往高处飘升。若风筝摇摆角度大，主要是头重脚轻的缘故。根据这些道理，我将提线作了调整，并加长了彩穗。

歇息了的风筝，解除了疲乏，重新振作起来，抓住白云的手，爬上了蓝天，自由自在地翔翔起来。看着操场上空同学们陆续放出的五彩缤纷的风筝，我高兴地吟起古诗："纸花如雪满天飞，娇女秋千打四围。五色罗裙风摆动，好将蝴蝶斗春归。"

学生：方嘉慧

指导老师：汪建中

亲子互写

叶老师布置了一个《亲子互写》的体验作业，叫我们和爸爸妈妈互写一篇作文。我爸爸在外地打工，只有妈妈和我来完成这项作业。星期四晚上，我和妈妈面对面地开始写作文。我写妈妈的外貌、爱好。我只知道妈妈最大的爱好是赌博，如实写了。我知道我写的不是好的方面，但在这方面我的感受最深。妈妈写作文时老是忘记字，连商店的"店"字都不会写，还问我。我觉得妈妈夸我夸得太好了。我告诉了妈妈。妈妈说："你自己做得没这么好，就要努力达到这么好才好。"下面是我和妈妈互写的作文。

一

我的妈妈今年 36 岁，叫汪小琴。脸和我一样黑黑的，两只黑葡萄似的眼睛之间有一颗大黑痣。鼻子塌塌的，耳朵大大的。浓浓的眉毛上，罩着一头乌黑的头发，一嘴洁白整齐的牙齿，笑起来很好看。

我妈妈最爱打麻将，每天晚上出去玩，总是要上桌。妈妈说："我本不想打，是别人拉我打。再说一打就上瘾，我也没办法。"

外公常劝妈妈少出去赌，夜里都不晓得回家了。妈妈听了，那两天就不赌了，过了几天又开始打了，总是戒不掉。

上个星期天，我的妈妈去亲戚家吃喜酒。五点多钟，宴席已经摆好了，准备开饭。妈妈还在聚精会神地打麻将。邀请人已经来催了好几次。第一席已经吃好了，准备摆第二席。我催妈妈："还有许多路，吃了好早点走。"妈妈不耐烦地说："知道了，最后一庄，别急。碰，发财……"麻将结束，第二席已经吃了一半，菜都冷了，她才和我一道拿起碗筷。

别人都叫我妈妈外号"爱情"，我不知道是什么意思。

我最希望我妈妈能把赌博戒掉。（朱慧琦）

二

我的小女儿叫朱慧琦，小名露萍，今年 11 岁，在本村的小学读四年级。她是个聪明懂事的孩子，小模样长得也不错。一双大大的眼睛，高高的鼻梁，嘴不大也不小，非常相称。她常常喜欢扎一根马尾辫。她的学习成绩一直不错，在班上是数一数二的。她不但学习好，而且心地善良。

有一次，她和姐姐俩一起看中了小店里一种带小动物的糖。于是两人各向我要了 5 毛钱去买，到小店一问，谁知那种糖刚卖完。她就将 5 毛钱拿回家。她姐姐则买了另一种糖果。我问她，你为什么不买？她说："我不喜欢吃那种糖。"我说："你可以买别的你喜欢吃的零食。"她则说："我不舍得买，爸爸妈妈挣钱不容易，我不想浪费掉，留着以后给我买笔吧。"她姐姐却说："露萍真傻，不买白不买，下次买笔还怕妈妈不给吗？"我当时听了直摇头，一个劲地说："我把你俩顺序生反了，大的还不如小的懂事。"

记得还有一次，她外公买了一块肉来，一不留心，肉叫猫给叼走了。气得她外公直跺脚。后来邻居一只小猫来我家玩，她外公把气全出在它身上，给它一脚，踢得猫"咪咪咪"地叫着跑了。露萍看见了大叫起来："你干吗踢它，又不是它偷吃的。它那么小，你怎么忍心踢得下去。"说着说着，眼眶湿润了，还挂下一颗泪珠。我为我能拥有这么懂事听话的孩子而深感欣慰。我衷心希望她努力学习，长大做一个善良、正直、对社会有用的人。

朱慧琦母亲汪小琴

指导老师：许晓燕

宣传《孝道五字歌》

"农家众乡亲，端坐听我言……"我怎么背不下来呢？到人家去宣传，多丢脸，多害羞。昨天的一幕又浮现在我眼前：吕慧笑她们小组到群众家去宣传，来到一位婆婆家，当她们排好队准备高声朗诵时，一个年轻人走出来，油里油气地说："不要背了，叫你们老师来宣传我才听！"他说完，嗑着瓜子，吊儿郎当地走了。她们又来到一户人家，那户人家很不情愿地让她们背了。她们边朗诵边表演，但人家的注意力不在听，而是被电视剧里的武打场面吸引住了。他们根本没把宣传"孝道五字歌"放在眼里。我还是不到群众家去宣传吧，免得遭人家的冷眼，碰人家的钉子。但是，我又不能辜负老师的一番良苦用心啊！有了，老师不是说，宣传形式可以不拘一格吗。用一张大红纸，把它抄下来，往墙上一贴，不也是宣传吗？真是个好主意！……好久没写毛笔字了，费了九牛二虎之力才抄好。纸上挂了彩，手上桌上也都成了"包龙图"。同胞弟弟说："这么麻烦干什么？我有复写纸，用圆珠笔抄它几份传单，送给别人看，不也很好吗？""这个主意不错。"我说。星期天，我早早起床，准备去贴，又不敢去，看看小店门口那么多人。我想了想，贴在自家门口吧。当我刚把大红纸贴在墙上，又滑了下来。刚好走过来一个大人，她问："你在贴什么？"我一听，猴子似地溜了回家。打发弟弟去贴，弟弟没办法，只好服从了。贴好后，我俩躲在家里向外张望。不一会儿，一个一个的人都围拢来看，有的一边看，还一边读出声来："……父母养儿女，恩情重如山，人老年纪大，千万不能嫌。衣被勤换洗，饭菜应煮烂……"听着听着，我们的胆子大了起来，就在红纸旁把传单发给大家，让乡亲们带回家去看。

这时，吕慧笑一行刚好从门口经过。她停下来笑着告诉我："这次成功了。盛盛家老老少少，全坐得端端正正地认真听。背完一段，就鼓掌一次，脸上总是露出会心的微笑。说我们舞跳得优美，小品演得有趣味，还夸我们是学校里的好学生，社会上的好少年呢。"

宣传活动过后，我们都得到了老师的表扬，因为宣传的方法独特。有一个人用快板去宣传，有人用粉笔将"孝道五字歌"抄在村里的黑板上宣传，还有的采访到孝顺的好事例，将它编成故事一道宣传，真是"八仙过海，各显神通"。

你知道吗？这也是一次"服务社会，服务他人"的活动。老师说，在活动的过程中，我们不但得到了磨炼，更重要的是使中华传统美德——孝，在农村精神文明建设中得到了崇尚。

学生：方孝强

指导老师：郑瑾琪

用鸡蛋做几道菜给亲人尝

"啦啦啦，啦啦啦，我是炒菜的小行家，油盐酱醋满锅抛。一边炒，一边说：'今天的菜肴真正妙，一桌美味全要鸡蛋做'。"我舞着锅铲，笑嘻嘻地唱着。这是怎么一回事？原来，我正在完成曹老师布置的体验作业——用鸡蛋做几样菜给亲人尝。

前几天我就缠着住在本村的外婆教我学做菜。今天我要露一手了。看，套上袖套，围着腰巾，多像个小厨师。

第一道菜，鸡蛋炒青椒。平时看也看熟了吧。当我把鸡蛋往桌角上一敲，还没送进碗里就漏掉了一半，真是出师不利。鸡蛋打开了，青椒切细了，赶快，油锅冒青烟了，一倒进去，"轰"的一声，燃起的火焰把头发差点燎焦。

第二道菜，做鸡蛋饺。这是一道高难度的菜，弄不好会砸锅的。我先把沼气炉的火力调小，放上平底的钢精锅，油熬到火候，再将搅碎的鸡蛋慢慢地螺旋形地舀进锅里。薄薄的一层皮见到热油急速地鼓了起来，像口香糖吹起的泡泡。翻个边，用小勺舀上一团（韭菜、豆腐、肉丁）馅，放在饺皮上，用筷子将它包起来，并沿边口揿一揿，再翻个面，煎一会儿，铲起来。你看左手拿筷，右手拿铲，一会儿拿勺，一会儿拿油，双手不停地挥动着，像弹交响乐吧。第一个蛋饺做得像个丑八怪，可我不灰心，后来就一个比一个做得好看起来了。

鸡蛋汤是我要做的第三道菜。我把西红柿切成一朵朵花的形状，放进开水里滚一下，再倒进鸡蛋，盖上锅盖，一会儿汤就溢出来了，赶紧放盐，放猪油，放味精和葱末，试一试咸淡，正合口味。

饭锅里还有一道菜,你知道是什么?告诉你吧——炖蛋羹。我用筷子戳一戳,中间还没有硬,又让它焖一焖,焖了一刻钟,戳戳还是稀薄的。我醒悟过来——水放多了。这时,姐姐等得不耐烦了,说:"12点了,肚子饿到背上去了,还不上桌。"好了,好了。我双手托着盘子,一步一步地小心往前移动,生怕汤溢到身上。我一边走,一边喊:"滚鸡蛋饺来了。"心想这个名字太俗了,改个好听的吧,有了,就叫"蛤蜊戏珠",雅吧?当我端着青花碗盛着鸡蛋羹,突然冒出的名儿是:"青青园中葵",好听不好听?姐姐来帮忙了。我又为爸爸妈妈盛上饭,递上筷,礼貌地说:"请品尝。"爸爸妈妈乐了。姐姐闻到香味,夹起一个鸡蛋饺就咬,"呸"一口又吐出来,大声嚷道:"怎么这么难吃!"糟糕!馅里忘了放盐!我的脸唰地一下子红到脖子上。爸爸妈妈大笑起来。

你知道吗?鸡蛋还可以做鸡蛋花卷,腌鸡蛋、鸡蛋饼、鸡蛋糕、鸡蛋面条等等。想不到数学上的"一题多解",语文上的"一词多义",什么"发散思维""多样性、多元化"等学问,在做菜的过程中也能体现出来。

今天"格格"掌厨,头一回,收获还真不少呢。

学生:吕慧笑
指导老师:洪丽君

学做一次推销员

"卖书呵——卖书,哎,老爷爷,这本书要不要啊?很好看的喽,里面有刑警抓坏蛋的故事,很便宜的——"老爷爷摇了摇头。

"卖书呵——要不要买书?"一位小伙子走过来,我连忙将书递过去。"不买,不买。""五元两本。""不买,不买!""三元两本最低价。""我说你这小鬼怎么这么烦哪,不买就不买。"小伙子一甩手走了。

在汪文华家路边有几个人在修路,有一个人问:"多少钱一本?"我说:"一块五一本,买一本吧。"他说,买给谁看?钱芬说:"买给你老婆看嘛。"旁边的几个人大笑起来,原来他是一个光棍。

昨天星期五,曹老师布置了一个体验作业,叫我们学做一次推销员。他把爱心爷爷鲍培松寄给学校的许多旧杂志(大人看的,有九成新)整理出来,免费发给我们每人一本,说书卖掉了钱归自己,买点学习小用品。如果推销不掉就还给老师。回到家里,我告诉了妈妈。妈妈听了说:"你们老师真是花样多。星期一你跟老师说书卖掉不就行了。"我听了生气地说："我不做说谎的孩子，何况还要写作文的。"妈妈没再说什么，只好答应我去推销，我高兴得跳了起来。

现在已经10点钟了，我、方孝强、钱芬一组三人，一本也没卖掉。我们继续边走边推销，到了一户人家，迫不及待的方孝强进了大门就嚷："叔叔买本书吧？"那位叔叔说："看看什么书，好看再买。"方孝强把书递过去说："托你买一本，同情同情我们吧。"那位叔叔翻了翻书决定买下来。可是他妻子不高兴，说："买来干什么？哪里有工夫看书，不买！"方孝强想了想，轻轻地叫钱芬把钱退给他，免得他们夫妻吵架。

我们走到红光村，碰上一个卖卤菜的，口沫差点说干了，他才同意用三只鸭脚与我们换一本书。听说退休的徐老师也在这个村，我们呼的一下向他家跑去。徐老师热情地接待了我们，又倒茶端水果，夸奖我们做得好，说着掏出钱来，把剩下的两本全买走了。我们拿着自己辛苦挣来的钱，喜笑颜开地回家了。

曹老师说，这次体验作业要让我们懂得怎样挣钱，学习理财。如果缺了这一课，长大了既无法懂得劳动的意义与金钱的价值，更无法拥有取得成功所需要的自立能力。

学生：朱慧琦

指导老师：陈观贵

出一期宣传墙报

星期六，童静、方明珠、凌家敏按约定来到我家，共同完成曹老师布置的体验作业——出一期宣传墙报。墙报的内容老师限定在《思想品德》和《社会》课书上。首先，我们花了一番功夫选择材料，确定主题。经过自己的思考和商量讨论，我确定了"孝敬父母"的主题，童静是"爱护公共设施"。方明珠是"保护动物"，凌家敏是"遵守交通规则"。

接着，我们用铅笔在学校发的八开白纸上打线，写报头。我先抄上《思想品德》课本上的"不忘父母养育恩"，讲的是老一辈无产阶级革命家陈毅给生病的母亲洗尿裤的故事。这个故事曾经深深打动过我的心。抄着，我的脑海里浮现出爸爸略驼的背影，妈妈憔悴的脸庞，并为自己常常在母亲面前发脾气而感到惭愧。在另一个版面上，我工工整整地誊上自己的获奖作文《给爸爸妈妈盛三天饭》。思想品德书上有一幅"小敏体贴生病的妈妈"插图，我想把它画在版面的中间。这样，主题突出，又美观大方。可人物的头像总画不像，童静走过来，勾勒了几笔，简直跟书上的一模一样，大家看了不由地鼓起掌来。最后，我用"名人名言"补白，其中但丁的那句话说得多好啊："世界上有一种最美的声音，那便是母亲的呼唤。"凌家敏的那份《交通规则报》有诗有文，还画了许许多多的图形。什么等边三角形的警告标志，圆形加一红杠的禁令标志，圆形蓝底的指示标志和蓝色方矩形的地名标志等等，内容丰富，色彩缤纷，好看得不得了。

星期天，我们拿着手抄报找地方张贴。来到一个店门口，发现一块空置的小黑板正合适，便去征求店主的意见。店主人说："好吧，好吧，你们小孩子做宣传，我应该支持呀。"于是有的粘糨糊，有的搬凳子，有的看贴得正不正，手抄报贴好，我们又裁了两条红纸，两条黄纸框在边上。一位阿姨看我们够不上，还主动来帮忙。这时，陆续围过来一些人，他们一边看，一边评论着：这份报字写得清秀，画也画得逼真。"哟，这张报设计得宽松，图文搭配得也好。"……听着人们的赞扬，我们心里比吃了蜜还甜。我们再跑到别处一看，各个小组的手抄报也都上墙了，有六张一块，有八张一块，还有两张一块的。红红绿绿，把村庄打扮了一番，顿时漂亮起来了。只是郑书鸿那组贴得松紧不一，框边的红纸太宽了，显得有点不协调。

双休日就这样忙乎着过去了，可我的心里仍惦记着我们的墙报：会不会被人撕了？下雨怎么办？老师去看过了吗？

学生：江燕宁

指导老师：徐德海

三餐忆苦饭

清晨，大家一反常态——没吃早饭就早早地来到了曹老师家，为什么呢？也许你会猜到这次活动的内容了，那就是吃一吃解放前穷苦人家的饭。

我们早上吃的是面粉糊，又名雪花糕。当我试探地问起时，略知一二的小丹丹卖起了关子："番薯。""我最爱番薯了"我兴奋地叫着。谁知他又酸溜溜地冒出了"的叶子"三个字，我的心一下子晴转多云了。没办法，总是要吃的呀！"开工"了，只见曹老师拿起菜刀，不客气地对着番薯的叶子进行了"宰割"——把叶子切得像碎片。"噼里啪啦"放进炉灶里的竹子着火了，火很大，我也想帮忙，因为我不能做"王子"。我一下子拿了许多柴火塞了进去，火一下子被"驯服"了，憋了一会儿，又熊熊燃烧起来。曹老师把叶子放进锅里，调进面粉糊，没多久就煮开了。"咦！好恶心，像猪食！"我大叫着。"这菜就是给猪吃的，只不过煮了一下罢了。"啊！怎么能吃。难道一定要咽下这令人作呕的"美味早餐"？我想着，开始退缩起来。女生们先下手为强——拿走了小碗，男生便拿着大碗央求少舀一点。曹老师没回答，唉！谁叫我们后下手呢？徐新洁第一个吃起来，站在一旁的姚国杰就不停地问好不好吃，徐新洁作出很难吃的样子，到处找辣椒调味，只有我是原汁原味的哦！一个不懂事的小弟弟走了过来，大家都请他尝，好笑吧！

吃完早饭，中午又来了，中午吃什么呢？那就是身穿棕色外衣的土豆啦！我的最爱哦！我照常烧火，这土豆还真是硬骨头啊！烧了好久，筷子还是穿不进，我的脸皮都快烤焦了。我想：要是二姐在，那多好，她脸上油可多啦。吃土豆了，我迫不及待地咬了一口。哇！好鲜美啊！便大口大口地吃着，大家也都狼吞虎咽起来。可没吃了几个，就挺不住了，多余的就分给了猫咪和小狗。

接下来的晚餐，一定会使所有的孩子都口水直流的。那就是放了糖的南瓜块（曹老师怕我们三餐都没口味，"掉了膘"，才下了决心放糖）。这可是三餐中唯一甜的啊！就叫作先苦后甜吧。可姚国杰吃了两顿已临阵脱逃了。其实，我是有动力坚持的——红军二万五千里长征时，连皮带都煮着吃。曹老师也吃过糠！我与之相比，简直是一个天堂一个地狱嘛！我开始觉得以前大鱼大肉的生活似乎太奢侈了。吃着甜丝丝的南瓜块，我开始深思起来……

我们要珍惜现在的幸福的生活啊！

学生：江　剑

指导老师：许萍珍

后语：有教育研究者说："一个可以让学生找到归属感的校园，一个能够给学生创造发展空间的校园，一个令学生身在其中心暖融融的校园，便是孩子们所渴望、所呼唤、所向往的。办学就要办出一个温馨舒畅、贯通学与玩、融汇情与理的人文氛围，让孩子们有一个充实的今天，更拥有一个快乐、饱满、难忘的童年。"

第二课堂校本兴趣小组活动掠影

——让"手的教育"彰显出应有的理性价值

前言：《更好的技能、更好的工作、更好的生活》明确提出："技能已成为21世纪经济的全球货币。"人们可以使用他们的资格和能力作为"通用货币"，在不同的国家和工作之间自由流动。专家说，由此可见，由非认知与认识两部分构成的21世纪技能在未来社会中将扮演越来越重要的角色，而教育也将从传统碎片化的知识传播转向更为深层、复杂的21世纪核心技能培养，这将是未来国际教育改革的一大趋势。我校的"技艺操作"课堂，是将"技能"训练打造成一个专门的课堂。小试牛刀，探索着用实际行动去迎接未来国际教育改革大趋势的到来。

一、放飞五光十色的梦（作文技能训练掠影）

童心文学社的成立，"哗"的一下围来了四十多名想报名参加的同学。指导老师张剑平想了一个点子，每人必须交一篇达标的习作，用稿纸誊写展示出来，让大学评议。加入文学社后，同学们自发地去练笔，有的甚至到了痴迷的程度。五年级的徐文飞、王伟，他们每天必写稿子，多的达四五篇。二年级的徐晨晨，坚持每天写日记，从不间断。同学们有兴趣去读去写去想，写作水平如蓄闸的水一下子高了起来。有《烛光伴我写稿子》的快乐，有的同学间闹矛盾就写《你们别这样，好吗》来相劝，有《别叫我"大头伟"》的呼唤，有《爸爸戒赌了》的喜悦，有《我替妈妈打工》的生活体验，有《老师，你冤枉了我》的委屈，有《爸爸妈妈，你们别吵了吧》的烦恼。还有想象作文《月亮旅游记》之一、之二，《鱼儿历险记》《BC星球奇遇》等等。正如张志公先生所说的那样："写作课要特别强调训练，使知识化为技能技巧。"

激发学生的写作兴趣，张剑平老师主要从评讲激励化上着手，对于孩子们的每一篇作文，即使有不健康的思绪，张老师也没有一丝一毫的责备，而是从众多的缺陷中找出其闪光的一点：或用得恰当的一个词，或描绘生动、有趣的一个句子，或一个独特的想法。老师对此加以赞赏，只求一个大大的真。当孩子们感到自己的功夫没有白费，老师再巧妙地提出修改设想。童心文学社创设了融洽而富有实效的激励氛围，选取优秀习作当众朗读，或誊抄到《活动月报》和《童心文学社报》上，将优秀作品录制下来，利用午间或课外活动播放。发动学生自办个人选集（几个人合办也行）。上学期童心文学社出了六期作品展，每期都让大家自由评议，然后投票评出优秀习作 3～5 篇，给予适当的奖励。同时，张老师还积极鼓励同学向各地少儿报纸杂志投稿（学校出稿纸、邮资），尽量满足孩子们的发表欲望。近年来，有张欣、方明珠、吕慧琳等 12 名同学在省市报刊上发表作品 28 篇。兴趣是最好的老师，而开发学生作文兴趣的金钥匙是——营造激励的氛围。文学社开展活动，张老师注重让孩子们的情感回归本真的状态，让学习生活走出封闭的小屋，让孩子们的思想冲破世俗的牢笼，自由放飞在广阔的天际。

叶圣陶先生指出："写作系技能，不宜视作知识，宜于实践中练习，自悟其理法，不能空讲知识。""写作是一种技能，是写作者在复杂的脑力劳动作用下的文化生产行为。"（注：从规范的角度而言，写作不宜放在第二课堂。）

（章小珍）

二、芳影常留天地间（摄影技能训练掠影）

"学校要成立童心摄影组了"，一个星期内就有 32 名同学带着全新的 135 型傻瓜照相机前来报名参加。指导教师章小珍遵循理论联系实际的教学原则，制定了较为周密的活动计划和步骤安排：（1）学习照相机的基本结构和拍摄知识；（2）利用空机反复练习，直至熟练；（3）共拍老师选取好的一个镜头，掌握取景、对焦、曝光等技能；（4）对冲洗出来的照片，就取景、用光、构图等方面进行分析评讲；（5）每个人都到大自然中自由选景拍摄；（6）展出作品，让师生评判优劣。通过实践—认识—实践，同学们的拍摄技能有了提高，观察审美能力也得到了锻炼，拍出了一些比较耐看的好作品。如张欣同学的风景照"古韵深处的人家"，远景为碧绿的崇山峻岭，近景为一棵浓荫密盖的参天古樟，占据画面 2/3，留下上方的 1/3 是蔚蓝的天空，上角凌空飞过几根像五线谱的高压线。通过画面，人们能联想到，改革开放以后，深山老林里的山村，也早已进入了电器化时代。再如汪鹏同学拍的一张人物照，题为"我们和校长在一起"，远景为高耸的教学楼，中景为校门内的校园，近景校长面带微笑，两手自然地放在前排两名同学的肩上，让人体味到校长对孩子的爱护、关心、呵护。前排两名同学眉宇间透露出幸福的喜悦。照片的画面表现出了一个师生"互尊互爱"的永恒主题。学校为了支持摄影组开展活动，除自购相机外，不收一分钱活动经费，而且免费提供胶卷和冲洗。孩子们摆弄着手中的照相机，从小养成健康的审美情趣和生活方式。孩子们在玩耍中认识事物，感知时间和空间，摄影也成了孩子的一种语言。"儿童的一百种语言，意指每个儿童有权利而且也有能力运用除口头、文字语言外的多种方式，用各种材料认识他周围的世界，表达自己的思想、情感，获得他对世界的独特理解。"

（章宏伟）

三、山光物态弄春晖（盆景技能训练掠影）

"孩子们的禀赋、才能、爱好和特长是各不相同的，需要让他们有充分的施展余地，为他们的'表现'提供良好的条件。"当发现一些孩子喜欢摆弄河滩里的石头时，山石盆景制作兴趣小组便应运而生了。农村具有得天独厚的自然条件，山坡、河畔、地头有取之不尽的奇石、怪树、碧草，均可作为盆景制作的材料。指导老师徐德海，利用活动课传授有关盆景制作的简单方法和选材的基本知识，要求孩子们自己去发现。自然界中那些形状奇异，花纹奇特的石头都是宝贝。在河畔，当同学们发现一块奇特的石头或一株异草时，从他们那大喊大叫声中，大家完全可以感觉到孩子们在寻找、挖掘、选择已发现的美，融入了美的情感，孩子们调动自己的生活积累，知识库存，充分发挥联想，自发地给它们命名为"宝瓶""靴子""小船""飞机""狗熊"……这时思维在活跃，心灵在启迪，美育在延伸。

制作山石盆景，有时可"因石立意"或"因意选材"，例如一块石头，外观形状、颜色像一条小船，我们就借古人一句诗"野渡无人舟自横"来命名；再如，为突出素质教育在学校中的地位，制作者选取"素质教育"四个字作盆景的立意，然后到河滩去精心挑选各种字体笔画的石条，作为制作材料，同学们写出各具特色的"素质教育"石条字，镶嵌成三大展板。以制作

"野渡无人舟自横"为例：我们选择一个椭圆形的瓷盆做底盆，四周边上铺上青苔做绿色的大地，盘底留下大片空间装水，以作为湖；湖的右岸摆上一条"小船"，船头立一竹篙，泊于岸边，作为近景；再摆上几座"小山"前后错落有致作为远景，湖边一条弯曲的小径隐入山后，暗示山后有村庄。整个盆景就是一幅静止的立体画，是无声的诗、凝固的音乐。同学们在徐老师的指导下，共同完成这一幅山水盆景时，那种成功后的喜悦，生动地显露在小小的脸蛋上。"一物能美，足以予人莫大快慰"。一个个盆景就是一个知识的小宝库。一个盆景就是一处情感的寄托。在盆景面前，人的审美情趣在提升，情操在陶冶，心灵在净化。《学会生存》中有这样一段发人深省的话：事实上，今天的教育面临着一件使人着迷的任务，即发现如何在理智训练与感情奔放之间求得和谐平衡。科学教育注重并擅长理智训练，艺术教育注重并擅长感情奔放。如果我们的学生能同时较好地受到这两方面的教育，那么毫无疑问，教育所面临的上述着迷的任务就能够被出色地完成。

（郑效仪）

以社区事件、时空为中心构建终身学习的能力

——上海一少年黄山乡村体验活动散记

按：暑假的时间在本质上是属于孩子自己的。我们反对"假期就是换个地方学习"的校外补习，也不赞成那种让孩子放任自流、无拘无束的放养式假期模式。暑假作业只有走向生活、走向社会、走向实践，才能让孩子展示个性特长，增强学习信心，体验假期乐趣。在"三个课堂"课程理念指导下，一样的暑假，上海少年郑童童却有着不一样的体验和收获。

2006年7月9日，我刚起床，捐资建我校的上海久富集团郑汉银总经理从上海打来电话说，他儿子童童已经到江村小学了，要我去接一接。当我骑上自行车准备出发，村委会朱主任已将他带到我家了。

郑童童，是一个活泼神气的孩子，白白的皮肤，结实的身体，一到家就问这问那，大方得体；看见狗有些怕，有意识地躲避；喜欢小猫咪，抚弄好久也舍不得放手。他父亲电话里的意思是：儿子数学成绩不错，在班上是名列前茅的，只是作文逊色，利用暑假想补补作文，并且还要求我把他写的作文打印出来，装订成册，并客气地说，烦你辛苦了。补什么知识容易，只要书上有；就是补作文难，蹲在家里写不出来，捧本作文书嘛，无奈之下还会选择抄袭。好在我有"生态体验校本课程"的设想，它的特色是"近、小、实、亲"，不吹牛，能把单调无趣的日常生活，打造得五彩缤纷，绚丽多姿。但是一老一少，两个人去体验就津淡无味了，也不协调。少年儿童具有向群性，只有在集体中才容易调动和激发起兴趣和激情。于是我就一家一户上门，免费招收了八九个品学兼优的同学与童童一道组成一个"体验小分队"，上午外出体验，下午2—4点写作文，5点之前宣读、交流、评讲，晚上还要督促和指导童童修改加工，天天如此，雷打不动。周六、周日再将修改好的作文拿到城里去打印。体验作文引导童童关注现实，热爱生活，表达真情实感，

为童童的自主写作提供了有利条件和广阔的空间。学习方式自然是自主、合作、探究式的，不需要我刻意去指导。看一看郑童童的部分习作片段，也许你会从中感知到设计者的良苦用心和所花费的心血汗水，以及它在增强郑童童的习作自信心和提高写作水平上所产生的效应，这是最客观公正的佐证资料了。

汪华是隋末吴王，后授封越国公，其坟墓葬在江村境内，丰瑞里人花了几万元在村边的山上建了一座汪公庙，《夏游汪公庙》中的一段联想，提升了文章的主题思想：汪公庙周围有一片小森林，在那儿我们抓到一只小鹰，它那尖尖的嘴，锐利的爪子，蓬松的毛，令人毛骨悚然。坐在森林的地上，我突然记起一件事，小时候，妈妈带我去拜佛，我在庙堂里大叫了一声，妈妈说惨了，我不信，没想到，当天眼睛竟肿了，你说巧吧！其实正如曹老师所说的，神佛不会给人们带走灾难，也不会给人们带来幸福，求神拜佛，只不过是人们在寄托一种心愿。心愿的实现还必须要靠自己付出努力，你说对吗？

《赤脚行走一天》，在玩乐之中磨炼意志，开头的一段是这样形象地表达的：痛苦的一天来临了——因为体验的需要，鞋子被曹老师宣布暂时"停职"了，早上便在曹老师家门口与鞋子说拜拜，脚则去完成任务——绕那坑坑洼洼的石头路走一圈，然后赤脚走上对面那陡峭的山头，最后还得走三条长长的水沟。这样你以为鞋就会"复职"了吗？还早着呢？

《捡石头拼字》既动手又动脑，文中有一段自己的独特感受：拼字比赛开始喽！我想：这次一定要把"玉"琢成美丽的"器"。我喜欢艺术，想拼出一朵花，象征着祖国的花朵很快乐。"拼好了，我长大要做个杰出的人！"姚国杰望着自己拼出的"杰出"两字，激动而兴奋地喊了起来。再望望别人的作品，有拼"学习"的，有拼"奋斗"的，有拼……真是五花八门，有的线条选得好，有的颜色搭配得好，我拼的是"快乐之花"，笔画太多，花是用圆的、椭圆形的石子拼成的图案，别具一格。终于评奖了，小丹丹得了一等奖，"小桂圆"和"小强"得了三等奖，其余人是二等奖。我越想越感到愤愤不平，我的作品艺术感比小丹丹强多了，小丹丹的"方劲有力"，怎能与我的"艺术完美"相比？权威在老师那儿，没办法，只好认了。

整理出一些旧书旧报，让孩子们《当一次卖书卖报童》，体验做买卖的滋味，文中说的全是真话、实话、心里话：小丹丹和新洁总是拉后门——找亲戚推销，或拿曹老师当"挡箭牌"，我见了，真恨不得离他们远远的，我可不想与他们"同流合污"。一会儿，他们都卖完了，而我还满满的一大堆。过了许久，一位大叔说要买，我数了五张，卖了一元，真是"柳暗花明又一村"！旁边有位老师，是曹老师的同事，我有许多教育报，一定对他的胃口，没想到他竟如此挑剔，不是说看过，就是说不看，却到他人那里买走几张小报，我心里痒痒的。突然，半路杀出个程咬金——江和顺出现了，一把抢走了我手中的所有报纸。我想，他一定不怀好意。可过了一会儿，他把手中的1.2元钱塞给我，原来是帮我卖掉了，真是谢天谢地。

赤日炎炎之下，《体验挑担与拉车》，似乎有些不近人情，可它却使童童有话要说，有东西好写：一试，肩膀好痛，便央求曹老师拿掉一些，筐里一头只放一个南瓜和两个玉米棒，虽然轻了一点，可还是有点挑不动，扁担不断地从肩上滑下来，如此反复，不知多少次……实在太热了，想脱衣服，又不好意思，可还是豁出去赤膊上阵了。一路上，我们成不了天平，却像可爱的企鹅左右摇摆，有趣极了。快到了，我们的劲大了起来，"加油，加油"一阵雷鸣般的叫声，叶军这个不够义气的人也在里面看我俩的"好戏"，太坏了，不管怎样，我们也凯旋了吧！看看林沁心的肩膀已红得像火了。

《钓鱼活动》既是玩，又是一种技能与耐心的训练，亲自经历了就有许多心里话语要说：今天要去钓鱼，我一听到钓鱼就像打了兴奋剂一样，一蹦三尺高——这可是我第一次钓鱼啊！以前我只能看别人钓，现在终于可以亲身经历一下喽！我们先找竹子，阿剑精挑细选地帮我找了根又细又长的，曹老师又买了钓鱼线。我不知怎么用，刚一拿起来就被鱼钩钩破了手指。丹丹见了，放下他的鱼竿帮我弄了起来。我们来到一条清澈见底的小河边，那里大鱼不多，小鱼却不少，成群结队的。我把鱼竿放到水上后，就抓起小鱼来，曹老师见了说："可不能学小猫钓鱼啊！"顿时，我脸火辣辣的，拿起鱼竿，鱼饵倒没了。河里鱼儿不多，听曹老师说，原来是被人们"炸""电""药"了之后才少了。我们又来到了一个小池塘钓龙虾，只见江名丹拿起一只无辜小生命"青蛙"进行"手术"，真是太残忍了，难道为了钓龙虾就一定要下这样的狠心吗？但我还是把青蛙肉装在钩上。"上钩了，一只大龙虾。"江剑兴奋地叫道，大概是想让全村人都知道似的。只见那龙虾紧紧地抓住青蛙腿，好像在说："这是送给我的美餐，那我就不客气喽！"却不知自己已束手被擒了。

《大扫除劳动》既体现互助精神，又培养劳动感情，一举两得，讲卫生的习惯也由此养成：……汗水早已像雨一样滴答滴答地流着了，可我还是坚持扫着，灰尘飞到我眼里，我也忍着。吃亏都在我们扫地不洒水。小丹丹把垃圾扫入畚箕后便从楼上直接倒了下去，我心想：真缺德，下面有人怎么办？

拔草喽！我一时兴起，竟把一棵花拔掉了，现在想想，脸还红一阵，白一阵呢！哇！草堆里好多好脏的塑料垃圾。张霁当然是罪魁祸首，谁叫她老吃零食呢！自食其果吧！却还把我们拉了进去，真是害人害己！

劳动结束后，曹老师奖励我们每人一根冰棒，别看只是一根冰棒，可它却滋润着劳动带来的欢乐。

《看望孤寡老人》——爱世人，不能光喊在嘴上，要体现在行动上，哪怕带孩子到穷苦人家去走一遭，留给他们的印象也是难忘的：……这次活动，我个人捐了20元，大家也捐了，虽然不多，也是我们的一点小小心意。70多岁的曾其爷爷出现在我们的眼前，面色憔悴，精神不振。往他家里望，阴森森的，几缕光线从窗口和破洞穿过。地面高低不平，踏上去像有人在按我的脚穴。饭锅坏了，搁置在东倒西歪的炉灶上。狭小的十几平方米的空间里，全是乱七八糟的东西，凌乱不堪。临走时，曹老师关切地提醒他把农药放出去，难怪我们一进门就闻到一股怪气味。他说，没有地方放，吃睡拉用就是这么一间屋。

《洗衣活动》，洗衣机的发明，是科技的进步，却也是人类技能的倒退，若遇上大地震、大洪水，即使人活着，可能生活也难以维持。教育要从生活开始：曹老师叫我观察张霁洗。哇！真熟练啊！只见她"唰唰唰"，又快又利落，一件衣服一会儿就洗好了。我照着她的样子刷着三大关键部位：领口、袖口、衣角。好不容易洗好了一件，我已开始感到累了。这时我想起了妈妈那辛苦的脸庞，现在才知道母亲是多么辛苦。当我洗到曹舒晗的衣服时，只见上面有一只小猫咪，看来这猫咪还蛮顽皮的，把全身弄得那么脏还在享受——喝饮料，我帮它洗澡，也不说声谢谢，真是的！刷完了，我把衣服放入桶中清水中一泡，哇！好浑浊，还真像珍珠奶茶呢！想喝吗？

《到朋友家做客》是学会交往的一个好设计，体现的是孩子乐意写，有兴趣写，有内容写："吃饭喽！"我屏住了呼吸，紧紧地盯着桌子，等待着美味的降临。只见四个大盘子端了上来，我定神一看，哇！这分明是"辣椒大杂烩"嘛！新鲜土豆拌辣椒、辣椒炒鸡蛋……嘴里都快"喷"出"火"来了，但我不能在女生面前失雅态吧！吃着、吃着，我发觉这些往日快乐无比的

"小疯兔"怎么不作声了。我便想来夹菜给"小东道主"，可是，却迟迟不敢动手，因为她是女孩儿嘛，给她夹菜多不好意思。但最终我还是下定了决心，把我最爱吃的土豆丝夹给了她。大家一下子像打了兴奋剂似的互夹起菜来，气氛一下子就变活跃起来，像一滴水滴进油祸里似的炸开了。那段时间，还真叫快乐啊！

《普通话宣传岗》，新鲜好奇是孩子们的特性，什么都让孩子们去尝试尝试，生活变得有滋有味了，写作也会变得有滋有味：我们拿了几份报纸，还带了1根红绳索，便兴冲冲地出发了。我们的任务就是"劫路"，让每人说一句普通话再放他走。若不会，则教他说三遍。嘻嘻，还蛮像教官哩！我们走在村道上，这儿蹲一下，那儿闯一闯，还真像方卉说的，有点儿像打游击。这时，前面来了位大叔，大家见了蜂拥而上，小丹丹使出了吃奶的力气挡住他，他一下窜走了，真气人，小丹丹一定没吃饱饭吧。来了位老奶奶，我们又冲了上去，让她说一句普通话，她理也不理，又走了。忽见前面有位叔叔，我走过去说"叔叔好"，有些心惊胆战地举起手中的纸板，生怕失败，"请用普通话读一下上面的字"。不巧，半路杀出个程咬金——徐新洁迫不及待地跑了过来说："读我的吧！"叔叔见状说："不知读哪张。"借机溜走了。又来了位老爷爷，看见我们手中的纸板，便幽默诙谐地用普通话说："亲爱的小朋友，好啊！"曹老师听了，连连夸他说得好呢！……后来，我们来到了一家小店，在那儿，我们宣传了一下，还挺有效果，门口几位叔叔听得津津有味。要走时，我们就把纸板挂在店门上，还让店里的叔叔阿姨们齐声说了一句："请讲普通话。"

这次活动，告诉我们一个道理：大力推广普通话，能增强56个民族的凝聚力。

除了体验式作文之外，童童还学会了骑自行车和游泳。你听他在津津乐道地跟同学说："这是我第一次来黄山骑自行车，既兴奋又担心，兴奋的是我可以上路了，担心的是怕摔跤。唉，还是出师不利，开始就给了我一个下马威——在这凹凸不平的石子路上左右摇摆，摔了一跤，还好闪得快，否则还真得来个'小狗吃屎'哩！"学骑自行车，有时他一个人全神贯注地骑得老远老远，见不到踪影。我心中就犯疑起来：怕他摔倒，摔到河沟里去；怕他不稳，被车辆撞着；甚至怕他骑到偏僻无人处，被人绑架，当人质索要钱财，谁也料不准，在这崇拜金钱的社会，有些人是什么事也干得出的。

学游泳开始他很害怕，不敢到水深一点的地方去，我让他在水中学憋气，试了好多次，才勉强能把头埋进水里。突然，有人提议打水仗，他同意了，"一二三"迎面扑来"哗哗哗"的水花，眼睛不开，气透不出，无奈之下他只得逃之夭夭……他们玩得越是忘乎所以，我越是担惊受怕，记得小时候我在雄村小学也是读五年级的时候，到班主任程老师家来玩的一个亲戚的小孩，与我们一道在河里游泳，不幸淹死了。看着程老师憔悴的面容，我们没有一个人敢去跟她说话，一连好几天，教室里出奇地安静，连下课走路也都听不到声音。几十年过去了，一看到小孩游泳，我就心生余悸，现在更怕，万一童童有个什么三长两短，我拿什么向他父亲交代！

郑总又来电话说，能不能让童童学学吹笛子，没有音乐细胞、天生一副破嗓子的我，只得打肿脸儿充胖子了。二十来岁当民办教师时，为了消遣，我学过吹笛子，那完全是自娱自乐，上不上拍（节奏）不管，唱熟了的歌，谱能哼哼，不熟套的歌，谱也哼不准。开始我教童童吹的全是些老掉牙的歌曲，比如《共产儿童团歌》《我们的田野》等。童童聪明，一学就会，有一次他点要吹《林中月夜》这首朦胧的、梦幻般的歌曲，我难以招架了，只得带着歌谱抽空跑到五里路外的纪维荣老师家去请教，先当学生，然后再当老师。学吹竹笛的时间只能安排在晚饭后休息的时候，在农村，晚上吹笛，声音尖响，邻里人犯忌，嘀嘀咕咕不高兴，说什么会把"皮塌污"引进村，不吉利。不高兴也只得由他不高兴去了，我的计划总不能为了迷信而打破。渐渐地，吹奏的一般指法、用气方法、吐音技巧等，童童都初步掌握了。有一天晚上，他心血来潮要在电话里吹一首歌给他上海的妈妈听听，一曲奏罢，顺着电话线送来的"咯咯咯"笑声填满了一屋子。

存在的形式化与形式的
形式化奥秘就在单课活页里

——具体与抽象、分析与综合、简单与
复杂均为对偶对称对应性

张永德教授说:"量子力学,更广泛地说——量子理论,是研究微观世界物质运动和变化的基本规律的科学。由于宏观物质全是由微观物质组成的,宏观世界全部建立在微观世界上面,因此,量子力学便无处不在,普遍适用。"

将量子理论运用于教育教学便是这些一体三位(又是三位一体)的单课活页。

张永德教授是用数学计算方式来描述量子场论的,其实,我们就是用这些单课活页的方式在描述量子场论。正如格林教授所说:"物理学是否有可能走另一条路,虽然面貌完全不同,但却能够解释所有的实验?我不知道,但是我觉得这是个很有意思的问题。"

量子力学本质的特征是什么?张永德教授说是三大基本特征:或然、分立、不确定性。细心的人会不难发现这些基本特征就体现在这些单课活页的一分为二与合二为一的非定域非线性的一体三位过程中。

举个例子说说"不确定性"。《穷人》一课去的一极内容性关系与形式性存在是调研村里人致穷的原因。有哪些致穷的原因呢?确定吗?不确定的。有重大疾病致穷、有游手好闲致穷、有天灾人祸致穷。天灾致穷里又有风暴致穷、冰雪致穷、洪泛致穷、干旱致穷、沙尘暴致穷、山体崩塌致穷、泥石流致穷、地面沉降致穷、地震致穷、海啸致穷等等。人祸致穷有被偷盗致穷、吸毒致穷、被诈骗致穷、赌博致穷、自杀致穷、遭车祸致穷等等。这些不就体现了"不确定性"。课程中强调的只是"选择性"或"随机性"。所有的单

课活页两极都具有"不确定性""选择性"或"随机性"。

再说《赤脚行走一天》中来的一极形式性存在与内容性关系是搜集整理有关"赤脚"方面的文章来读，单课活页里只是简单地从网上下载了三篇文章，并不怎么令人满意。其实，有关"赤脚"类的文章三百篇、三千篇、三万篇也有嘛。今天打开一张报纸，发现一篇写少数民族人打赤脚爬山的故事；明天翻开一本书，发现一篇写古代妇女打赤脚的散文；还有打电话去朋友处，索要到一篇写非洲少年儿童打赤脚的文章；等等。这不都体现出了"或然性"嘛。课程中强调的也还是"选择性"或"随机性"。

分立，就是一个"技能—知识—品格"三位一体的旋转整体中，那三种类型的大量的一体三位。分立与连续并且是统一的——"各种知识只有合作才能产生新知识，除此之外别无他途"。所有的单课活页都是分立与连续统一的整体。

一体三位过程好比是实在组成的波，实在好比是一体三位过程中密集的粒，过程性就是实在性，实在性就是过程性。实在、过程是叠加态，内容、形式是叠加态，行与知是叠加态。一体三位过程就是由分合、合分自旋运动所构成的，它是物择和人择的统一，是合目的性与合规律性的统一。

自旋、全同粒子、叠加态、波粒二象性、经验性等量子力学概念全都能在这些单课活页中得到恰如其分的描述，体现出的也就是后现代主义哲学思维，但是它却具有系统性、整体性、协同性。"问题是紧要的，因为如果广义相对论和量子力学都成立的话，它们对于同一事件最终应当提供相容一致的描述。"我们甚至相信，这相容一致的描述就是三位一体、互为中的存在、互为两极关系对应既是一分为二又是合二为一对立统一的三种类型的一体三位。一体三位中的活动过程就好比是一个个起伏涨落的圈状"闭合弦"，它是物质组成的最终单元——惯性场——"势能"翻转为"质能"的相对论性场。

一千个教师有一千种"行—知—行、行—行—知、知—行—行"内在不同排列、不同组装的教学做合一的具体措施。智慧就在于每一个单课活页都能揭示出所有形式化的对立统一的辩证思想。没有东西在对应性过程之外。

存在的形式化——内容性存在为中的，其形式性存在在两极；形式的形式化——当下中的形式为内容性存在，左右两极时空形式为其关系属性合成一个圆圈。单课活页体现出"命题的意义就在于它的证实方法"——即中的活动组织结构方法——"真理自在的方式是自为方式的形式过程"。

把课程当事件信息流来做二则

——一个"基本事件"就是教学中一个变化的最小单位

一、《语文》中的活动过程实践应用课例:《穷人》单课活页

(一) 行——通过观看复制的动漫片,学生多元解读,探索作者表达顺序,还原作品事实 (复制与交流叠加)

1. 汪盛兰组交流:预习课文,观看动漫故事片后,在我们脑海里浮现出的是一幅幅画面在行。

画面一:一个海上正起着风暴的夜晚,桑娜坐在火炉旁补一张破帆,想着家庭的困苦,惦记着外出打鱼的丈夫。

画面二:桑娜提着马灯走出门去,想起生病的邻居,发现西蒙死了,留下两个睡熟的孩子,她把两个孩子抱回家,心里忐忑不安。

画面三:渔夫回到家里得悉西蒙病死了,主动提出抚养孤儿,夫妻俩的想法不谋而合。

2. 朱慧琦组交流:朗读课文,观看连环画后,觉得我们是在与"穷人收养两个孤儿"这件事同行。

(1) 背景:桑娜一家养有五个孩子,没有鞋穿,吃的是黑面包,菜只有鱼。为了生存,寒风呼啸的夜晚丈夫还在海上打鱼,他能平安地回家吗?

(2) 起因:桑娜走出门的路上,想起了生病而又无人照顾的女邻居,推开门,发现西蒙死了,身旁躺着两个很小的孩子。

(3) 高潮:桑娜用头巾裹住孩子,把他们抱回家里。她忐忑不安地想:丈夫回家要责怪的,自己的五个孩子已经够他受的了,为什么要把他们抱过来,丈夫要揍我的。

(4) 结尾:渔夫回家后,也做出了收养孤儿的决定,夫妻俩的想法不谋

而合。

3. 伍巧玉组交流：观看课本剧，反复阅读课文后，我们感受到课文中与我们同行的是一种人物善良的美德。

桑娜
（1）日子过得紧巴巴的，却把家里安排得温暖而舒适，五个孩子抚养得都还健康。
（2）为外出打鱼的丈夫担惊受怕，祈祷上帝保佑他。
（3）探望生病的女邻居西蒙，并把她死后留下的两个孩子抱回家。
（4）抱回孤儿后，又觉得会给丈夫增加负担，心甘情愿去承受丈夫的惩罚。

渔夫
（1）为了养家糊口，不顾惜身体，冒着严寒和风暴外出打鱼。
（2）关心问候妻子："我不在，你在家里做些什么？"
（3）听到西蒙死后留下两个孩子，脸变得严肃、忧虑、终于做出决定："得把他们抱过来，我们，我们总能熬过去的。"

西蒙
（1）"寡妇的日子真困难啊，两个孩子，全靠她一个人张罗。"
（2）"临死的时候，还拿自己的衣服盖在孩子身上，用旧头巾包住他们的小脚"。

（有了动漫片或连环图片，以上内容也可作为其注脚或解说词。）

（二）知——以自己的方式理解，概括大意等，中的联结（知识与理解叠加）

1. 学生以自己的方式意释

潘婷婷：桑娜家有五个孩子，生那么多不是要"罚款"吗——缴纳社会抚养费？那时候她们为什么不采取计划生育措施？我爸妈只生了我一个女儿，按照政策还可以再生一个，可爸妈说："一个够了，好好养着，落得自己轻松快活些。多子并不是多福，多子许多时候是多苦多受气！"你看我们家生活就不穷。夏天我有凉鞋穿；冬天我有棉鞋穿，从来没有光过脚；吃的是白米饭，菜就不光是鱼了，还有肉、鸡、烤鸭、香菇、木耳。穷人是不是孩子生多了才穷的？有句墙头标语说得好："要想富，少生孩子多植树。"（同学们议论，老师引导）

胡　敏：课文中有这么一句话："他会揍我的！"男人有那么厉害，还不是男尊女卑在作怪。桑娜又没有做错事，渔夫凭什么理由揍她，简直是霸道！假若是我，我就对他不客气，打不过他，咬也要咬他一口。可桑娜却说："那也活该，我自作自受，……嗯，揍我一顿也好！"桑娜，你太善良太软弱了，一点反抗精神也没有。（同学们议论，老师引导）

林宁安：西蒙死了，躺在她身边的两个孩子是应该把他们抱出来的，"同死人待在一起怎么行！"我也会这么想的。可抱回家不一定非得要自己养育不可，"自己的五个孩子已经够他受的了"，送民政局送孤儿院或送其他的慈善机构不也是可行的嘛。这样桑娜不是就不会那么神情激动、忐忑不安了。听说资本主义社会很重视慈善机构的发展，到处都有。为什么沙俄时代的政府和民间不重视？有关慈善组织和收养条例方面的知识我们太缺乏了解了，封建社会、资本主义社会、社会主义社会在这两方面有哪些相同之处和不同之处？很想看看这两方面的书。（同学们议论，老师引导）

2. 体会作者的思想感情（概括文章主题）

表述一：课文记叙了渔夫和他的妻子桑娜收养邻居西蒙的两个孩子的故事。反映了当时穷人的悲惨生活和他们在困苦中帮助别人的高尚品质。

表述二：课文讲述了一个寒风呼啸的夜晚，桑娜与渔夫主动收养寡妇西蒙的两个孤儿的故事。赞扬了桑娜和渔夫宁可自己吃苦，也要帮助别人的善良品质。

表述三：课文告诉我们做人要心存善良，要具备一颗同情心、怜悯心；人有难，不能不闻不问，伸出手去帮扶解困，是每个人应有的责任。

3. 思维与行动"联网"

学生在与文本同行中产生发展出来的"知"，只是一个"中间介绍人"，它"还是为的要指导行动引着整个生活冲入更高的境界"。"知"不是教学的起点，也不是终点，它是资源，是桥梁纽带，它帮助学生进行思维与行动联网，通过下一个"行"的教学，"转知成识，转识成智"——体验穷苦人的生活，同情关爱穷苦人，参与帮助穷苦人脱贫。

（三）行——反思对话，做做练练，体验践行（应用与践行叠加）

1. 反思即为行动，对行动，也在行动中的思维（上台演讲）

李志伟：说起"宁可自己吃苦，也要帮助别人"，打零分的绝对不会是我，虽然是小事一桩，可也看得出我的风格。两个月前的一个星期天，我骑着新买来的自行车兴高采烈地下城去买书，骑到半路，看见前面一个老人有车不骑，拖着在小跑，锻炼身体？近前一看，是同村的昌平爷。我停住问道："怎么不骑？"他说："轮胎被柴钉戳了一个洞，没气了。"说着他还用手按了按轮胎，"家里正在安装自来水管，缺少一个'三通'，叫我赶进城去买，等着要用。唉，偏偏这个时候'答反牙'，真急死人。"昌平爷与我家只隔两间屋，妻子早去世，一个人孤苦伶仃地过日子，平常吃水都是挑。自来水总管已装到家门口两三年了，是没钱装，还是觉得没必要装？反正一个人过日子委实相当地将就。最近他远嫁在山西的女儿将自己的一个孩子放在他身边带养，身边有了一个外甥女做伴，才打起要装自来水的念头。这是昨天妈妈在餐桌上说起的话。看着昌平爷急急忙忙往前赶，我觉得好像欠了他的债似的心里不好受，便对他说："这样吧，昌平爷，我的车给你骑去买'三通'，反正我没啥要紧事，慢点无所谓。"他一听乐了，说"那好，那好。"一脚就跨上了车，骑了几步又停下来说："麻烦你拖到修理部去将轮胎补一补。"说着他递给我一元钱，一眨眼工夫看不见人影了。不好意思跟大家说，不要看我长得人高马大的，平日里最怕走路了，二百米以外的路都要缠着爸爸用摩托车带，爸爸恨气才给我买了这辆崭新的自行车，买来骑了还没三次，又被人骑走了，多少有点心疼是不是？为了帮助别人可以说我豁出去了——拖着一辆老爷车还要走上十来里路再到城里呢，到了城里还要去给人家补轮胎。品质高尚不高尚，同学们心里都有杆秤，吹不出来的。

张　莹：当家的人都知道农村里哪户人家都有个晒场，到了收获时节就成了"抢手货"了，除了自家用之外，你家来预约他家来借用，比大姑娘还俏。我家得天独厚，屋前有块平地，爸爸就用水泥把它打了个坦用来晒谷晒玉米晒山芋丝。上月初的一个傍晚，邻居如意伯走来与我爸商量："明天你家这个晒坦能不能借给我晒两天谷？"没晒场的人家这时节求人是常见的事，商量得成与不成，要看人家的坦是否抽得出空来，正好我家也打算明天割稻，爸爸便说："推迟几天可不可以？"如意伯站在那里一脸的无奈，述起苦来："自从那孩子精神病发作打伤人以后，我就没有过上一天的安宁日子，公安局把他抓走了，要判他的刑，病历卡都不全，只有几张买药的发票，要想保释，这头要托人；那头被打伤的人要治疗，要安抚，要经常去看望，案还没有了结，稻谷倒在田里发芽了，明天帮忙割稻的人我都叫好了。"爸爸为难了，自己家田里的谷也是一片黄了，再说天气预报讲过两三天要下雨。下雨一田的烂污泥不好做事；即使给你抢收下来，堆在屋子里的谷要去经常翻动，不翻动就要出芽；待到天放晴又要一畚箕一畚箕地搬到晒场上去晒，那要多出多少手脚来。但人家正处在落难的时候，能不伸手帮一把？想到这里爸爸便答应让如意伯家先晒。既然借给人家晒了，就要让人家把谷晒干收进仓。好！三天一过，当我家割稻时，真的滴答滴答下起雨来，那烂污田里割稻，搬进搬出的滋味就让爸爸真的尝到了。你们说，我爸爸也算得上是那种"宁可自己吃苦，也要帮助别人"的人吧？

2. 做做练练

"做"定义为"在劳力上劳心，具有行动、思想、新价值之产生"的特征。"练"为随文练笔，"阅读与写作的练习永远应当结合在一起"。

（1）渔夫与桑娜的对话（16句），个性鲜明，恰如其分地表达了人物的真情实感。请自找同伴扮为穷夫妻到操场上去演一演这段对话。看哪一对表演逼真。

（2）课文主要是通过对环境、人物心理活动描写的表达方式来抒发作者情感的，请将课文中描写桑娜复杂心理活动的两段话抄下来，制成卡片（或制作描写环境句子的卡片），进行语言积累，看谁的卡片制作得有特色。

（3）随文练笔：A、展开想象续写课文；B、给桑娜写一封信；C、写件后悔的事，通过心理描写来反映自己的悔恨之情。（三题任选一题）

【个案交流1例】

续写《穷人》

狂风收住了脚步，波涛也不再轰鸣，一切又恢复了平静。渔夫从惊梦中醒来，东方已露出曙光，天快亮了。他想，两个孤儿是抱过来了，那边还有个死人，总不能让她躺在屋子里给老鼠咬，是个问题。想着他披衣起床走出家门，敲响了村里几户有劳动力人家的门。陆续走出家门的有邦达珂、谢尔夫、林真和朵罗豪。他们每人手里都拿着两刀火纸，一把香，胸前别着一朵小白花。五个男人来到西蒙家，用一块旧床巾将西蒙的遗体紧紧裹住，安放在一块拆下来的旧门板上，心情沉重地将遗体抬到海边，默哀之后，缓缓地将木板推进海里——水葬。随着海水轻轻地起伏，静穆而又安详地躺在木板上的西蒙与朝夕相处的邻居们永别了。"望来生我们还能居住在一个村子里，上帝保佑。"渔民们心中默默地祈祷。

葬礼毕，渔民们清点西蒙屋里的财产时，发现罐子里一粒粮食也没有了；柴火也烧得净光，吃的只有几条腐烂发臭的鱼。"寡妇的日子不是人过的。"大家不约而同地叹惜起来。随后便用一把铁锁将大门锁了，等两个孩子长大后再来打开吧。

四个男人回到家中与自己的妻子纷纷议论起来，大家都感到非常忧虑：七个孩子，九口人吃饭，桑娜家的日子掉进油锅里煎熬了。邦达珂的妻子说："实在没有办法，大家都穷，穷得也都快揭不开锅盖了。哎，那半袋炒米粉，自己的孩子就熬熬馋吧，给送过去怎么样？"邦达珂点了点头，感到心有余而实在力不足。谢尔夫的妻子说："那包甜饼干是小女儿早盼着过生日要的礼物，瞒着她，让两个孤儿也尝尝鲜吧。"林真的妻子边打扫卫生边对丈夫说："灯下我缝制的那两个小布娃娃也卖不了几个钱，让西蒙的两个孩子也乐上一会儿吧。"

傍晚，几个男人的妻子拢到一块儿拎着东西去看望两个孤儿。一到桑娜家，那两个卷头发、圆脸蛋的孩子，一个正在地上爬，一个正抱在桑娜的怀里，可爱极了。朵罗豪的妻子高兴地对桑娜说："我们家两个孩子已经可以跟着出海打鱼了，家里生活还勉强过得去，我与孩子的父亲商量过了，决定领养一个西蒙的孩子，今天就抱过去。"桑娜脸上露出了一丝微笑。"还有一个孩子的抚养费用，"林真的妻子说，"我们几家也商议了一下，日子再吃紧，每个月挤也要挤出几个卢布来共同抚养，直到他长大成人。"桑娜听了，心中的郁结舒散开来，一块石头终于落了地。多好的乡邻啊，西蒙死而无憾了（胡　霄）。

3. 迁移性体验作业

"在真正弄清楚教材的本意、尊重教材的价值取向的基础上，再结合学生经验和时代发展去挖掘和追求教材的延伸义、拓展义——去关注社会，感受生活，认识自我，解决问题。"

（1）为村里的贫困户做一件善事。

（2）调查了解村里一户穷苦人家的实况，向政府提出你的建议和想法。

（3）走访老年人，弄清楚村里一些"穷人"致贫的原因。

（三题任选一题，并写成反馈材料。）

【交流体验报告1例】

为什么他们仍旧是穷人

"我们村里现在还有穷人吗？"带着这个问题，我和慧笑走访了村里的老村干宏元爷爷。宏元爷爷今年七十多岁了，矮矮的个子，胖墩墩的，一个圆鼓鼓的福肚，好像有了六个月的身孕。别看他貌不出众，可风光过来的，当过生产队长、大队长，出席过华东六省一市的劳模大会，家中还挂着一张与周恩来总理合影的照片，好荣耀。宏元爷爷听了我们的发问，深思了一阵，说："穷人？有！为数不多了，大多数人家属于温饱型。""那为数不多的穷人是好吃懒做造成的吧？"慧笑问道。"好吃懒做倒不是，家里那几亩田地都要把它种下去，没有见过谁抛荒。"宏元爷爷呷了一口茶说，"致贫的原因，比如说小兵家，硬是给病拖下水。他家原本有五口人吃饭，三个劳动力。八年前，奶奶脚上生了一个肉瘤，后来一个变两个，越长越大，切片检查是恶性的，住院后把那只脚锯掉了。奶奶截肢后两年光景吧，小兵的姐姐又患上了恶疾——尿毒症，跑了几家大医院，吃药、打针、透析，花去了三万多元医疗费，家徒四壁的一家人，眼睁睁地看着小兵13岁的姐姐躺在床上活活折磨死，伤人质啊。谁料屋漏偏逢连夜雨，厄运并没有就此停住脚步，一场不幸又降临在这个原本苦难的家庭，小兵的爸爸又突发脑梗死倒在田里成了'半边疯'。现在，四个人中只有小兵妈妈一个人能下地劳动，其他三个全是吃死饭的，你们说这个家庭苦难不苦难？"说到这里宏元爷爷一脸的沮丧。是的，那天我们捐款到了小兵家，看见连做饭的锅台也是用几块砖头搭的呵，屋里乱七八糟的，堆满了杂物，走进去就是一股刺鼻的猪粪味。"除了小兵家，我们村还有穷人吗？"我心情况重地问。"再说小坑组的亮亮家，三口人吃饭，两个壮劳力，不会穷吧？"宏元爷爷端起茶杯抱在胸前继续说，"亮亮的父亲迷上了赌博，三天两头地赌，输掉卖菜籽的钱，又拿卖玉米的钱去赌；卖玉米的钱没两天打水漂了，又遭殃的是卖芝麻的钱。越输越想扳本，一年汗水换来的钱全押到赌桌上去了，输急了有时还要去骗亲戚朋友借钱来赌。这号人知道他底细的人谁见了谁怕。亮亮的妈妈是个忠厚老实人，一天到晚不声不响，只知道埋头做活。有时劝她丈夫几句，遇上不高兴还要遭到拳打脚踢。一天，地里的油菜籽起虫了，要去买一瓶农药来喷洒，一个家里翻遍了，也找不到一个'角子'，只好去店里赊了一瓶。回到家，亮亮正好放学回来吃午饭，说下午要带两元钱去学校打预防针。到哪儿去拿钱呢？妈妈说，不打了。儿子觉得大家都打，就他一个人不打怎么行，哭闹着不肯。妈妈本想到邻居家去借，又怕人家讥笑她：一个家里两块钱也拿不出来，活在世上作什么孽。她越想越觉得做人没意思，跑进房间把门一闩，打开农药瓶盖，'咕嘟咕嘟'几口就将一条命送掉了。"说到这里，宏元爷爷那布满沧桑的嘴角不由自主地抽搐了几下。本来就捉襟见肘，又雪上加霜，苦了亮亮了，别的不说，我们经常看见亮亮无冬季夏都是穿着那件破外套和那双旧塑料鞋进学校，穷困潦倒见底了。

"除了因病致贫，赌博致贫外，我知道还有灾害致贫是不是？就说海平家——"慧笑这机灵鬼猜着了。"对！"宏元爷爷肚子里有一本清楚的账，"去年6月一场洪水将海平家四亩多田的水稻浸了个透，接着染上了稻瘟病，烂根，全部倒伏在田里，几乎颗粒无收。祸不单行，十一月的那个晚上，锅灶头的炭灰复燃，烧着柴草，燎上屋梁，当海平一家人从睡梦中惊醒时，火光已经冲天了。慌乱之中，还顾得上拿什么东西，逃命要紧。对着火灾后的废墟，想喝口水，连碗也找不到一只。政府救济只能使你一家人不饿死，不冻坏，其他的一切问题都还得自己想法子去解决。好在村子里还有那间旧仓库空置在那里，一家人只好蜷缩在那里面过冬了。"说到这里，宏元爷爷还告诉我们他也捐了十五元钱给海平家，可杯水车薪，解决不了大问题。"估计这一场灾难至少要使海平家苦上十年了。"听完宏元爷爷的讲述，我们还专程赶到火灾现场，体验到了灾难的可怕，又顺便转到那间旧仓库里看了看，海平一家人吃睡拉都挤在一起，无法分开，跟古时候住在山洞里的人过的生活差不多了。

这时，我们想到了老师说的话：现在农村里虽然没有了剥削致贫、苛征杂税致贫、生育过多致贫，但社会主义初级阶段还存在着矛盾，存在着差别，存在着不平等。（江燕宁）

二、《数学》中的活动过程实践应用课例——《三角形的面积》单课活页

（一）行——三角形面积公式推导活动（操作与体验叠加）

同学们，我们已经学过长方形、正方形、平行四边形的面积计算，三角形的面积计算与它们之间的面积计算存在着什么联系呢？今天我们一起来探究。

1. 请你剪出一个长方形、一个正方形，然后沿它们的对角线对折，并用虚线勾勒出来，出现了什么图形？它们的面积与原来图形的面积有什么联系？（剪贴在示意图上）

我能行：

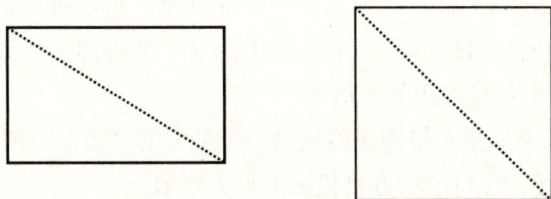

交流我的发现：折出的图形分别是两个面积相等的三角形，一个三角形的面积就是原来图形面积的一半。

2. 分别剪出形状、大小完全一样的直角三角形、锐角三角形、钝角三角形各两个，将其转化成学过的图形，它们之间有什么关系？（剪贴在示意图上）

我能行：

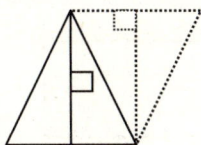

完全一样两个
锐角三角形的拼合

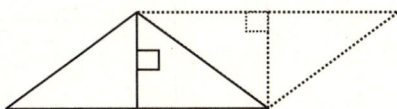

完全一样两个
钝角三角形的拼合

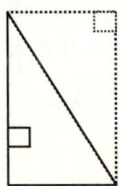

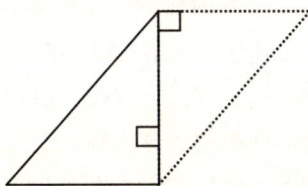

完全一样两个直角三角形的拼合

交流我的发现：

（1）通过旋转和平移，两个完全一样的锐角三角形能拼成一个和原三角形等底等高的平行四边形，这个平行四边形的面积是原来一个锐角三角形面积的2倍。

（2）通过旋转和平移，两个完全一样的钝角三角形可以拼成一个和原三角形等底等高的平行四边形，这个平行四边形的面积是原来一个钝角三角形面积的2倍。

（3）通过旋转和平移，两个完全一样的直角三角形可以拼成一个和原三角形等底等高的平行四边形或一个长方形，这个平行四边形或长方形的面积是原来一个直角三角形面积的2倍。

3. 在下面长方形格子里用虚线画出一个最大的三角形，用数格子的方法，求出三角形的面积。（每个小方格代表1平方厘米）

我能行：

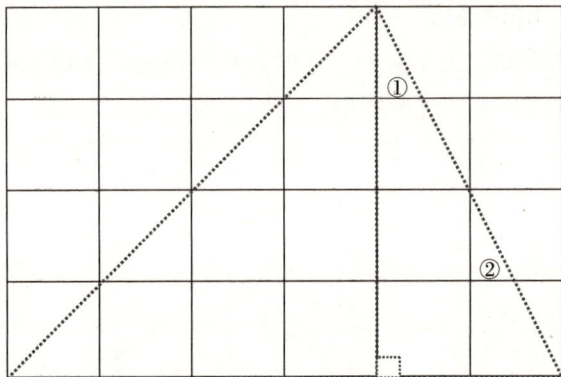

交流我的求证：三角形里面有8个整格，8平方厘米，还有4个半格，应为2个整格，2平方厘米，还有①、②两部分应为2个整格，2平方厘米共12平方厘米，是这个三角形的面积。用同样方法可以算出三角形外面部分也是12平方厘米，我画出的这个锐角三角形的面积是书上给出的长方形面积的一半。

4. 请你照样剪一个三角形，找出它的中位线，割补成一个平行四边形，并由此推导出三角形面积的计算法则。

样图：我的操作（粘贴在示意图处）

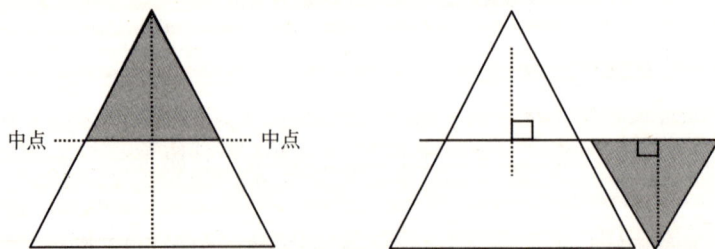

交流我的推导：割补成的平行四边形面积与原来三角形的面积完全相等，

平行四边行的底等于原三角形的底，高是原三角形高的一半。平行四边形的面积求法是底×高，那么原三角形的面积就是底×高÷2。

5. 请你照样子剪出一个三角形，沿虚线向内折叠成一个平行四边形，并由此推导出三角形面积的计算法则。

样图：我的操作（折叠的部分贴在上面）

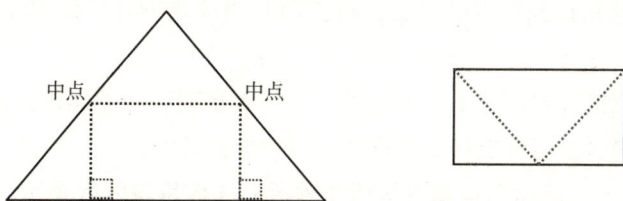

交流我的推导：底的两边折起来刚好重叠，往下一折高也刚好重叠，这样原三角形就成了两个完全重合的长方形。那么长方形的长等于原三角形底的一半，宽是原三角形高的一半。假设原三角形的底是 10cm，高是 6cm，那么，原三角形的面积=（10÷2）×（6÷2）×2＝30（cm^2），也就是 10×6÷2＝30（cm^2）。即原三角形的面积=底×高÷2。

小组或老师提示评价：

（1）第 2 题拼合的时候，开始旋转的角度不对，提示后，就掌握熟练了。

（2）第 3 题，有的同学已发现另外还有几种平移的画法，除了能画出几个最大的锐角三角形外，还可以画出两个最大的直角三角形，它们的面积也都是 12 平方厘米，是书上给出的长方形面积的一半。

（3）第 5 题，举例利用数字进行推导，使人一目了然，此方法实用，有说服力。

（二）知——建立三角形面积的数学模型等（知识与认知叠加）

1. 文字公式理解：三角形的面积可以是等底等高的长方形面积的一半，长×宽÷2；也可以是等底等高的正方形面积的一半，边长×边长÷2；更多的是等底等高的平行四边形面积的一半，底×高÷2。

2. 字母公式记忆：假若用 S 表示三角形的面积，用 a 表示三角形的底，h 表示三角形的高，那么其字母公式就是 $S＝a×h÷2$，简写为 $S＝ah÷2$。

3. 思想方法领会：

（1）三角形的面积是与它等底等高的平行四边形面积的一半。

（2）在老师的指点下，我从三角形的割补法、折叠法中，领会到了数学中的"等积变形"思想，即同样一个图形或物体，其形状可以有不同的变化，但它所占的面积和空间位置的大小是不变的。

4. 活动经验积累：

（1）我能通过旋转和平移将两个完全一样的锐角三角形或钝角三角形或直角三角形拼成一个平行四边形或长方形。

（2）我能根据找中点的方法，将三角形割补或折叠成面积相等的平行四边形。

自我评价：公式理解了，记牢了。对"等积变形"的思想方法很感兴趣，希望今后遇到这类情况老师多多提醒，以便加深理解。

（三）行——三角形面积的运用体验活动（应用与践行叠加）

1. 自编三道应用题，上台认真宣讲、一丝不苟演示：

甲：我是一名光荣的少先队员，佩戴的红领巾底是 100cm，高是 32cm，它的面积是多少平方厘米？

列式解：$S = ah \div 2$
$$= 100 \times 32 \div 2$$
$$= 3200 \div 2$$
$$= 1600 \ (\text{cm}^2)$$

答：它的面积是 1600cm^2。

乙：我家承包的一块三角形麦田，底是 26m，高是 13m，共收小麦 507 千克，平均每平方米收小麦多少千克？

列式解：$S = ah \div 2$
$$= 26 \times 13 \div 2$$
$$= 338 \div 2$$
$$= 169 \ (\text{cm}^2)$$
$$507 \div 169 = 3 \ (\text{千克})$$

答：平均每平方米收小麦 3 千克。

丙：富裕的邻居家用一块三角形的玻璃，镶嵌在屋前面阳台三角形内的墙体里，装潢得别具一格，量得它的底是 12.5 分米，高是 7.8 分米。如果每平方分米玻璃的价钱是 0.98 元，买这块玻璃要用多少钱？（保留一位小数）

列式解：$S = ah \div 2$

$$=12.5×7.8÷2$$
$$=97.5÷2$$
$$=48.75$$
$$0.98×48.75=47.8（元）$$

答：买这块玻璃要用 47.8 元。

2. 做应用题，互动批改或主动上黑板演示：

（1）你能在点子图上计算出三角形的面积吗？请试一试。（点的间距是 0.5 厘米）。

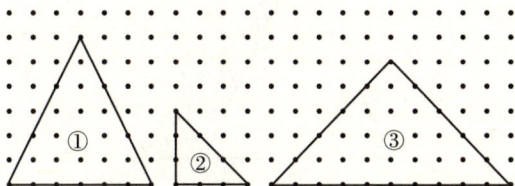

① $3×3÷2$
 $=9÷2$
 $=4.5$（平方厘米）

② $1.5×1.5÷2$
 $=2.25÷2$
 $=1.125$（平方厘米）

③ $5×2.5÷2$
 $=12.5÷2$
 $=6.25$（平方厘米）

（2）下图中绿化的阴影部分的面积是 $10cm^2$，三角形 ABC 的面积是多少平方厘米？

交流解法一：设阴影部分的高为 x。

$$4×x÷2=10 \qquad (6+4)×5÷2$$
$$4x÷2=10 \qquad =10×5÷2$$
$$4x=20 \qquad =50÷2$$
$$x=5（cm）\qquad =25（cm^2）$$

交流解法二：$h=2S÷a \qquad (6+4)×5÷2$
$$=2×10÷4 \qquad =10×5÷2$$
$$=5（cm）\qquad =25（cm^2）$$

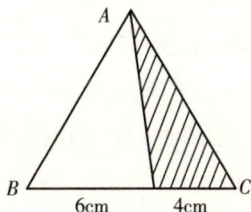

答：三角形 ABC 的面积是 $25cm^2$。

（3）等腰直角三角形斜边是 8cm，它的面积是多少平方厘米？请你先画图，思考它能转化成什么图形，再列式计算。

交流思考：画辅助线可以使它转化为一个正

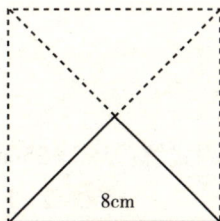

方形，也可以再用这样的三角形 3 个补拼成一个正方形，正方形的面积是边长×边长。

$8×8=64$　　$64÷4=16$（cm^2）

答：这个等腰直角三角形的面积是 16 平方厘米。

（4）一块三角形山坡地的底长 3 米，如果底退耕部分延长 1 米，那么三角形的面积就增加 1.2 平方米。原来三角形山坡地的面积是多少平方米？

交流分析：底延长了，高没有变，可设高为 x，画示意图如下：

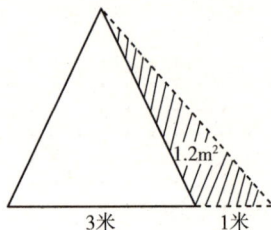

解法一：$1×x÷2=1.2$　　$3×2.4÷2$

　　　　　$x=1.2×2$　　　　$=7.2÷2$

　　　　　$x=2.4$　　　　　$=3.6$（m^2）

解法二：$h=2S÷a$　　　　$3×2.4÷2$

　　　　　$=2×1.2÷1$　　$=7.2÷2$

　　　　　$=2.4$（m）　　$=3.6$（m^2）

答：原来三角形的山坡地面积是 3.6 平方米。

（5）求下面两题中绿化的阴影部分的面积。

（A）同桌探究分析：先计算出大正方形的面积，然后减去阴影部分外面的两个三角形面积，就得出阴影部分的面积。

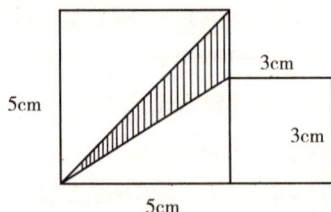

列式解：$5×5=25$cm^2　　　　　$25-12.5-7.5$

　　　　$5×5÷2=12.5$（cm^2）　　$=12.5-7.5$

　　　　$5×3÷2=7.5$（cm^2）　　$=5$（cm^2）

答：绿化的阴影部分面积是5cm²。

（B）小组探究分析：先计算出两个正方形面积的和，然后再减去大三角形的面积，就能算出阴影部分的面积。

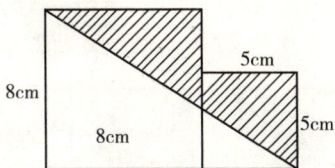

列式解：8×8＝64cm²　　　　5×5＝25cm²　　64+25−52

　　　　（8+5）×8÷2　　　　＝89−52

　　　　＝13×8÷2　　　　　　＝37（cm²）

　　　　＝52（cm²）

答：绿化的阴影部分面积是37cm²。

3. 合作、探索图案设计

（1）上街举行庆祝活动，用长方形红纸做直角三角形形状的小红旗。已知红纸长12dm，宽8dm，小红旗的两条直角边分别2dm、3dm，请你设计小红旗的四种不同摆放方法进行裁剪制作。

我的摆放：

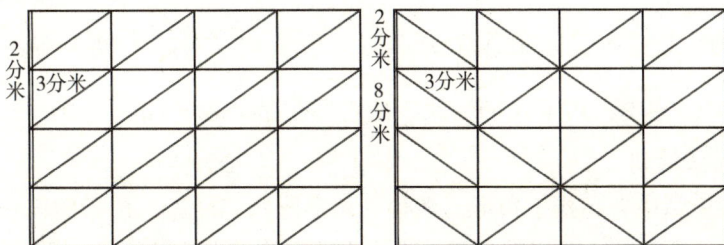

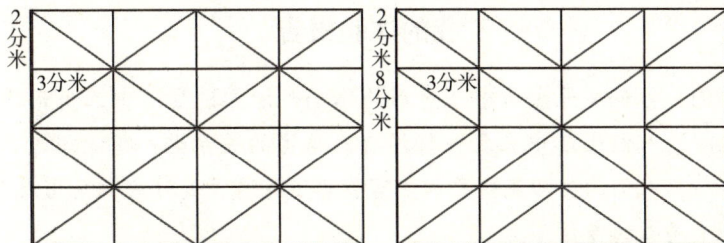

（2）种粮大户江名武家要铺地，下面有两组瓷砖供选择，请你为他家客厅、房间、书房各设计一个图案。

我的设计：

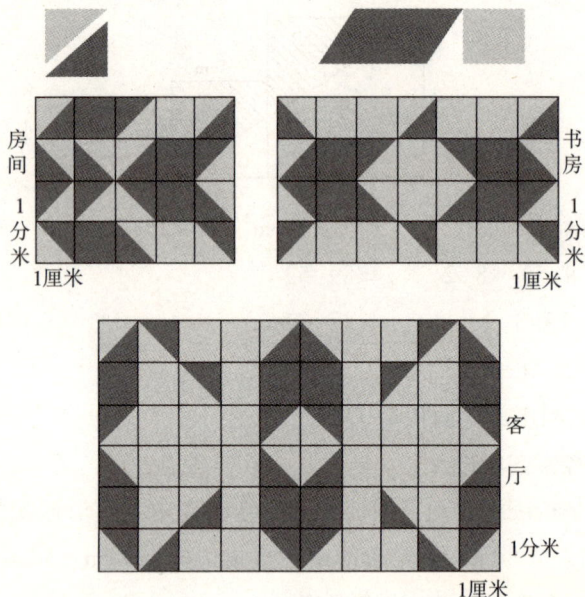

在你设计的图案中，▰用了（52）块，所占面积是（26）cm²；▰用了（20）块，所占面积是（10）cm²；▰用了（40）块，所占面积是（40）cm²；▰用了（16）块，所占面积是（32）cm²。

4. 实践活动

请到生活中去寻找三角形，观察三角形形状，计算三角形的面积，了解三角形的应用价值，并以数学日记或体验报告的方式呈现。

我的体验报告

同学们，你观察过生活中三角形物体吗？计算过生活中三角形物体的面积吗？了解过人们生活中衣食住行用与三角形的关系吗？想没想过，由于三角形的参与，人们的生活变得更加丰富多彩了？这次我对"三角形及其面积"进行了一次用心的专访。

穿衣似乎与三角形不搭界？那你就错了。三角裤、三角形领带、三角形围巾，还有三角形的衣襟、三角形的裤腿，都与三角形的面积有关。你瞧，由四个三角形构成的裤腿，看上去多健美，是一种艺术的品味。你还不知道呢，就连我一出生系的衣兜也是由一个正方形与三角形镶缀成的。奶奶翻箱倒柜地把它找出来，说："这不是吗!"我如获至宝，量了量正方形的边长20厘米，三角形的高15厘米，三角形的面积就是20×15÷2=150平方厘米，加上正方形面积400平方厘米，一件衣兜只需550平方厘米的布料就做成了。爷爷说："炎热夏天，你就靠着这一丁点儿包裹着肚脐和鸡巴，在地上爬呀滚呀，过得好开心。"再说，我们农村里一家人的衣服洗了都是晾在竹竿上晒是吧? 竹竿是用什么来固定的? 是两个三角形的支架。我家的三角形支架底边90厘米，高78厘米，依据公式计算，90×78÷2=3510平方厘米，就是这0.351平方米的土地，奶奶也舍不得让它空置着，一边还种上了一株南瓜藤，几个大南瓜已经成熟了，正等待着我们去收获呢。

你吃过"三角形"吗?"三角形"也能吃? 是的，有一种润喉片不就是三角形形状的，吃起来可清凉了。还有三角形饼干，三角形面包，吃起来粉末都不会从嘴角边漏掉，好实惠。昨天过生日，爷爷到县城专程为我定做了一个生日蛋糕，98元呢。上面盘踞着一条橘红色的龙，是用奶油塑的，栩栩如生。邻居的小伙伴都跑来庆贺，分享生日快乐。当《生日快乐》的歌声唱完，五颜六色的小蜡烛吹灭，爷爷笑眯眯地拿起塑料刀，四下子就将蛋糕切成了8个三角形块状。我一数，来了6个小伙伴，加上爷爷、奶奶和我，一共9个人。怎么办? 爷爷说："我与你奶奶合吃一块，尝尝味道就行了，你们一人一块，不是刚好。"话音刚落，李康就抢着夹起一块有水果的蛋糕，大口大口吃起来。杨欣蓉文静，迟迟不动手，还拿来了一把塑料尺，说："让我把它测量一下，吃下肚才心安，弯的底就用近似值的底好了，它的长是12.5cm，高16cm，那么一块蛋糕的面积是多少? 12.5×16÷2=100cm²。"李康说："这蛋糕还有厚度呢，应该算体积。"杨欣蓉说："我们还没有学过求三角形的体积呢。"我找来立体图形表面积、体积计算公式的书一看，并没有求三角形体积的公式，但圆柱形的体积是底面积×高，是不是把三角形的平面积×高，也就能算出它的体积来了呢? 我正想着，奶奶打岔了，说："有的吃也塞不住嘴。我来问你们一个题目，你们手中拿的这块蛋糕值多少钱?"杨欣蓉眨了眨眼，笑着说："将近12元5角"。"啊，好贵，好贵。"李康喊起来了。

说到住，爷爷说："我们那个时代都是住在三角形结构的屋架底下。"这话怎说？那个时代家家建的房子都是人字架的瓦房，人字架不就是一个大大的三角形嘛。我家现在的猪栏鸡舍就是那时的一间厨房改的。来了兴头的我和李康搬来了一个梯子，爬上去丈量人字架，底长4.2米，高1.2米，它的面积就是4.2×1.2÷2＝2.52平方米，它所对应的墙皮肯定也是2.52平方米。人站在外面一看明显可以分辨开来，除了三角形面积外，下面就是一个长方形，长也是4.2米，宽2.5米，它的面积是10.5平方米，这一面墙的面积就是10.5+2.52＝13.02平方米。爷爷说："当时包给砖工做，1平方米只要7块钱，这一面墙砌好也不到100元；现在包给砖工做，1平方米涨到110元，翻了近十六倍。"

出行与三角形有什么联系？我想起上一二年级时，爷爷天天用他那辆老牌永久自行车将我带来带去，他怕我坐在后面的货架上不安全，就用一把藤椅扎在中间的三角架上，藤椅下方又是两个竹编的三角形，只要系住垂下的两个底角，坐在上面就稳稳当当了，还好与爷爷谈心。骑在山村公路上，遇到一些警示牌，我总爱问，爷爷告诉我，三角形标志里面画着一个大大的感叹号，表示"危险"，要注意；三角形标志里面画了一个弯弯的箭头，表示前面有急拐弯，要减缓车速；三角形标志里面画了一个人走在斑马线上，是提醒你不要横跨马路，请走人行道。今天，我把这些警示牌上三角形的面积计算了一下，9×7.8÷2＝35.1cm²。为什么要用三角形来做标示呢？爷爷说，三角形具有稳定性，你照着警示牌上的提示去做，出行就安全了。爷爷这辆自行车现在已经退休了，搁置在柴房里，我抚摸着它，有些依依不舍，为了记住这位伙伴，我对三角架进行了测量，底长是62cm，高48cm，长×宽÷2，它的面积是2976平方厘米。在这空隙里，我曾看见一个人用薄薄的铁皮将它焊起来做广告牌，一面画着一个美女的头，秀发披肩，一面写着"收长头发"四个大字，很是吸引人。

再说下雨天，人人出行都要带伞，撑开伞，你发现什么？伞骨构成的全是三角形，大大小小一共有24个呢。我手中的这把伞有8个最大的三角形，一个底长40cm，高52cm，它的面积40×50÷2，是1040cm²，整把伞的面积就是8320cm²。有一天下雨，两名同学没带伞，我们三个人手搭在肩上，并排挤在这把伞里走到了家，我估算了一下，我们走一步是50cm，两肩之间的宽也是50cm，那么一个人在路上行走占地面积约为2500cm²，三个人不过是7500cm²，难怪一把伞是可以遮住三个人风雨的，何况那天又没有歪风斜雨，三个人又是紧紧地挨在一起。

其实三角形在实用的方面不仅具有稳定性，而且还具有调节性和灵活性的优势，收折伞可以体现。还有，我家这台扇谷用的风车，用来调挡的也就是一块直角三角形的木板，也可以体现。这块三角形木板长 13cm，高 7cm，根据公式计算，它的面积不过只有 45.5cm^2。扇谷时，根据用力大小而放多放少，全靠这个能移动的小小三角形来调控。一个面积只有 45.5cm^2 的三角形却决定着农户人家几千几万斤粮食的净化程度。这正印证了一个道理："知识是形成新创意的素材，但发挥创造力的真正关键，还在于如何运用知识。"

小组交流评价：优秀。

老师或家长评价：做题认真细致，编题联系实际，设计又有创意，你能深入到生活之中去体验三角形的面积及其价值，真是一个学习上孜孜求上进者。

总体评价：优秀。

（注：此单课活页中的题例大多是从教材或教辅中摘录）

把事件信息流当课程来上二则

——一个"基本事件"就是教学中产生与发展的最小单位

一、"科学小制作"中的活动过程实践应用课例:《做孔明灯放飞》单课活页

(一)行——仿制孔明灯(示范与效仿叠加)

同学们,你玩过孔明灯吗?告诉你,孔明灯又叫天灯,相传是由三国时的诸葛孔明所发明。当年,诸葛孔明被司马懿围困于平阳,无法派兵出城求救。孔明算准风向,制成会飘浮的纸灯笼,系上求救的讯息,其后果然脱险,于是后世就称这种灯笼为孔明灯。今天我们就来学习孔明灯的制作。

1. 剪纸

教师示范:

用四整张薄而不透气的纸(如拷贝纸、宣纸、灯笼纸等),长约1100mm,宽约800mm,用三张重叠在一起,按图1左边的尺寸裁好,纸下端的中部裁出一个底为140mm、高约为300mm的一个等腰三角形,两侧裁出一个两直角边约70mm,和300mm的直角三角形。这三张纸做灯身,用第四张纸剪一个直径为760mm的圆。如图1所示:

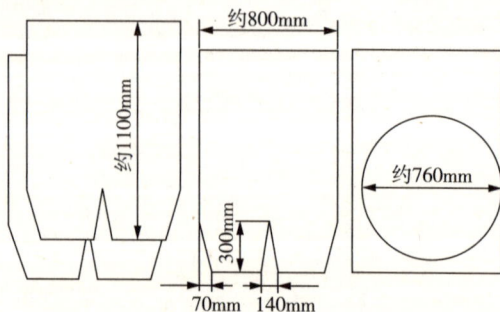

图1 裁 纸

我的模仿发现：

（1）做灯身的纸之所以在下部裁出三角形，就是为了让灯的下部小一些。

（2）通过计算，直径为 760mm 的底，它的周长约是 2360mm，三张纸的宽为 2400mm，除去接头，刚好差不多，这样看来，每条接缝宽度大约 13mm 左右合适。

2. 粘合

教师示范：

先把做灯身的三张纸一张一张粘贴起来，三张纸粘成筒形，下端稍细。圆形纸粘在顶部。接缝要粘得严密，不能漏气（见图2）。

（注意：不要使用液体胶水，因为宣纸很软，一旦沾湿就碎了。可以使用固体胶和双面胶进行粘合。）

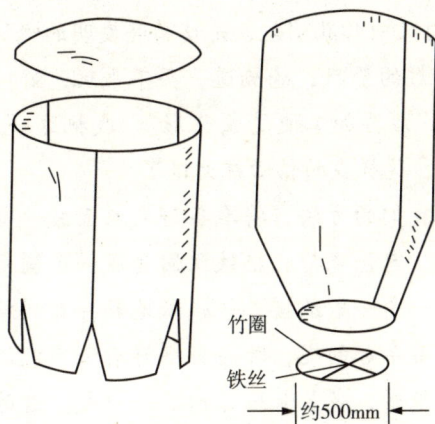

图2 粘 合

我的模仿发现：

（1）固体胶棒粘得不太牢。双面胶粘贴的效果比固体胶棒好，容易操作，还很结实。

（2）为了把上部的底和灯身粘合得牢固一些，可以把灯身上部口沿的纸向内折出 10mm，这样刚好把底粘住。

3. 做灯

教师示范：

用裁纸刀将竹条削到厚薄 3 毫米以内，然后，把竹条弯成一个直径约为 500mm 的圈，用棉线或 502 胶固定。竹子有弹性，竹圈可能会不圆，可以用小火烤一烤，使竹圈固定成圆形。在两个直径位置扎上一两条相互垂直的细铁丝。然后把竹圆圈粘在筒口边（见图2）。

我的模仿发现：

（1）竹条不能太厚，太厚了不容易弯折。在竹条上打孔可以用烧红的铁丝烫，这样非常方便。

（2）用火烤竹条的时候，要一边烤一边不停地移动竹条，不能老是停留在一个地方，那样容易把竹条烧着。烤的时候要轻轻用力，把竹条弯成需要的圆形。

我的操作：（以作文形式呈现）

那天晚上，我在中心广场上看见了一个在动的"星星"，因为好奇心的驱使，问了老爸后才知道，原来那个在动的"星星"是一个许愿灯。

"哦，原来许愿灯又叫作孔明灯，是诸葛亮发明的呢！……"我看着在电脑上查找着有关孔明灯的资料，喃喃道。买不来玩，好！我要把在学校里做的那个孙明灯"粗坯"，再加工使之成"形"。我把这一想法告诉老妈老爸，得到的是鼓励和支持，这样我的信心就大增了。

我按照老师教给我们的方法，将准备好的双面胶、剪刀、铁丝、拷贝纸和棉线，汇拢在一起。老爸先帮我把铁丝固定成一个圆形，再用铁丝在圆形中间交叉；我呢，在一旁一张纸接着一张纸地粘，直到粘成一个大大的椭圆形，做这一项工作还蛮辛苦的呢，既要粘得好看又不能漏气，弄得我手忙脚乱的，粘完最后一张纸时，我长长地呼出了一口气。这时，老爸的铁丝圆圈已经完工了，我小心翼翼地把我和老爸的劳动成果粘在一起，炫耀似的跑向老妈……

初步工作搞定！接下来，就是要找了几块蜡烛和绳子，有什么用呢？到时候你就知道了！

（二）行——展示放飞孔明灯（操作与践行叠加）

1. 点火

教师示范提示：

在相互垂直的两根铁丝中间绑上一小团棉花或废纸做灯芯，灯芯上浇约十几毫升的酒精或煤油。按图3所示方法点火，火焰高度约30厘米为合适，火焰过大会烧着灯顶。点火后下边的人两手拿住竹圈。

我的模仿操作：让一个人用两手拿住灯身下面的竹圈并端平。在铁丝上用扎钢筋的细铁丝绑上一团倒上煤油的棉花，然后点火。

2. 放飞

教师示范提示：

当灯罩膨胀后，站着的人先松手，下边手捏竹圈的人感到灯有向上的升力后，再松手，灯就会冉冉升上天空。雨后或雪后没风的天气放飞效果最好，能飞得又高又远，甚至无影无踪。最好在较大的空旷场地放飞，千万不能在刮风天气和在柴垛、油库、临近高压电线附近放飞，严防失火。

图3　准备放飞孔明灯

注意事项：

（1）放飞时可以两个人或三个人一组，相互配合，也可全班同学集中在一个开阔处放飞。

（2）放飞时，一定要在老师或家长的指导下进行，特别要注意安全，特别是在有风或周围环境有山林的情况下一定要注意防火。还可以在灯下的竹圈上系一根事先准备好的棉线，以掌握孔明灯的飞行高度和方向。

我的放飞操作（以作文形式呈现）

第二天晚上，我和老爸老妈，拿着我的"杰作"去中心广场放飞它。到了那儿，我从兜儿里拿出那块我把家翻了个底朝天的那一小块蜡烛，套到了那个"X"的上面。好，现在那根绳子该上场了，我把它系在那根铁丝上，拿在手里，点上火后，眼看着它慢悠悠地飘上去，可没飘几米又慢悠悠地掉了下来。哎，捡起来一看，原来是燃料用完了。我翻遍口袋，也只找到了三块小蜡烛，我把它们用绳子绑在一起，再点火，再目送。终于目送它慢慢地、轻飘飘地飞上了天空。

盯着那如同璀璨星光的孔明灯，我闭上了眼睛，许了一个美好的愿望，张开双眼，看着远去的"星光"，又看看站在一旁的老爸老妈，顿时，心中非常幸福！

（三）知——孔明灯原理知识及迁移（原理与领会叠加）

1. 孔明灯的原理

孔明灯是与现代热气球的原理一样，灯内部经燃烧使空气受热膨胀而升空。然而为何热空气会飘浮呢？我们可用阿基米德原理来解释它：当物体与空气同体积，而重量（密度）比空气小时就可飞起，此与水之浮力的道理是相同的。将球内的空气加热，球内一部分空气会因受热膨胀而从球体流出，使内部空气密度比外部空气小，因此充满热空气的球体就会飞起来。

2. 孔明灯什么时候放

孔明灯一般是节日放，用于假日、结婚、生日、庆典等场合。

（1）各个节日类市场，包括元旦、春节、元宵节、五一节、端午节、七夕、中秋节、国庆节等人们非常重视的节日；

（2）喜庆类市场，如生日、婚庆、有意义的纪念日；

（3）庆典类市场，如公司庆典（开业、店庆）、晚会、大型集会（鹊桥会、相亲会）；

（4）旅游市场，尤其是海边的旅游景区、浴场等地方，面对蓝天、大海许下心愿，定能为您带来浪漫，温馨，惊喜的效果；

（5）广告市场，根据客户的要求印制图案，放飞时能引起较大轰动，是一种新兴的广告载体。（以上是我们同学间相互交流得来的资料）

3. 知识拓展（我搜集的资料）

热气球的工作原理

热气球在中国已有悠久的历史，称为天灯或孔明灯，知名学者李约瑟也指出，公元 1241 年蒙古人曾经在李格尼兹战役中使用过龙形天灯传递信号。1783 年，法国的孟格菲兄弟向空中释放欧洲第一个内充热空气的气球。法国的罗伯特兄弟是最先乘充满氢气的气球飞上天空的人。

热气球的升和降与球体内温度有关，球体内气温高，气球浮力增大，气球就上升；球体内空气温度下降，球体产生的浮力小于球体自身重量和载重，气球就开始下降。

曾在某军工厂做火箭助推研究的陶希荣向记者介绍，热气球一般由球囊、吊篮和加热装置三部分构成。球囊为密封的，通过一根管道补充热空气。

吊篮由藤条编制而成，着陆时能起到缓冲作用。吊篮上还放着热气球专用液化气瓶以及温度表、高度表、升降表等飞行仪表。

燃烧器是用比一般家庭煤气炉大很多倍的能量燃烧压缩气，热气球通常用的燃料是丙烷或液化气，当火点燃时，火焰有2~3米高，并发出巨大的响声。

热气球的唯一飞行动力是风，一天中太阳刚刚升起时或太阳下山前一两个小时，是热气球飞行的最佳时间，因为此时的风通常很平静，气流也很稳定。大风、大雾都不利于热气球的飞行；在飞过高压线、高大建筑、牲畜养殖场、村庄时要保持安全高度。

一只热气球通常携带足够的石油液化气或丙烷能持续飞行约两个小时，但一些因素也影响飞行的持续时间，比如气温、风速、吊篮重量和飞行的具体时间。

专家介绍，因为热气球升空比较烦琐，所以一般需要几个人的共同努力才能完成。先是将球囊在地上铺展开，然后将它与放在一边的吊篮连接在一起，用一个小的鼓风机，将风吹入球囊，使气球一点点地膨胀，当完全展开后，开始点火。将火点燃加热气球球囊内的空气，热空气使气球升到垂直于吊篮的位置，再加几把大火，气球就可以起飞了。（摘自《仪器仪表网》，作者：佚名）

热气球的类型

国际航空联合会下属的气球理事会根据填充的气体不同，把气球分成四类：

AA型：填充比空气轻的气体如氢气或氦气，气囊不密闭，没有加热装置；

AX型：气囊中填充空气，通过装置对空气加热，使之变轻获得升力，又被称为热气球；

AM型：既填充"轻气"，又具有加热装置的气球，又被称为罗泽气球；

AS型：填充"轻气"，气囊密闭，由于高度可通过充气量控制，用于科学研究。（摘自《中国热气球网》，作者：佚名）

中国热气球的发展现状

从热气球在中国着陆的那一刻起，就得到了社会各界的广泛关注。热气球运动作为一种新兴的体育运动，还未被更多的人所尝试，对绝大多数人具有强烈的吸引力。近几年来，国人的思想意识和生活方式发生了巨大的变化，人们在衣食无忧的前提下，更需求崭新的休闲娱乐方式。热气球运动符合现代人求新、求变、求刺激的摩登时尚，渐已成为继攀岩、蹦极、滑翔之后的又一休闲娱乐的热点。加之热气球运动本身兼有体育、娱乐、探险、旅游、广告发布等多重功能，热气球在中国大地形成热势将是不争的事实。（摘自《网易博客》，作者：绅士约定）

二、"品德践行"中的活动过程实践应用课例——《赤脚行走一天》单课活页

前言：著名教育家陶行知先生说："我们要解放小孩子的空间，让他们去接触大自然中的花草、树木、青山、绿水、日月、星辰以及大社会中之士、农、工、商、三教九流，自由地对宇宙发问，与万物为友。创造需要广博的基础，解放了空间，才能搜集丰富的资料，扩大认识的眼界，以发挥其内在的创造力。"他又说："倘使真的拿生活为中心使文字退到工具的地位，从死的、假的、静的、读的，一变而为活的、真的、动的、用的，那么就称它为教科书，我也不反对。"神经生理学家进行的新的研究实验证明："丰富环境中的儿童明显具有更高的智商。"

（一）为行动而读书（需知与认同叠加）

本单元从不同角度选用了三篇有关"脚"的文章，多读几遍后，想想它们讲了哪些方面的知识？你对哪方面的知识特别感兴趣？散文中精彩的句子要把它圈划起，好的段落，可以将它背下来。

赤脚有益健康（科学知识）

前苏联的米库林院士曾提出一些抗衰老的新方法，其中之一是"土地接

触法"。

他指出：地球带有大量的负电荷，而地球周围有一个电离层，它由正离子组成。在地球和电离层之间存在电场，一切生物都适应了这个环境。生活的现代化使人类脱离了负电荷，在我们的身体里积累了过多的正电荷，这使人变得容易生病。

解决这个问题的方法很简单，将一根金属线一端固定在暖气片上，另一端拴在脚上。米库林说他一直坚持这样做，他不仅活到了 90 岁，而且在高龄时仍能保持旺盛的精力。

现在，物理学家、生物学家和医学家经过进一步研究，充实了米库林的理论。从物理学的角度看，人可谓是一座真正的发电站，细胞就是无数台发电机，不断产生着电能，即生物电能。如果处在一个封闭的环境中，电能就无法释放，它便以静电的方式积存下来。

为了防止静电对人体健康的危害，人们应当通过接触地面来消除多余的电能。数千年来，我们的先辈几乎天天赤脚走路，接触土地。但后来人们穿上了鞋，从而破坏了人体电能的平衡，静电对人体健康造成危害，穿胶鞋和化学合成鞋底的鞋子更是有害。正是因为我们脱离了大地，才会经常感到腿脚酸痛。因此，适量做赤脚运动对健康有益。（康摘）

赤脚的好处（经验之谈）

鞋商的广告总会告诉你它们鞋子的许多优点，比如有气垫、抗菌、舒适、耐用，甚至某些品牌就是代表"时尚"等等。

现代人都已经把走路的核心元件——脚，遗忘掉了。好像没有了鞋，人类就没法好好走路，其实鞋应该放在配角的地位。

脚才是真正的鞋子，我们天生的一双脚，无论在设计或使用上，都比人工脚（鞋）要来得进步。

舒服又健康：

不难发现，所有顶级的鞋都是依照人体工学来设计，就是要达到赤脚走路般的舒服、避免伤害，既然如此，何必绕一大圈再回到原点，何不赤脚走路呢？

鞋子在危险场所或应该需要的场合才用它。

好用又卫生：

当习惯赤脚步行之后，脚板不怕滑、不怕湿、排水性好、抓地力强，而且不会磨损，清洗方便，尤其是不会臭。

鞋子有长年累月的汗垢堆积，很不卫生，可是，又有谁会天天洗鞋呢？洗鞋可能得花上半小时，等它干又是漫长的等待。但洗脚却用不到几分钟，而且保证一干二净、快干。

省钱又环保：

鞋子都是不可回收的材质，虽然有些会使用所谓的环保塑料，但并不经久耐用，过了一段时间之后，同样变成垃圾。

赤脚等于把鞋子的寿命延长了，换鞋的频率降低了，换言之，就是减低消费，没有不必要的消费，就不会有浪费资源的生产。

赤脚当然更不会造成制鞋皮件的需求，而伤害到动物。

减低消费和生产，才是真正的环保。赤脚舒服、环保、又省钱，赤脚做环保，何乐而不为？

自然又快乐：

赤脚直接接触地面，有时温热，有时清凉；走过草地松软如地毯；走过枯叶还会沙沙作响，移除人和大自然之间的壁垒。而且皮肤与泥土接触的感觉令人愉悦，走路就不容易累，是一种享受。（陶保文）

赤脚的童年岁月（散文）

故乡老家门口一条奔流的大江，不变的背景就是那一望无垠的沙滩，夜风吹去岁月的沙尘，埋在黄沙里的脚印渐渐清晰，沙滩上蹦蹦跳跳的赤脚是童年的我，苍老的祖父每天守在江边捕鱼，幼小的我在沙滩上嬉戏。阳光灿烂而温暖，芦花随风飘扬，祖父总是在远远的地方喊着我："回来吧，别跑远了！"而我总是一会就没有了踪影。倦了，我便偎在祖父身边。祖父年轻时驾着一条小船过洞庭、下长江，几十年的经历都成了故事流传。

如同当年寻找沙滩上的光滑的石子，我小心地寻找自己的脚印：穿过沙滩上依稀可辨的小径，翻过长满狗尾巴的大堤，老家周围方圆数里的田野，我的脚印重重叠叠，一层上铺着一层。

多少个朝暮晨昏，赤脚的我奔走在田埂上。每当农忙时分，父母起早摸黑在田地里忙碌，我和弟弟常常一前一后，提着饭菜，捧着茶水送到田头。我也学着父母的样子，挽起裤脚，躬着腰身，在水田里插秧，却总是远远地落在父母身后，留下一排排秧苗歪歪斜斜。一次，我不小心踩着了一条毒蛇，听到我惊骇的哭声，正在劳作的父亲冲了上来，捧起我伤口红肿的赤脚吮吸毒血，我却只顾用幼嫩的小手垂打着父亲的脊背大哭。晚春禾青，早秋稻黄，半边莲在田埂上凋谢又开放，在季节的轮回中我们渐渐长大。

十岁时，我到离家十几里外的小镇上学，周末才能回家。那年的冬天，一次在半路上下起了大雪，我嫌磨破了底的鞋子有些笨重，便习惯赤脚踩在雪上，干脆把鞋子提在手上，一路玩耍。母亲等在门口，看到我一双冻得青紫的赤脚，一时气恼，夺过鞋子向我头上打来，然而她的手举着鞋停在空中，泪水无声流出。

母亲这一晚没睡，为我赶缝棉鞋。第二天我走的时候，鞋子已做好，鞋底特别加厚了，针针线线，密密麻麻。上学的路上，雪已经开始融化，草地泥泞，我舍不得母亲亲手缝的这一双棉鞋，又含泪脱下鞋子，放在背包里，赤脚走向学校，留下一串脚印，在身后的雪地里延伸。我渐渐地越走越远，背包里有着母亲亲手缝制的鞋子。

我一路求学，从故乡走到他乡，身后的山水渐渐在岁月中飘散。（唐浔）

（二）在行动中体验（探索与践行叠加）

1. 活动布置

（1）赤脚之前要征得父母亲人的同意，用所学到的知识与亲友沟通；（2）周六或周日从早到晚不穿鞋袜至少外出行走 5 华里路程；（3）要到石子地、泥田、浅水沟、草地等处去尝试行走，时间长些更好。待在家里也不准穿鞋；（4）注意安全，小心防滑，不要踩上玻璃，不到危险的地方去行走；（5）晚上将脚先用冷水冲干净，再用温水泡一泡；（6）将体验过程写成作文，注意详略得当，写出自己的独特感受。

2. 体验作文一例

打一天赤脚

星期五，曹老师又讲了一位作家赤脚走过童年的故事，并布置了一项体验作业："赤脚行走一天。"让我们星期六或星期天去体验。回到家我告诉了妈妈，妈妈不同意，说"得了关节炎，怎么办？老师负责吗？"

第二天，我说要去同学家做作业，设法逃脱妈妈的"法眼"。我把鞋脱了，藏在房间，房里铺着瓷砖，平坦而光滑，走在上面，好舒服呵。趁妈妈不注意，我一溜烟冲出家门。"哎哟"，我一屁股坐在地上，脚底红了一块。

原来由于过度紧张，一出门就踩上了一块凹凸不平的石头。"得赶快走"，我踮着脚尖，一拐一拐地向同学家走去。虽然一路小心翼翼，脚还是被硌得生疼……

在同学家打赤脚可自由了，没人管，他妈妈是个支持派，听说我妈妈反对，索性留我在他家吃午饭。我打了个电话，告诉妈妈为提高"成绩"，不回家吃饭了。

傍晚，我萌生了一个新的念头——抄小路回家。那是一条田埂路，比较松软，上面长着嫩嫩的小草，只有少数几个石头。脚下软乎乎的，我真为我的选择感到高兴。"扑"的一声，不好，踩上一泡牛粪了，恶心得直想吐，赶快往杂草上擦，擦得脚皮又涩又痒的。

天还没黑，我又在邻居家玩了一会儿，待天黑下来了，我才蹑手蹑脚地进家。一进家就赶紧倒水洗脚。洗好脚，妈妈吃惊地说道："这盆水怎么这么黑？"我得意扬扬地说："这是成绩。""成绩？"妈妈丈二和尚摸不着头脑，我却开心地笑了。

那位作家小时候家境贫寒，竟能赤脚走过童年，打一天赤脚就够我受的了。"不经风雨，不成大树；不受百炼，难以成钢。"雷锋叔叔说得多么好。

（五年级　方孝强）

3. 交流后小组或班级评价

妈妈不同意方孝强同学打赤脚，方孝强同学设法逃过妈妈的"法眼"，到同学家去体验，说明方孝强同学自主性强。体验后洗脚那一段写得生动有趣。一盆脏水是成绩，真是弄得妈妈丈二和尚摸不着头脑。（优等）

（三）沿行动去研究（实证与发现叠加）

关于"脚"的探讨范围很广。有无脚的动物，一只脚的动物，八只脚的虫、千脚虫等。确定自己的研究性问题应在生活中寻找。比如各式各样的桌脚、凳脚、自行车的脚、汽车的脚、飞机的脚等。资料可以到网上或图书馆去查找，信息要互通有无，舍得花时间交流。针灸实验时应在合作医疗室医生指导下进行。脚障指颠脚、截肢、瘫痪等，有条件的可帮助截肢的残疾人联系享受免费装假肢等事宜，以增强社会责任感。

1. 研究性学习问题

（任选一题或由自己确定研究性问题）

（1）调研村里老年人赤脚的经历；

（2）实证人脚上的穴位，学针灸疗法；

（3）调查了解村里脚障人的生活情况，提出你的看法和建议。

2. 调研报告

林新洁的调研报告

我们潜庄村是一个小小的村庄，传说古代的陶潜在此待过，由此得名。不到三百人的村庄，就有4个脚障人。因一次车祸，走路一跛一跛；因一种大病，锯掉了左腿；因风湿性关节炎，十年没有下过床……为了深入了解他们的生活情况，星期天，我和小丹走近了脚障人的身旁。

徐大伯扛着锄头，一拐一拐地走上山坡，一只脚只有一个圆墩墩的骨头团。我们跑过去，扶了他一把，问："下地干什么活？"他指了指甘蔗地，望着我们惬意地笑了。我趁机又说："听说你这脚是被摩托车撞的。""是啊，几年过去了。那小子喝多了酒，骑起车来发疯似的，躲闪都来不及。出事后，在医院躺了三个多月，脚不中用了。""你腿不便就在家里歇着嘛。"小丹说。"没办法，上有老下有小，五个人要吃饭啊。干活不过是慢了一点，早点出工，晚些收工，一年到头甘蔗、芝麻、油菜、加上养猪上的收入，也有万把块钱呢。"听了他的话，我们心里却高兴不起来。政府能给他一家人低保吗？不能再让残疾人起早贪黑地去拼命了。

我们低着头来到姚奶奶家。只见她立着一只脚靠在墙边洗衣服。姚奶奶笑着叫了我俩一声。我们凑过去与她亲切交谈起来。她说，20年前她的脚上面生了一个瘤，后来又生了一个，不断长大，只得到县医院把脚锯掉了。那时她的两个儿子、两个女儿都还小，一切家务还得她一个人操劳，洗衣、烧饭、下地搞菜，到路边割柴火，无法站立，只好盘着腿坐着割，真是苦不堪言。现在儿子成家了，女儿出嫁了，媳妇又不孝，还得一个人过日子。有时吃点米，也要讨几遍，零用钱就更不要想了……

我们帮着姚奶奶把衣服晾在石条凳上，看着撑着小方凳挨进家的姚奶奶，眼眶湿润了。建议镇政府一定要为她做一副好的拐杖，最好能按上一只假肢，让她也像我们一样站着走路。

江阳大我两岁，从小得了小儿麻痹症，三岁时还不能站立。上小学时，学校离家近，每天他都是连拖带爬来往于途中。四年级时，班里几名同学曾经组织过一个义务护送队，轮换背着他，度过了两个学期的风风雨雨。到了五年级他变胖了，长了一身肉，同学们背不动了。去年进中学时，万般无奈，父亲只得东借西凑，花了四万多元，在北京儿童医院为他开刀把腿接上了钢筋。现在江阳自己可以骑着三轮车来来往往了……四万多元，新型合作医疗不知能报不能报，问江阳妈妈，他妈妈眼泪汪汪的，我们不便仔细打听了。建议新农合应为残疾人的治疗开辟一条绿色的通道，并提高报销比例才是。

还有个周奶奶，得了类风湿性关节炎，已经躺在床上十多年了，由于长期不能走动，脚已肿痛、腐烂发臭了，快救救她吧！

3. 老师（或家长）点评

林新洁同学对村里脚障人生活的调查了解比较详细，文章写得实实在在，提出的建议和看法也合情合理。通过与脚障人近距离的接触，同学们一定有了新的长进，对社会，对生活多了一份理解、一份责任心吧。

后语：为行动而读书（熟悉过去），在行动中体验（认识现在），沿行动去研究（应对未来），这样的课程是陶行知"生活教育"思想的具体创新体现。"酸甜苦辣都是营养，成功失败都是收获。尊重学生属于自己的体验，让他们走进自己的生活世界，体验生活、体验社会，即使是失败，也可能成为学生终身受益无穷的财富"——"每一个精彩的活动留给孩子们的都是一粒珍珠。当他长大以后，岁月的丝线把这些珍珠串起来，就成为人生珍贵的项链。"

事件、时空以社区为范畴——体验活动报告选

——成长环境中的"读写算"功能序（关系类）探述

研究认为："现实的系统都是开放系统，因而保证了现实的系统都是具有一定功能的系统。系统开放程度和开放方式的多种多样，系统环境的千差万别，使得系统的外在的规定性在反映系统的内在规定性时，有了多种多样的可能性，即系统的功能表现具有了多种多样的可能性。"这些"读、写、算"叙事报告可作为教学中的功能模拟方法用，不过它是随机性与选择性的统一（测不准），也可供作系统的内在规定性与外在规定性比较研究时参考——结构序应具有内在共形对称性，其箭头要么是合二为一又一分为二，要么是一分为二又合二为一，结构功能永远是弯曲的、平衡或近似平衡的。功能序表现的只是外在的耗散性，其箭头要么一直向前，要么一直向后，功能结构永远是直线的，时空就一直被人们作为纯功能序在看待，其实它只是事件结构的两极。唯有中的存在结构、两极关系功能，才能求得事件信息流的"内在一致性"，否则只能是外在的广延性。

一、社区时空里"读"的叙事报告

叶卫彤老师"读"的话廊："阅读是收集处理信息、认识世界、发展思维、获得审美体验的重要途径。"如何把学生的阅读兴趣激发起来，让学生喜欢阅读，感受阅读的乐趣，并养成良好的阅读习惯，学校是动了不少"歪"点子的。"兴趣显示着最初出现的能力"。你知道学校是怎样营造读书大环境这个过程的吗？

潘仁维"读"的体验报告：

"给孩子们备一张安静的书桌，一台读书专用的台灯，一个积累知识资料的小书架"，从三年级起老师就在家长会上对我们的父母提出了这样的要求。

记得这项任务布置后一个月，校长、老师和班干部就分成两个检查组，逐家逐户地进行检查。有九名同学的家里"现丑"了，没有把上述三样东西备齐，不是缺这就是缺那。这九名同学的家长一个个被"提审"到学校开会。那天下着雨，校长也来了，他逐个地请家长们说出不能落实的原因。哪知这几位家长都是思想上不够重视，马大哈，认为学校布置的事是吃饭吃到碗外去了。家里有的是旧木料，打一张课桌只要一个工，一个小书架也只需一个工，两个木工的工资不够80元，加上一个普通的台灯，100元钱足矣，一般家庭都不在乎这点钱。可我母亲住院开刀，欠下了一屁股债，"实在无能为力"，父亲说。曹校长问："你家有树段旧料吗？"父亲说："有。""那好，明天你就理点出来打，两个工钱我来给你想法解决。"当我家的书桌和书架做好的时候，曹校长骑着电动车转到我家来了。他从车上拿出了一盏浅绿色的漂亮台灯，送到我面前，说："喜欢吗？"我点了点头，心中喜欢却不好意思接。曹校长将台灯放在书桌上，插进插座试了试，台灯发出了柔和的亮光，"送给你的，好好地读书。"我真恨不得要向曹校长叩头道谢了。每晚一个小时的课外阅读有了"保驾臣"。

"节约一点，一个月给孩子买一本书。"这是家长会上叶老师的声音。"一本书四五块钱。"小玉爸说，"小菜一碟，一个月少抽一包烟就够了，只是买什么书才适合儿童阅读呢？"当然不能去买那种"地下阅读"的书喽，老师早就为我们考虑周到了。你看，教室的墙上张贴的"点亮课外阅读的灯——少年儿童阅读图书推介"，小说、散文、童话、科幻作品、民间故事，体裁广泛，类别多样。我望着墙上书目中一个个陌生的书名，心中沉甸甸的，默默地走开了。老师是同学们肚子里的蛔虫，乡团委教办"六一"节赠送给各个村小的一些图书，又转赠到我们几个"特困生"的手中。第一次买书活动我们却成了不劳而获者，心里委实有些过意不去。我暗中思忖，以后一定要想法自己挣钱去买书。没想到这几年我竟成了村里无人不晓的"破烂王"。

同学们每买来一本书，都要拿到老师那儿去挂个号，登个记，盖上"陪你一道成长"的印章。这样就没哪个人能逃脱出老师的"法眼"了。阅读过程方法的指导，当然要数做读书笔记了。我们班的读书笔记有两种类型：一种是个人自备的，自己想怎么摘录点评就怎么摘录点评，只要不是为了应付就行；另一种是集体备的，挂在教室后面的墙上，分门别类，一类一本，如写人篇、记事篇、写景篇、状物篇、谚语、歇后语、警句睿语、评点体会等。每个同学都可以将阅读时圈点标划在书上又与别人不雷同的精彩句段及一言一议、一读一得抄录在这种笔记本上。期末，老师要将这些资料进行筛选，挑出新颖的、有特色的打印出来分发给大家积累保存。记得四年级下学期我抄写在班本上的五段话和两篇一读一得被老师选用上了，奖励给我 7 个又酸又甜的大杨梅，现在想起那酸溜溜的味儿，口水就涌上来了。五年级上学期我的一篇读书征文上了学校读书专栏橱窗展示，奖给我的是一根又粗又长的甘蔗，好脆好甜呵，同桌同学还分享到我的一段"战利品"。五年级下学期我又被评为学区"优秀读者"，一个菠萝奖给我，不知道怎么吃，还闹出了一个大笑话。六年级学区又专门为我们毕业班同学举办了一次"读书节一日游"活动——逛书店。包车来回全是免费。这些有奖读书活动，大大地吊起了我们读书的胃口，让我们从此爱上了书。

四年，天天都有阅读量，一千多小时的读书时光，就是在小小的书桌和台灯的陪伴下度过的。孙幼军的《小布头奇遇记》，高尔基的《童年》，海伦的《假如给我三天光明》等等，当然还有身边作家写的书。几十本已读过的书整整齐齐地摆放在书架上，厚厚的一排了，加上读过的课本、少儿杂志，我建立起了个人的藏书室——有了自己亲密的朋友，相信人生路上，它会给我无穷力量的。

叶卫彤老师"读"的话廊："天天都有阅读量"光是读名著名篇经典吗？浸淫在别人的经历、情操之中，将会慢慢地把自己架空、抬高、进入空灵的境界，修炼成不食人间烟火的书呆子，那怎么行呢？光"审美"能当饭吃？不懂得迎合世俗的人是不能在这个世界上生存的。学校奉行的是陶行知先生的生活教育思想，陶行知先生所倡导的"为行动而读书，在行动中读书"，应该是一条读书的准则。如何将这一理念具体化、精细化、好操作，是值得探究的，小试牛刀，请看——

钱亚敏"读"的体验报告：

刚一听说学校要组织进行"一次查螺活动"——采集钉螺，我还以为是勤工俭学，采集来拿到菜市场上卖给人们尝鲜。当看到展示在少先队部的钉螺标本时，才知道这种比米粒稍大些，赤褐色的螺蛳根本不能吃。它只是血吸虫唯一的中间宿主。查螺前大家都在做准备，找玻璃瓶，取竹棒，领夹钳，借塑料高筒靴。叶老师说，有一样东西你们也得准备准备呵，什么东西？看看有关血吸虫病防治方面的书，了解一下新中国成立前我们这一带血吸虫病流行的危害情况。读得多才能行得好。有道理！于是我们便忙碌开来，分头去寻找有关这方面的书来读。老伟找到一本小册子《血吸虫病的传播环节与防治措施》，大家传阅着看：成虫寄生在病人或病畜门静脉内—虫卵随病人（畜）粪便排出—虫卵入水孵化出毛蚴—毛蚴钻入钉螺发育成千万条尾蚴—尾蚴逸出钉螺在水中漂浮—人畜入水尾蚴就钻入皮内得病。防治对策：（1）查螺、灭螺：查螺最好一年两次，放在3—6月和9—10月为宜，要做到"三从"（从盆地到山上；从上游到下游；从潮湿到积水），"四追"（追头、追尾、追点、追面），查一片，清一片。凡是地面常年潮湿的池塘、水库、荒地、菜园、竹地、山峦等地方都应作为查螺的重点。灭螺可采用土埋法或反复施用五氯酚钠等药物。（2）管理粪便：禁止在有螺的池塘、溪流、沟渠内洗刷马桶、粪具，不拉野屎，不在沟边设立厕所和粪坑。（3）个人防护和安全用水：不要在有螺池塘、溪流内游泳、戏水；提倡饮用井水、泉水和自来水。（4）查病治病等。听说我们附近的一个村庄又发现了成堆的活钉螺，发现者跑到血防站去报告，还得到了两百元的奖励。难怪，这华佗无奈的小虫并没有绝迹，我们怎能掉以轻心。

龙应找到了一篇县血防站编写的《忆往昔触目惊心》的资料汇集，讲述了新中国成立前血吸虫病对我县的严重危害：由于血吸虫病猖獗流行，我县疫区荒芜田地二万四千余亩，房屋倒塌一万三千四百多幢，六十二个村庄沦为人烟灭绝的无人村，还有许多村庄成为"罗汉村""寡妇村"。据防治初期调查，一个地方钉螺最高密度达1255只/平方尺。桂林镇牌头村曾有"十里牌头"的盛称，房屋鳞次栉比，上接五里外的新管村，故又有"牌头到新管，下雨不打伞"之美说，但到新中国成立初期，仅有75户、191人，其中外来人口149人，占全村总人口的78%，村民粪检阳性率高达52.9%。溪头镇的下叶祁原是个百余户四五百人的村庄，到新中国成立时仅剩下58人，且都患有血吸虫病，许多人丧失了劳动力，奄奄一息。正如毛泽东同志在《送瘟神二首》后记中所指出的："就血吸虫所毁灭我们的生命而言，远强于过去打过我们的任何帝国主义。"你听说过吗？我们中心校所在地岗村，明清时期也曾是繁华昌隆之地，村里千灶万丁，店铺林立，倒败的原因也是血吸虫病害所致。临近新中国成立时，村里到处是残垣断壁，满目荒凉，人们往来走动都是钻荆棘窝，一到阴雨天，下午三四点钟，家家都关门闭户了，"万户萧疏鬼唱歌"是当时最真实的写照。

灵慧从网上摘下了一篇文章《一个年轻生命的消逝》，讲了作者的老家一带血吸虫病有抬头的趋势，一个腼腼腆腆、朴实而憨厚的年轻人染上了血吸虫病，肝腹水并发尿毒症逝去的故事。它向人们敲响了警钟，血吸虫病在某些地方死灰复燃了，人们的健康仍然在受到无情的威胁。

在"一次查螺活动"之前，我们读了这些文章，不言而喻，心里已经弄明白了"为什么查螺，怎样查螺"？加上读书给我们调浓了情感、态度、价值观的底色，大家都在摩拳擦掌了，这次"突击战"，相信我们一定会完全彻底干净地把"敌人"消灭光！

叶卫彤老师"读"的话廊："为行动而读书"中的"行动"不是指志向，不是指理想，与"为实现四化而读书""为中国的富强文明民主而读书"等概念不可同日而语。这种口号式的所谓为行动而读书"高、大、空、远"，不易操作，能落实到操作层面的只能是"近、小、实、亲"的体验活动，借助间接经验为直接经验服务，收到"立竿见影，事半功倍"的效果。要"春游黄山"了。好！引导同学们去读《世界瑰宝——黄山》《人间奇观——黄山》，民间故事《梦笔生花》，散文《上天都》等。组织活动"做风筝放飞"，从网上下载的历史知识《风筝的来历及发展》，说明文《风筝的优质品种》，保健知识《放风筝——健康》和散文《风筝背后的绳索》等就成了同学们争相阅读的文章。读得多才能体验得多、体验得深。有知识的介入，活动的内在价值才容易被挖掘出来。"为行动而读书"，说得通俗一些，也就是准备要去做一件事了，在做这件事前，读读有关这方面的书。减少盲目性，开阔视野，打有准备之战。

"在行动中读书"，我的理解是指在行动的过程中读书，一般的是指长时段的活动，在活动过程中有选择性地去读书。也就是说用间接经验来为直接经验当参谋、出主意、指方向，是"相依相伴"，是"细功慢活"。比如在交朋友的过程中阅读有关"友谊""交往"方面的书；在习练书法的过程中读字帖和书论；在养鸡的过程中阅读有关家禽饲养的书等等，不一而足。书籍的魅力本来就是因为需要才产生的。尝试此种读书方式的有——

方枫"读"的体验报告：

临近暑假，奶奶病了，病得很重，已经卧床不起了。大人们都在忙，忙着日子能起色地过下来，服侍奶奶的任务自然地落在我的肩上了。奶奶得的是胆囊炎、胆囊萎缩症，加上长期营养不良，低血压，低血糖，身体非常虚弱，瘦得皮包骨头了。护理病人，我没有经验，还是第一次。要想把奶奶护理好，靠自己慢慢去摸索出一套经验来吗？大可不必，有别人的经验好借鉴，读读有关护理方面的书，不就见得了，何必要去"瞎子摸象"。

首先我迫切需要的是了解奶奶这种病的病理，孟承伟编的《胆道疾病百问》一书中说："慢性非结石性胆囊炎可由细菌、病毒，经胆脏或经血行淋巴途径浸入。也可由于植物神经功能紊乱，胆囊运动功能障碍，胆汁郁滞，胆汁酸盐刺激胆囊壁引起。患者有轻度的不适，如上腹部饱闷痞胀，厌油腻饮食，右上腹有时隐痛，饮食不当也可出现胆绞痛。"是嘛，这次奶奶的病就是吃了两个街头买来的冷肉包发作的。以往发病吃些药打几针或饿上一两天就好了。这次犯怪了，先后住了两家医院，总是止不住痛，医生说要开刀。治疗慢性胆囊炎打针吃药好，还是做手术好？书上说："目前还没有哪一种药物可以根治慢性胆囊炎，各种杀菌消炎的抗生素，对治疗慢性胆囊炎并无效果。因此，慢性胆囊炎一经明确诊断，应以手术切除病变的胆囊为宜。""胆囊虽有不少功能，但它并不是身体中不可缺少的脏器。不少高等动物，如马、鹿、象、鲸等，天生没有胆囊，照样生活得很好。"奶奶也想开刀，为啥不给奶奶动手术呢？是爸爸囊中羞涩，还是妈妈认为奶奶年岁大了，身体受不了？我见爸爸两次用板车将憔悴的奶奶从医院拉回家，点上几帖中药，让奶奶在家"等死"。心里埋怨归埋怨，有什么办法呢？我又挣不来钱，唯一的责任就是把奶奶护理好，让她走好最后一程。

我借来一本胡月琴主编的《内科护理》一书，把其中的"消化系统疾病病人的护理措施"仔细看了几遍，上面说："病房环境应安静、舒适，以提供病人一个良好休息的场所，能保证病人充足睡眠。病人晨起、睡前、饭后、呕吐后用清水漱口，以保持口腔清洁、湿润，防止口腔感染。急性期一般进少渣、温热、半流质饮食。在饮食中含有一定量的脂肪可以促进胆囊的收缩，反而对治疗急慢性胆囊炎有一定的帮助。"根据书上的提示，奶奶装有假牙，我就天天把它卸下来，清洗，给奶奶漱口，以保持口腔卫生。每次煮米粉糊给奶奶吃，我大胆地放上一点点猪油，又香又开胃口，后来我忽然有了醒悟，放油是为了促进胆囊的收缩，奶奶的胆囊萎缩得连 B 超都看不见了，还有必要吗？还是不放为好。在心理护理方面，书上说："对消化性溃疡病人，要帮助病人找出不利于健康的心理社会因素，正确面对现实和挫折，减少人际冲突。要帮助病人树立信心，配合治疗，消除忧虑、恐惧心理。"是嘛，前一段时间奶奶心中一直闷闷不乐，不久就发病了。这与他的弟弟工作上调动有关联。我的小舅公经常要在生活上接济奶奶一些，逢年过节都要掏几个钱给奶奶用，几十年来没有间断过，她们姐弟从小就相依为命，亲同手足。前不久，小舅公的工作调整了，从一个镇教办主任调到下属的一所中心小学任校长，就有那么一个唯恐天下不乱的亲戚，无中生有地跟奶奶说，小舅公犯错误降职了，在一次会议上镇党委书记还不点名地以他为鉴警示过大家。奶奶听了心里"咕咚"一下，害怕了，害怕小舅公的饭碗打掉，整日里提心吊胆，郁郁寡欢。我想必须铲除奶奶这块心病，身体才有恢复的希望。一个晚上，我疏导奶奶说："镇教办主任与中心小学校长在行政上都是属于股级干部，是平职的，谈不上降职不降职。教师是拿职称工资的，与职务不挂钩。再说干部能上能下也是正常的，小舅公喜欢在学校里做点事，不想在乡镇当'万金油'，是他的个性使然，不值得别人大惊小怪。最近听说县里还荐举小舅公到省里去开一个什么教改会议，这不说明组织上对他还是很器重的嘛。"奶奶听了脸上的皱纹舒展开来，露出了难得的微笑。

俗话说："久病无孝子"。时间一长，这句话也在我身上应验了，时不时地流露出不耐烦的情绪来：回答奶奶的问话似理非理的，要不就是一句冲头消。奶奶有时想坐起来靠一下，用力过猛地一拉还把奶奶吓一惊。家访了解到情况的叶老师这时给我送来了一本丹子主编的散文集《天使之美丽》，全是护士们写的文章。护理教育不仅倾向于技能的培养，更重要的是综合能力和人文素养的提高。有一位护士写道："无论病人要求什么，都不能说'不'这个字眼；在走廊必须靠边让病人或家属先行，说话必含笑。当夜深人静时我为病人盖上跌落的被子；为病人端上一杯热菜；一句温暖的问候，一声贴心的叮咛，在如沐春风中，病人会感觉疼痛减几分，这就是护理，这就是护士。"又有一位护士写道："一位来自香港的商人，出院时高兴得忘了换鞋，一直护理他的我在旁边对他说：先生，让我最后一次给你穿回鞋吧。感动中的男人也落泪了……为病人呵护健康，守护黎明，不求日月永恒，但愿人间无恙！"

奶奶整天昏昏沉沉地睡去，不说一句话，脉搏已经非常微弱，甚至感觉不到它在跳动，油将干，灯将灭。但只要奶奶活着一天，还有一口气，我就要诚心周到地护理好一天，直到奶奶满意地合上双眼，快乐地迈向天国。

叶卫彤老师"读"的话廊："在行动中读书"最能体现"阅读的过程应该伴随着主动积极的思维和情感活动"了。遗憾的是读课本上的文章，学生从来没有"主动"过，他们都是被动的接受者，接受的是老师对作品的解读，老师的肢解课文，程式化的解读代替了学生自己的阅读。要想不靠老师解读，学生能自主阅读，直接阅读，谋求"好读书，又求甚解"，最佳的方式就是"读身边的语文，读家乡的名人"。它不仅容易"加深理解和体验，有所感悟和思考，受到情感熏陶"，而且更容易"获得思想启迪，享受审美乐趣"。请看——

方志鸣"读"的体验报告：

我们身边有座大山，叫飞布山，它气势雄浑，像个峨冠高人打坐在面前。我们常常在山上拔笋、掐蕨、打毛栗、放牛、砍柴，像老朋友似的朝夕相处；偶尔还登上山巅，"俯视诸山，如长风鼓浪，起伏万态，五溪环绕如带，各村落散布，若弈子在枰，历历可数……"你知道吗？这里引用的句子就是学校最近汇编的《飞布山集锦》中徽州知府江恂写的一篇散文中的一段话。以前我们只知道飞布山是一座长满苍松翠柏的山峦而已，却不知道它有着那么丰厚的人文底蕴。不说别的，光去读读有关飞布山的民间传说，就给我们的生长环境笼罩上了一层神秘的色彩：飞布山上有个石洞，叫"龙雾洞"，每当下雨之前，雾气一团团从洞口滚滚而出，似石柱撑云，随着慢慢向四周扩散，片刻之间就变成了白霭飘荡在山谷之中，覆盖山顶，当地人就会说："飞布山戴帽，不落也要落"。不久真的就会下起雨来，非常准确。龙雾洞共有九层，第三层最大，里面有石桌、石凳、石椅，方砖地面，可容纳几十个人栖息。第九层面积最小，进洞后，不久就会感到胸闷，呼吸困难。洞的尽头是一口井似的向下垂直的圆洞，洞深莫测，投石以后半天不见回音，令人望而生畏，从没听说有人敢下去过。据说雾气就是从此洞喷出去的。说到此洞还有一段趣闻——什么趣闻，你想知道吗？请你自己去阅读纪惟荣老师写的传说《龙雾洞》吧，还有《岳飞三上飞布山》也不要放过呵。《飞布山集锦》这本书里还收录了乾隆年间名人江登云撰写的《游飞布山记》，称飞布山上还有"石尽奇古"的金龙洞、蝙蝠洞，有"泉从沙中出，沙细如银，味甘冽的白沙泉"等景观。

读《飞布山集锦》，我们充满了阅读兴趣和阅读期待，符号也很快就还原为形象，联想和想象也一触即发，一辈子忘不了。可读课文中的"香山""泰山"就没有这种感觉了，硬是老师把它们"灌"进我们的脑子里去的，过不了多久，连优美的句子也会忘得一干二净。读山是这样，读水何尝不是如此，一读江红波老师写的《泛舟新安江》，新安江的形象马上就活灵活现地呈现在我们的脑海里，因为我们也曾泛舟过新安江，有着相同的情感体验："百里画廊的新安江，两岸青山笋翠逶迤而去，村庄依山傍水地散落在每一个山口，在绿树的掩映里，隐隐幢幢地彰显着徽州白屋黑瓦马头墙的民居特色。划着舢板撒网的，高举棒槌浣衣的，或是三两蹲在码头石条上看来往航船的，每一处都是一幅乡村的画面……身临其境，不由得会想起李白当年面对新安江的风景，情由心生，发自肺腑地吟咏'人行明镜中，鸟度屏风里'。"

"过了正口不久，江畔有新开辟的武阳——前山公路，从新溪口开始沿着江水修建直达千岛湖。等待铺好柏油，栽上行道树，悉心呵护三五年之后，便是'汽车与轮船齐驶，江水共青山一色'的新景观出现了。"叶老师说："汽车与轮船齐驶，江水共青山一色"一句是模仿王勃的"落霞与孤鹜齐飞，秋水共长天一色"一句的，哪一句写得好？我们异口同声地回答："江红波老师的这一句写得好"。那还了得，名言不如俗句了。叶老师点了点头说："阅读重在个人感受，重在个性化理解"。目前我们的"最近发展区"还没有离开家乡嘛。"读身边的语文"就是把我们的成长环境作为学习场所而采取的一种措施。叶老师说："成长环境有自然环境和人文环境，'身边的语文'统而合之，是一种文化氛围。"不是吗？年边家家户户都要切冻米糖，这是徽州的一种乡俗、一种年文化。那种氛围是忙碌的、香甜的、温馨的，早就在我们脑海里烙下印记了，读着江红波老师写的《冻米糖》，那种年边的气氛一下子又扑面而来了："腊月初的一个阳光璀璨的日子，母亲把当年新收回家的糯米在大锅上蒸熟，待到凉透后，小心地搬到阳光下去晒，连续地几天伺候，晒干的糯米饭是晶莹剔透，饱满丰腴，粒粒珠玑，满满的一洋铁箱。"

"瞧着年关将至，碰巧天公不作美，好，就炒米吧。烧着大锅，那硬柴是不要的，火势凶猛，不听使唤，最好是黄豆萁，身材娇小，添它火就旺。棕树叶做成的扇形小畚箕和锅的弧度吻合得亲密无间，还有竹丫扎的小刷把。拽出竹筒里炒了多年都已漆黑的砂子，在锅里先炒得烫手，火候到了，一小碗的冻米倒进几乎冒干烟的锅里，小刷把沿着锅底呼啦呼啦几下，冻米在瞬间绽开成白净的胖子……米糖熬好之后，炒米啊，芝麻啊，花生啊，全部倒进锅里，拌匀透了，用干净的脸盆盛入放在面板上的糖框里，抚平后铺上芦席，师傅跑碎步似的在上面边边角角都踩得结实匀称。随着师傅手起刀落，一片片冻米糖，条状式地显现开来，那香味不容分说地直入心脾。享受的快乐，在漫长的等待中，终于敞开了心扉，来到人们的面前。"

再说，幼时我们就拉着爸爸的手到陶行知纪念馆看过图片和画像，听着妈妈说过四岁的陶行知用木炭在青石板上描摹楹联和"王门立雪"的故事成长。叶老师又引导我们去读人物传记《陶行知》。

平心而论，我们不太喜欢读高雅的文学味厚重的语文，去形成什么丰厚的文化底蕴，而喜欢读离我们生活近些的通俗语文，去面对"与人共处"。有朝一日，我们如能读到语文书上选编的都是我们"身边的经典"，那对我们的成长来说是多么值得庆贺的一件事呵。

叶卫彤老师"读"的话廊：少年儿童处于感觉时期，所以曹子杰校长提倡去读"在经验内的语文"，只要略读就能整体把握阅读材料，捕捉住关键的信息，由近及远地去认识世界，发展思维的流畅性和敏捷性。要学会阅读，光是略读和浏览是不够的，重点还是要放在精读（研读）上。精读不但是充分理解阅读材料的重点方法，而且有助于提高理解和运用语言文字的能力，提高理解、鉴赏、分析、概括、联想和想象能力，发展思维的严密和深刻性。精读并非要我们按照习惯的分析模式去阅读，从时代背景到作者介绍、分段分层、中心思想、写作特点一路下去。曹子杰校长创立的"行知行教学法"就是另一种套路，又一种流派。他原先是运用在"思想品德"课教学中的，我又将这种教学法用于语文教学，把"在经验外"的名篇佳作、上乘作品、大师级的作品，作为行动来学习，让学生也去"经历一次"和作者共同创造文本，使作品得以真正实现。

请看下面的教学设计：

精读《老人与海鸥》教学设计

（一）行——形象思维，还原体验

1. 请看背景资料（"海鸥老人"——吴庆恒）连环图（略）

2. 请看人类的朋友——海鸥动漫片

3. 体验下面的话，利用电脑绘制图片：

（1）老人背已经驼了，穿一身褪色的过时布衣，背一个褪色的蓝布包，

连装鸟食的大塑料袋也用得褪了色。（将图片拖印粘贴在单课活页册上，略）

（2）老人把饼干很小心地放在湖边的围栏上，退开一步，撮起嘴向海鸥呼唤。立刻便有一群海鸥应声而来，几下就扫得干干净净。老人顺着栏杆边走边放，海鸥依他的节奏起起落落，排成一片翻飞的白色，飞成一篇有声有色的乐谱。（将绘制的图片拖印粘贴在单课活页册上，略）

（3）老人忽然对着水面大喊了一声："独脚！老沙！起来一下！"水面上应声跃起两只海鸥，向老人飞来。一只海鸥脚上果然闪着金属的光，另一只飞过来在老人手上啄食。它只有一只脚，停落时不得不扇动翅膀保持平衡。（将绘制的图片拖印粘贴在单课活页册上，略）

（4）我们把老人最后一次喂海鸥的照片放大，带到了翠湖边。意想不到的事情发生了——一群海鸥突然飞来，围着老人的遗像翻飞盘旋，连声鸣叫，叫声和姿势与平时大不一样，像是发生了什么大事。（将课本上的画改制，拖印粘贴在单课活页册上，略）

（二）知——领会意思，体悟道理

1. 领会描述老人动作、神态的语句

（1）老人得意地指给我看。（一学生领会是"自豪"的意思。）

（2）谈起海鸥，老人的眼睛立刻生动起来。（一学生领会是"喜悦""兴奋"的意思。）

（3）老人望着高空盘旋的鸥群，眼睛里带着企盼。（一学生领会出是"寄托着希望"的意思。）

（4）照片上的老人默默注视着周围盘旋翻飞的海鸥们，注视着与他相伴了多少个冬天的"儿女们"……（一学生领会"亲切的情感"在递进上升。）

2. 调动原有经验，迁移式理解句子

（1）他忽然对着水面大喊了一声："独脚！老沙！起来一下！"水面上应声跃起两只海鸥，向老人飞来。

一学生深有感触地说：我家的狗在路边与邻里家的几只狗争食骨头打架，我站在门口大喊了一声："小黑，不准打！过来！"小黑应声摇着尾巴立即向我跑了过来。

（2）海鸥听见老人唤，马上飞了过来，把他团团围住，引得路人都驻足观看。

一学生深有感触地说：一到傍晚喂鸡食时，大大小小的鸡，一听见妈妈呼唤，马上都飞了过来，把妈妈团团围住，常常引得我驻足好奇地观看。

（3）海鸥纷纷落地，竟在老人遗像前后站成两行。他们肃立不动，像是为老人守灵的白翼天使。

一学生深有感触地说：我曾经发现过这么一件奇怪的事，去年，我家那只大母猫与和它相依为命的大公鸭竟成了生死恋。奶奶把公鸭宰了，对着扔在地上香喷喷的鸭肉、鸭软骨，母猫神情沮丧，闻了又闻，却一口也没有吃，转而跑到鸭子的羽毛旁，肃立不动，像是在为它哀悼。

3. 体会文章思想感情

（1）主题：文章通过描写每逢冬季来临，一位老人便每天徒步二十余里路去给海鸥喂食，与海鸥亲切说话等事例，以及老人去世后，海鸥在老人遗像前翻飞、盘旋、肃立、鸣叫等悲壮的画面，表现了老人对海鸥的无私之爱，同时又展示了海鸥对老人的那份令人震撼的感情。

（2）感悟：老人与海鸥彼此用真情描绘了一幅美丽的图画，谱写了一曲爱的赞歌。那份相知相守、牵挂与依赖，让我们怦然心动：原来人与自然和谐相处的情景，是如此美好，如此动人，令人难忘。

（三）行——知识应用、意义运用

1. 反思自己与大自然做朋友，珍爱生命的事例

吴文勇交流发言：一天，我在家里看电视，一只鸽子突然飞来停在家门口，我连忙跑去把它抓住。多美丽的一只鸽子呵，灰亮的羽毛中，一圈墨绿、一抹金黄、一兜泛红，好惹人喜爱。爷爷笑了，拿起一把菜刀走过来说："把它杀了，炖炖给你吃，补补身体。"我可舍不得，弄来了一个大纸壳箱，把鸽子放进箱里，并用一只旧瓷杯装了一杯水，又抓了一把谷子放在它面前。不一会儿，就听见鸽子"嗒嗒"的啄谷声了。没过几天，爷爷又开话了："放在房间里，拉屎臭死人了。听电视上讲，最近有的地方，又发生禽流感了，告诫人们要少接触鸟禽。饱一顿口福不好？""吃吃吃，别人家养的信鸽能随便把它吃掉吗？爷爷存心不良，要不，干脆放掉算了。"想着，我把纸壳箱拎到墙院里打开，把鸽子放出来，向天空一抛，只见它呼呼呼地飞走了。可万万没有想到，傍晚时分，鸽子竟又回来了。这是怎么来着？喜欢上我家了吗？想与我交个朋友吗？来去由你便吧。吃的我包供给——饼干丁、面包丁、肉丁，我变换着喂。还常常抱抱它，抚摸它，我们竟成了亲密的伙伴。一次我在山上放牛，它竟飞来停在我的肩膀上，与我逗乐呢？你看它多讲情义啊！

叶军军交流发言：海鸥是人类的朋友，鸽子是人类的朋友，青蛙要吃害虫，也是人类的朋友；蛇要吃老鼠、吃蚱蜢，都是人类的朋友。与老人相比，我就感到惭愧了。春天的夜里，爸爸穿着高筒靴，拿着网兜和电筒去捉青蛙，我也跟着去。一束强烈的灯光，射向青蛙，它一动不动了。一网罩下去，十拿九稳成了瓮中之鳖。多的时候一晚要捉五六斤，少的也有斤把。剥下皮来烧着吃，可鲜了。有时卖给贩子，25元一斤呢。

白天，天气暖和，蛇要出洞晒太阳。爸爸常常满山八岗地去觅蛇。一个星期天，我也跟去了。跑了一个上午，两手空空。中午时分，一条青柴棍粗的蛇盘伏在一块石头上，被我们发现了。爸爸赶紧跑过去，蛇竟站了起来，扑扑扑地向我们示威，膨胀起来的头像舀水的木瓢一般大，吓人呢。爸爸见多不怪，一棍子打下去，把它打懵了，立即跑去掐住它的头颈。捉回家一称三斤六两，卖了三百六十元呢。

现在科技发达了，青蛙和蛇的作用是不是被农药鼠药替代了呢？青蛙和蛇与人类的朋友关系难道就变成了"口舌上的营养"了吗？

2. 小练笔（三题任选一题）

（1）展开想象，续写"老沙"与"独脚"的经历

（2）展开想象，具体写出"灰头、红嘴、公主"等在老人遗像前的言情。

（3）用自己的话概述《老人与海鸥》的故事并写下来。

江名桂的小练笔作文：

续写"老人边给它们喂食边与它们亲昵地说着话"

"老沙，你这脚上的环是谁给你套上的？"老人关切地问。"我的老家住在海边的一个山村里，小时候我经常跟着妈妈到海边沙滩上玩耍，上下翻飞，追逐浪花。一天玩得太专情了，被一个小男孩逮住了。他把我带回他的家，关在一个笼子里，拿海鲜给我吃，拿蛋糕给我吃，失去了自由，我什么也不吃。一天、两天、三天过去了，蛋糕长了毛，海鲜腐烂了，我也没去啄一口。我一天天地消瘦下去，几乎奄奄一息了。小男孩意识到我绝食是因为离开了妈妈，失去了自由。于是把他妈妈给他戴在手上的一只银镯，剪下了一小段，做了一个环套在我的脚上，把我带到海边的沙滩上说：'我们交个朋友吧，我们身上都有相同材料做的环，不管你飞到天涯海角，我们都是朋友。'说完把

我放在沙滩上独自回家了。"老沙陷入深沉的回忆之中。"你们现在还见面吗?"老人问。"有两年没回老家了,去年回去的时候,才知道小男孩的爸妈在城里买了房,举家搬迁了。"老沙感到深深的遗憾。

"独脚,你又是怎么成为残疾的呢?"老人同样关切地问。"听妈妈说,小时候我甜甜美美地在睡觉,一条蛇爬进窝来,咬住我的脚,往外拖。爸爸妈妈刚好从外面回来,立即冲上去与蛇展开搏斗,啄瞎了蛇的眼睛,我也在拼命地挣脱,挣断了腿,才保住了一条性命。"现在说起来,"独脚"还感到心有余悸。

"噢,你们两个都有着不平凡的经历,好好铭记着吧。说不定它们都是一笔可珍惜的财富。"老人意味深长地说。"老沙"和"独脚"明白了老人的意思,点了点头,展翅向翠湖飞去。

3. 社会调研(三题任选一题)

(1)从网上或报纸上查寻一两个社会上捕杀动物的案例,用自己的话把它整理出来,并作评点。

(2)调研村里野猪危害庄稼的事件,向乡政府提出你的看法和建议。

(3)调研村里一个与动物相依为命的人。

王云海的社会调研作文:

一个与狗相依为命的人

飞龙家离我家不到100米,站在我家门口就能看到他的家。一间低矮的屋子,听说建于20世纪60年代,至今外面也还没有粉刷,裸露的砖块,风吹雨淋,已变得黑蒙蒙的。

平时我难得走进他家,因为他独身一人,与四十多岁年纪的人搭不上伴。听爷爷奶奶说,他曾在外打工,打了二十多年,也曾谈过一两个女朋友,钱花光了,媳妇却没有讨进家。这两年他又重操旧业拿起锄头种庄稼的理由是:当农民自由自在,不受约束。

我和堂弟一踏进他家门,几条狗还是对着我们狂吠了一阵。虽然我们经常见面,但对他们家来说,我们是稀客。

堂弟已经在抚摸那只小黄狗了,我数了数,一共5条狗,便问:"有那么多粮食给它们吃吗?"飞龙答非所问,说:"这3只小狗是这只大母狗生的,我舍不得给人家,养着冬天卖出去是好价钱。这只狮毛狗是朋友送的,你看它多可爱。"说着，飞龙把狮毛狗抱在怀里，不停地抚摸着，"烧晚饭是我一天中最高兴最感兴趣的事，从自家地里弄来的蔬菜、山芋藤叶、南瓜什么的，把它们洗干净切碎，放进两筒筒面，煮起一大锅，加上油和一些调料，自己先舀起一碗，其余的冷却后倒到一个大塑料盆里，让狗享用。天天如此。"飞龙抽了一口烟继续说："吧嗒吧嗒，争先恐后地抢食多有趣。那只灰不溜瞅的狗最霸道，其他的狗经常被它咬。看着狗贪婪地吃着我烧的杂烩面，一天做事的疲劳全都烟消云散了。"

"早上下地干活，5 条狗前呼后拥，好不威风。遇到有不相识的狗经过，它们会一齐冲上去与它交战。'回来！'一声吆喝，5 条狗乖乖地回到我的身边，还不停地摇着尾巴。人有狗这么忠诚吗？不可能！"飞龙似乎深有感触地在自问自答。

"有一次，我到外地村庄帮人家干活，5 条狗也要跟着去，这怎么行呢？'回去'的话它们可不听了，赶也赶不走。你的自行车跑得快，它们四条腿腾起像飞一般，跑出二三公里了，还在追，简直叫你无可奈何。可静下来想一想，什么叫作依依不舍，这就是嘛。"说着，飞龙得意起来了。

"这些狗晚上睡在什么地方"？我问。"晚上嘛，就睡在堂前这一对沙发上。冬天给他们垫上一些旧棉絮，夏天热的时候，一夜到天亮，电风扇不停。还有一只狗就睡在我床上，睡在我床上的就是这只白白胖胖的狮毛狗。"头颈上带着铃铛的狮毛狗似乎知道了在说他，移动脚步偎到飞龙身边去了。"你看它一身多干净，我每天都要给它洗澡、梳理鬃毛。它也特别讲究卫生，每次上床前，自己就会把脚在脚垫上擦抹几遍，剔除脚上的泥尘，多有意思。"飞龙满足地笑了。

这就是一个家，一个主人与 5 条狗相知相守，牵挂与依赖的一个家，你见到过这样的家吗？

二、社区时空里 "写" 的叙事报告

张造林老师 "写" 的话廊：语文教育专家陈金明指出："作文是属于技能性较强的综合性实践活动，你应该承认它是历练性的活动。我们的前辈像叶老（叶圣陶）他讲这东西，作文是带着历练性的。经常进行历练，对学生进

行科学有序的训练，这是一件至关重要的事情。"怎样对学生进行科学有序的训练呢？语言主义作文教学观认为应遵循"词句训练（低年级）—片段训练（中年级）—篇章训练（高年级）"的序列进行训练；文体主义作文教学观认为应按照"记叙文—说明文—议论文（初中）"的序列进行训练；新课改作文教学观则认为，好的训练序列应是"乐意写（低年级）—自由写（中年级）—学会写（高年级）—独立写（初中）。我将上述三种训练序列落实到操作层面上，分别采用的是"零存整取法""随文练笔法""生活体验法"。先来看看统整式语言主义作文教学观的"零存整取"训练法。

林海清"写"的体验报告：

张老师布置我们写作文是"打持久战"，慢慢来，一天写一点，不要求当堂交卷。说是写牛，要写一个星期，美其名曰"零存整取"。第一天，收集有关牛的好词好句，存进"储蓄所"。第二天"存"进牛的形状、动物素描。我与牛天天为伴，却从来没有留心去观察过牛，今天要写片段了，牛，你就不要不好意思，让我细细地端详啰。你这两只炯炯有神的大眼睛像小小的铅球，像褐色的雨花石，又像剥开壳儿的皮蛋，乌黑又透亮。是青山绿水太美了，才需要用一双又大又明亮的眼睛来欣赏？这两根坚硬的犄角像两把尖尖的匕首，又似两根细长的螺号，它有啥用场呢？是漂亮的装饰，还是格斗的武器？反正有了它，你才显得好帅呵。硬邦邦的皮肤上，长满了黑茸茸的毛，光滑光滑的好柔软，是用"卡非丝"洗过的吗？悦悦走过来还没靠近你，你就"嘶"的一声从鼻孔里喷出两股怒气，吓唬不认识的人，太不应该了。有一次见你发飙——竖起铁鞭似的长尾巴，腾起柱子般的四条腿在路上狂奔，那威风凛凛的样子叫人刮目相看了：温顺老实的牛也有气势如虹的时候。

第三天"存"进牛的生活习性。牛是食草动物，一年四季都吃草，冬天没有青草就吃稻草，好节约。这庞然大物若是吃粮食的话，一天起码得二三十斤，谁还供得起！吃过的草，牛晚上要把它吐出来重新咀嚼，叫反刍。你听，牛棚里"沙沙沙"的声音，牛在反刍了，嚼得那么有滋有味，一定像我们吃了酒酿打嗝一样又香又甜。水牛喜欢水，一离开了水就没日子过了。去年夏天，卫宝将自家的牛拴在山头上吃草，忘记去换阴凉了，被火辣辣的太阳暴晒了一天，傍晚去牵时，四脚朝天气也不出了。"穷汉一条牛，性命在上头"，卫宝吃不下饭，睡不好觉，人憔悴得好似生了一场大病。水牛喜欢水，当然是游泳的好手啰，去年梅雨季节的一天，爷爷把牛放在河滩中间一个高墩上吃草，自己回家干活去了。中午突然下起了一场暴雨，平地起水，人蹚不过河了，牛却挣脱绳索游了上岸，爷爷好好犒赏了它——割了一捧鲜嫩的青草，让它吃个痛快。"放牛时特别要注意，"爷爷提醒说，"那就是公牛与公牛不能放在一起，要打架的。"我见过一次公牛打架，从路边打到田里，从田里又打到沟里，"咚咚咚"，头的撞击声像打鼓；"咯咯咯"，角顶着角像放闷炮，势均力敌，互不相让，直打得飞沙走石，天昏地暗。人们用棍子撬、火把烧，也难解难分，这才叫生死决斗呢。

第四天"存"进牛劳动时的情景。牛的"公务"就是耕田耙地，非常专业。一天，我们围坐在田埂边见一位农民伯伯将牛套上轭后，"咳"的一声喊，牛就迈开步伐径直向前走去，像线一样直。拐弯时只要抖动一下手中的绳索，配合着口令"蹓"——向左转；"拉索"——向右转，是绝对不会出差错的。耕到土块坚硬的地方，牛轭会深深陷进牛的脖子里，憋足劲的牛挺直四肢拼命拉。你不要为它着急，老农轻轻按一下犁把，犁尖向上翘起一点，就顺利通过了。耕到土块松软的地方，牛轻松了，想去吃田边的草，老农一声吆喝，它揽上两根赶紧就走。走着走着牛的脚步慢了下来，"啪"的一鞭，老农提醒它不要偷懒，它回过头来看看主人，眼睛里还含着泪水，好像在说："我已经尽力了，你这么对待我是不公平的。"牛不敢再走慢了，呼哧呼哧喘着气，白泡沫溢上了嘴唇。我们心疼地喊："可以歇了，可以歇了。"老农想把最后一塍耕完，没叫停，牛还是像个老人似的一步一步往前走。一个同学心急如焚，生怕牛中暑，脱口喊出一个"挽——"字，牛戛然止步，规规矩矩地站在田里不动了。大家张开嘴巴哈哈大笑，为牛的听话热烈地鼓起掌来。歇就歇吧，老农干脆把牛轭从牛脖子上卸下来，牵到池塘里喝水去了。

第五天"存"进牛的趣闻或故事。这里指的故事，不是书上说的《牛郎织女》故事、《牛王下界》故事、《牛魔王》的故事，而是要自己去打听收集来的真实故事或趣闻。说一个给你听吧。维加家有一头牛，大概是觉得自己日日被系着，受了太多的拘束，便想到外面去闯闯世界，晚上趁人不备，打栏跑掉了。跑到什么地方去了呢？它没有告诉任何人。家人满山遍野地找，不见踪影；附近几个村庄去打听，也杳无讯息。一天维加来到隔河的丰瑞村村口，正在高声地与人交谈时，忽然听见"哞——"的一声拉长声音的牛叫。维加竖起耳朵细听，觉得这声音好熟悉，便循着叫声来到一户人家的后院，隔着篱笆往里一瞧，叫的正是自己家的那头牛。维加喜出望外地与那家户主交谈起来，户主却不肯将牛让他牵回，说什么牛把他家的田塍踩塌了，山芋藤吃掉了，要赔偿损失。田塍踩得一个宕一个缺，拿把锄头筑一筑不就好了；山芋藤吃掉20棵，赔偿20元行不行？不行，讲好话，40元总可以了吧。那户主还是不允诺，言下之意要拿赎金去取。多少钱？一百元行吗？没有点头；一百五十元可以了吧？还是没有点头，涨到二百元了还不开口，想敲竹杠啊！维加气呼呼地跑回家，准备第二天找个熟人再去说一次。还不松口的话，只好劳驾派出所出面了。没想到晚上一家人正在议论的时候，牛栏里响起了"吧嗒、吧嗒"的牛蹄声，维加跑去一看，自家的那头牛竟挣脱绳索，越过篱笆又跑回家来了。你说有趣不有趣。

第六天"存"进由牛所联想到的。"由牛的反刍我联想到了反思"，一个同学说；"我由水牛联想到了铁牛"，另一个同学说……；还有一个同学，由牛郎织女的故事想到了家里经常吵嘴打架的父母，你说他们的想象力丰富不丰富。我的联想是——拴上绳索的牛。牛的不自由是从所谓的"开教"开始的。训练耕田耙地要用绳索将它的鼻子拴起来才好听使唤。从此以后，绳索就成了人的意志，要牵到东牛不会走到西；要系在树桩上，牛就得老老实实围着树桩转；若绳索缠绕着了，它也只得呆呆地站着一动不动。有了绳索，牛才失去了自由。没"开教"前的牛多么地无拘无束：在山坡上自由自在地奔跑，在草坪上快快活活地打滚，还不时地跟妈妈捉迷藏。牛长大了，能劳动了才"开教"的。可我们那么小就"开教"了，从一年级甚至幼儿园开始就被拴上鼻子了。上课的铃声是绳索，书书本本是绳索，没完没了的作业是绳索，大考小考统考是绳索，我们比牛还不自由，全身被绳索绑紧了。老师只知道成天用鞭子赶，"咳——蹓——拉索"不停地喊，从来听不到一声"挽"。小小年纪的我们就被套上了轭，在辛苦地劳作，按老师的意志、教材的意志，考试的意志在不停地劳作。我们想呀盼呀，何年何月才能解除拴在我们身上的绳索？——终于盼来了，曹子杰校长来给我们松绑了，来给我们卸轭了，他要解除拴在我们鼻子上的绳索，让我们像快乐的小牛犊一样活泼地成长。谢谢了。

第七天，确立主题，重新洗牌，提取所需材料，撰写成一篇有关牛的正式作文。如《牛——你是劳动光荣的样板》《牛——挣脱绳索才有出路》等等。

张造林老师"写"的话廊：将语言主义作文教学观整合成"零存整取

法"进行历练，把"写片段"突显出来，目的在于广聚材，撒开网，然后重点捉鱼。在占有观察、搜集信息、想象等资料基础上，确立主题思想，构思就等于是在"瓮中捉鳖"。换句话说，就是给材料，在材料里去确立中心；而不是确立中心后再去找材料。这样"立意"也就有了选择的余地。记叙文中写景、写事、写人都可以采用这种"拆下来练，掇起来写"的方式去历练。比如框定去写一篇作文《我的妈妈》，先对妈妈作一番"探索"，然后再来"立模"：第一天搜集和积累描写母亲的好词好句；第二天观察妈妈的外貌、衣着特征；第三天了解妈妈的背景；第四天，写妈妈与我的一件事；第五天搜集妈妈与外人交往的一件事；第六天写妈妈的憧憬；第七天根据内容确立主题，重新组合，加工润色，正式作文。再说写作文《晚景》也可以这么布置：（1）搜集和积累有关"晚景"的好词好句；（2）观察天上的晚景（太阳归）；（3）观察路边的晚景（人归）；（4）河边的晚景（帆归）；（5）树林里的晚景（鸟归）；（6）遐想流浪人的晚景（无家可归）；（7）提炼主题，安排取舍，写一篇正式作文，如《晚归的是一颗心》等。

　　语言主义作文教学观可以采用"零存整取法"整体推进，那么文体主义作文教学观便于实践操作的方法有没有呢？我们觉得还是"以读带写，读写结合"为好。

　　徐雪莉"写"的体验报告：

　　最近我们学了《落花生》一课，课文记叙了作家许地山小时候经历的一次家庭活动——过花生收获节的经过。张老师说，作者由落花生领悟到了做人的道理，这种借物喻人的写作方法，平时我们接触不多，试着选择一种事物写一写好吗？好的！你看我写的《蜡烛》是不是还有些新意？

　　一天晚上，我和弟弟正在家里做作业，突然一下子停电了，急得我直跺脚，真想哭了——还有一个调研报告没写好。妈妈说："橱顶上还有几支蜡烛。"一句话使我吊起的心落下了。当妈妈带着微笑点燃起备用的蜡烛时，房间里一下光亮起来。

　　蜡烛燃烧着，不时发出细微的"叭叭"声。妈妈说："你们看，蜡烛在微笑呢。"真的，小小的火焰上下蹿动，微笑的"酒窝"里盛满了喜悦。一阵风从窗口吹进来，把火焰压得很低很低，似乎要熄灭了，愣了一会儿，它又蹿了起来，多有韧性。一支蜡烛在我和弟弟"沙沙"的写字声中溶化了，妈妈又为我们点燃一支。这时，我想起刚上过的《落花生》一课，便学着问道：

"谁能说出蜡烛的好处？"弟弟抢着说："蜡烛从顶燃到底，一直都是光亮的。"妈妈接着说："蜡烛不贵，谁都买得起。"正在翻弄我语文书的爸爸若有所思，说："蜡烛嘛，柔和的光装满了一屋子，不像手电筒只有强烈的一束光；也不像灯笼，彩红迷蒙，给人梦幻般的感觉；更不像电灯高高地挂在梁上，不愿亲近看书写字的人。"听了爸爸的话，我们都笑了。我说："现在家家都有了电灯，看书写字有了台灯，蜡烛闲置在一旁，似乎派不上用场了。可它今天在我们困难的时候出现，给我们帮了忙，这就是它的好处。"爸爸说："其实被闲置一旁的蜡烛，体内一直蕴藏着光和热，只是人们一时不需要它罢了。"我说："是的，我们要像蜡烛，对于寂寞、冷落、闲置要有思想准备，因为我们的人生价值在于别人的需要。"爸爸说："对！这就是我对你们的希望。"妈妈也点了点头。

"电来了——"弟弟高兴得蹦跳起来。蜡烛又将被闲置到一旁去了，可它体内蕴藏着的光和热是不会因为被闲置而冷却的，只待人们需要。

谢中阳"写"的体验报告：

"在生活中，我们常常会读到说明性文章。这些文章，不论是讲清楚植物的形态特征，还是说明白动物的生活习性；不论是介绍新产品的使用方法，还是解释自然现象的形成原因，都要使用一些说明的方法。"最近我们学习了一组说明性文章，如《鲸》《松鼠》《玻璃的种类》《假如没有灰尘》等，张老师要我们仿着也写一篇说明文。我对张老师语文课的体验式教学特别感兴趣，就想试着把它介绍给大家，你看我写的《语文课的体验式教学》，算得上什么档次的说明文？

张老师的体验式教学包括五官体验、情景体验、实践体验等，是一种着眼现在、调动过去、关照未来的"我"在其中的快乐学习。它分三个层面来展开：一、现时体验；二、原有体验；三、运用体验。

先说说现时体验。上《春笋》一课时，当讲到"春笋像嫩生生的娃娃"一句时，张老师也是真的拿出了一根春笋，一层一层地剥去外壳。张老师叫我们看一看，有什么感觉？小敏说，春笋白白的、嫩嫩的，还有绒毛。小林说，个子矮墩墩的，也像出生的赤裸的娃娃。接着张老师又让我们摸一摸，问又有什么感觉？小青说，春笋滑滑的，很细腻，春笋的皮肤更像宝宝的皮肤一样。真实的体验让我们真切地感到：春笋真的像襁褓中的娃娃，白白胖胖，娇娇嫩嫩，这比喻真恰当啊。

再说原有体验。"学习者原有的经验是学习的基础"，学习新知识有一个要调动自己的原有经验（生活背景体验）去"焊接"的过程。《诗中的"秋"》一文作者小时候读"长安一片月，万户捣衣声"，问她爸爸"捣衣"是什么意思，爸爸说，隔壁林家阿婆不是蹲在河边石块上用棒子打衣服吗？这样衣服可以洗得干净些，这就是"捣衣"。哦，我懂了。学习新知识，假如现时的体验课堂上不便用、不够用，老师常常要把我们原有的体验调动起来用，这就是所谓的"想验"。《少年闰土》中有几段议论、抒情的话，作者是站在"少爷"的立场上有感而发的。我们不是"少爷"，如何体验？张老师就让我们站在自己的角度，调动自己原有的经验来理解。丹丹说："所谓猹是怎么一件东西——便是现在我也没有知道——只是听大人说过狗獾那东西，觉得它状如小狗，而且很凶猛。"军军说："我向来知道闰土讲的许多新鲜事：比如雪地捕鸟，我们玩过；夜里守西瓜也遇到过野兽来侵害，不单是知道它在水果店里出卖了。至于海边有那样多五色的贝壳，童话片里给我留下了美好的记忆。"慧笑说："啊，闰土的心里有无穷无尽的稀奇的事，都是我往常的朋友所知道的。他们知道一些事，假若闰土现在在海边时，我的朋友和我一样也都在山坡上野。即使是蹲在家里，院子里也没有高墙，望去天空无限的广阔。"《山中访友》的作者对"古桥、树林、溪流、悬崖等"有着那么浪漫的情感体验，我们原有的情感体验跟不上，难怪读起来好听，怎么也进不了心里去。比如说"树"作为我们的朋友，我们亲近过它，拥抱过它，靠在它的身上睡觉做美梦——爬上树顶掏鸟蛋，鸟蛋飞起来了，我们也跟着飞起来，追着鸟蛋在树顶上盘旋。却怎么也想象不到自己会变成一棵树：脚下长出根须，头发长成树冠，胳膊变成树枝，血液变成树汁。我们童年有趣的体验中很少有呆立不动的东西。写得好的文章，并不一定是我们喜欢读的文章。调动我们原有的体验来学习，就是提取"表象"来进行学习，"焊接"得上，才能学得进。原有体验也是张老师体验式教学中最常用的一种方式。

最后说说运用体验。运用体验就是运用学习总结的文本内容思想，去关注社会，感受生活，解决问题，也就是进入真实的情境中去体验。比如上了《为人民服务》这课，书中有这么一段话："因为我们是为人民服务的，所以我们如果有缺点，就不怕别人批评指出。不管是什么人，谁向我们指出都行。只要你说的对，我们就改正。你说的办法对人民有好处，我们就照你的办。"

为了践行这段话的思想，张老师布置的体验作业是：三人一组，每个人给其他两名同学进行一次诚意的书面批评，指出其缺点，被批评者还要作出书面表态。并誊上单课活页册。上《卖火柴的小女孩》这课，布置的体验作业是："关心人物的命运——调研村里一个命运悲惨的人。"许多同学都去了一个叫启琴婆婆的家，调研了一个真实的事实。她丈夫得了鼻咽癌去世，不久儿媳妇又得了乳腺癌病逝，紧接着她的儿子又喝农药自杀，留下了她和一个不满三岁的孙子，这命运太悲惨了。上《窃读记》这课，布置的体验作业是——《调研村里一个好读书的老人》等。学以致用，怎么致用？用布置体验作业的方式去致用。这种体验作业就是"沟通课堂内外，充分利用学校、家庭和社会等教育资源，开展综合性学习活动"。体验作业是一种学习活动，而且是一个创造性的学习过程。

字词句可以体验；定义、公式、原理可以体验；知识点可以体验，篇章结构也可以体验；形象思维可以体验，抽象思维也可以体验。也就是说知识和技能可以体验，方法和过程可以体验，情感、态度、价值观更可以体验。张老师的教学过程中体验无处不在，到处都用。

现时体验加上原有体验再加上运用体验，这就是我们学校张造林老师体验式教学的全部家当。

杨孝飞"写"的体验报告：

最近我们读了一些议论文，如《谈一次性筷》《谈读书》《忍与争》等。张老师说："阅读议论文必须把握文章的论点、论据和论证。论点是作者的见解和主张，论据有事实论据和道理论据。论证是运用论据来证明论点的过程和方法，常见的有：举例论证，道理论证和对比论证等。在议论文中这几种论证方法往往是综合运用的。"张老师还说，大家平时都喜欢议论，议论同学，议论学校，议论村里发生的事，那么不妨学着写一写议论文。我是学校小记者站的小记者，写小评论是我的"专业"，你看这篇《管吃困拉就是管成绩》有没有意思？

大会小会很少听到曹子杰校长讲成绩的事，讲得最多的倒是吃困拉。校长管吃困拉，是不是管错了，管到斜道上去了？校长的职责应该是管学习、管成绩的嘛。殊不知，管吃困拉就是管学习、管成绩，它比直接抓成绩可能还要容易出成绩。

有些同学不吃早餐或早餐敷衍了事，只吃几口泡饭，用几根腌菜下饭，曹校长知道了，心里就很懊恼。他会将这些同学叫到身前来，开导他们说："早餐很重要，告诉你们的妈妈，至少要炒两三个菜，还要有一个鸡蛋。含有高蛋白豆类的早餐，则可以激发脑部的活动，使人一整天精力充沛，头脑清醒。"发现有些同学贪吃，一天到晚嘴不停，他又要出来干涉了，甚至将这些同学手中的垃圾食品没收，扔进垃圾桶里去。他还振振有词地说："专家研究发现，人的大脑活动方式是兴奋和抑制相互诱导的。因贪吃过量食物而使主管消化的神经中枢长时间兴奋，这就必然会引起邻近的语言、思维、记忆、想象等大脑智能区域的抑制，儿童就很难对新事物、新知识产生兴趣，从而影响学习，影响成绩。"你说管吃是不是在管学习，管成绩？

再说睡眠，我们农村里的孩子从来没有规律，一切都由父母摆布。爸爸妈妈打扑克打到晚上11点，我们也是11点睡觉；下雨下雪天，爸爸妈妈不好出去玩，早早吃过晚饭，七八点就把我们赶上床了。起床嘛，爸爸妈妈要做事，天一亮就起来了，我们揉揉蒙眬睡眼也得升帐；没事的双休日，一家人赖在床上，睡到上午10点，连早餐也不烧不吃。一次家长会上，曹子杰校长强调说："研究表明，睡眠到一定的深度和持续到一定的时间，才能有效地促进儿童的生长和调节人体的物质代谢，使疲劳的大脑细胞恢复正常功能。经过充足的睡眠起床后感到精神饱满，学习效率会大大提高。"会上他还把《充足的睡眠，孩子成长的需要》一文作为"家校快递"印发给家长，要求家长督促我们养成按时睡觉、按时起床的良好行为习惯。现在上课搭头搭脑的人少了，心不在焉的人少了，人人精神饱满地听课，学习成绩自然提高了。关心睡眠不就是在关心学习、关心成绩吗？

好笑的是曹校长还把"拉"郑重其事地提上学校的议事日程，理直气壮地在晨会、校会上讲"拉"的重要性。事情的起因是这样的：一天放晚学后，大多数同学都回家了，学校里看不到几个人。厕所里一名低年级的小同学在大便，见校长进去，说了声："校长，我没纸。"大便不带纸，你说糊涂不糊涂，要么是急了来不及拿纸，要么是书包里根本找不到废纸。曹校长便走上三楼的房间拿了2张手纸亲自给那名小同学送去。小同学笑了，一种解脱的愉悦溢上了脸。从此以后，曹校长特别关注起"拉"来了。他发现课间和中午，茅坑上都有不少同学占据在那儿，再看看同学们用的大便纸，不是写过字的草稿纸就是旧报纸，甚至还有从垃圾堆里拣出来的废纸，这多不卫生。

农村孩子没有带手纸的习惯。不久，学校男女厕所里出现了两只小小的手纸箱，没带纸的同学不用再发愁了。"拉"有两种现象，一些同学吃得多，拉得多，一天要拉两三次；可有些同学两三天也不拉一次。这都不正常。一次校会上，曹校长说："两三天不大便，你知道它的害处吗？代谢产物久积于消化道，经肠道细菌作用后产生的吲哚、甲烷、硫化氢等这些有害物质进入血液循环，刺激大脑，会使脑神经细胞慢性中毒，影响同学们脑的正常发育。所以你们必须养成按时大便的习惯，一天一次，时间定在早上或晚上均可。以后除了拉肚子等特殊情况之外，再发现有人课间蹲在茅坑上，我要打屁股了。"大便也与大脑的正常发育有关，你说管拉是不是管学习、管成绩？

管吃因拉就是管学习、管成绩，比直接管学习、管成绩，还容易出成绩。它是"以人为本"的对学习和成绩的真正关照。

张造林老师"写"的话廊：用"随文练笔"的方法对文体主义作文教学观进行操作训练，关键是要选好仿作的范文，有针对性地给予指导。新构建主义作文教学观表现在学习书面语言运用能力的习得过程与乐于表达的真实需要的过程是有机结合在一块的。这就是说，"学会写"与"独立写"中始终有着"乐意写"与"自由写"的因素；或者说在"乐意写""自由写"的基准上"学会写""独立写"，从而形成"兴趣—写作—兴趣—写作"的良性循环局面。这种局面的形成就不能单靠坐在教室里苦思冥想了，它一定要有学生生活的参与。学生写作的兴趣一方面来自自发的无序的所谓"瞎野"的活动，另一方面也来自有引导有布置的体验活动。写活动才是真正抓住了新构建主义作文教学观训练的牛鼻子。曹子杰校长为做大做强农村小学"体验教育"课堂，处心积虑地设计了五大板块的体验活动，建立了100个体验"资源小题库"，这些都为践行新建构主义作文教学观提供了广阔的舞台。它们分别是：一、俯拾皆是的群体体验活动类，如布射河畔野炊，与附近学校师生联欢等；二、异彩纷呈的自主体验活动类，如上街擦一次皮鞋，在亲人陪同下露宿一晚等；三、库藏充盈的心智操作活动类，如悄悄话与老师说，"我"心中最怕的东西等；四、个别另样的家校共育活动类，如亲子运动会，家庭才艺展示会等；五、多姿多彩的校园文化活动类，如手抄报展示赛，"六一"前彩饰教室与会场等。写体验活动，同学们都有投入的兴趣，都有"写自己想说的话的愿望"，"写自己愿意写的内容"也特别"珍视个人的独特感受"。作文成了同学们精神生活的一部分。

方千"写"的体验报告：

学校的心智操作体验活动——悄悄话信箱，为我们"乐意写"提供了一个便捷的平台，把自己想说的话写出来，随时随刻都可以投进信箱里。去年一年我就向信箱投去了12封自己乐意写的信，其中的一封是这样写的：

曹校长：

您好！想知道"小帅哥"的来历吗？请听我说……

原来，我是有着长长的招人喜爱的头发，修长的眉毛，圆圆的大眼睛，樱桃似的小嘴，鼻子上还有一颗痣的小女孩，别人从身旁走过，她们都会夸我是个小美女，弄得我都不好意思呢。

有一天，我到豆腐婆家去玩，玩得正高兴时，一个收长头发的人来到豆腐婆的家中，问："这里有没有长头发？"豆腐婆连忙说："有，有。"我疑惑地问："豆腐婆，你家都是些短头发，哪有长头发呀？"豆腐婆说："就是你呀。"我吃惊地叫了一声，想想还是答应了。那个人说："这些头发最多值一百三十元。"大姐姐说："这么长头发只有一百三十元，不卖不卖，最少也要二百八十元。"那个人说："这就天价，不收不收。"接着又说："这头发没有分量啊。"大姐姐掂掂我粗长的头发说："这还没有分量啊？"那个人说："好吧，好吧，二百元钱，不多也不少。"豆腐婆说："那我打个电话给她妈妈吧。""嘟——嘟——"电话打通了，妈妈说要二百二十元。豆腐婆叫妈妈过来玩，妈妈说她没空，豆腐婆只好挂了电话。豆腐婆把这些话全都跟收长头发的人说了，那个人也同意了。我只好跟着他走到门口，开始剪头发了，刚开始，我确实有些舍不得，可是想到剪掉长头发后洗头发方便多了，也就乐意了。没一会儿，伴随我七八年的长头发就落到别人的口袋里去了。想起来，还有些失落伤心。

剪好头发之后，我用梳子将短短的头发梳得整整齐齐的，端详着，她们都笑了起来，说："真像个小帅哥。"我害羞地低下了头。

从此以后，"小帅哥"的别名便在学校里流传开了。老师告诉您"小帅哥"的来历了吧。

徐志倩"写"的体验报告：

"自由写"就是"想写什么就写什么，想怎样写就怎样写嘛"，拿两篇"瞎嬉瞎野"活动中的体验作文来与你分享一下吧，一篇是《炸牛粪》，一篇是《抢糖》，请不要用传统的眼光去苛求有什么"思想意义"，快乐不就是意义嘛。

——元宵节，我们买了几盒三响鞭炮想开心地玩一玩。"叭叭叭"丢到脚底下炸人，来不及跑，差点被一辆过路的摩托车撞上。吓唬人危险，炸鱼去！爆竹往水里一扔，随着"嘭嘭嘭"一声声闷响，炸起的水柱有一米多高，吓得鱼虾仓皇逃窜，好玩又好笑。江斌无意间发现路边有几泡牛屎，像发过酵的大面包，突发奇想："我们玩炸牛粪好不好？"我说："这个主意好极了。"钱菁也笑着点了点头。

我带头抽出一根爆竹，把红的一头朝上插了进去，心里有些怕，怕来不及跑，炸得满身，就叫江斌去点。江斌退退缩缩也不敢向前。钱菁一把把他一推："男子汉，该是你逞能的时候，干去！"江斌壮起胆，划着火柴，伸长手臂凑过去，一刹那，鞭炮响了，牛粪炸了个大窟窿。当我们开怀大笑时，精彩的又一响响起来了——烟花似的牛粪渣向四周飞溅，黑精灵散落在我们衣服上、脸上、头发上，个个都成了戏台上的大花脸。你瞧瞧我，我瞧瞧你，几百米远都能听到我们嘻嘻哈哈的玩闹声呢。

——抢糖，将喜悦让大家分享。我们这一带乡村每逢有人出嫁或结婚，主事家的人趁着看热闹人多，要拿出许多糖站在高处往下抛，大家抢，将喜庆热闹的气氛推向高潮。

今天我大姑出嫁，九点多钟，发喜糖的人上楼了，我策划堂弟趁扔糖人不注意，用根小木棒将盛糖的塑料袋戳了个洞，糖一个一个地掉下来，我在身后快活地捡。捡了满满的一口袋，心想，这么多的糖，够我吃痛快了。就下楼喊叫："抢糖开始了，快去抢！"没料到，一群小伙伴向我身上扑来，把我按倒在地，连气也透不过来了。当我拼命挣扎从地上爬起来，我摸摸口袋，辛苦"劳动"得来的糖一颗也没有了。老天有眼，不该我得的，一个也不给我得。拍拍身上的灰尘，看见人们还在晒坦上抢糖，我三步并作两步冲过去，刚伸手抢到一颗糖，不知被谁狠狠踩上一脚，疼得我大声喊叫。糖抢光了，我却一无所获。

嘴里虽然没有吃到糖，可回想起抢糖的情景比吃糖还味道——整天都沉浸在欢乐的气氛里多甜！

"优秀"是张老师给这两篇作文打的成绩。班上宣读公开表扬，没有挑剔，我的"写"冲破了牢笼，开始自由地放飞了。

徐润兰 "写" 的体验报告：

"学会写" 有什么难？每次体验活动之后，老老实实地把过程写下来就是了。取材在活动过程中取，剪裁得当就好；构思在活动过程中斟酌，倒叙、插叙、补叙看需要安排；加工嘛，不就是把话写通顺，写得好听一些、有趣一些。即使是平铺直叙地把活动过程记下来碍着你什么了？说的是真话、实话、心里话，流露的是真情实感又有什么不好。最近我写的体验作文《同学间互吃三餐饭》，虽然没有文采，但也质朴。投到《黄山日报·教育周刊》一试，竟也选中了，高兴了好一阵子呢。

根据体验活动的安排，今天是江文静和郑晶晶到我家吃饭。中午，去我家的路上，我们欢声笑语，走到青塘边，透过竹林，我向自己家望去，门是关着的。妈妈肯定是到爸爸那里去了。因为爸爸在城里开了个砚台店，很忙，妈妈常去那儿凑手。前天，我向妈妈说起吃饭的事，妈妈说改天。第二天，我向两位朋友说，她俩不答应，说如果交换日子，她们就不和我一组。我没有办法只好默许了。今天的午饭怎么办呢？想到这里，我马上收敛了笑容，眉头拧成了疙瘩。嘴里嘀嘀咕咕地说："也是的，非要到爸爸那里去不可。"到了家门口，我准备去拿钥匙，江文静问道："怎么了，你的妈妈不在家？"我难为情地低下头，打开门，跑去掀开锅盖。天啊？怎么会这样！我大吃一惊。这时郑晶晶用那温暖的手拍拍我的肩膀，和蔼地说："没关系。"我觉得真是委屈她们了——让她们吃冷粥！我拿起那碗雪白的粥放在桌上，连盖上锅盖的力气也没有了。眼泪不停地在眼眶里闪动。接着又从厨房里慢慢地拿出一碗冷萝卜丁。江文静说："没事，我们挺喜欢吃的。"我们三人分完粥，埋头吃了起来，这餐饭是多么扫兴。

第二天，轮到江文静家，她妈妈外出打工了，是她爸爸做的饭。菜烧得很好吃，大概是昨天没吃饱，今天特别贪婪，两大碗下肚，肚皮胀得像个小西瓜。她爸爸帮别人家干活，在别人家吃饭。只有我们三个人，夹菜我就随便多了，一点也不受拘束。吃晚饭时，她家亲戚毛水龙同学来了，一锅大白菜，一大盘干鱼，全 "扫" 得一干二净。

第三天，走进郑晶晶家就给人一种舒适的感觉，挺干净的。虽养着鸭子，却没有粪便。开始，我显得有些害羞。她妈妈见了，笑着说："我家只有一样菜，你们别介意。"郑晶晶一听不高兴了，说："只有一个菜啊，真是的。"我客气地说："没关系。"她妈妈笑了笑说："你们到堂前去玩一下，我一下就烧好。"我们来到堂前。郑晶晶拿了两根甘蔗，一人一段，吃起来。突然从远处传来吆喝声："卖卤菜喽，卖卤菜喽。"郑晶晶飞快地跑进厨房，叫妈妈买卤菜。她妈妈说："不是有一个菜吗？不买了。"郑晶晶还缠着妈妈，一下子，声音渐渐地低了下来。郑晶晶笑着走出来说："妈妈卤菜早就准备好了，想给我们一个惊喜"。

吃饭了，罩子一掀，啊，有红烧螃蟹、鱿鱼丝、带鱼、烤鸭、鸡蛋汤……一阵阵香味扑鼻而来。她妈妈说："你们喜欢吃什么菜，自己夹，别客气。"我们一边吃一边说一边笑，快活极了。

短暂的三天过去了。总的说来，我家吃得太差，有点丢人。江文静家爸爸帮人家干活还给我们做饭吃，有点麻烦人。郑晶晶家饭菜最鲜美，大鱼大肉，像招待贵宾一样，待人太热情了。

"学会写"的过程，就是不断地去写体验活动的过程。

郑书鸿"写"的体验报告：

"独立写"对于学校《童心文艺》主编的我来说要求并不高，虽然我还是一个小学高年级学生。不吹，一般初中生的作文水平与我相比还差一截距离呢。告诉你，我爸爸是个语文教师，从小我就养成了留心观察周围事物的习惯，丰富自己的见闻，积累了不少习作素材。在我的语言仓库里还存放着大量词汇，形形色色的句式和许多风趣幽默的话。再说爸爸还要求我一学期编写一本作文集，全是由我自己取材，自主构思，自主起草，自主加工，自主修改的。别的不说，就说改，"字要改，句要改，连标点都要改，毫不留情"。功夫不负有心人，我独立写的体验作文《制薯干，谈营养》竟打进了天津市中国小学语文教学研究会的会刊《小学生作文》，还得了 60 元的稿费呢。请你看看像不像个小作家写的：

你说怪不怪，这次张老师布置的体验作业《制薯干，谈营养》，里面有七个"自己"：自己挖、自己洗、自己蒸、自己切、自己晒、自己做包装、自己查资料，把"自主学习"抬到天上去了。可现在回想起来才明白，就是再简单的事，也只有自己亲自去做了才能体会到其中的滋味：有喜有忧、有苦有乐、有香有甜，既得到锻炼又长见识。

先说挖吧。我来到地里，挥起锄头就挖，挖了半天一个山芋也没有挖到。爸爸走过来，看了看说："这块地已经被人挖过了，你还能挖出啥呀！真是个书呆子。"换了另一块地,我学着爸爸的样子,先摸到藤茬再沿着藤边挖下去。"咔嚓"一声,两半开裂的山芋疼得"满地打滚"。爸爸又指点我说,挖山芋时要离藤根远一点。就这样,我挖了半天,挖得汗水淋淋,总算挖了两三千克。

说到洗山芋,其实也有学问。奶奶给我支了高招:"你看你,用手抹弄得满手都是黏糊糊的山芋渍,缝里的泥巴还洗不掉,要用板刷刷。"我照法一试,果然奏效。

煮山芋啦,煮山芋啦!我这个糊涂虫只在锅里放了半勺水,却煮了近一个小时。最后揭开锅盖一看,锅底结了厚厚的一层山芋锅巴。铲起来尝尝,嘿,还蛮香蛮甜的。

放上菜板,我在"切"字上动了些点子,做出了许多花样。有条形、长方块、正方块、圆形、三角形的,还有花朵形的。这就叫艺术性。

晒的时候,又有许多蜜蜂和苍蝇过来捣蛋,我找来一根棒去赶,赶掉又来,来了又赶。上学的时候,只能中午赶一次,晚上赶一次,其他时候只好任由它们肆无忌惮地发威了。妈妈看到我焦头烂额的样子,真是笑弯了腰:"傻孩子,你拿个纱罩罩上不就行了吗?"对啊,我怎么就没想到!

说到包装,我用硬纸板做了个圆形的盒子,上端开个小口,下端垂下一根红绳。红绳上下横贴着三个标签,第一个写着名称"好好吃薯干"。第二个写上性能"生理碱性食物"。第三个写着制作人的姓名。三个标签都是用水彩笔写的,很好看。

不过,这可不算大功告成,查山芋的营养价值,更是查苦了我。《少年博览》上找不到,《中国少年报》上也没有。问爸爸,爸爸不知道。问妈妈,妈妈对着发愣。请教一位退休的老干部,他只说淀粉多,糖分多,就再也说不出什么道道来了。最后,听说程明辉从城里舅舅家电脑里摘来了一段信息,我赶紧跑去抄:"甘薯(即山芋)除富含淀粉和可溶性糖外,还含有蛋白质、氨基酸与多种维生素及钙、磷、铁等。甘薯的叶有增强免疫功能、促进新陈代谢、降低血糖、通便利尿的作用,尤其能有效地预防动脉硬化和各种肿瘤的发生。"难怪法国人会称它为"蔬菜皇后"呢。

我们自制的薯干,琳琅满目地摆在学校的展示桌上,老师们纷纷前来品尝,还请来了"专家"进行鉴定。郑晶莹、徐琪、徐雪莉同学的"作品"真好吃,包装袋也数她们做得最别致。老师说,假如把她们的产品拿到市场上去推销，肯定供不应求。

吃着甜丝丝的薯干，你品尝出它的另一番风味了吗？

"独立写"也只有在写体验活动的过程中才能实现。体验活动是有生命力的，作文也就有了生命力；体验活动是有情趣的，作文也就有情趣了，加上做一点文字游戏，开些无伤大雅的玩笑，不刻意去追求，自然而然就提高了文字水平。

张造林老师"写"的话廊：不管采用哪种序列进行作文训练，都需来"捧场"，少不了激励的。我课题中选用的这些所谓"上色"的作文，都是层层"捧场""捧"出来的。登上班级《大作文本》的每篇奖励 2 元钱；登上学校作文展示窗的每篇奖励 3 元钱；登上学区《童心文艺》的每篇奖励 5 元钱；在省市级报刊上发表的每篇奖励 10 元钱。这些钱都是从学校勤工俭学或募捐的奖励基金中拿出来的。有了展示的平台、激励的机制，写出好的作文、漂亮的作文，竟成了一种暗地里的比试，有时甚至会较起劲来。当较劲出现矛盾时，布置一个体验作业让同学们去做去写："请善意地给我指出一两个方面的缺点或不足，我会改正的"，想不到体验作文还能帮助解决矛盾呢。说到体验作文，其实大多数也都是命题作文，不过它是题命在"事"前——为"题"而去体验生活；而不是题命在"事"后——为"题"去挖掘原有的生活储备。"题"引导着去体验生活，符合小学生的心理特点和注意方式，对"现在进行时"感兴趣；为"题"而去调动原有的生活储备，把自己过去做的"事"，重新拿出来"淘米做饭"，学生没有兴趣，更何况有些"题"里根本没有自己原有的生活体验，从而出现假话、空话、套话连篇。不要将命题作文一棍子打死，变换视角看待命题作文，从传统中创新——又是一个广阔的天地。

三、社区时空里"算"的应用叙事报告

应明清老师"算"的话廊：目前的数学教学中往往忽视了一个基本问题，即关于数学的应用性教育。数学是基础学科，将来会有用的，光让学生为未来生活做准备是不够的，我们老师应该有意识地向学生灌输一种思想，即数学在日常生活中就是有用的，生活中的许多问题都可以用所学的数学知识去

看待、去讨论和分析。用数学就是引导学生去体验生活中的数学，体验大自然中的数学。习惯于"用数学"，学生才会对学数学产生兴趣；有学好数学的信心，才能真正体会到数学的魅力和价值。

周双双的"用数学"体验报告：

奶奶是个半文盲，看不懂书，读不了报，可算起一两位数的加减乘除来比我快捷多了。这本领哪来的？做中学来的，奶奶说是小时候经常跟她父亲上街去卖菜买来的。年边的一天，奶奶需要用钱，把她上心上砣养了三年的8只鸡卖掉了7只，留着1只宰了给爷爷加餐，把我和表弟也叫去了。看着我大口大口地喝着鲜美的鸡汤，奶奶的眼睛笑成一朵花，说："双双，你知道奶奶养了这么些鸡是赚钱还是亏本？若是赚，赚了多少？若是亏，又亏了多少？"奶奶有意想考我了。我知道放养在院子里的鸡，每天早晚各分一次食，一次一铲，是定量的，奶奶称过，一铲谷8两重（400克），按现在市面上每百斤谷80元的价格计算，1.6斤谷就是1.28元。我每天放晚学回家第一件事就是往鸡窝里跑——给奶奶捡鸡蛋。每天基本上是三个鸡蛋，那就是隔一天每只鸡要生一个蛋。不对吧，8只鸡啊？呵，我忘了告诉你，8只鸡里面有2只是公鸡，它会生蛋吗？土鸡蛋市面上的价格要比洋鸡蛋贵1倍，每个8角钱，人们抢着要。3个鸡蛋就是2.4元。$2.4 - 1.28 = 1.12$（元），每天能赚1元多钱。奶奶笑了，说："从黄毛丫头到出阁那5个月它不生蛋，就算吃得少，一天一只鸡一两谷要的。一天的支出就是6角4分，一个月19.20元，5个月就是96元，加上鸡成本16元，共计112元。$112 \div 1.12 = 100$（天），也就是说鸡要生三个多月的蛋才能弥补上原本的投资，是不是？"奶奶的心算好功夫！我暗暗佩服。奶奶接着说："4月份小鸡捉来，供养5个月开始生蛋，再过3个月后开始有盈利，那么就是说第一年不赚不赔刚保本。"奶奶的账算到角了。我笑着说："第二年估计可赚400元左右吗？"奶奶说："你不能满打满算，三百六十五天，天天生蛋，它们生生也要停停，三百天顶多了，有时候做菜也要吃掉几个，估计300元进账是有的。"今年奶奶需要用钱，到了年边把这些鸡处理掉了。现在市面上土鸡的价格是每市斤18元，一只土鸡大概在3斤半左右，可卖60元钱，7只土鸡就是420元，再加上这一年的卖鸡蛋300元收入，我拍拍奶奶的衣兜说："去年积到今年荷包里鼓鼓的，1000元有了吧？"奶奶笑着说："傻丫头，买海沙、打酱油的钱，你爸爸又不给我们，不用了。"说着伸出一只手竖起大拇指和食指在我面前神秘地做了一下，我会意了，奶奶咧开嘴又笑了。

农村家家都差不多，养几只鸡、一头猪，奶奶家也不例外。杀年猪是农村里的一道风景，奶奶家杀年猪，我们一家人都要去吃"猪八碗"的。这猪肉可环保了——没吃过一粒洋饲料，没放过一片抗生素，吃的全是爷爷奶奶山坡地里种出来的山芋和玉米，以及绿油油的青菜和脆嫩的萝卜，难怪烧起来的肉，不放作料也是香喷喷的。猪杀倒时，奶奶又开始考我了，要我算算是抬毛猪划算还是杀肉划算。这是一头好肥的猪，杀下来除去头和花油，阳边 105 斤肉，阴边 101 斤肉。阴边阳边是什么意思？高明的屠宰手宰猪，剖开肚是平均分的，两边的肉一样重。没拿到"高级职称"的屠宰手当然手艺就没那么高超了，剖肚时分得不那么均匀，故肉多的一边就称阳边，肉少的一边就叫阴边，还说什么阳边的肉比阴边的好吃，哪有这个道理？手艺没到家故意想出话来蒙人。奶奶这头猪净重 206 斤，小牛犊似的，路过的村里人见了，都在夸奶奶"会做""有本事"。现在市面上每市斤肉价 7 元，计 1442 元。杀猪师傅说，这头猪肥，出肉率稳当当在 70% 以上，那么毛重是多少呢？已知一个数的几分之几是多少，求这个数，用除法计算。$206 \div 0.7 = 294$（斤）毛重。现在的毛猪出栏价是每市斤 4.5 元。$4.5 \times 294 = 1323$（元），抬给贩子只这么些钱，当然是卖肉划算，还有 24 斤板油和肚杂呢。奶奶说："杀猪要付刀手费，这里的规矩是猪头抵刀手，东家如果要猪头，就按 2 角一斤毛重计算，这头猪的刀手费应是 60 元。你去称称这个猪头多少重？"一称 22 斤。奶奶说："杀猪师傅心不黑，猪头的价格是肉价的一半不到点，算 3 元 1 斤，也只有 66 元，要是心黑，他剐个二十五六斤，在他手上不叫你哑巴吃黄连。再说，肚杂、猪血，几个帮衬捉猪脚的人要吃一餐，加上烟酒开支，假使海一下，无底洞。自家杀猪主要是忙个高兴，要想清闲还不如一下子抬走好。"

吃过晚饭，奶奶把花油切成一块一块，开始熬油，我添着柴火听奶奶拉家常："今年把鸡卖了，把猪杀了，想到山里去买些杉木板，合两个寿木。我们一天天老了，要有个准备，两眼一瞪，省得你爸烦神。"油熬得越老越香，奶奶活得越老好像看得越明白了。火候到了，奶奶叫我把火熄了，让滚烫的油在锅里慢慢地冷却，而没有把它立即舀进钵头里。奶奶最有趣了，喜欢卖弄她小时候跟她父亲练就的本领，指着锅里的油又出题考我了："你知道熬出多少油？"想估算，但没有这方面经验，摇了摇头。奶奶说："有人实验过，3

斤板油熬1斤。""呵，8斤。"我马上反应过来了。"一年到头，煮面打汤的油都在这里"。奶奶说。我问："放一年放得住吗？"奶奶说："放些盐放得住的，不过吃到最后有些涩人嘴了，也都是这么吃。""那平日吃的油呢？""几块零零碎碎的地，你爷爷把它耕下来都种上菜籽拿来换油。"说起换油，奶奶的话匣打开了："有一年收了120斤菜籽，你爷爷拉到本村油榨去换油，换算的规则是100斤菜籽33斤油，120斤菜籽换40斤油说是不够一些，你爷爷准备回家把留下的一斤种子拿去抵，油榨老板开了恩，说：'算了，算了，照顾老人家，给40斤油'。其实好人他做去了还不亏。一般的规矩都是3斤菜籽换1斤油。120斤菜籽不是正好换40斤油吗？对外说100斤菜籽换33斤油，一是数量大便于换算，二也可以看出老板精明。""换油要不要加工费？"我想弄个清楚便问道。"不要，枯饼抵加工费。枯饼用来养鱼、做肥料销路旺，油厂就靠它发财。"说着，奶奶问我，"我和你爷爷一年加起来就吃这么些油——48斤，一个月4斤油，是多了还是少了？"我想了想说："记得《中国居民膳食指南》建议：每人每天烹调油用量不超过25克或30克。就以30克计算一个月900克，不到一公斤。农村里膳食差，也需要多吃点油，还有人来客往，你们吃这些油刚好。"奶奶憨厚地笑了，眼睛又眯成一朵花，继续与我说着换油话题："去年，听说临村一家油厂，100斤菜籽换34斤油。你爷爷打下了150斤菜籽说多换1斤半油也是好的。就要拉到临村去换，你说能多换1斤半油吗？"我想了想，说："按百进率算能多出1斤半，按3进制算只能多出1斤油。""油换来了，怎么少给他半斤，你爷爷一肚子不高兴。更叫人恼火的是，这个油厂的油放在锅里熬，噼噼啪啪地爆，里面有水分。你爷爷气愤地叫起来：'上当了！上当了'！"奶奶提起衣兜擦了擦淌在嘴边的口水，接着说："今年又收了120斤菜籽，你爷爷干脆一下子将它卖掉了，说还是买油吃划算。150元一百斤出手，卖了180块钱。听说城里河西桥头一个售油店三块四一斤的食用油，好多人都去买。买这种油吃比换油要多出12斤多油，这等好事到哪里去找。于是便5斤、10斤地去提。最近听说这个油店被查封了，说卖的是什么地沟油。地沟里捞出来的东西过滤后熬成油给人吃吗？灯消火灭的！"说到这里奶奶对这个世道似乎有些不理解了。

应明清老师"算"的话廊：过日子与数学紧密相连的，学会过日子一定要从数字开始——精打细算，所以我认为数学首先是教人过日子的。学做人的道理可以从语文中获取——人文的熏陶，但日子都不会过的，可以断定他人也做不好。所以数学应比语文先行。中国的传统文化太偏重于做人的教育，而忽略了一个基本点——生存教育。从数学运用开始让孩子们先学会过日子吧，会过生活的人，一定是满怀信心去做人的。

吴文纲的"用数学"体验报告：

我家新屋盖起来了，这几天我一直沉浸在喜庆的气氛中。爸爸说楼上四个房间，你去选择一个作为自己的卧室，要打什么家具，凑忙凑兴把它打起来。四个房间的面积，我亲自计量过了：一间20平方米，太大了，留着等我大起来讨老婆用吧。一间16平方米，正方形，打一张小方桌，四只小方凳，用来玩拼图游戏、打扑克、下象棋再好不过了。洗澡间上方的房间只有6平方米，又小又狭，不适宜居住。告诉你，我看中的是一上楼正对面的那个9平方米的房间，不大不小，朝向好，光线又亮。打些什么家具呢？隔壁剑哥哥房间里的那套既简单又实用的家具是我心仪已久的。那张床就别具一格，是由两部分合成的：一部分长1.66米，宽1.2米，高0.46米，平面积约为2平方米；另一部分是一个小木柜，用来放衣服、鞋子之类的东西。长0.34米（床总长的一部分），宽1.2米，高0.46米。它是一个长方体，有6个面，相对的两个面的面积均相等。根据长方体表面积计算公式（长×宽+宽×高+长×高）×2，它的表面积约为2.2平方米。两部分一合拼就构成了一张睡床，用料需4.2平方米。床头还有一个"Ω"形的屏风，也是木头做的，它的面积如何计算呢？想必估猜一下差不离几，圆的半径是0.48米，0.48×0.48×3.14≈0.72平方米，用料是它的三分之二吧，就是0.48平方米。打一张这样的床（除床脚）估计需要5平方米的分板。俗话说长木短铁，木料多估一些，长了可以锯掉，铁长了就无法锯了。作为学生，房间里一张书桌是必不可少的，剑哥哥那张书桌有三个抽屉，可以多放一些东西。书桌长1.32米，宽0.66米，抽屉高0.22米，根据公式计算表面积：2.6平方米。抽屉的里面有一层要用"双料"，中间的隔板抵拉手的一面，仅缺一个平面，缺的平面面积为1.32×0.66≈0.87平方米。2.60-0.87+2.6≈4.3平方米。打一张书桌与打一张睡床差不多，同样需要5平方米的分板。我估算出来告诉了爸爸，爸爸不信，叫来了一个木匠师傅一算，夸奖了："文纲的数学在班上肯定是顶呱呱的。"这话可没说错，我想房间里还要摆一条靠椅，一个书架，一张方凳，方凳与桌子之间应有一定比例才好。方凳过高或过低对我们的视力都会造成不良的影响。这些占面积也不够52%，还有48%的平面空间。从三维角度来看，最高的是 1.5 米的小书架，离楼面也还有 1.7 米，立体空间也宽绰有余。墙壁上再挂一本彩色挂历，贴一些水墨画，一个温馨舒适的卧室将在我的设计下诞生。

我家新屋拿来住人，一些劳动工具和盛器都堆放在旁边的杂物间里。学校里学的所有立体图形几乎都能从我家杂物间里找到。四斗箕、八斗箕是正方体；扁箕、背篓是长方体；铅皮水桶、谷仓是圆柱体；还有椭圆形的菜篮、芙篮；三角形的畚箕等。八斗箕这种容器，三岁小孩都能喊出它的名称，它能容多少重量的东西呢？爸爸最清楚了。今年一块一亩田的水稻割下来晒干后上仓，刚好畚了平平的 9 箕，爸爸说今年杂交稻丰收了，亩产 1100 斤。没有过称，他就知道产量了，我要来验证验证。算体积还是容积呢？当然是算容积，体积是从外部进行计量，容积是从内部进行计量，在容器壁很薄、厚度可以忽略不计的情况下，体积和容量相等，比如塑料袋等。八斗箕的计量要从它的内部开始，长 47 厘米，宽 47 厘米，高也是 47 厘米（上方开口处为了牢固起见围有一圈 2 厘米的篾条，不要误认为它是圆柱体），它的容积应为 $4.7 \times 4.7 \times 4.7 \approx 103$ 立方分米（用"去尾法"取近似值）。103 立方分米就是一箕谷，一箕谷就是 103 立方分米。按照爸爸的推算一箕谷是 120 斤，那么一立方分米就约 1.2 斤。要验证爸爸的说法还要从谷仓里去畚起一箕谷来称，既麻烦也不是我一个人能干得了的。这里不是算出一立方分米的谷是 1.2 斤吗？只要它得到证实，爸爸的推算就是正确的了。我从"伊利"牛奶包装盒上剪下几块面积为一平方分米的正方形薄纸板，用透明胶将它们粘糊成一个容积为一立方分米的盒子，在盒子里装满谷子，一过秤 1.2 斤，秤砣往下垂一点点，爸爸的说法与我验证的是一致的。再用这小盒装玉米试试，重多了，有 1.6 斤。那么用这种八斗箕装玉米就有一百六十多斤重呢。以后不管爸爸用这种箕装什么卖，谷也好，玉米也好，或者菜籽、芝麻，我只要用小盒子盛一盒称一称，就能估算出爸爸卖了多少？想要瞒下钱来不缴给妈妈，私下里拿去赌博，我有"火眼金睛"了。

新屋虽然做起来了，可吃的水还要靠肩挑。村里这口井的井水甘美，比自来水的那股怪味道好过口，大家都喜欢喝，也不在乎装不装自来水了。你知道我家一天吃用多少水？告诉你：两担。两担水多重？我要把它算出来。爸爸挑水用的铅皮桶，圆柱底面直径 30 厘米，高 32 厘米，那么一只桶的容积就是 $1.5 \times 1.5 \times 3.14 \times 3.2 \approx 22$ 立方分米（去尾法，挑水不可能披沿），一担水就是44立方分米。一立方分米的水多重呢？我要亲自做一做。我把一只薄薄的塑料袋平放进原先我量谷用的一立方分米的纸板盒里，我扶着叫表妹慢慢地往里灌水，灌满一盒子，再把那只塑料袋提起来钩着一称，一立方分米的水刚好1公斤。爸爸挑的一担水就是44公斤，88市斤。我的心里有些不踏实，正好爸爸挑来了一担水，我叫爸爸等下倒，到邻居家借来一把大秤，请爸爸抬着称一称，爸爸似乎有些不耐烦，说："玩什么把戏，课堂上不好好听课，搞这些鬼名堂。"其实爸爸不知道，这比听课更重要。一桶水一过秤，48.5市斤，除去桶重4.5市斤，刚好22公斤。耶！我这一立方分米的小盒子变成魔方了。

烧饭时，妈妈总会告诉我放一筒半水，煮粥时，妈妈说要放两筒水；烧开水妈妈会提醒我，壶子里放四筒水，刚好冲两热水瓶水。一热水瓶的水多重？我做了一个实验，在一个空热水瓶里装满冷水一称，除去瓶重，正好是4市斤。那么一筒水就是2市斤啰，算算看准不准。我家这个竹根做的水筒，底面直径是0.9分米，高1.6分米，那么它的容积刚好1立方分米，准！水筒、水桶、水缸是我家天天要用的容器，一筒水2斤，2斤就是一筒水；一热水瓶水4斤，4斤就是一瓶水；两担水一水缸，一水缸水就是88公斤。数形结合的思想在我的脑子里扎根了。

应明清老师"算"的话廊：学习"空间与图形"，一要多观察物体，建立起立体图形的空间模型。看得多了，印象也就深了，只要一提起某种图形，头脑里就能调动出那些物体的样子，回忆起它们的特征。二要多动手，经历推导计算公式的过程。例如，计算正方体的表面积或体积，吴文纲同学就用纸板做了一个正方体的盒子，它的表面积怎么求？由哪些面组成？体积怎么求？即使记不住公式，也能计算出来。联系生活实际来理解和掌握知识，从现实生活中找出实例来丰富自己的认识——数学就在自己的身边。

毛水龙的"用数学"体验报告：

应老师这次布置的体验作业是："调查了解一亩田种什么划算，收入高。"应老师的体验作业是不得含糊的，我尝到过一次罚站在教室前面出丑的滋味，这次我再也不敢怠慢了。首先我采访了建设伯伯，他说："我家抱着老死蒂不放，自从分田到户至今，三亩田，年年都是种水稻套种油菜籽，还是以'吃'为主。五月份一共收菜籽600斤，单价1.5元1斤，一亩田产值只有300元。菜籽割倒在田里晒的那些天，见了一场雨。好！金黄色的秸秆成了灰不溜秋的枯毛柴，人打菜籽成了一个灰裹。还有我那死老婆，嫌一脚一脚地踩，一棍子一棍子地拍打慢了，整个人身子睡到菜籽其上去滚，开裂的菜籽经她一滚果真黑乎乎掉下一大片。看她的脸简直像个巫婆，还呲着牙齿冲我笑。政府规定不准在野外烧秸秆，她不搭理，一根火柴就把它们全部化为灰烬。"建设伯伯似乎还有些余悸，说："灰烧到田里做肥料是好，可那熊熊大火，把电线都快熏化了，再说，万一搅到山上去怎么办？要坐牢，她从来无所谓。"建设伯伯抽了一口烟，接着说："菜籽收掉就耕了种稻谷。今年风调雨顺，守水这一关逃过了，若是天旱，整夜睡在外面分蚊虫食不说，还要与人结仇。九月份收下的稻谷黄澄澄的叫人喜爱，可卖不起价，一亩田1000斤稻谷也只有800元，种子、肥料、工夫堆上去不讲，贩子还要'拉称'，死势势的，起码二三十斤把阎王种。一亩田两季的毛收入加起来也不过1100元左右。"

采访小根叔叔时，他说："种玉米省事，下种后打一遍除草剂，抓点肥料下下，上半年雨水足，坐在家里等收就是了。怕就怕刮风暴，长到人那么高，一阵风过去，全部跪倒在地里，叫人心疼。不过今年好，一亩田脱粒后晒干也有950斤。以前人们怕种玉米主要是脱粒麻烦，每天晚饭吃过，一家人就要坐在电灯底下用手掰，手都要掰起泡来，流水。现在好了，机器脱粒，方便，所以种玉米的人家也多起来了。产量与稻谷差不多，价格也与稻谷差不多，我是个懒虫，专拣省力的做。"小根叔叔自嘲着笑了，一边切着手中的山芋藤，一边与我啦呱："下季套种山芋，一亩田收4000多斤老牌子。大个大个人头似的，贩子开车上门来收，18元一百斤，今年我家一亩田卖了780元钱。山芋蒂、山芋藤还可以喂猪喂牛。现在种稻的人家少了，牛过冬稻草都没得吃了，山芋藤晒干好货。种山芋比种玉米还省事，连杀虫剂也不用打了，有空去翻翻藤，免得它疯长就是了。吃不消的是四千多斤山芋要一担一担地挑上板车，腰（1）都要弯成个2。"

打听到华云伯伯家年年种西瓜，我撒腿就往他家跑，一跨进门，一只凶猛的狗冲来对着我狂叫，吓得我索索后退。华云伯伯急急忙忙赶出来，解了我的危，并安慰我说："别怕，它只是叫得厉害，不咬人的。"让进屋后，方伯伯了解到我的来意后说："今年种西瓜搞上了。没有发生水灾，若是水一淹，一棵一棵枯死，就是书上说的枯萎病，'植物癌症'，没有药治，半生不熟的瓜猪都来不及吃，整堆整堆烂在田里，揪心啊！做农就要望天老爷做得好，它要给人吃省力得很。今年连种带收不过两个多月，一亩田 1200 元进袋了。3 角钱 1 斤，不管大小一起搂走，爽快。下季西瓜田里种芝麻，好芝麻。吃了没事好玩，我数了一株芝麻，密密麻麻共有 32 对圈结，一圈 4 个结，这株芝麻就是 128 个结。打开一个结，里面有 8 瓣，一瓣有 20 粒芝麻，一个结里就有 160 粒芝麻，这株芝麻你知道有多少粒？20480 粒。难怪祭祀活动时人们要撒芝麻，口中还不停地念叨：'发子发孙，发达达……'"狗又来到我的身边东嗅嗅西闻闻，华云伯伯"出去"一声吆喝，它乖乖地摇着尾巴玩去了。华云伯伯接着说："种庄稼合理密植很要紧，有些人总想多种些，舍不得间苗，正如书上说的，殊不知植密了，除了根部抢不到水分和无机盐外，叶部互相遮光，不利于光合作用，制造有机营养物，就会减产。我给芝麻挖草是拿'宽板'去挖的，就是说株距要在一尺左右才好。今年这一亩田估计可收180 斤芝麻，捆在田里晒的时候，不知哪个手脚快的给倒掉了一轮，也还收了150 斤。收购芝麻的人，穿龙套似的来回转，价格抬到了 4 元 1 斤，这一亩田两季的毛收入就是 1800 元。"

永飞伯伯家是种大白菜专业户，年年种，管它什么年成，什么价格，不去变通。他一边喝着浓茶，一边抽着黄山牌香烟对我说："种庄稼料不透，不好讲，有些年，倒霉倒起底，哭都没眼泪。那年，一亩田 8000 多斤大白菜，颗颗长得大篮球一般，包得严严实实的，实在招人喜爱。可贩子就是不上门，让它烂在田里实在可惜，起了个大早，拉了一板车到城里去卖。到了城里一看，卖大白菜的排起了长龙，等了半天鬼也不来问。拉去时的一身臭汗都快结成冰了。没有一口热水喝，也没有一粒饭粒进肚。下午三点多钟来了一个贩子，是个老熟人，他说，看在老主顾的面上，把我的收下来，3 分钱 1 斤。3 分钱 1 斤！妈的，600 斤大白菜只卖了 18 块钱。在馆子上炒了两个菜，打了半斤酒祛祛风寒，还贴去两块钱，你说是不是哭都没眼泪。今年又叫人发笑了，笑得合不拢嘴。二角钱 1 斤，有多少收多少，贩子到田里帮衬你挑，一亩田种了两季大白菜，收入足足有 3200 元。这行情摸不清，道不透。农人嘛，要望别人锅面上下过日子。"

志刚伯伯家今年种葡萄做上个好梦了，三亩收入近三万元，财神爷进家了。志刚伯伯说："种葡萄急不来，头一两年看似没收入，套种菊花或山芋可以保本。今年第三年，一亩田就收葡萄 5000 多斤，一块八一斤运出去卖掉的，一亩田的毛收入是9000元，可观吧。除去运输费，8000元比穿钉鞋走路还稳，加上套种的菊花近一万元。勤劳致富，不怕人家眼红。就说浇筑葡萄柱，拉葡萄架本钱也不大，关键是要有工夫对付它。正好空闲时间可以充分利用起来，免得老是想着往麻将桌上钻。有收获了，10年可以不用去动它了。"我说："收获季节，鸟成伙打阵地来啄葡萄吃，是恼人的事。我看人家赶鸟点子都想尽了，什么扎稻草人啰，挂铃铛啰，敲铁盆啰，放鞭炮啰，都无济于事，甚至连包在套袋里的葡萄，鸟也会飞到袋子下面去啄，我都替他们着急。"志刚伯伯说："这光靠工夫对付是不行了，要舍得花本钱了，买一张大网把整块田全部罩起来，鸟就无计可施了。一亩田的网也不过三百来元，一次忍痛，几年受用。"志刚伯伯一边打扫着葡萄田里的枯枝败叶，一边跟我说，"我们这里的水土适合种葡萄，产量高，价钱又好，应该成片地发展才好。不过品种要选对路，现在市面上吃得开的是'巨峰'和'夏黑'。"

晚上，我把采访来的资料绘计成统计图。（单位：元）

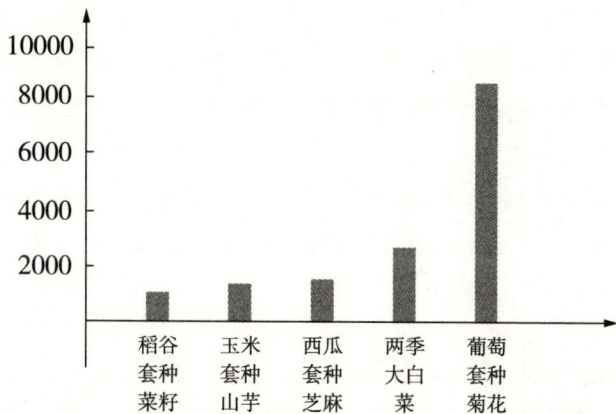

从上面的统计图表不难看出种粮食最不合算，种油料作物和蔬菜都比粮食收入高，最好是种水果——葡萄。有资料说：台湾地区的办法是不种粮食，全种高产值的作物，买粮吃。我们歙县这个山区、丘陵地带不也可以效仿吗？成片地发展本地的土特产作物——三潭枇杷、上丰雪梨、富岱杨梅、竹铺山核桃、宋村葡萄和汪满田茶叶等，买粮吃。规模化发展，产供销一条龙，比各自为政、小打小闹不知要优越多少呢？关键在于政府要引导和扶持，经常要把信息告诉农民伯伯们。

汪小雪的"用数学"体验报告：

俗话说："一个懒店胜种三亩薄田。"这话不灵了，改革开放的年代，只要你想要的东西到处都能买到。农村里的小店没有什么生意好做了。好的是还有两样配给品——盐和烟是专卖的。盐是生活必需品，批发价与零售价相差无几，没有钱赚。烟是消费品，批发价与零售价之间就有一些利润。便宜的烟利润不大，越贵的烟利润越大。今天是星期三，我知道要订烟了。奶奶说："订什么品牌的烟，几块钱一包的烟，是大有讲究的。比如说同样的'盛唐'烟，4元一包的硬壳'盛唐'几条都卖掉了，而你爷爷订的2.5元一包的软壳'盛唐'只是一条放在柜台里，几个月无人问起，抽二块五烟的人不少，就是不喜欢抽这种牌子。订烟订得不对话，搁死利息不说，还弄得一些人没烟抽。"分寸应该怎么掌握呢？奶奶说："首先要摸清楚经常来店买烟人的规律。你看，华西伯早上来买一包2元的'红三环'，晚上又来买一包2元的'红三环'，那么他一天要抽两包2元的'红三环'。良昌伯是一个星期拿一条5元的'黄山'，平均一天是一包多一点。永久叔是做买卖的，隔三岔五要来，要买都是两包10元的'黄山'。昌宁公是退休职工，自己不抽烟，有客人来，买的都是13元的'利群'。"在摸清了经常抽烟人的规律后再来进行估算。逢年过节打工的人要回家了，亲戚走动也频繁了，要进些档次高的烟；农忙或遇上人家婚丧喜事要多进些中档的烟。'常住户口'有时也要到外面去买烟与过路客来买的烟两项一抵，这样心中有个数，才不至于冒冒失失去进烟，一塌糊涂饼。"晚上，奶奶拿出了去年一年的订烟单给我看，我制作了一个统计图如下：（单位：条/月）

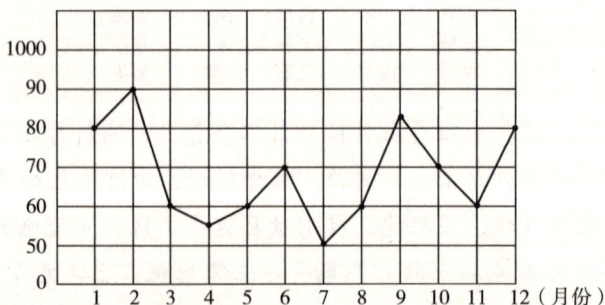

我们这个小小的村庄有两班小店，估计待在家里的有四十人左右在抽烟，以一个人一天一包烟计算，一年就要抽掉近三十万根烟。"抽烟污染环境，有

害健康"，农民伯伯们的意识不强。在农村"控烟"——任重道远。

应明清老师"算"的话廊：把"同一范围的若干事物进行计算比较，用来分析事物的现象特征"用到统计中，是一种调查研究方法。为从统计中获取有价值的信息，了解过去，预测未来，作出科学决策，新时代的小学生应该具有生活常识，了解生活实际情形，从生活中发展的统计能力，做生活中的有心人。

朱莺莺的"用数学"体验报告：

每个知识点，每一章节的数学都要在实践中运用，有好"处方"吗？有！那就是我们敬爱的曹校长一直倡导的法宝——体验作业。我们学校人人都在用，乐此不疲。

听——"两相好啊，五金奎；三三圆啊，四季发财；六六顺啊，一顶高升；满堂红啊，七巧；八八仙啊，九老"。两个一年级的同学在猜拳，一个出五个手指，另一个同时出五个手指就叫"满堂红"。他们是在体验10以内的加法运算，用手指计数法做题。手指计数法生活中也是常用的，比如"6"就是竖起大拇指和小指，弯曲中指、食指和无名指；"8"就是竖起大拇指和食指，弯曲中指、无名指和小指。我看见大人有时要告诉人一个数目，又不便说出来，做一下手势，对方马上心领神会了，神秘兮兮的。

古人的画痕计数法想必你也有过体验？选举班干部时，得一票画一横，再得一票画一竖，黑板上画了6个"正"字就表示得了30票，是"五进制"，一看就清楚。学期快结束时，老师叫大家统计背了多少课书，数学作业本上有多少个100分，在学校《童心文艺》上发表了多少篇文章，我们都是用画痕计数法进行统计的。自己报，同位同学画，画的人既统计又监督，决不会有失误。

老师还花样翻新地叫我们玩垒石子计数法，用河滩里捡来的石子堆三角形、正方形等。

堆成三角形：

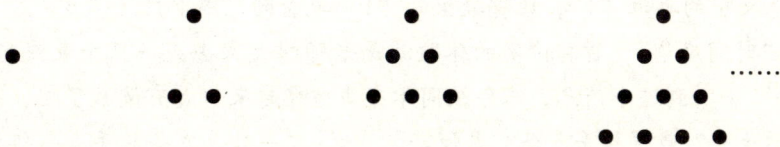

堆成正方形：

其中还有规律可循，求多个这样的数，可以借助求梯形面积进行简算，煞是好玩。老师说：学习古人的计数方法，可以探索数学的发展历程，了解古代劳动人民对世界文化发展的创造和贡献。

学习分数意义中的单位"1"，表示一个物体为单位"1"，我是这么体验的：放学回家，我把一个苹果对准中间切成 2 块，送给爸爸一块，妈妈一块，问，你们各得了这个苹果的多少？爸爸说，半个；妈妈说 $\frac{1}{2}$。我说对，从数学角度来说，应该是 $\frac{1}{2}$。一天四个同学来我家玩，没有什么好吃的招待，我跑到自家甘蔗地里拣了一根又粗又长的甘蔗，削去根须和嫩尖，量了量还有 60 厘米长，为了不欺三打两，我把它平均研成四段给大家尝鲜。他们笑了说，干吗要这么斤斤于礼。我拉住一个小同学问："你得了这根甘蔗的多少"？自以为会把她难住，想不到她竟脱口而出 "$\frac{1}{4}$"。乖乖，好聪明。单位"1"也可以表示一些物体组成的整体。烧晚饭时，我把 3 个鸡蛋敲在一个碗里炖蛋羹，一碗鲜美的蛋羹炖熟了，三个鸡蛋分不出彼此融合成了"单位1"。晚饭后妈妈在灯下缝补衣服，剪下了一些布头，我拣了一块大的，装进 20 粒玉米，亲自把它缝制成了一个沙包。20 粒玉米躲在布袋里成了"单位1"。那么每粒玉米就是这个整体的 $\frac{1}{20}$，是不是？快睡觉时，妈妈突然想起橱里还有半个西瓜没有吃掉，放到明天会揽细菌，就叫我去拿来吃，我两刀把它平均切成四块，弟弟抢先大口大口地吃起来，吃完还不过瘾，我狠狠瞪了他一眼，他才乖乖地将拿到手的一块递给了妈妈。吃掉的这半个西瓜不也是一个整体吗？想不到"单位1"还可以表示一个物体的一部分呢。从体验中我感受到了分数意义中的单位"1"，比整数里的"1"包含的范围要广泛得多。

上"时间度量"，货真价实的体验就是老师叫大家去买一只手表戴起来。"哇——"一听到这个消息，三年级同学齐声喧哗起来。太有做派了吧，我们还是小学生呢？戴得起手表吗？老师笑了，说："一只上发条的手表一般要六七十元，我们农村的孩子没这个条件；可四五元一只的电子表不能说贵吧，还包用一年。这个星期大家都不要去买零食吃了，嘴馋时吞吞口水吧，把零用钱积攒起来，星期天就去城里买一只电子表。"哇，一色子戴着手表上课，大学生派头了。诸如此类的问题遇到手表就乖乖地缴械投降了：小明上午7：30到校，中午11：20放学；下午13：10到校，16：20离校。小明全天在校多长时间？公园上午6：00开门，下午5：30关门，现在是上午11：30，公园开放了多长时间啦？小红和小青这时进公园最长可以玩多久？我们最能理解的是自己亲手实践的知识。

体验大时段"年月日"时，老师说："今年是平年，快要过去了。明年就是闰年了，明年的历书，街上已经有卖的了，去买一本来与今年的历书对照一看，年、月、日之间有哪些共同处与不同处，把它们找出来"。一个晚上有的同学就把它们敲定了："……不同处是在2月份，平年2月28天，闰年2月29天，平年一年就是365天，闰年一年就是366天。"有的同学还用"是不是4的倍数"来判断今年是平年，还是闰年。不能被4整除是平年，明年能被4整除是闰年。有人问：明明满12岁时，只过了3个生日，他是哪月哪日出生的？一翻日历就清楚了，你看明年的历书上2月有个29日，要再过4年，2月才有个29日呢？像这一类的问题有什么必要凭空去苦思苦想呢？曹校长反复跟我们讲："知识只是中的，往右叫还原，往左叫运用，还原和运用的知识就是事实和价值。就像一个人走路，要想走得快，走得好，左右手就要不停地摆动。"买手表购历书就是让我们去体验所学知识的还原和运用。

学习"可能性"时，老师布置的体验作业是——打"鳖"去！进城买一次彩票去！打"鳖"我有巧，故意把衫袖放下来，一个弧形用劲甩下去，衣袖带起一股风，几乎次次会翻，可能性大。买彩票规定只准买一次，不管是否中奖。我们班有30个人去了，中奖的只有我和徐金金两人，都是五元，中奖的概率是30：2＝1/15，可能性太小了。

周角的概念非常抽象，可当你撑开一把雨伞时，它的概念就清晰具体了。伞骨交集于伞顶就组合成一个360°的周角。伞的不同，伞骨根数不同，形成的圆心角度数也不同。6根伞骨共组成6个圆心角，每个圆心角就是60°；8根伞骨的伞，每个圆心角就是45°，还有10根、12根伞骨的大伞，不用度量都能计算出它们圆心角度数。学习知识是需要我们在实践活动中"经历"的。

"去大自然感受对称美，探求对称的秘密。"这是老师的又一个"号召"。

大自然真是神奇美妙，对称无处不在，无处不有，只是平时我们太忽略不计了。刺槐树的叶相互牵着手，排着整整齐齐的队伍，在微风中婆娑起舞。苦楝树的叶子对称得多么有序，一株小枝上5小片对着5小片，上去一丫是7小片对着7小片，再上去一丫是9小片对着9小片，然后又折回来，7小片对着7小片，5小片对着5小片，枝枝如此，天造地设。黄荆树的嫩枝是四方形的，五指张开的复叶好像一个手掌，东西朝向一对，又南北朝向一对，非常有规则地上升排列着，好像一个穿着绿装的小女孩，托起一片绿色的希望。植物按对称的形状生长是为了保持身体平衡，还是为了更好地利用光合作用？我要从实验中去寻找答案。

再说昆虫身上的对称美更是无与伦比，且不说美丽的蜻蜓、漂亮的甲虫，单说我手中这只美眼彩蝶就会使你对大自然中的对称美赞叹不已。色彩对称：红色对红色，黑色对黑色，五颜六色，色色对称。图案对称：左边三只2厘米的圆眼，右边也是三只2厘米的圆眼，圆眼睛里一圈黑色，一圈黄色，红晕里还点着两个小白点，左右大眼小眼，个个模样一致。彩蝶啊，彩蝶，把自己打扮得这么漂亮是为了吸收异性，还是为了迷惑敌人？我想或许两者兼而有之吧。

较复杂的应用题也可以体验吗？可以。画图法就是化抽象为形象的体验方法。例如：

1. 甲乙两人同时从两地骑自行车相向而行，甲每小时行15千米，乙每小时行13千米，两人在距中点3千米处相遇，求两地间的距离。

图解：

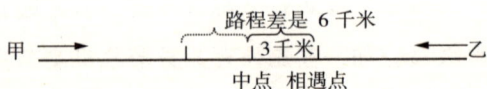

根据公式：路程差÷速度差＝追及时间

6÷（15-13）＝3（小时）

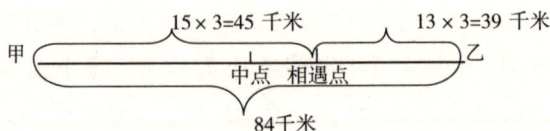

2. 甲乙丙三人共有92本图书，已知甲的图书是乙方的4/5，又知丙的图

书相当于乙的1/2，求甲、乙、丙各有多少本书。

图解：把乙的图书本数看作单位"1"的量即为5份。

共有 92本 {甲：●●●● 乙：●●●●● 丙：●●● } 总份数 11.5份 每份数为 92÷11.5=8（本） {甲：8×4=32（本） 乙：8×5=40（本） 丙：8×2.5=20（本）} 验算 92本

借助图形我们可以更加直观、形象地看出题目中各个数量之间的关系，既好玩有趣，又简洁明了，并且能大大降低计算的难度。有专家说："从某种意义上讲，知识不是学会的，而是体验会的。"这话有道理。小学阶段的一切知识都是可以体验的嘛！

应明清老师"算"的话廊：所谓"体验"新教改理念，指的是由身体性活动和直接经验而产生的感情和意识。体验使学习进入生命领域，因为有了体验，知识的学习不再是仅仅属于认知、理性范畴，它已扩展到情感、生理和人格等领域，从而使学习过程不仅是知识增长的过程，同时也是身心和人格健全与发展的过程。体验性是现代学习方式的突出特征，在实际的学习活动中表现为：第一，强调身体性参与。学习不仅要用自己的脑子思考，而且要用自己的眼睛看，用自己的耳朵听，用自己的嘴说话，用自己的手操作，即用自己的身体去亲自经历，用自己的心灵去亲自感悟。这不仅是理解知识的需要，更是激发学生生命活力，促进学生生命成长的需要。第二，重视直接经验。就是要把学生的个人知识、直接经验、生活世界看成重要的课程资源；尊重"儿童文化"，发掘"童心""童趣"的课程价值。从教学角度讲，就是要鼓励学生对教科书的自我解读、自我理解，尊重学生的个人感受和独特见解，使学习成为一个富有个性的过程。从学习的角度来说，就是要把直接经验的改造、发展作为学习的重要目的，间接经验要整合、转化为儿童的直接经验，成为儿童素质的有机组成部分，否则，就会失去其教育意义和发展人的价值。有人会问：你光强调重视数学应用体验，那课堂教学这一块的体验呢？它们是一个连贯的整体啊。不用担心，"行知行教学法"早已把它们框定了。"行知行法"教学的定义是：从课内数学活动的"行"中获得"知"，再拓展延伸到课外数学教学活动的"行"中去运用，"数学教学是数学活动的教学"实质上就是这么一个完整的过程。

"三生万物"观念图式发现

——事件信息流理论构建

既是相对论性事件，时空三位一体；又是量子化事件，时空一体三位。实践理性确证了宋毅、何国祥《论系统结构模式的对偶性原理》中的论述："结构模式的对偶性原理正是在两条迥然相异的发展方向上，在形态、功能各异的序列中，在系统不同层次的发展演化中找到了物质世界的统一性。"

维也纳学派观点："理性（三位一体）在关于实际的判断（一体三位）中所起'同语反复'（且又循环定义）的作用。"

中的活动过程体系教育：
用创新工程方法拓展实践

——答师范学院督学童一傲问

童一傲：曹老师，你的《中的活动过程体系教育——用方法培养新人》一文在《南京晓庄学院学报》头版发表以后，获得了同行们的一致好评，人们普遍认为这是一种新的视角，有它独特的优势。中的活动过程体系教育的发现肯定不是一朝一夕的事，请你谈谈它的实验探索过程好吗？

曹子杰：好的。2001年9月，新课改全面起动，我主动请缨从镇教委主任的位子上下调到中心小学任校长。那时全国共青团、少先队正在开展体验教育，学校跟上去了。《进村入户宣传"八荣八耻"》《防"非典"广播宣传岗》《"小公民道德"事迹宣讲》《清扫"红领巾"路》等时政性体验活动开展得轰轰烈烈、生气勃勃。热闹过后，静下心来一想，实效怎么样？有多少入心入脑？能不能让微型体验活动通过对无序的社会影响进行合理的利用及科学的选择、过滤、强化或控制并渗透到日常生活的玩乐游戏之中，以满足儿童追新求异的心理需求，开阔眼界、陶冶心灵、增长见识、提高能力呢？我在不断地思索这个问题。《给妈妈洗一次脚》《带一个鸡蛋在身边，不使它破碎》，给了我灵感，小创意打开了一个大的突破口。我另辟蹊径，开创了一条自主性日常生活体验活动的路。形形色色，各式各样日常生活性微型体验活动把教育与生活的距离拉近了。针对一部分父母视儿女为掌上明珠，无限施爱，造成孩子过分依赖，不知回报而设计的《为爸爸妈妈盛一天饭》，是让同学们去体验回报亲情的感受，懂得要孝顺父母。《同学间互吃三餐饭》的交往过程中有许多很深的感触，一名同学写道："短暂的三天过去了，总的说来，我家吃得太差，有点丢人；江文静家爸爸帮人家干活还给我们做饭吃，有点麻烦人；郑晶晶家饭菜多丰盛啊，大鱼大肉，像招待贵宾一样，待人太热情了。世间冷暖点点滴滴在心头。"爱书吧，财富蕴藏其中，专门安排一个双休日，《让亲人带我逛书店》，这对农村孩子来说既新鲜而又有意义。父母带去的有，同学结伴去的有，那两天天气不好，酸甜苦辣，谁知个中味？爸爸妈妈不读书，不写作文，不做数学题，一看到我们玩就喊："做作业去！做作业去！"这世界光是大人的世界啊，太不公平了，布置体验活动《亲子共学》，让爸爸妈妈也来尝尝学习的滋味吧。活动结束要将互做的数学题，互写的作文交给老师噢。新中国成立前人们的生活苦，一位作家回忆自己赤脚走过童年，学校布置体验活动《赤脚行走一天》。奶奶心疼怕得关节炎，妈妈说烂脚丫老师负责不负责？如今，我们学生在试卷上纵横驰骋的能力强了，离活生生的世界却远了，让他们去找回失落的另一半。临近元旦，学校发给每个同学一张硬白纸，要求同学们自己画、自己写、自己剪贴，《自制一份贺年卡送老师》，一些同学的贺年卡做得精美极了，暖暖的心语，使老师得到莫大的欣慰。邀上要好的同学，自编自排一些节目，在山清水秀、风光宜人的水乡山村，《开一次月光晚会》，陶醉在童话般的美妙世界里。"青灯有味是儿时"，其实不止青灯，儿时的一切都是有味的。《冬游附近村庄》《体验漂流的滋味》《走一次夜路》《在自家院子里露宿一晚》……一个个日常生活性微型体验活动使同学们乐此不疲、兴趣盎然。

后来，我们把微型体验活动（简称体验作业），又做到课业上去。语文课《凡卡》讲述的是凡卡童年的苦难打工生活和对自由的向往，课后布置的体验作业是，采访村里一位打工者，请他谈谈在外打工时的艰难生活及其对家人的思念之情。《最后一头战象》讲述的是动物富有情感的故事，课后布置的体验作业是请村里的老人讲一个自己与狗或牛之间的情感故事，把它记录下来。数学课，上"时间度量"，货真价实的体验就是老师叫大家《买一只手表戴起来》，一名同学写道："哇——听到这个消息，我们班的同学齐声喧哗起来，太有做派了吧，我们还是小学生呢！戴得起手表吗？老师笑了，说：'一只上发条的手表一般要六七十元，我们农村的孩子没这个条件，可三五元一只的电子表不能说贵吧，还包用一年。'一色子戴着手表上课，大学生模样了，诸如时间上的一些问题遇到手表就乖乖地缴械投降了。"又有一名同学写道："学习'可能性'，老师布置的体验作业是——

《打'鳖'去》《进城买一次彩票》。打'鳖'我有巧，故意把衫袖放下来，一个弧形用劲甩下去，衣袖带起一股风，几乎次次都翻，可能性大。买彩票规定每人只准买一次，不管是否中奖。我们班有 30 个人去了，中奖的只有我和朱莺莺，都是五元，中奖的概率是 30：2 = 1/15，可能性太小了。"《捉一只昆虫来观察它的对称美》，一名同学写道："我手中这只美眼彩蝶，色彩对称，鲜红对鲜红，墨黑对墨黑，五颜六色，浓淡浅深都是一致的。图案对称，左边三只二厘米的圆眼，右边也是二厘米的圆眼三只。圆眼里一圈黑的边，一圈黄的边，红晕里还点着两个小白点，左右大眼小眼，个个模样一致，真是天造地设。"……一个个课业上的微型体验活动又把同学们带进了"在行动上去发展读写能力、推理能力、判断能力"的快乐学习境地。看看当时采用微型体验活动这一手段进行的探索，还是有一定创新意识的：

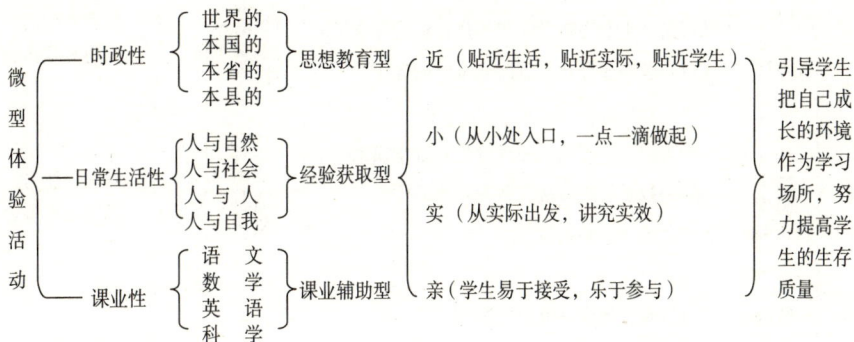

微型体验活动	时政性	世界的 本国的 本省的 本县的	思想教育型	近（贴近生活，贴近实际，贴近学生）	引导学生把自己成长的环境作为学习场所，努力提高学生的生存质量
	日常生活性	人与自然 人与社会 人与人 人与自我	经验获取型	小（从小处入口，一点一滴做起） 实（从实际出发，讲究实效）	
	课业性	语文 数学 英语 科学	课业辅助型	亲（学生易于接受，乐于参与）	

童一傲：这些时政性微型体验活动、日常生活性微型体验活动和课业性微型体验活动的充分利用和开发，为你的后来研究——中的结构体系教育"运用"一极的打造及第三课堂小项目活动的设计奠定了丰厚的基础。

曹子杰：是的。"课程应该是开放的活动体系"。"运用"一极的行，已被我打开一个广漠的疆域，后来的一次随意翻阅，看到徐特立先生谈"行知行"的一段话："……'知'只是一切行的中间介绍人，即介绍古人的行，今人的行，外国的行和中国的行"时，突然灵光一现：在教学过程中，第一个行不就可以是还原操作古人的行、今人的行、外国的行和中国的行吗？再加上"运用"一极的行，一种绝妙的教学法就这样被发现了。将"行知行教学法"用到语文教学上，我是这样设计的。

行知行
├ 再现事物的行
│ ├ 1.文本是别人行的产物
│ ├ 2.文本本身有行的规律
│ └ 3.学生探索发现的行 ── 感知（感性化）
├ 理解领会感悟
│ ├ 1.理解词语及语文知识
│ ├ 2.体会文章思想感情
│ └ 3.领会写作特点 ── 领悟（理性化） ── 合一
└ 亲历体验践行
   ├ 1.反思交流活动
   ├ 2.做做练练活动
   └ 3.运用性践行活动 ── 运用（人性化）

── 知识、能力、态度有机整合
── 经验、生活、需要有效沟通
── 生存、生命、生长整体关怀

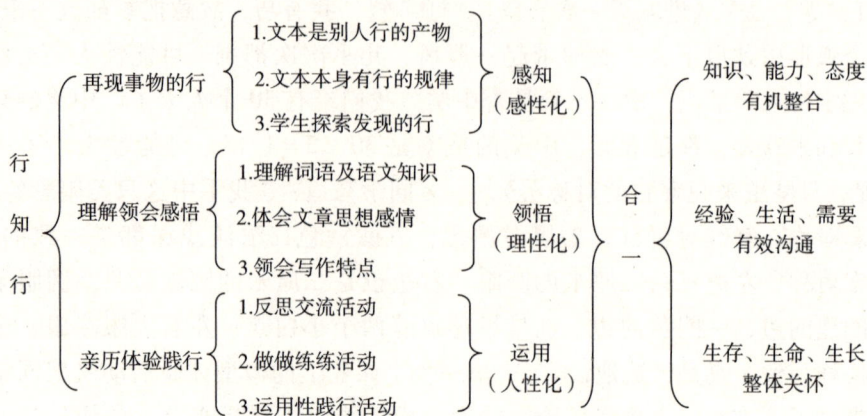

将"行知行教学法"用到数学教学上我又是这么设计的：

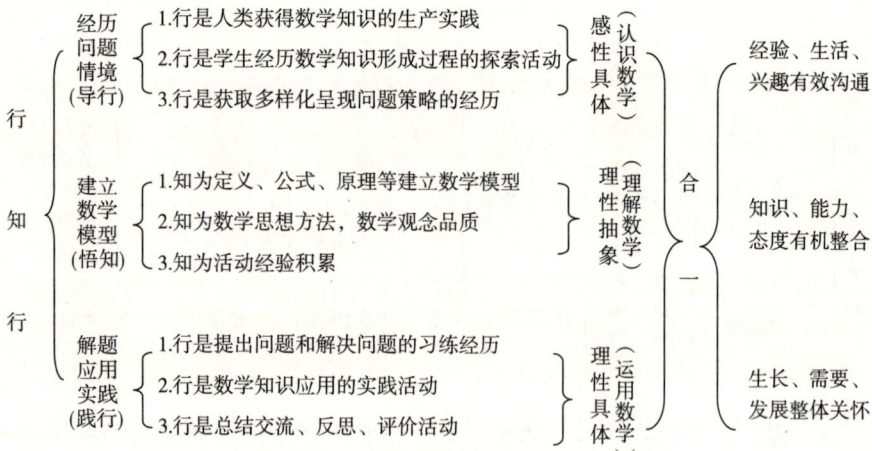

行知行
├ 经历问题情境（导行）
│ ├ 1.行是人类获得数学知识的生产实践
│ ├ 2.行是学生经历数学知识形成过程的探索活动
│ └ 3.行是获取多样化呈现问题策略的经历 ── 感性具体（认识数学）
├ 建立数学模型（悟知）
│ ├ 1.知为定义、公式、原理等建立数学模型
│ ├ 2.知为数学思想方法，数学观念品质
│ └ 3.知为活动经验积累 ── 理性抽象（理解数学） ── 合一
└ 解题应用实践（践行）
   ├ 1.行是提出问题和解决问题的习练经历
   ├ 2.行是数学知识应用的实践活动
   └ 3.行是总结交流、反思、评价活动 ── 理性具体（运用数学）

── 经验、生活、兴趣有效沟通
── 知识、能力、态度有机整合
── 生长、需要、发展整体关怀

童一傲：行知行教学法将教学看作一个系统，至少由9个环节相互联系而构成一个有机整体。运用系统的理论方法研究教学，进行教学设计，求得系统的最佳化结果——使学习方式优化提炼，学习流程简单实用，解决问题思路不会杂乱无章，学习效果实惠有效。行知行课堂优化知识结构，丰富社会实践，强化能力培养，体现了"把育人为本作为教育工作的根本要求"。

曹子杰：当时只是认为这种系统教学法好，有着强大的生命力，知其然还不知其所以然。还没有清晰地把它上升到"中的活动过程教学法"的高度来认识，也就是说，只是把"知"单纯地作为联结点在看待。其实它不仅是联结点（过程），而且还带有切入点（目标）和归宿点（结果）的视角。怎么来看待归宿点呢？归宿点有两层意思：一是通过还原与运用，知识进入学习者的心里去了，成为习惯，成了智慧；另一层意思好比是，今天的"任务"完成了，暂且在旅店睡一晚，明天启程，还有事要做，新的又要开始了。处于中的存在位置的"知"完整地具备了这三种视角，才真正属于"中的活动过程教学法"。这是在《生活教育》杂志社张青运副主编向我约稿，在写《三个课堂教学做合———整体推进生活教育》时，才豁然开朗的。其图式如下：

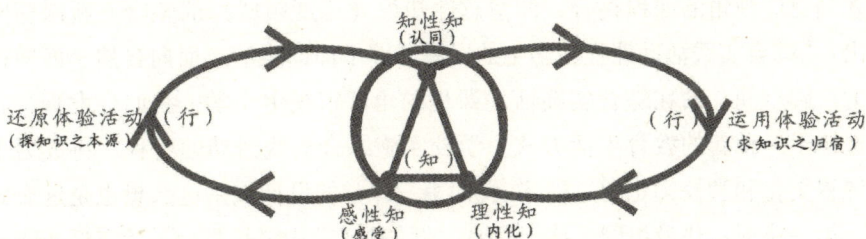

这种教育结构既符合学科体系，又符合认知程序，将知识结构与学生的认知结构统一起来了。

童一傲："三个课堂"这一概念是你首个提出来，还是原先人们就提出了这个概念？将《品德与社会》《综合实践活动》整合为"道德行动"课堂，如何操作？有何现实意义？

曹子杰：第二课堂兴趣小组，已是一个惯用的概念了，还有《第二课堂》杂志在发行呢。我们的实验只是想把它转正，从课外转到课内，使其名正言顺。美术、音乐、科学这三门课因为不考试，许多学校是不上的，正如陶行知先生所言："会考所要的必须教，会考所不要的不必教，甚而至于必不教。于是唱歌不教了，图画不教了，……科学实验不教了，所谓课内课外的活动都不教了，所要教的只是书，只是考的书。"为了从制度上防止不教，将第二课堂的课时安排整合在两个半天进行，全校统一，这就给一些想"调包"的教师无机可乘了。当然这也是兴趣小组的活动规律所需要的。第三课堂，虽然我们提出比较早，但之前也有人提出这个概念的，他们是将其定位在校园文化方面，也是课外活动课堂。我们将《品德与生活》《品德与社会》《综合实践活动》整合在第三课堂——"道德践行"课堂，可以说是思想上的一次解放。在不讲政治只讲效益的背景下，许多农村小学连"思想品德"与"综合实践活动"也偷梁换柱不教了，"德育为先"成了"德育靠边"，一是因为不考；二是因为"'想当然'的教材编写者，没有具体施教这一课的经历，或者是没有意识到这种编排会给实际教学工作中带来'麻烦'，凭'想当然'办事，罗列教学材料"。其实专家张志勇早就说过："中小学道德教育的两条基本途径——思想品德课、学科渗透，就教育的效果来说，都是不理想的。""道德教育应该坚持从人的现实生活世界出发去追问人的价值与意义基础。要使青少年在具体、丰富的道德训练中发展出自己的道德智慧。"现实生活中具体、丰富的道德训练，我们认为就应该落在"综合实践活动"的四个领域里，这才是更广视角的课程整合，即情意性知识（态度领域）的整合。新课标中指出："综合实践活动课程为学生的发展开辟了面向生活、面向自然、面向社会的广阔空间。站在综合实践活动课程的角度审视中小学，我们会发现，我们选择了一种新的教育生活方式。学校实施综合实践活动的过程，将成为重建课程文化和学校文化的过程。"我们第三课堂的设计就是这么想也是这么做的，第一块板：热爱祖国，认识家乡，例如：《花山谜窟探幽》《亲近张曙家乡》等；第二块板：自我磨炼，行中发展，例如：《尝一次饥饿的滋味》《上街擦一次皮鞋》等；第三板块：关心他人，服务社会，例如：《八一节与军烈属同庆》《做一次村卫生检查员》等；第四板块：生产劳动，家政操持，例如：《挖树桩，自制盆景》《一次割稻劳动》等。这四个板块与综合实践活动的四个领域，即研究性学习、社区服务与社会实践、劳动技术教育、信息技术教育是完全吻合的。不过信息技术教育是放在"读书"一极的资料搜集活动中凸显出来的，研究性学习是放在"运用"一极的调研、比较研究等活动中凸显出来的，它们不是外部分立的，而是内在统一的一个整体。再说新课改小学一至二年级《品德与生活》的设计就涵括了它的后继学习（三至六年级）的《品德与社会》及《综合实践活动》。确切地说，我们第三课堂的设计只不过是将《品德与生活》围绕社区资源向它的后继阶段学习继续延伸罢了。这些都不过只是课程整合中方式方法上的改进，因为两者之间的目标价值是一致的。

再说，课程民主化，有专家说至少有两个方面的含义：一是教师是课程的开发者，不再像过去那样是课程的忠实执行人，教师有选择、开发、组织教学内容的权利和责任。同时也要具备相应的能力。二是学校是课程发展的地方，课程的发展意味着学校、教师与学生及家长、社区共同参与课程决策。

正如张志勇研究员所说的：任何课程，不论是国家课程，还是地方课程，都必须回到学校这个具体的教育教学环境中才有意义。因此，从课程的现实化角度而言，只存在具体化了的学校课程，而不存在什么抽象的国家课程、地方课程。任何一个国家课程领域都存在三种课程形态，即校本化的国家课程、校本化的地方课程、体现学校独特育人价值的校本课程。讲到文化自信，专家们也认为地域文化是文化自信的基石。中国社会民主化，我认为首先应从课程民主化做起。

童一傲：曹老师，你将中的活动过程体系教育定位在陶行知生活教育中间理论的结构上，也就是说它是一种方法性教育。方法性知识具有一定的永恒性，它是形成学习者个体的思维力、判断力、问题解决能力的基础，被称为现代教育的基础力。的确，"创新不需要天才，创新只需要新的改进。要相信任何事情永远都存在更好的方法。"所以有专家认为，教育自身很多改革之所以没有找到规律，核心是还没有找到正确的方式和方法。现在教育上更好的结构方法被你发现了，请你谈谈中的活动过程体系教育的先进性和优越性。

曹子杰：长期以来，人们为解决教育理论与教育实践"断裂"问题，提出了两种结合的观点：中的论和对话论。对话论其解决思路是促进理论和实践之间的直接对话，使理论研究主体和实践主体参与到同一个活动过程，相互滋养来完成"结合"问题。这虽然好，但对广大农村学校来说只能是一种奢望。"有许多学者就在寻觅教育理论和教育实践的中介，但并无令人心悦诚服的结论。"为什么呢？我们觉得他们研究的都是"形式中介"，其依据是任何一个系统结构都包含众多的要素、层次、关系、过程等中的形式，抓住这些中的形式就开始坐而论道，而没有深入"内容中的"里去起而行之。也就是说人们对中的的理解只是"从客体的或者直观的形式去理解，而不是把它作为感性的人的活动、当作实践去理解，不是从主体方面去理解"。我们研究的是在形式中介的基础上再推进到内容中的里去的。比如说"知识"，它是人类历史经验，又作为后人学习的东西，那么其形式中介就是"人类历史经验←知识→后人学习的内容"，再推进一步问：后人应该怎样来学习知识内容呢？这就进入"内容中的"，那就是："还原←知识→运用"。内容中的"把某种潜在的或假设的东西转化为活动或现实"，成了主体实践的对象。我们把从客体方面去理解中的与从主体方面去理解中的结合起来，把知识学习的过程看作主客对立中的相互作用统一来认识。只有用相互作用的观点，才能认识过程的"自己运动",同样,只有用相互作用的观点才能把握系统的本质。中的论是方法论,让理论和实践都向其中的存在——方法靠拢,带着方法学习理论,通过方法联系实际,让"方法"挑起理论与实践之间的结合,"法治"与"人治"的结合既具有客观性,又具有能动性,并且是内在交互一致的。

中的活动过程体系教育课程编制中的"中的存在方法"可以说解决了在经验的基础上关于知识性教材的选择和组织问题及教育回归生活的具体路径,这是杜威和陶行知并没有彻底解决好的问题。由于这个核心问题没有解决好,所以"在教育上,要使学校中知识的获得与在共同生活的环境中所进行的活动和作业联系起来"的实用主义认识论的操作就难以抵达学习的所有领域。操作的或行动的实用主义认识论只有再加上"体验的",才会浑身出彩,所向披靡。(何为"体验",可以简单地理解为观看别人相关的实际操作或践行,头脑里的知行交叠翻转。)知识是什么?它从哪里来?又向何处去?中的活动过程教学法中的每一课教学都回答了这个本质问题,也就是说,知识的科学求证与知识的价值追求能在一个学习过程的两极里得到统合,课程成了每个学生的人生传记。

另外,课程专家王逢贤说:"制度化的学校课程不能随人类知识激增,课程门类、内容越来越多,任其自由膨胀,直到与社会文化相等,这种泛化的课程实际等于取消课程作为教育文化的特殊存在。""三类课程——技能、知识、品格互为中的存在,互为两极关系",解决了一个古今中外课程研究迄今仍未彻底解决的"经典"性难题,即从"多而博"的社会文化中选择、重构"少而精"的课程文化,再从"少而精"的课程文化向"多而博"的社会文化迁移转化,实现课程本质的"由博返约"和"举一反三"的建构。只有"三位一体、互为中的存在、互为两极关系"这一方法的发现,使知识、能力、态度三个要素能在操作层面上进行有机整合,"三个课堂"价值才得以凸显,不然的话"三个课堂"也只是一种形式,终将走不远。一看图示你就会明白其中的道理(见框架图)。

再说,"把学校作为社会生活的一种方式",这是杜威和陶行知都认定的,但他们俩的做法却截然不同:一个是要把现实的社会生活简化,搬到学校里来;一个却要拆除学校的围墙,把笼中的小鸟放到天空中去翱翔。中的活动过程体系教育的两极,一极就是杜威所倡导的——把社会生活搬到学校里来;

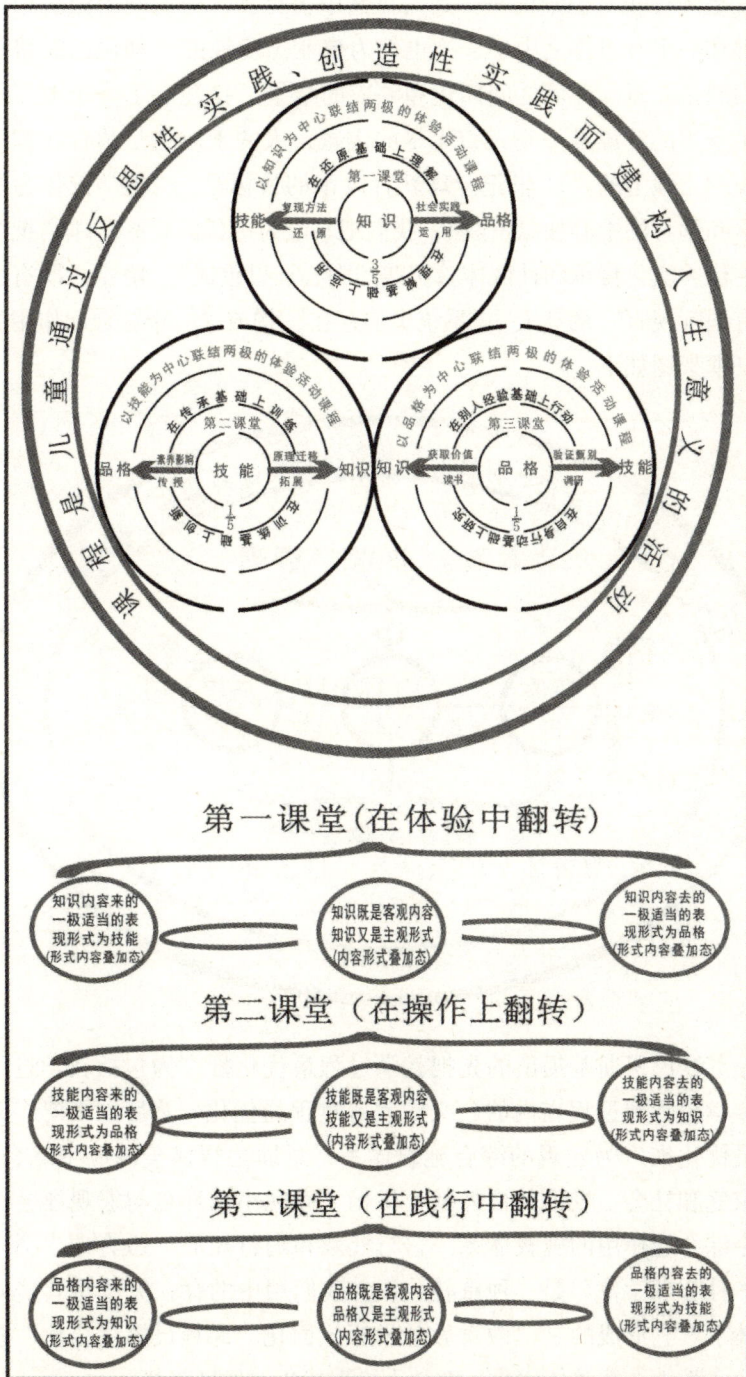

第一课堂(在体验中翻转)

知识内容来的
一极适当的表
现形式为技能
(形式内容叠加态)

知识既是客观内容
知识又是主观形式
(内容形式叠加态)

知识内容去的
一极适当的表
现形式为品格
(形式内容叠加态)

第二课堂（在操作上翻转）

技能内容来的
一极适当的表
现形式为品格
(形式内容叠加态)

技能既是客观内容
技能又是主观形式
(内容形式叠加态)

技能内容去的
一极适当的表
现形式为品格
(形式内容叠加态)

第三课堂（在践行中翻转）

品格内容来的
一极适当的表
现形式为知识
(形式内容叠加态)

品格既是客观内容
品格又是主观形式
(内容形式叠加态)

品格内容去的
一极适当的表
现形式为技能
(形式内容叠加态)

另一极就是陶行知所倡导的——到大自然中去觅食。他们俩的做法相得益彰地被捆绑在一个有机体之中了。这也就为皮亚杰所说的"知识的获得和认知能力的发展是儿童与环境之间同化和顺应的结果"搭建起了一个宽广的大舞台。学生身边的资源是一座无穷无尽的宝藏，人的素质也是孕育在脚下这片土生土长的土地上的。21世纪全球教育改革的目标是："把学校作为社区的文化传承和学习的中心加以重建"，我们把它改为更科学一些，即"把学校作为社会的优秀文化传承和社区体验实践的中心加以重建"。培养"既有民族情怀，又有国际视野"的新人。"系统中的存在"构成了一个综合起作用的施教体系，其框架图如下：

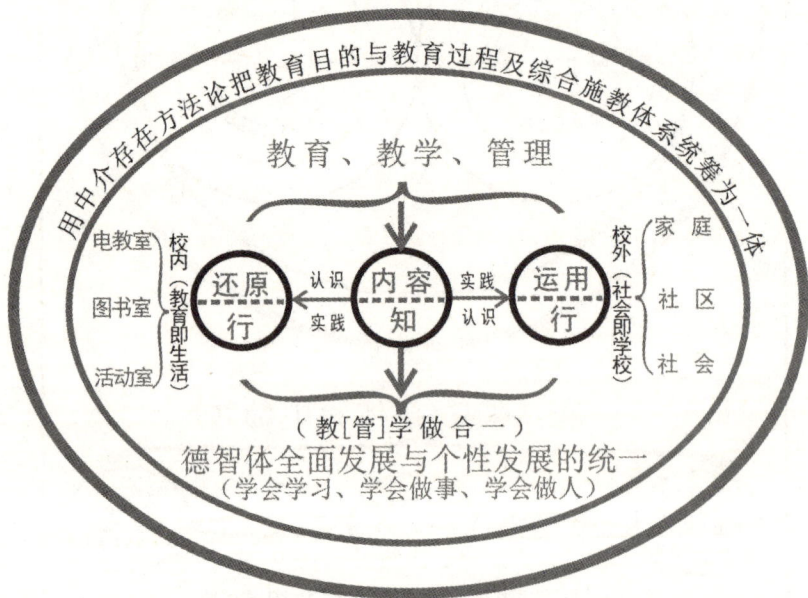

这是苏联巴班斯基提出的先把教学过程最优化推广为包括教学过程、教育过程、学校管理过程在内的广义的教育过程最优化，然后，又把广义的教育过程最优化推广为宏观的综合施教体系，意即德智体美劳应予综合施教，学校与家庭和社会、校内与校外教育机构、微观小区环境与宏观社会环境应构成一个综合起作用的施教体系。它与杜威和陶行知的"教育即生活—教学做合一——社会即学校"是一种重叠共识，我们用中的存在方法将其多元地整合于一体了。它形成的是"教育教学目标全面化、课程设置综合化、教材内容结构化、教学方法整体优化、教学手段现代化的发展趋势"。

童一傲：我国是一个社会主义法治国家，凡重大改革都要于法有据，请谈谈这方面的看法。

曹子杰：新修订的《义务教育法》总则第三条规定"实施素质教育"。条文释义："实施素质教育是教育创新的重要内容，是教育思想和人才培养模式的重大进步，是我国教育改革的重要内容。尤其在具有基础性的义务教育阶段，实施素质教育至关重要，它关系到在新的时代条件下培养什么人和如何培养人的问题。"第五章第三十四条规定："教育教学工作应当符合教育规律和学生身心发展的特点，面向全体学生，教书育人，将德育、智育、体育、美育等有机统一在教育教学活动中，注重培养学生独立思考能力、创新能力和实践能力，促进学生全面发展。"条文提要："义务教育作用和功能的发挥要靠义务教育学校的教育教学活动来实现。依法实施教育教学活动、不断提高教育教学质量对义务教育学校而言，是一项首要的根本任务。"我们的这种研究好就好在它在依法实施教育教学活动，将德育、智育、体育，思考能力、创新能力、实践能力，家庭、学校、社会等作为一个有机整体，完全融合、同化在教育教学活动过程之中。培养什么人？培养有知识、有专长、有道德、全面发展的人。怎样培养人？通过"技能—知识—品格"三位一体、互为中的存在、互为两极关系的课程来培养人。在中的活动过程体系教育里，培养什么人与怎样培养人是有机统一的。

童一傲：中的活动过程体系教育高屋建瓴，又有理论建构，用哲学来统领操作，注重提高质量，走内涵发展的路，充分利用儿童身边的丰富资源进行教育教学，特别是用人类认识世界的客观规律（行知行等）来设计每一课，揭示了学（体验）的是什么、它从哪里来、又向何处去的内在规律性，教学实践成了具体的、历史的真理性认识，且又始终贯穿着人文精神。不管从什么角度来审视——儿童经验生长的角度也好、思维品质的角度也好、脑开发的角度也好、实践与创新能力培养的角度也好、多元智能的角度也好、知识建构的角度也好、德智体全面发展的角度也好、个性发展的角度也好，等等，似乎它都是独一无二、无与伦比的。

曹子杰：社会发展到今天，是不是可以这么来看，马克思关于人的全面自由发展学说、实用主义学说、建构主义学说、后现代主义学说、多元智能学说等人类进步的教育学说，"无不都体现了以人为本的合理内核"，在对"人"的基本认识和基本假设上，是可以相容的，也是可以等同的。"任何一种理论，把它付诸实践的过程都成了一种方法。"方法上通理论，下达实践，是沟通理论与实践不断发展的桥梁，处于十分重要的中的（机体）地位。中的活动过程体系教育是以上各种先进学说在走向教育实践过程中方法层面上的重叠共识，不过这种重叠共识具有中国特色、中国气派和中国风格（东方元素）。总之而言，"中的活动过程"是一种实践哲学、过程哲学、方法论哲学、本体论哲学的整合。新课改怎么改？可以按中的活动过程辩证法去改；素质教育怎么搞？可以按中的活动过程体系教育去搞。如果这项事业能够取得成功，那么，任何有关新课改的、素质教育的、人的全面自由发展的难题就不必再进行讨论而去实践就是了。如果这项事业能够取得成功，教育将开始进入一个崭新的时代，在这个时代里，儿童第一次能够成为真正的儿童。

中的活动过程体系教育哲学层面上的思考

——中的活动结构：实践哲学、过程哲学、 方法论哲学、本体论哲学融通一体的哲学

　　"中的活动结构"首先是一个哲学概念，而且主要是辩证思维的概念，十多年的探索实验从哲学层面上作一些理性思考，作为阶段性研究成果予以小结，巴望有朝一日人们能将它用于实践，造福于社会。

　　将中的存在的一体三位思维对应应用于各门课程编制、教学法、课程目标学习水平的陈述等范畴，属于哲学层面的具体科学方法论。其框架图示如下：

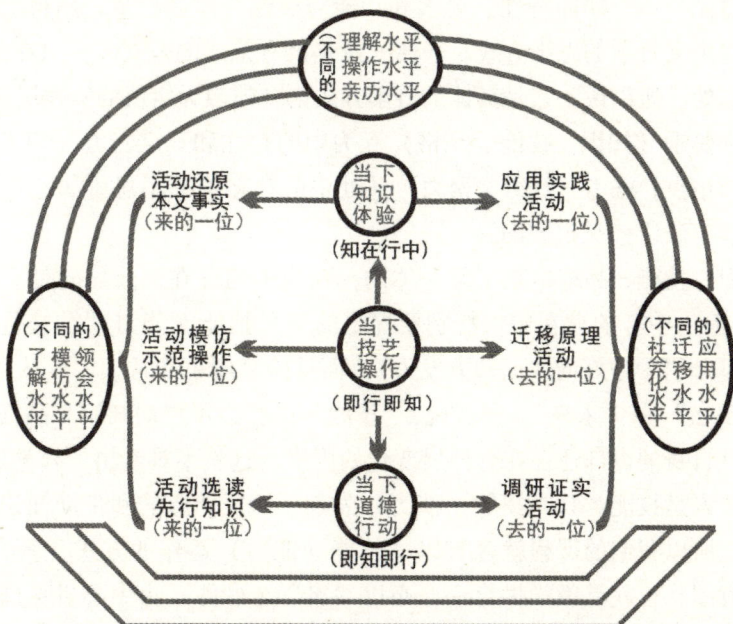

　　过程性目标与体验性目标相统合的学习水平，是可用行为动词来具体规范操作的，它决定了"方法性的知识最有价值"。（假定上述知识、技能、品格均为具体存在的小微内容。）

学习任务包括学习内容、学习方式、学习水平，整体推进，可以大大提高学习效率，因为"大脑右半球喜欢整体的、综合的、形象的思维"。整体学习法符合大脑右半球的活动规律。再说"行知行法"使学校中知识的获得与在共同生活的环境中所进行的种种活动或作业联系起来，"使一个经验能用来给予另一经验以指导和意义"。实践→认识→再实践是人类认识世界的一条基本规律，"行知行法"遵循的也就是这么一条规律，不过它的切入视角转换了，放在中的，那就是实践←认识→再实践。不要以为这只是一个小小坐标的变动，其整体功能却更为显著了，行力坐标中的"认识"只是一个线性过程；而张力坐标中的"认识"则是一个非线性的过程，并包含目标与结果在内，也就是说，一个具体的历史的过程已将"多次反复"包括在内了，这才是完整的认识呢。各门功课教材的编制和教学采用的无疑是无一相同的"行知行"或"行行知"与"知行行"的方法，就是一个课例，由于编者、教者、学者及环境的不同，"行知行"等的布局谋思也是不尽相同的，这是因为"行知行"等系统的两极是由"多"优化组合而成，而系统两极的"多"又有着各自完全不一样的特性、要素和功能需要综合控制参量，用得上的只能是后现代主义哲学的思维方式。一体三位是没有范式的范式——只在此山中，云深不知处。所以说，它是具体的科学方法论（属教无定法的实践层面）。

三个要素（知识、技能、品格）互为中的存在和三点三力（切入点、联结点、归宿点；张力、行力、聚力）共处中的存在的关系思维属哲学层面的一般科学方法论（见框架图）。

知识、技能、品格本是三位一体的，互为中的存在，凸显的是互为"中心"。在互为中心的存在中，特别要提出的是"技能（能力）"，它是中心的中心（基础居中才好向四面八方发力），而且跨越度也非常大，能从"原始"迈向"现在"和"未来"。或者说，"技能"的张力不仅向知识与品格之间伸展，而且自身的内部还存在着伸展变化的因素。这就不难看出，教学要发展，真正的要素是技能，只有技能（能力）发展了，才能影响和带动知识和品格的发展。所以我们的课程就含有以"技能（能力）运作的方式（张力）"来设定的意图，也就是教学做合一，必以"事"（事件）为中心贯穿周期的意图来设计，即无论是知识、还是技能，或者是品格，都是"事件"，学习技能是"做事"（张力），学习知识也是"做事"（张力），学习品德还是"做事"（张力），两极时空均以社区为范围。这是一般的科学方法论。

（1）

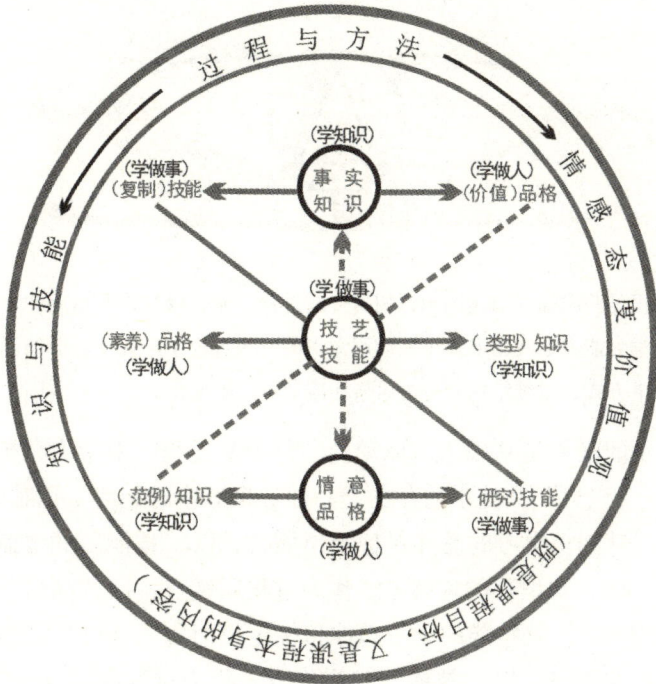

（2）

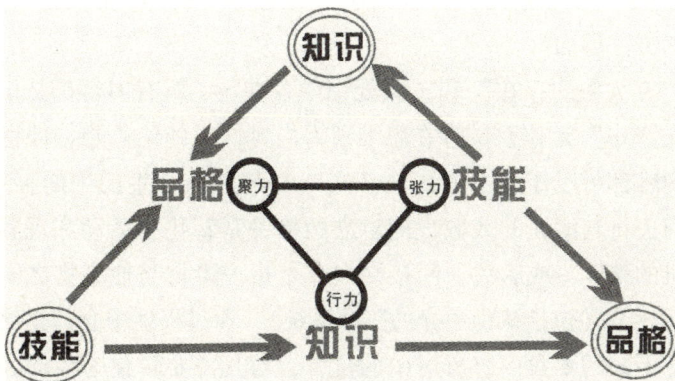

注：假定图中的知识、技能、品格均为类概念、形式性存在。

（3）

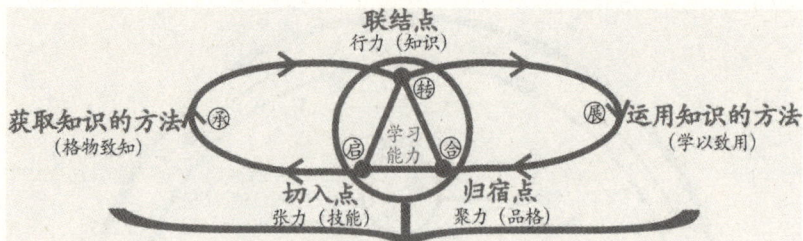

学习的过程是获取知识与运用知识相统一的过程，而获取知识与运用知识的能力即是学习的能力。学习能力是在获取知识和运用知识的方法过程中形成的经验结晶。在这个过程中，人的做事方式、思维结构和行为风格相应地会发生变化。

上图所示的张力是基础力、原动力，行力是过程、中接力，聚力是集结力、是结果。"三力"共处中的存在于一种过程运作的始终，是对应"三点"的一种关系。就知识学习的总体目标定位而言，以"技能"的复制方式作为过程切入点，以"知识"的理解方式作为过程联结点，以"品格"的形成方式作为过程归宿点。就技能的学习总体目标定位而言，是以"品格"的影响方式作为过程切入点，以"技能"的操作方式作为过程联结点，以"知识"的迁移方式作为过程的归宿点。就品德学习的整体目标定位而言，是以"知识"的应用方式作为过程切入点，以"品德"的践行方式作为过程的联结点，以智力"技能"的完成作为过程归宿点。这也是一般科学方法论（属教有法，但无定法的方法层面）。

提升"互为中的存在"和"共处中的存在"（所有内容都处于中的，所有过程都在"中"运作）的存在思维则为内容性中的论思想，即世界上万事万物就其内容都可以作为主体认识（实践）与对象合生的中的存在来设定，关键是如何去将其潜在的或假设的对立两极关系转化为活动和现实，使之成为一个有机的整体。或者说，间接性中介是指一事物与他事物之间发生间接联系的中间环节（包括认识中介的三个系统），而过程性中介却是指一事物或一事物内部不同的要素内容所居中的位置，与其需要转化为活动和现实的潜在的形式性存在之间构成一种直接的内在结构的固有联系的统一体，这是一种内部的、本质的、必然的联系统一体。中的存在论思想是哲学层面最高方法论（方法论自觉），具有普遍必然性本质（属教有定法的理论层面）。用结构主义方法来审视，中的存在是客观性内容与主观性形式的合生。两极潜伏着客观事物的可知性和认识过程的可能性，它完整有序地优化了辩证唯物主义认识论。中的论思想（第一课堂）的理论框架图示如下：

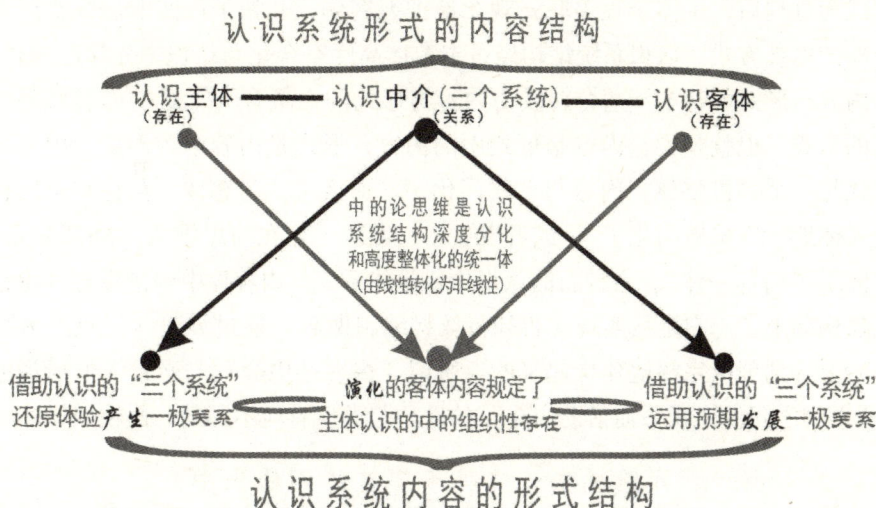

认识系统形式的内容结构

认识主体 ——— 认识中介（三个系统）——— 认识客体
（存在）　　　　　　（关系）　　　　　　　　（存在）

中的论思维是认识
系统结构深度分化
和高度整体化的统一体
（由线性转化为非线性）

借助认识的"三个系统"　　　演化的客体内容规定了　　　借助认识的"三个系统"
还原体验产生一极关系　　　主体认识的中的组织性存在　　运用预期发展一极关系

认识系统内容的形式结构

　　上图中讲的认识客体是历史客体，是"产生、变化、发展"过程中的产物，也就是说，客体是演化中的客体。演化中的客体是主体认识存在的前提条件，没有演化客体也就无所谓认识主体，认识主体的规定性是从演化客体中获得的。认识过程它们具有同步性、相关联性，"主体和客体是相互依存的，如果谈到它们中的一个，而不去说明它同另一个的关系，那是没有价值的。""人类一切有效的认识，事实上都是遵循着主—客体相关律而进行的"。高度整合（变化的主观形式与变化的客观内容的统一），必然是一种中的性的存在。一进入认识内容（内容是事物存在和发展的基础），认识主体与认识客体就"合二为一"，不再存在分离性和隔离状态，认识主体与认识客体在内容上直接发生相互作用，那么认识中的的三个系统分解成为两极（内容决定形式）也就成为一种必然的选择。主体观念地把握客体的可能也就不再完全依赖认识中介"独自"去承担，而是融解到整个过程中去，由过程来承担了。其实，认识中介三个系统原本是一种认识事物的手段和方法，其最核心的方法是相互作用分析法（非线性因果分析法），一分为二后据守于过程的一头（作为原因的过去）一尾（作为结果的未来），认识活动在时空上巨大地扩展了。由于事物都是处于运动过程中的事物，永远具有中的性，"还原"（左旋）与"运用"（右旋）也就成了一种关于事物（知识）运动过程的基本法则，一种关于世界或系统演化的基本法则（时间、空间与物质运动是不可分离的）。它们共同担负起解释世界和改造世界的职责。认识中介的三个系统化解成为过程后，主体全程关联式观念地把握客体，开拓了广阔的思维空间和全新的思维方式。认识系统结构经过主客体高度整合化与认识中介深度分化，从内容与形式的基本不适合转换为内容与形式的大融合（形式的内容就是内容的形式，也就是说，内容是形式中的内容，形式是内容中的形式，内容与形式是一个有机整体，内容与形式同化了，那么主体与客体、存在与思维也就具体地、历史地同化了）。或者说主体与客体、存在与思维从"外部分立"走向了"内部一体"，一种新的认识论科学体系——内容性中的论思想理论框架建构起来了。它是从实践（行知行教材编制做起）通过方法（三点三力），然后上升到理论完整地建构起来的。所谓"内容性中介"与平常人们所说的"两事物之间发生联系而借助中介"的性质与类型有何不同呢？比较如下：

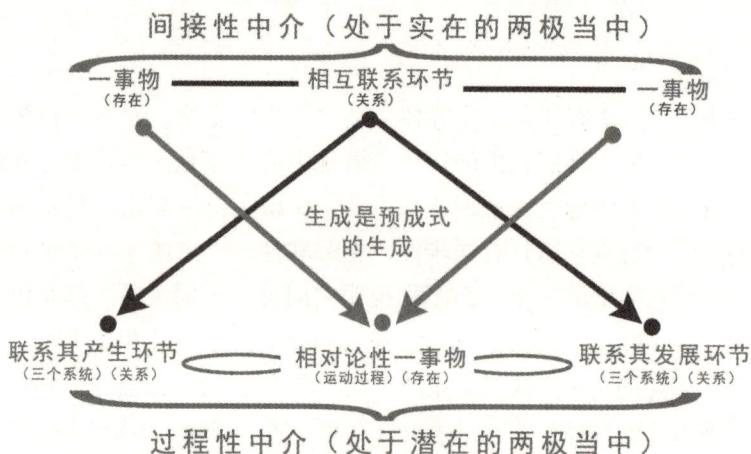

间接性中介（处于实在的两极当中）

一事物（存在）———相互联系环节（关系）———一事物（存在）

生成是预成式
的生成

联系其产生环节（三个系统）（关系）———相对论性一事物（运动过程）（存在）———联系其发展环节（三个系统）（关系）

过程性中介（处于潜在的两极当中）

推进一步来剖析，何为内容？"内容就是构成一事物的一切内在要素，包括事物的各种内在矛盾以及由这些矛盾所决定的事物的特性、成分、运动过程、发展趋势等的总和。"说白了，内容就是事物特性、成分等的矛盾运动过程。内容即矛盾，过程是矛盾叠加的展开，既然矛盾运动即为内容的固有属性，所处中间位置，必然会向两极发力，与形式走向一体。再说，形式的"三个系统"里本身也就融有内容在里面了，内容与形式的大融合，也就是事物的"运动过程"与认识的"三个系统"的大融合，你中有我，我中有你，浑然天成。正如《马克思主义哲学原理》第三节人类认识活动的当代主要特点中所说的："更加重视用历史演化的观点去研究事物，不仅把人类的认识引向遥远的过去研究其起源和发展过程，而且还把对事物的认识从现在指向可能遥远的未来，预测事物发展的趋势和方向及其特点。人类的认识从事物的中间阶段向微观、宇观和过去、未来的时空延展，不仅会加强和促进人类对现实事物的认识更加深刻和精确，而且必然更为有效地指导人类的社会实践活动。"这些宏观阐述不过是一种思辨、一种现象、一种可能，但我们却把它转换成了内在一致的具体现实内容。合目的性与合规律性相统一的内容性中的论思想，用内容是具体的变化的中的观点（坚持变化是宇宙的基本属性），两极是产生的、发展的方法来看世界的普遍联系和永恒发展是由其内部矛盾的相互作用在连接和推动的。它将世界观与方法论具体地统一在每个认识活动的过程之中，小到一个字、一个数，大到整个宇观世界都可以用它来操作，并且完全合乎认识辩证运动全过程理论的意义（这个过程对于学习者来说，是扎根于经验的连续过程，是适应现实的整体过程，是使获得基础知识与基本技能的同时成为学会学习和形成正确价值观的过程，也就是智慧生成的过程）。内容性中的论思想将人类认识的发展规律又向前推进了一大步。其操作规律架构应注意把握，如下图所示：

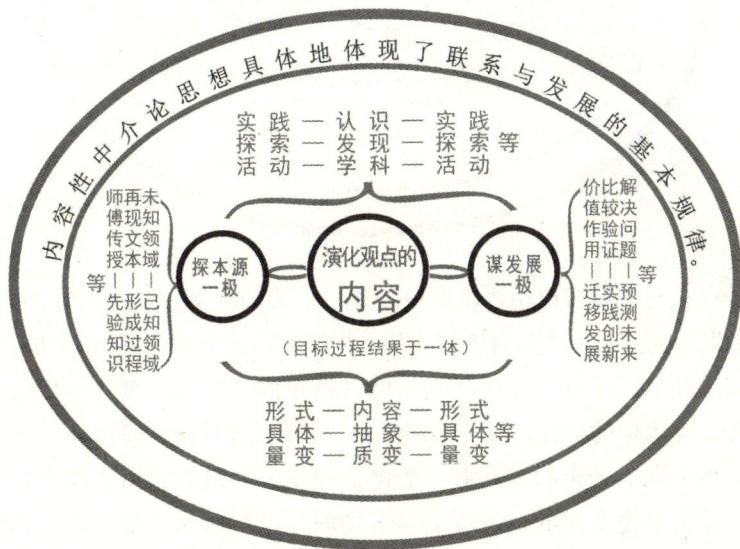

图中的"中的"不仅是内容的驻扎地，而且还是方法的张力场，过程运

作的起点站、中继站与终点站（目标和结果在过程中合一）。"还原"指的是与原有知识、原有事件、原有经验等联结。"运用"一词是从人的实践角度来界说的，客观上讲它要定义为"功用"，指的是知识应用、事物作用、价值效用等。

"还原←内容→运用"既具有形式逻辑属性，又具备本质矛盾属性，它将事物、矛盾和逻辑三位一体紧密结合在一起，浓缩了人类认识的两次飞跃（三种经验）于一个个具体过程之中，并以体验（包括逻辑证明）的方式方法体现出认识辩证运动全过程理论的意义（逻辑证明本身也是实践的产物，逻辑证明的作用实质上是实践作用的间接体现）。认识发展的趋势走向了简约化、精细化、整体化的途径，这就是内容性中的论思想的系统——过程方法论，人类的认识史将跨入一个新的里程碑。其总体架构如下图所示：

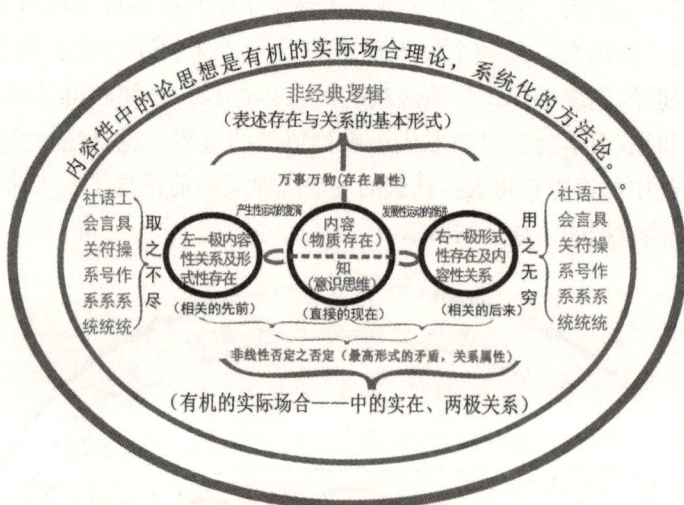

关于存在与关系可以用逻辑语言表述，字典的释义："中"为"位置在两端之间的"，"介"为"在两者当中"。"变化"是处于"产生"与"发展"两端之间的环节，所以"变化"是中的（这里的"产生、变化、发展"都是相对而言，互为中的存在，互为两级关系，指的是过程的阶段性）。因为"变化"是中的，所有的事物都是由"变化"规定了的事物，所以所有的事物都是中的。因为事物是中的，内容又是事物的内部根基和依据，所以内容也就是具体的历史的中的存在。再推进一步说，既然所有的内容都是由"变化"规定了的内容，那么处于中介的内容必然要与它"产生"一极与"发展"一极的相关因素发生联系。中的为内容存在，其关系就在两极。具体地讲，比如大前提：一切被"变化"规定处于中的性的内容，都与它"产生"和"发展"两极的相关因素紧密联系着；小前提："三角形的面积"是被"变化"规定处于中的性的内容；结论：所以它"产生"的一极就与长方形、正方形、平行四边形等内在因素相互联系着，它"发展"的一极就与生活中的三角形饼干、三角形围巾、自行车的三角架、混凝土屋上的三角形挑檐等内在因素相互联系着。其实在这种一体三位的结构中，关系也就是潜在存在，是另外一种形式、一种类型的存在。

《马克思主义哲学原理》一书告诉我们："事物即过程，世界即过程的集合体。由于运动变化是事物的本性，因而一切事物都不再被视为一成不变的东西，而被视为变动不居的过程，整个世界也就不再简单地被视为事物的集合体，而被视为过程的集合体。"从世界演化观点来看，"中的"既是事物（产生）客观运动的演绎与主体探索的起点，又是事物运动与主体思维（变化）过程的联结点，并且还是事物运动阶段性（发展）的逻辑归宿点，时间和空间的无限性和有限性又都统一在中的及两极之中，那么，"中的"完全具备了过程集合体中的场合特征。既然世界是过程的集合体，那么"中的"就是一个个具体的有机实际场合。世界的统一性具体地历史地落在客观实在的"中的性"上，即过程的场合统一性上。具体地讲，事物即过程：一是把事物的阶段性存在作为过程来认识——运算；二是把事物的持续性作为过程，将动态的阶段性摆放在周期运动的连续性之中来认识——运算。这种哲学"坚持物质与精神并非相互独立的两个实体，而是内在关联的，统一于现实的存在过程之中，强调经验与实在世界之间具有内在联系"。

有关资料显示，"与建立在感性直观基础上的古代科技相对应的是模糊直观的思维方式，与近代经验自然科学相对应的是形而上学的思维方式，而与现代理论自然科学相对应的则是辩证的思维方式"。那么，与后现代社会、高科技社会、信息社会相对应的是什么性质和内容的思维方式呢？我们认为应为内容性中的论思维方式，即具有三种一体三位类型整合于一个三位一体整体的中的存在思维方式规律——中的活动结构一体化周期性思维方式。

中的活动结构一体化思维方式规律是在辩证思维方式的基础上发展起来的，其先进性在于："它将认识的过程和（三种）本质运动的过程二者有机结合在一起，以真实的、完整的、系统的过程论取代具有片面性的过程论。"系统过程论立足于演化的客体规定了主体的中的性认识，这就完全摒弃了调和论，不折不扣地秉持了唯物论和反映论。其一，它是一种客观实在的物我一体不断建构的全过程环路运动、一种思维把握运动的最优化方法。其二，事物普遍联系、永恒发展的思想，事物自己运动的思想，宇宙有机统一的思想，事物相互依存、相互制约、相互转化、一分为二、合二而一等对立统一的思想都被内容性中的论思维方式有机地统合在一个整体之中。其三，中的活动结构一体化思维方式集形象思维、发散思维、逆向思维、联想思维与创造性思维等方式方法于一身，均是内在过程中"涨落"运作的必然性思维因素。

总之，内容性中的论思维方式是一种广阔的、整体的、综合的、辩证的、深刻而又更加精确的思维方式。概括起来说，知识经济时代的思维方式变革应是在分立的"一分为二"或"合二而一"的基础上走向"一体三位"对应"三位一体"的思维方式，即既是合二为一又是一分为二合生的非线性过程思维方式（过程是潜在的"多"与实在的"一"对立统一）。它与数学上定理、公式一样，是固定不变的格式，如下图所示：

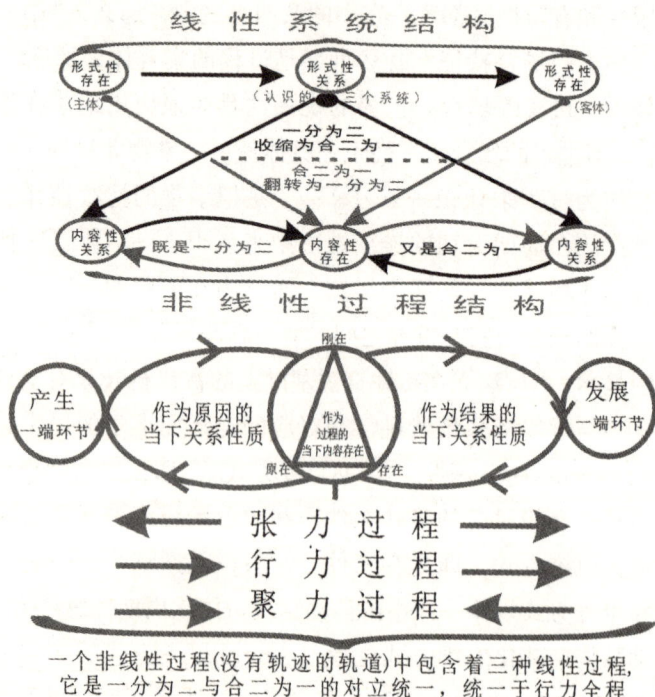

一个非线性过程(没有轨迹的轨道)中包含着三种线性过程，
它是一分为二与合二为一的对立统一，统一于行力全程

不过，中的性即阶段性过程是一个复杂的系统，比如，以一棵树为例，它的产生一极不仅与种子、树苗、运输联系着，还与土壤、肥料、水分、空气、管理等环节要素紧密联系着；它的发展一极不是一堆僵死的枯木，而是与门窗、椅子、桌子、纸张、环保等环节要素都有着密切的联系。另一方面，每个环节要素本身又是更小的要素组成的系统。存在与关系的属性都是多样性的统一，因此，具体到每一个事物，一体三位内容不是固定不变的，而是变动不居的、多样性的、不确定的实在耗散结构。如下图所示：

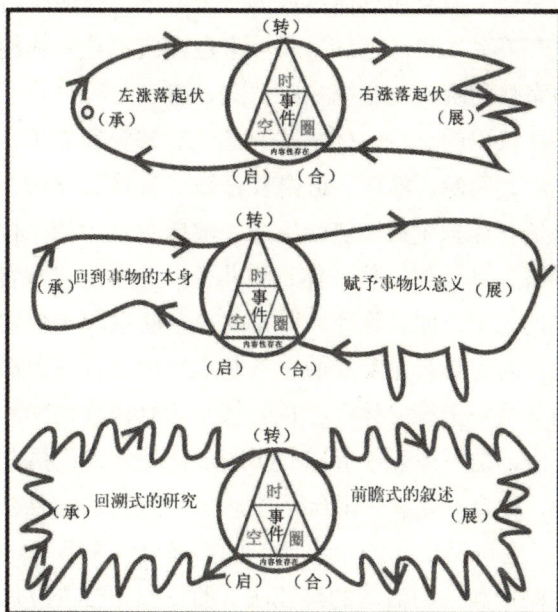

中的存在思维（一体三位思维）是中国古代哲学思想的传承与创新，也可以说中的存在为"道"，道生一，是普遍存的、永恒不变的，是主宰宇宙万物的规律、法则。一生两极，均为"有"，而不应是"无"了。它是一种混沌态的耗散结构的"有"，称得上是微妙深远难测的"玄"——从有形的深远境界向无形的深远境界探索。中的与两极合则为三，三生万物即变化、产生、发展的三个阶段性过程中孕育万物。一体三位即一体万物，万变不离其"中"。这是从深度分化的角度来审视。再从高度整体化的角度来审视，世界是普遍联系与永恒发展的，其特点是客观性、普遍性、多样性三位一体的统一。系统方法论是整体性、综合性、最优化原则的三位一体。世界的永恒发展始终处在运动、变化、发展三位一体的范畴之中。空间都是三维空间，任何物体都有长、宽、高三个方向和上中下、左中右、前中后的特定方位。对于时间，人们也习惯把它分成过去、现在和未来。事物联系与发展的基本规律是三位一体的：质、量、度，肯定、否定、否定之否定，同一性、斗争性、矛盾性是相统一的。在人的精神世界中，哲学是作为世界观、方法论、价值观三位一体发挥作用的。辩证唯物主义的物质观、意识观、实践观是统一的。辩证法也是事物、关系、过程三者的统一，辩证思维方法也是由归纳和演绎、分析和综合、抽象和具体组成的一个系统。社会生活的大系统就是由生产力——生产关系（经济基础）——上层建筑三位一体构成的。主体和客体之间全面的完整的统一，是统一在"真、善、美"三位一体上的。从具体层面来说，感性认识的三位一体形式有感觉、知觉和表象，理性认识的三位一体形式有概念、判断、推理。道德教育是"言传、身教、践行"的三位一体，生命教育是"保护生命、热爱生命、敬畏生命"的三位一体，学习基本能力是"读、写、算"的三位一体，婴儿智力开发是"饮食营养、信息刺激、亲情爱抚"的三位一体，等等。世界的普遍联系和永恒发展，其实是由三位一体决定的，因为联系与发展的三条基本规律不仅条条都是三位一体的组合，而且总的又是一个统一体。三位一体是事物内在的两种关系、非线性过程的实践辩证法，是一种合理形态的实践辩证法。它包括自然辩证法（运动—静止—运动，化合—分解—化合等叠加态关系过程），社会辩证法（生产力—生产关系）（经济基础）—上层建筑的不适合—变革（适合）—不适合等叠加态关系过程）和人的活动的辩证法（行—知—行等叠加态关系过程）。三位一体是对上述辩证法的高度一致，达成了一致性的科学理解的法则。范畴概念的三位一体是形式结构，具体概念的一体三位是内容结构，凡三位一体与一体三位皆为内容与形式的对立统一。爱因斯坦说："从那些看来直接可见的、真理十分不同的各种复杂现象中认识到它们的统一性，那是一种壮丽的感觉。"中的存在思维所讲的统一性就是一体三位阶段性内容（实在结构）与三位一体周期性形式（形态结构）的对应统一。这是一种思辨与实证相统一的方法。辩证法、认识论和逻辑学三者在实践基础上的统一。

客体本身的三位一体与一体三位、客体对主体的决定性来理解三位一体与一体三位；从主体的实践出发，在能动的实践过程中理解三位一体及一体三位，在中的活动结构一体化思维模式中是无区别的、整合的过程统一体。一切对象性均可视为主客一体的叠加态中的结构性。本体论中的相对论性活动结构一元论。

总之，从逻辑学的角度看，以中的（内容）为概念出发，向两极不断展开分析、比较、判断和推理及演绎和归纳等思维活动，这种形式和结构具有"第一次"的性质，是创新。从矛盾论的角度来审视，中的存在思维规律具有非线性对立统一、质量互变与否定之否定规律尺度，与此同时，它还构成了形而上学与辩证法相统一的概念图式，同样具有创新性。从系统论的角度来剖析，三位一体，互为中的存在，互为两极关系，彻底揭示了何为相互作用与联系的总和，更具创新性。思维的形式、方法、方向、基础和结果全都整合在中的及两极上运作，这也是前所未有的。中的存在思维方式规律是一种理论、方法、实践三位一体相统一的创新思维方式规律，一种川流不息、充满无限生机的终极性思维方式规律，即可操作的事物普遍联系、永恒发展相统一的终极性思维方式规律。

这意味着，统一的、综合的、整体的东西没有被放弃，零碎的、松散的、杂乱的东西又被作为注意的因素。目光既落在树干或树枝上又落在树叶上，并看重树叶在它们树上应有的位置。其对应性图示如下：

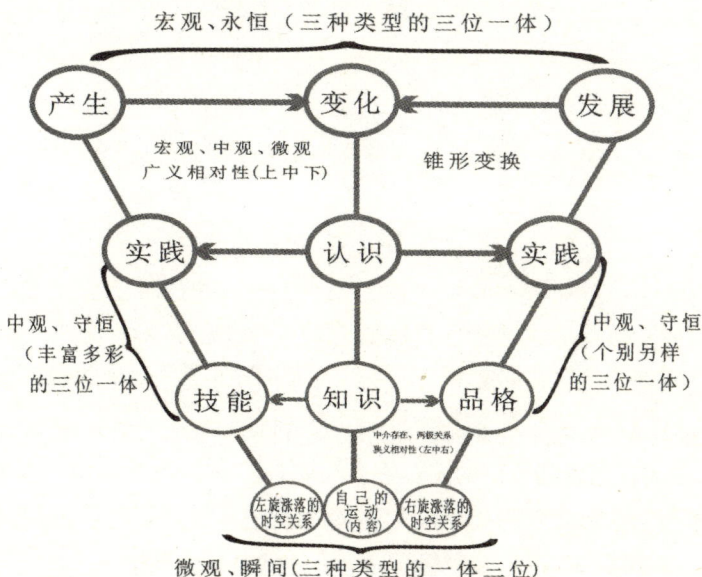

运动是物质的根本属性与存在方式。空间和时间是物质运动的存在形式。在一体三位里，空间、时间、物体和物体运动四者不可分离地紧密联系在一起中的存在一体化思维方式的意义在于构建均衡的、和谐的、美好的世界，即人类解放和人的全面而自由发展的世界。

中的活动过程体系教育、内容性中的论思维方式规律从复杂的现象中已找到了一个适当的确定角度和人手处，形成了准确的概念和开阔而清晰的思路，建立起合理的理论体系结构，它能担当起构建中华民族新的精神文明体系的重任吗？我们将拭目以待。

既成的三位一体系统"一般概念"或"特殊概念"拾撷

——折叠变换操作就有可能成为一个个大成智慧工程

按：庞朴教授说："三足鼎立（天地人）的另一种说法叫三位一体，无论是基督教的圣父圣子圣灵，佛教的佛法僧，道教的精气神，还是伊斯兰教的阿里、安那、穆罕默德，都属于二维三极，三角平等式的三分形态，是一分为三、合三为一的特殊例证。尽管它们都是虚幻不真的，但作为一种思维方式，它们却是很认真的，而且有其无处不在的客观依据。"——每个特殊的三位一体（置中的三位一体集范畴结构——种类）都是广义相对论通向量子理论的桥梁纽带。

三位一体，互为中的存在，互为两极关系，是我们祖先倡导的人类和平共生、共存、共进化的道统，潜藏着熠熠生辉的东方密码。孔子曰："中也者，天下之大本也。"不取其端，取其中则盛。这种盛就是相互联系、相互依托、相互成全、命运共同体的盛。

点—线—面	长—宽—高	责—权—利	防—治—管
精—气—神	智—仁—勇	老—中—青	你—我—他
气—道—理	天—地—人	声—图—文	多—少—等
黄—赌—毒	真—善—美	假—恶—丑	知—情—意
教—学—做	行—知—行	德—智—体	高—富—帅
仁—礼—义	和—信—诚	学—思—用	电—光—磁

字母—音素—音标	字音—字形—字义	见形—视体—观意
事物—意念—文章	速度—时间—路程	利用—创造—传播
自主—合作—探索	竞争—合作—独立	认知—情感—行为
目标—过程—结果	传道—授业—解惑	技能—知识—品格
诞生—成长—消亡	批判—继承—创新	个别——一般—特殊

理论—方法—实践　　感觉—知觉—表象　　概念—判断—推理
感知—概括—运用　　感知—认同—内化　　反映—选择—建构
了解—理解—应用　　模仿—操作—迁移　　经历—反应—领悟
经历—体验—探索　　感性—知性—理性　　感性—理性—慧性
创作—传达—接受　　作家—作品—读者　　教师—学生—教材
经济—政治—文化　　生产—生活—生态　　太阳—地球—月亮
回忆—模仿—复制　　本我—自我—超我　　物质—时间—空间
农业—农村—农民　　学校—家庭—社会　　运动—变化—发展
教育—教学—管理　　红色—黄色—蓝色　　气态—固态—液态
个人—集体—国家　　世情—国情—党情　　优生—优育—优教
多元—多样—多变　　过去—现在—未来　　事功—学问—道德
共商—共建—共享　　忠诚—干净—担当　　种子—植株—种子
立德—立功—立言　　和平—友好—互利　　物质—能量—信息
动物—植物—矿物　　和平—和合—和谐　　成本—利润—风险
政府—市场—社会　　闻知—说知—亲知　　自由—民主—平等
废气—废水—固废　　蒙昧—野蛮—文明　　共商—共建—共享
事物—关系—过程　　科学—宗教—哲学　　真心—真情—真爱
友情—亲情—爱情　　市场—计划—公益　　礼貌—礼仪—礼节
公平—公正—公开　　经验—生长—生活　　国法—天理—人情
天时—地利—人和　　蓝天—碧水—绿地　　识记—保持—再现
全面—真实—必然　　人物—事件—景物　　改革—发展—稳定
自主—自尊—自强　　富裕—民主—文明　　自治—官治—共治
体形—体质—体能　　庸俗—低俗—媚俗　　强农—惠农—富农
提低—扩中—控高　　地壳—地幔—地核　　和平—合作—发展
能师—经师—人师　　为民—务实—清廉　　感觉—文字—结构
反射—折射—衍射　　自由—平等—博爱　　质量—效率—动力

动物—植物—微生物　智商—情商—创造商
同吃—同住—同劳动　遗传—变异—自然选择
数学化—网络化—信息化　要价—还价—成交价
基本义—比喻义—引申义　竞争性—全球性—综合性

同一律—矛盾律—排中律　　物质流—能量流—信息流
改革者—保守者—反对者　　感性化—理性化—人性化
基础性—普及性—发展性　　走基层—转作风—改文风
世界观—人生观—价值观　　工业—农业—第三产业
本能脑—创造脑—艺术脑　　市场化—法治化—民主化
诚信度—信誉度—美誉度　　供养型—养护型—医护型
自然人—文化人—道德人　　自然物—自然力—自然能
大发展—大变革—大调整　　物理的—生理的—心理的

点式阅读—线式阅读—面式阅读　　原因—直接结果—间接结果
学会学习—学会做事—学会做人　　权利平等—机会平等—规则平等
国家课程—地方课程—校本课程　　物质文明—政治文明—精神文明
全面发展—持续发展—和谐发展　　微观世界—宏观世界—宇观世界
无产阶级—中产阶级—资产阶级　　自然客体—社会客体—精神客体
使命意识—责任意识—危机意识　　贴近基层—贴近群众—贴近实际
面向现代化—面向世界—面向未来　　消极怠工—积极斗争—暴力反抗
感性具体—理性抽象—理性具体　　存在模式—认识模式—逻辑模式
职业境界—事业境界—志业境界　　地理环境—人口因素—生产方式
师德为先—学生为本—能力为重　　健壮体格—健康心理—健全人格
口头语言—书面语言—内在语言　　物质价值—精神价值—人的价值
科技创新—制度创新—理论创新　　合理分工—配套协作—互动发展
自然科学—社会科学—人文科学　　自我认识—自我改造—自我丰富
读万卷书—行万里路—做万件事　　经济斗争—政治斗争—思想斗争
西方文明—伊斯兰文明—中华文明　　学习能力—情感能力—创新能力
决策科学—执行坚决—监督有力　　人才红利—改革红利—城镇化红利
原始创新—集成创新—引进消化吸收再创新
工业化—城镇化—农业现代化
基于学生发展—关注学生发展—为了学生发展
时代性习惯—智慧性习惯—公共性习惯
历史唯物主义—辩证唯物主义—实践唯物主义
自然经济—商品经济—产品经济

直观动作思维—具体形象思维—抽象逻辑思维

问题情境—建立模型—解释应用与拓展

先天性行为—学习行为—社会行为

党的领导—人民当家作主—依法治国

经济人假定—资源稀缺假定—保护私有产权假定

利益最大化原理—供求原理—等价交换原理

生产资料使用的社会化—生产过程的社会化—产品的社会化

人的依赖关系—物的依赖关系—人的全面自由发展

代表中国先进生产力的发展要求—代表中国先进文化的前进方向—代表中国最广大人民的根本利益

中的活动过程系统思维的哲理图式（30 个）

——规范事件信息流整体形态结构

一

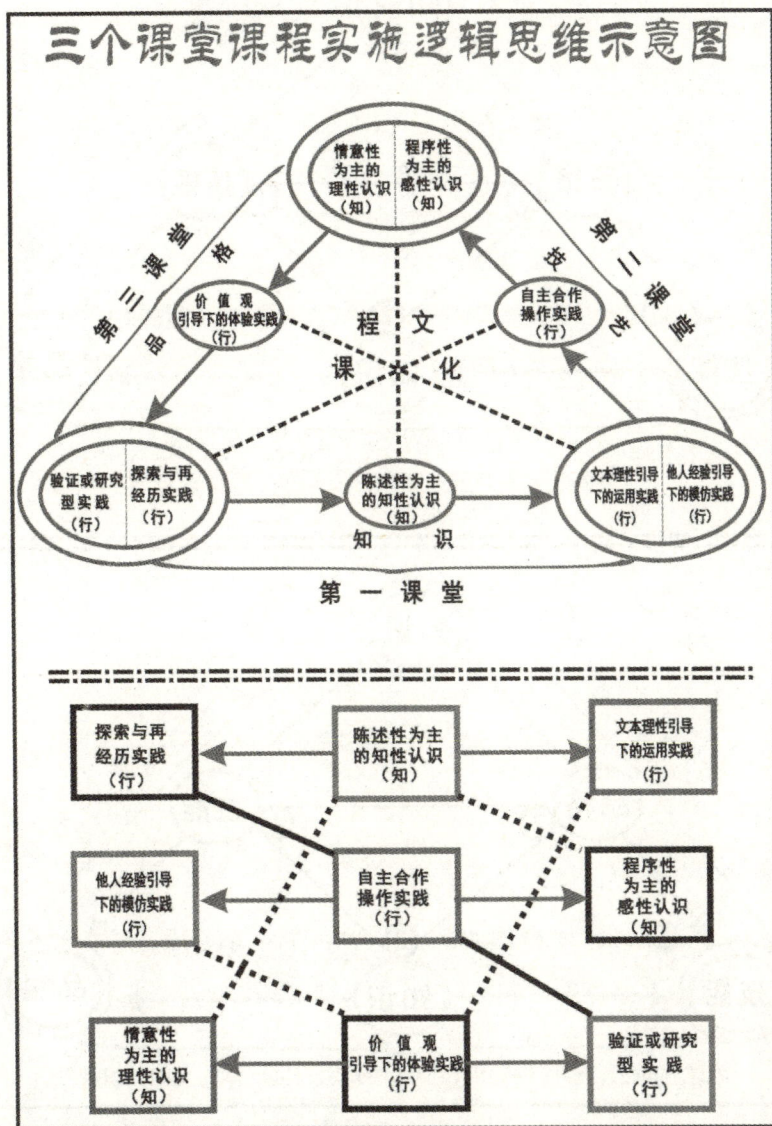

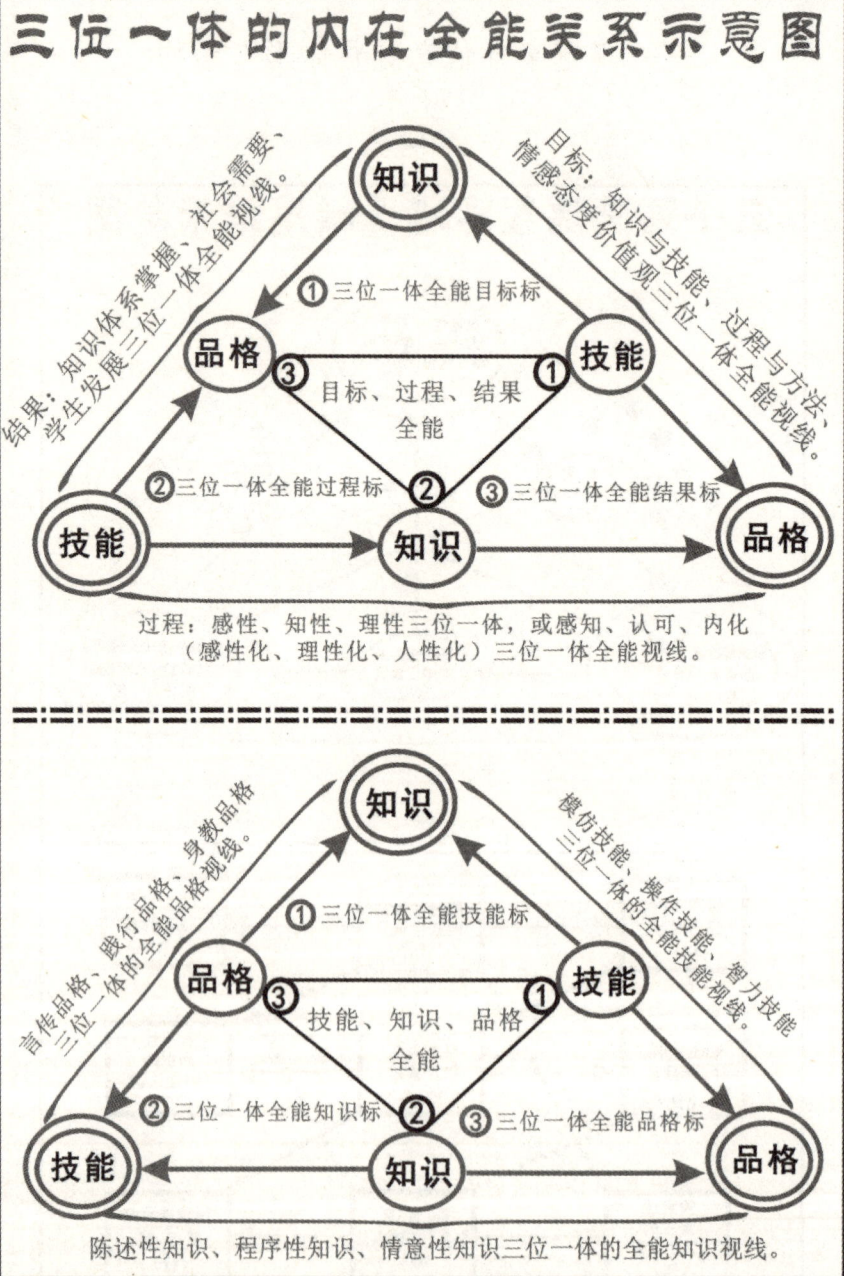

二

三位一体的内在全能关系示意图

目标：知识与技能、过程与方法、情感态度价值观三位一体全能视线。

结果：知识体系掌握、社会需要、学生发展三位一体全能视线。

① 三位一体全能目标标

品格 ③ 目标、过程、结果全能 ① 技能

② 三位一体全能过程标

③ 三位一体全能结果标

技能 知识 品格

过程：感性、知性、理性三位一体，或感知、认可、内化（感性化、理性化、人性化）三位一体全能视线。

模仿技能、操作技能、智力技能三位一体的全能技能视线。

言性品格、践行品格、身教品格三位一体的全能品格视线。

① 三位一体全能技能标

品格 ③ 技能、知识、品格全能 ① 技能

② 三位一体全能知识标

③ 三位一体全能品格标

技能 知识 品格

陈述性知识、程序性知识、情意性知识三位一体的全能知识视线。

三

三角形的面积一体三位教学启示

内容一体三位

（特殊性描述性）个案

正方形、长方形、平行四边形沿对角线相折的一半等	← 三角形的面积 底×高÷2 (S=ah÷2) →	实际测量三角形围巾、风车的三角形调档、三角形田地等的面积

形式三位一体

共性（普遍性规范性）

图　　形 —— 符　　号 —— 实　　物
（来的一极）关系 —— 存　在 —— （去的一极）关系
（怎么形成）过程 —— 原　理 —— （如何发展）过程
感性具体 —— 理性抽象 —— 理性具体
了　　解 —— 理　解 —— 应　　用
感　　知 —— 认　同 —— 内　　化
感　性　化 —— 理　性　化 —— 人　性　化
发现者（他人）的 —— 间接经验 —— 学习者（自己）的
直接经验 —— —— 直接经验
活　　动 —— 学　科 —— 活　　动
选　择　性 —— 决　定　性 —— 选　择　性
分　　析 —— 综　合 —— 分　　析
体　　验 —— 数学模型 —— 体　　验
个　　别 —— 一　般 —— 个　　别
定量认识 —— 定性认识 —— 定量认识
技　　能 —— 知　识 —— 品　　格

注：黑格尔反复重申："科学赖以存在的基础是概念的内在节奏或概念的自身运动，真正的思想和科学的洞见，只有通过概念所作的劳动才能获得。"在中的活动组织结构里概念与实体是叠加性。

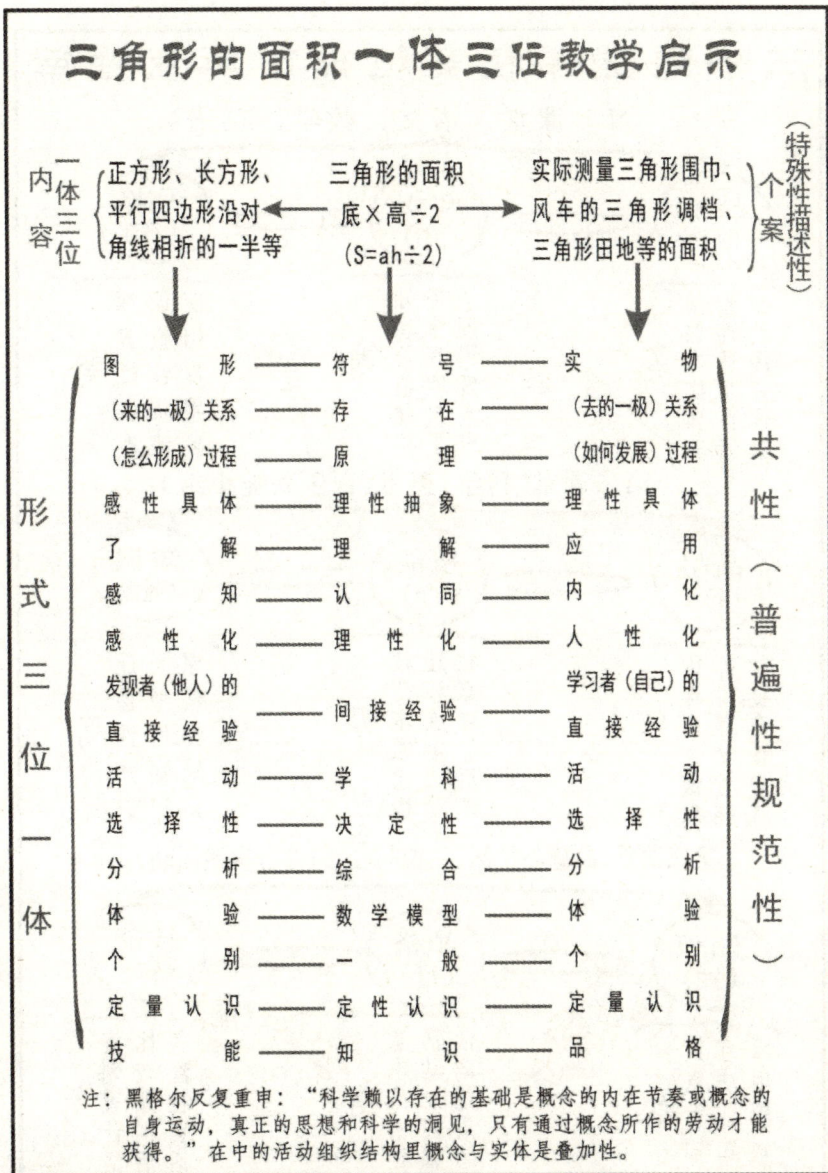

▲ 康德说："知识就其内容而言是经验的，但就形式而言则是先天的。"又说，"范畴是经验的先天条件，换言之，离开了范畴我们就不可能形成经验。"

▲ 三角形的面积计算公式：底×高÷2——"真理自身的自在并没有任何真理的意义，表现为真理的意义通常是对应下的自为所赋予其真理的表现形式"。

四

三个课堂课程实施操作要点指南

第一课堂（语文、数学、英语）

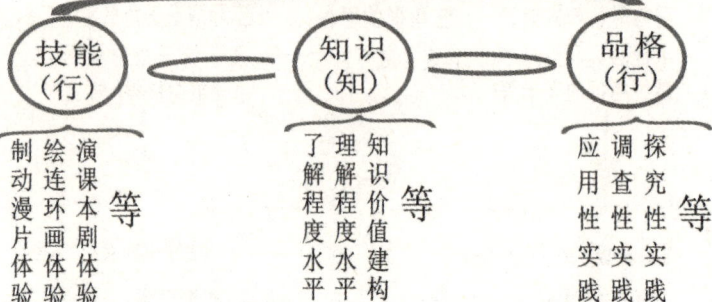

技能
（行）

知识
（知）

品格
（行）

制动漫片体验　绘连环画体验　演课本剧体验　等

了解程度水平　理解程度水平　知识价值建构　等

应用性实践　调查性实践　探究性实践　等

第二课堂（科学、美术、音乐兴趣小组）

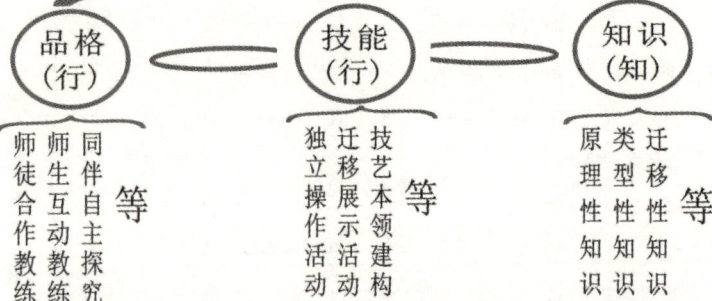

品格
（行）

技能
（行）

知识
（知）

师徒合作教练　师生互动教练　同伴自主探究　等

独立操作活动　迁移展示活动　技艺本领建构　等

原理性知识　类型性知识　迁移性知识　等

第三课堂（品德与生活、品德与社会、综合实践活动）

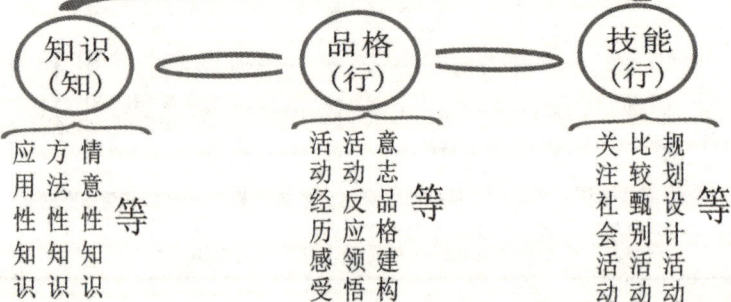

知识
（知）

品格
（行）

技能
（行）

应用性知识　方法性知识　情意性知识　等

活动经历感受　活动反应领悟　意志品格建构　等

关注社会活动　比较甄别活动　规划设计活动　等

注：体育——每天锻炼半小时（或放在第二课堂）。其实，三个课堂都是
活动课程，古代颜元认为，"动"能使人的身体得到锻炼，即"健人筋
骨，和人血气，调人性情，长人信义"。

五

三位一体概念的属种关系例举

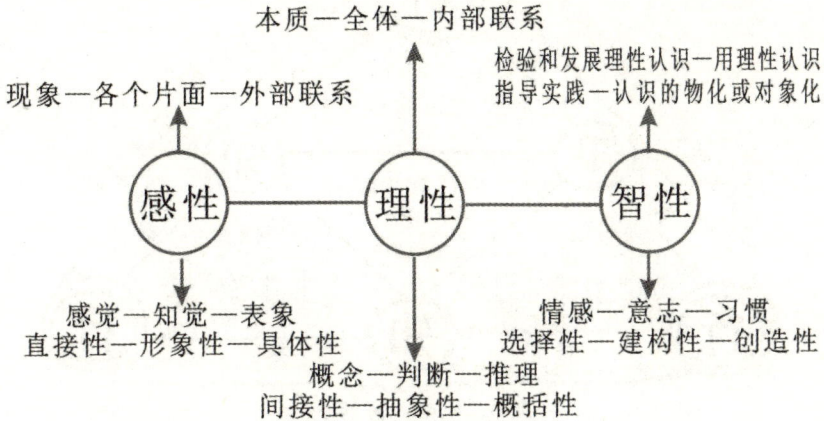

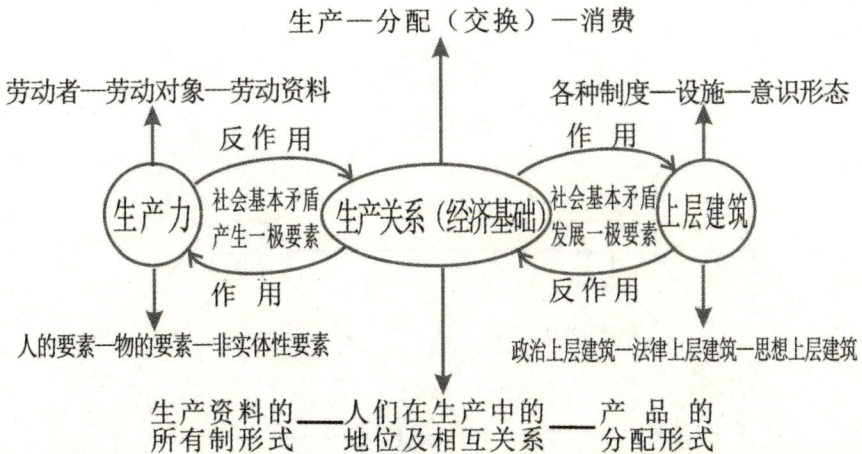

本质—全体—内部联系

现象—各个片面—外部联系

检验和发展理性认识—用理性认识
指导实践—认识的物化或对象化

感性　　理性　　智性

感觉—知觉—表象
直接性—形象性—具体性

情感—意志—习惯
选择性—建构性—创造性

概念—判断—推理
间接性—抽象性—概括性

生产—分配（交换）—消费

劳动者—劳动对象—劳动资料
反作用

各种制度—设施—意识形态
作用

生产力　社会基本矛盾产生一极要素　生产关系（经济基础）　社会基本矛盾发展一极要素　上层建筑

作用

反作用

人的要素—物的要素—非实体性要素

政治上层建筑—法律上层建筑—思想上层建筑

生产资料的 ——人们在生产中的 ——产品 的
所有制形式　　地位及相互关系　　分配形式

六

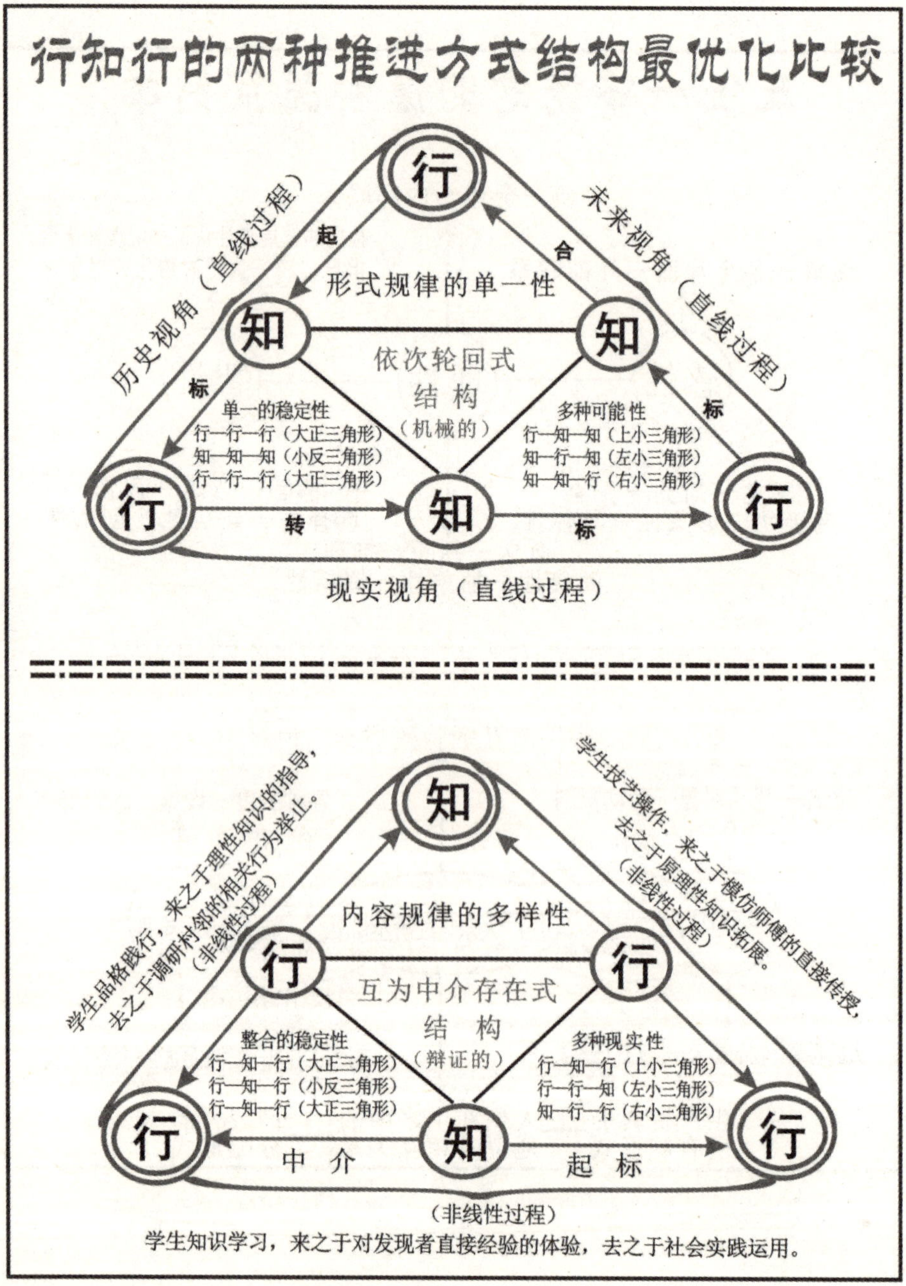

行知行的两种推进方式结构最优化比较

（上图）

- 行（顶部）
- 起／合
- 形式规律的单一性
- 依次轮回式 结构（机械的）
- 历史视角（直线过程）
- 未来视角（直线过程）
- 单一的稳定性
  - 行—行—行（大正三角形）
  - 知—知—知（小反三角形）
  - 行—行—行（大正三角形）
- 多种可能性
  - 行—知—知（上小三角形）
  - 知—行—知（左小三角形）
  - 知—知—行（右小三角形）
- 标／转／标
- 现实视角（直线过程）

（下图）

- 知（顶部）
- 学生品格践行，来之于理性知识的指导，去之于调研村邻的相关行为止。（非线性过程）
- 学生技艺操作，来之于模仿师傅的直接传授，去之于原理性知识拓展。（非线性过程）
- 内容规律的多样性
- 互为中介存在式 结构（辩证的）
- 整合的稳定性
  - 行—知—行（大正三角形）
  - 行—知—行（小反三角形）
  - 行—知—行（大正三角形）
- 多种现实性
  - 行—知—行（上小三角形）
  - 行—知—知（左小三角形）
  - 知—行—行（右小三角形）
- 中介／起标
- （非线性过程）

学生知识学习，来之于对发现者直接经验的体验，去之于社会实践运用。

七

形而上学规律的"不变"与辩证规律的"变"耦合

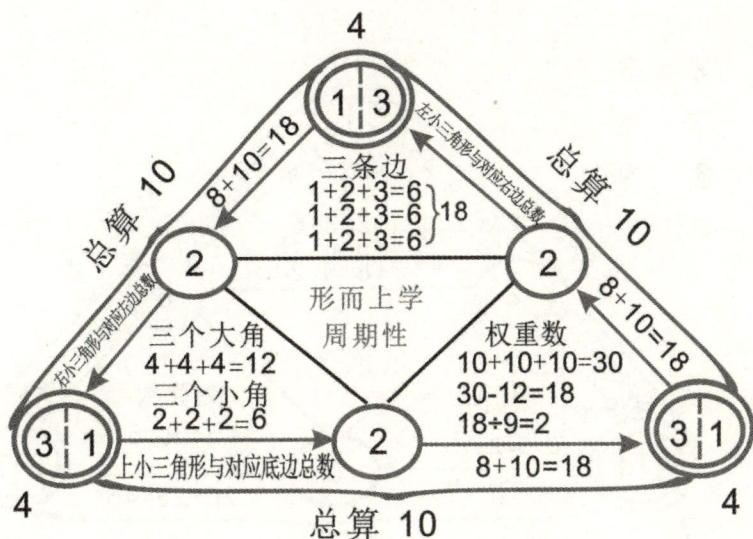

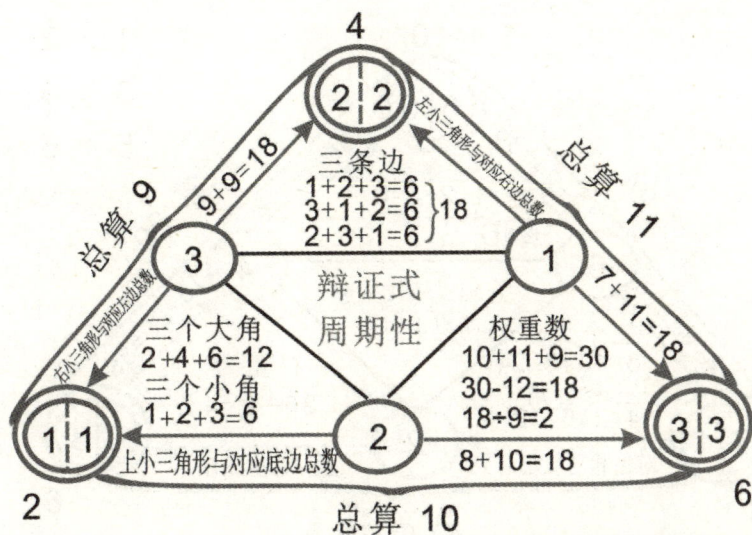

4

$1 | 3$

左小三角形与对应右边总数

总算 10　　　　　总算 10

$8+10=18$

2　　　　　　　2

右小三角形与对应左边总数

$8+10=18$

三条边
$1+2+3=6$
$1+2+3=6$ } 18
$1+2+3=6$

形而上学
周期性

三个大角
$4+4+4=12$
三个小角
$2+2+2=6$

权重数
$10+10+10=30$
$30-12=18$
$18÷9=2$

$3 | 1$　　　　　　2　　　　　　$3 | 1$

4　上小三角形与对应底边总数　　　　$8+10=18$　4

$8+10=18$

总算 10

4

$2 | 2$

左小三角形与对应右边总数

总算 9　　　　　总算 11

$9+9=18$

3　　　　　　　1

右小三角形与对应左边总数

$7+11=18$

三条边
$1+2+3=6$
$3+1+2=6$ } 18
$2+3+1=6$

辩证式
周期性

三个大角
$2+4+6=12$
三个小角
$1+2+3=6$

权重数
$10+11+9=30$
$30-12=18$
$18÷9=2$

$1 | 1$　　　　　　2　　　　　　$3 | 3$

2　上小三角形与对应底边总数　　　　$8+10=18$　6

$8+10=18$

总算 10

八

两种依次推进方式的比较

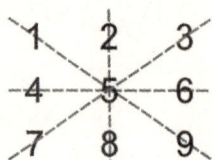

1　2　3
4　5　6
7　8　9

"米"字数均为15

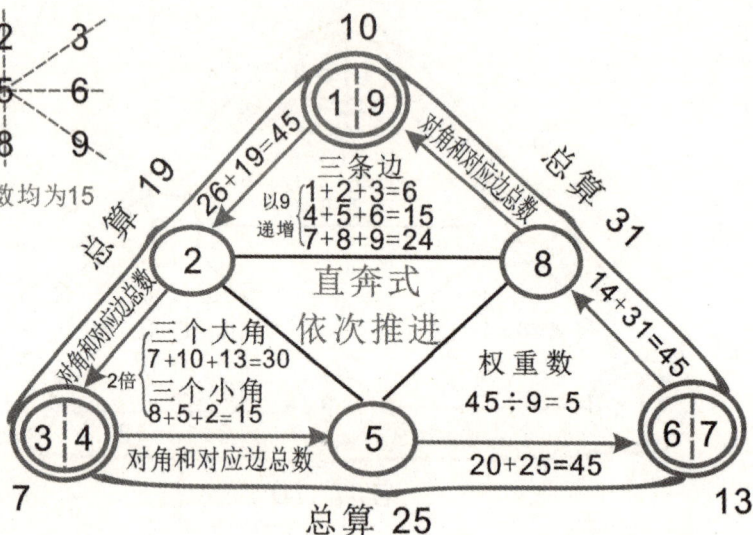

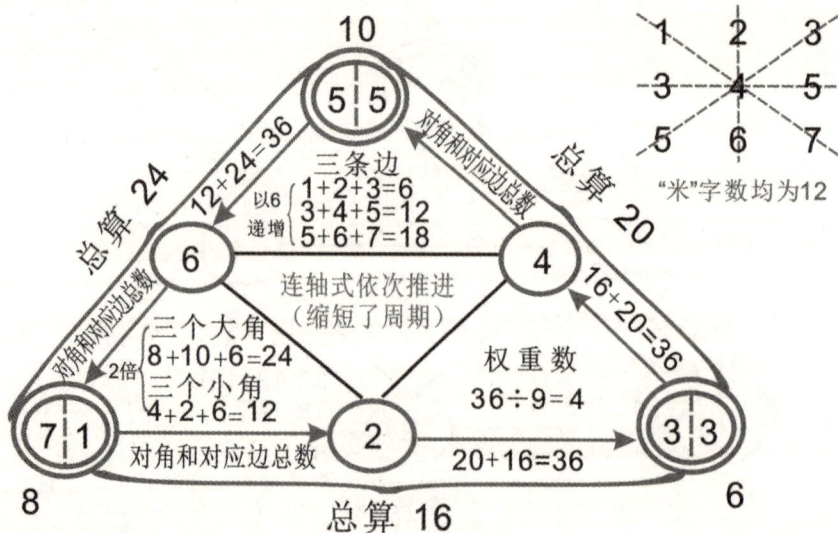

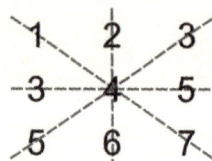

10

1│9

总算 19
总算 31

26+19=45

三条边
1+2+3=6
4+5+6=15
7+8+9=24

以9递增

直奔式
依次推进

2
8

对角和对应边总数

14+31=45

对角和对应边总数

三个大角
7+10+13=30
三个小角
8+5+2=15

2倍

权重数
45÷9=5

3│4
5
6│7

对角和对应边总数
20+25=45

7
总算 25
13

10

5│5

总算 24
总算 20

12+24=36

三条边
1+2+3=6
3+4+5=12
5+6+7=18

以6递增

1　2　3
4　5
6　7

"米"字数均为12

6
4

连轴式依次推进
（缩短了周期）

对角和对应边总数

16+20=36

对角和对应边总数

三个大角
8+10+6=24
三个小角
4+2+6=12

2倍

权重数
36÷9=4

7│1
2
3│3

对角和对应边总数
20+16=36

8
总算 16
6

九

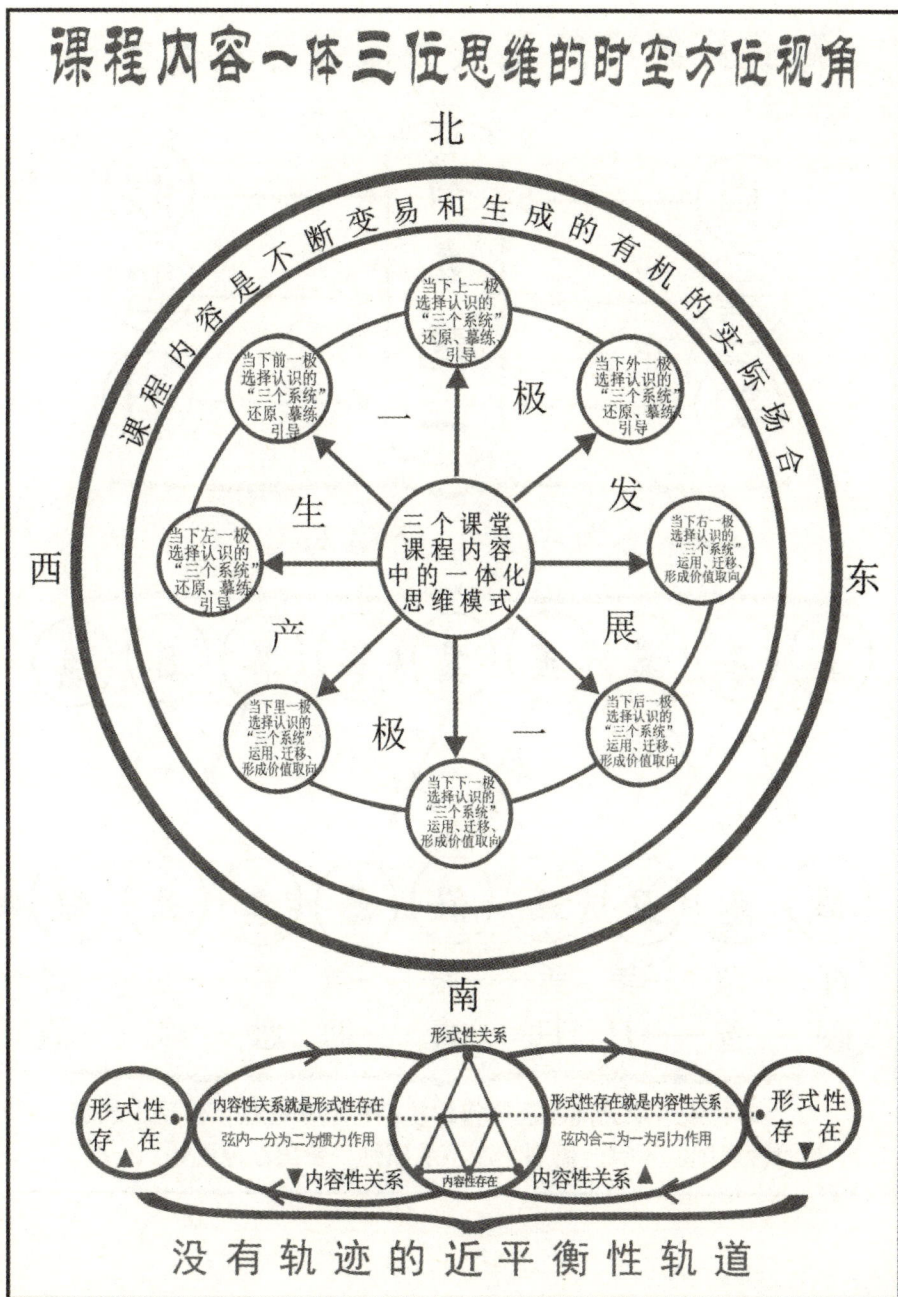

图中文字：

课程内容一体三位思维的时空方位视角

北

课程内容是不断变易和生成的有机的实际场合

西　东

南

一极 发 一生 展 产极

当下上一极选择认识的"三个系统"还原、摹练、引导

当下前一极选择认识的"三个系统"还原、摹练、引导

当下外一极选择认识的"三个系统"还原、摹练、引导

当下左一极选择认识的"三个系统"还原、摹练、引导

三个课堂课程内容中的一体化思维模式

当下右一极选择认识的"三个系统"运用、迁移、形成价值取向

当下里一极选择认识的"三个系统"运用、迁移、形成价值取向

当下后一极选择认识的"三个系统"运用、迁移、形成价值取向

当下下一极选择认识的"三个系统"运用、迁移、形成价值取向

形式性关系

形式性存在　内容性关系就是形式性存在　弦内一分为二为惯力作用　形式性存在就是内容性关系　弦内合二为一为引力作用　形式性存在

内容性关系　内容性存在　内容性关系

没有轨迹的近平衡性轨道

＋

对立系统中的三位一体整合化与分化

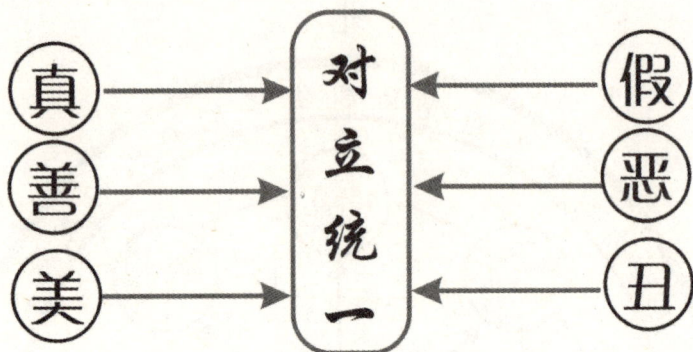

真 → 对立统一 ← 假

善 → 对立统一 ← 恶

美 → 对立统一 ← 丑

互为中介，交错对立

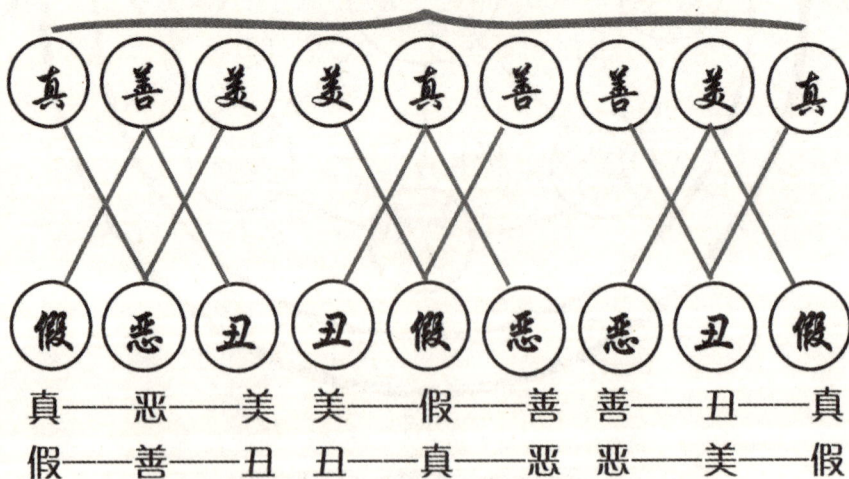

真 善 美 美 真 善 善 美 真

假 恶 丑 丑 假 恶 恶 丑 假

真——恶——美 美——假——善 善——丑——真
假——善——丑 丑——真——恶 恶——美——假

事物或现象之间相互交错的复杂性、多样性，体现出的是
相对性原则、不完全原则、测不准原则、参照系原则等。

十一

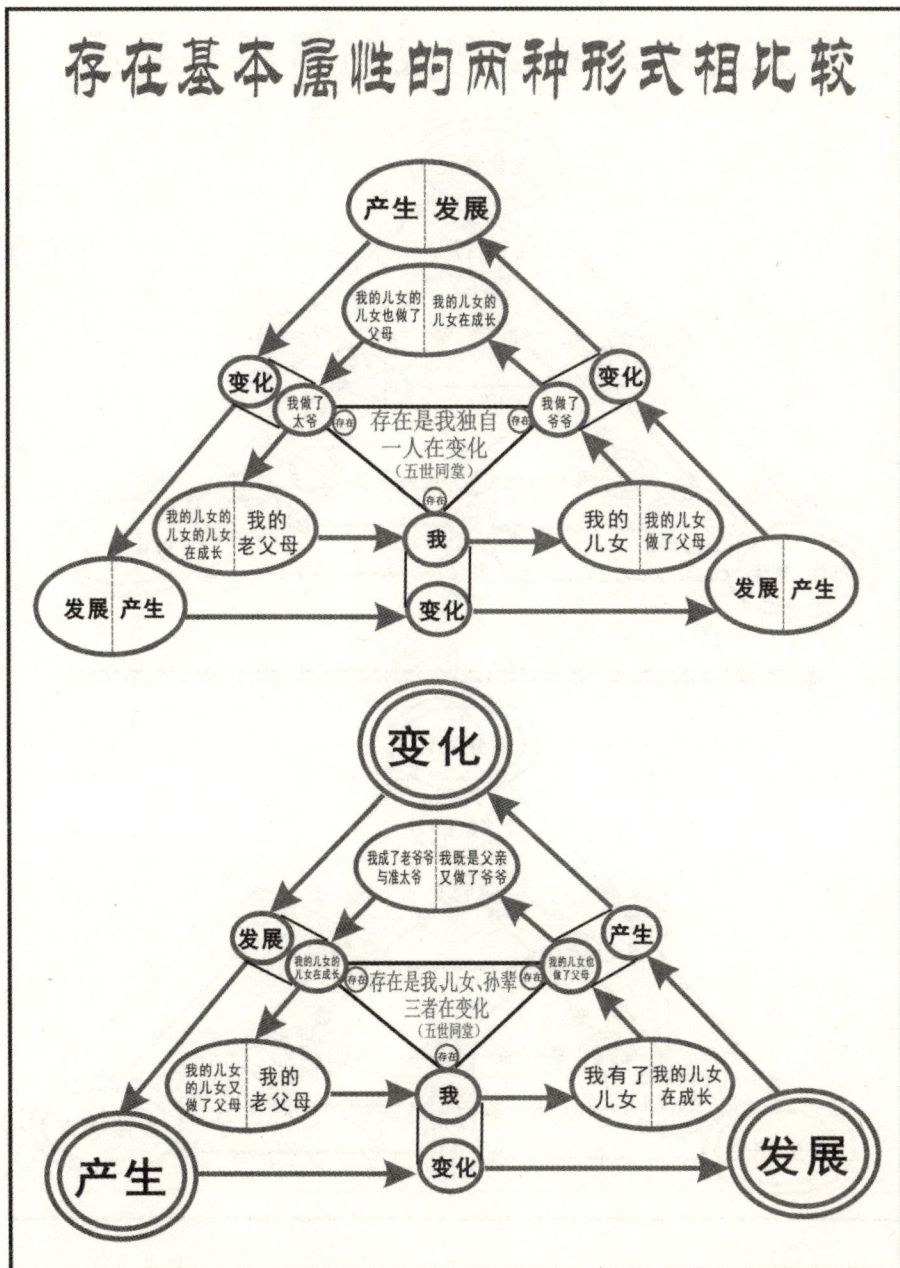

存在基本属性的两种形式相比较

十二

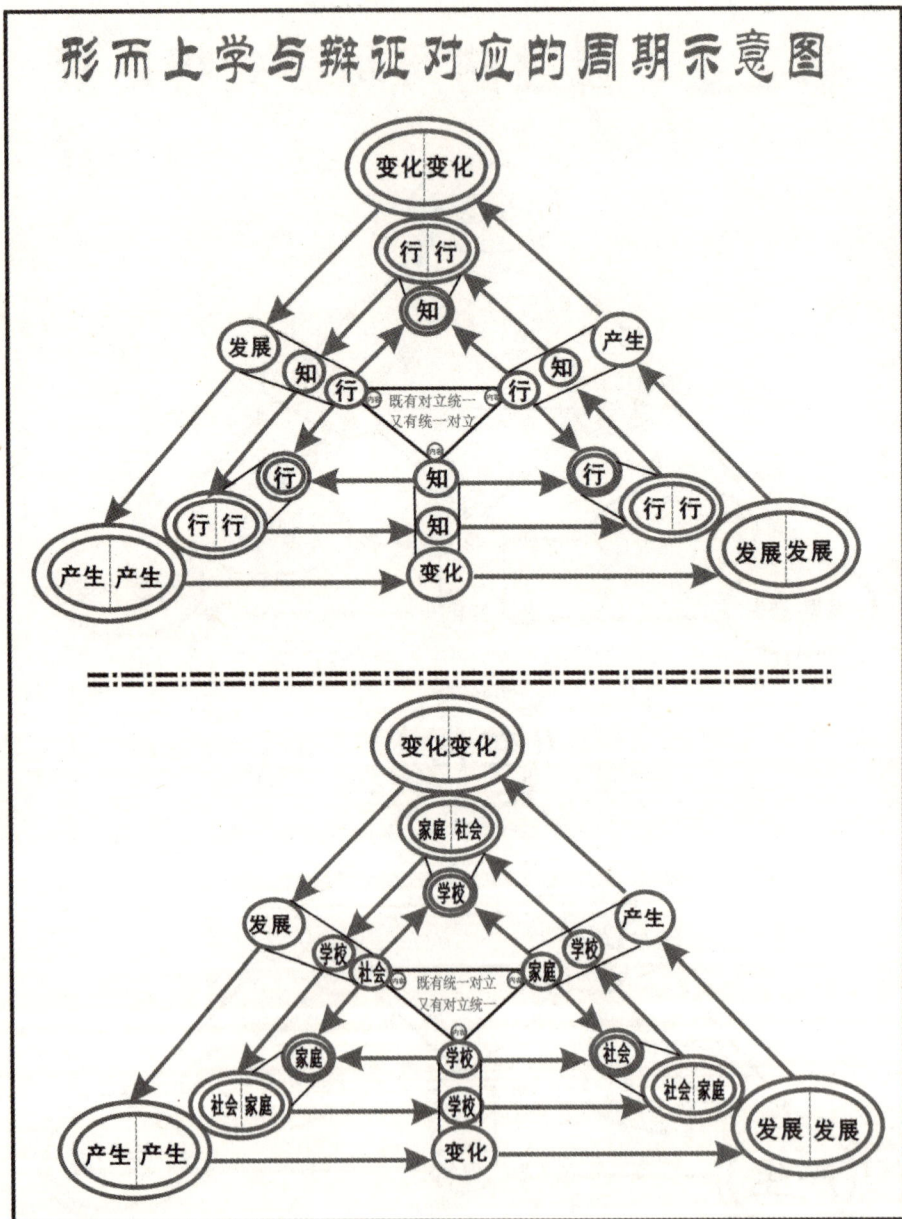

形而上学与辩证对应的周期示意图

从无序到有序的三位一体系统层次结构例举（1）

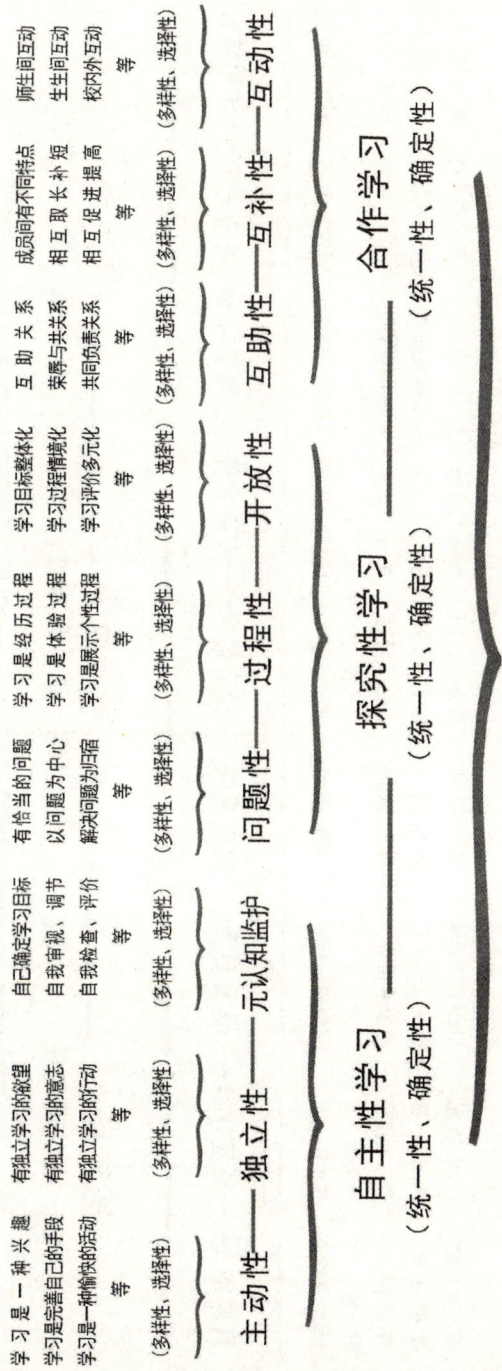

十三

新的学习方式特征系统

自主性学习	探究性学习	合作学习
（统一性、确定性）	（统一性、确定性）	（统一性、确定性）
主动性——独立性——元认知监护	问题性——过程性——开放性	互助性——互补性——互动性
（多样性、选择性）	（多样性、选择性）	（多样性、选择性）

学习是一种兴趣	有独立学习的欲望	自己确定学习目标	有恰当的问题	学习是经历过程	学习目标整体化	互助关系	成员间有不同特点	师生间互动
学习是完善自己的手段	有独立学习的意志	自我审视、调节	以问题为中心	学习是体验过程	学习过程精魂化	荣辱与共关系	相互取长补短	生生间互动
学习是一种愉快的活动	有独立学习的行动	自我检查、评价	解决问题归为隐	学习是展示个性过程	学习评价多元化	共同负责关系	相互促进提高	校内外互动
等	等	等	等	等	等	等	等	等
（多样性、选择性）	（多样性、选择性）	（多样性、选择性）	（多样性、选择性）	（多样性、选择性）	（多样性、选择性）	（多样性、选择性）	（多样性、选择性）	（多样性、选择性）

注：根据新课改的有关资料设计。

十四 从无序到有序的三位一体系统层次结构例举（2）

学习目标系统

学会做人（统一性、确定性）

- 真诚待人——诚实守信（统一性、确定性）
  - 待人有礼貌 孝敬父母 尊敬师长 等（多样性、选择性）
  - 说话算数 有错必改 借东西要还 等（多样性、选择性）
- 认真负责（统一性、确定性）
  - 自己的事自己做 履行自己的义务 敢于承担责任 等（多样性、选择性）
  - 遵守纪律 遵守秩序 遵守法律 等（多样性、选择性）

学会做事（统一性、确定性）

- 遵守规则（统一性、确定性）
  - 做事有计划 珍惜时间 能自我管理 等（多样性、选择性）
- 讲究效率——友善合作
  - 为他人着想 乐 群 关心集体 等（多样性、选择性）

学会学习（统一性、确定性）

- 主动学习（统一性、确定性）
  - 热爱学习 有安排有办法 学习时间有保证 等（多样性、选择性）
- 独立思考
  - 多提问和质疑 主动与人讨论 大胆想象和联想 等（多样性、选择性）
- 学用结合
  - 勤于动手 仔细观察 注重运用 等（多样性、选择性）

注：根据孙云晓的有关资料设计。

十五

从有序到无序的三位一体系统层次结构图举

人 的 素 质 系 统

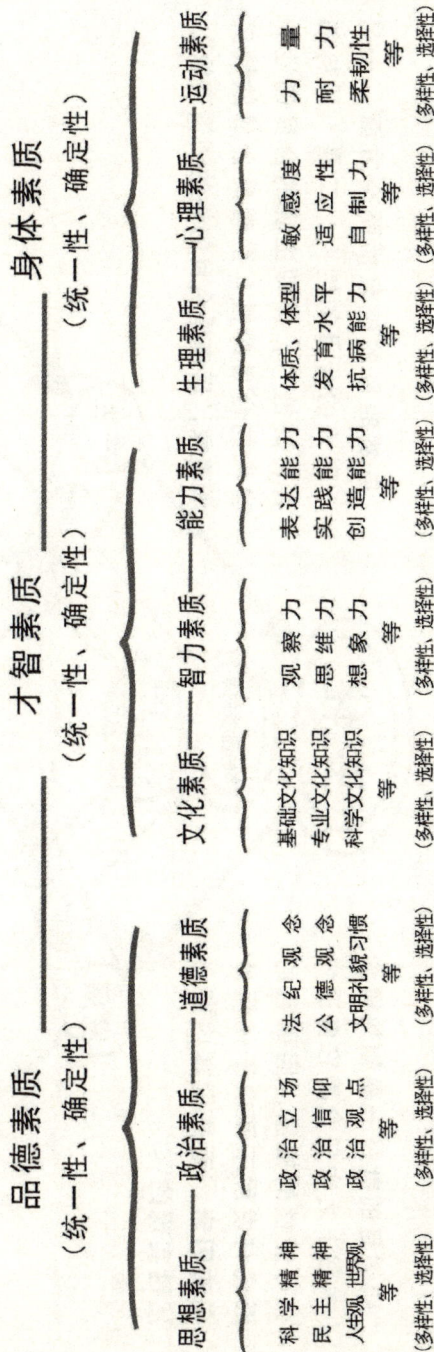

品德素质（统一性、确定性）

- 思想素质
  - 科学精神
  - 民主精神
  - 人生观
  - 世界观
  - 等
  - （多样性、选择性）
- 政治素质
  - 政治立场
  - 政治信仰
  - 政治观点
  - 等
  - （多样性、选择性）
- 道德素质
  - 法纪观念
  - 公德观念
  - 文明礼貌习惯
  - 等
  - （多样性、选择性）

才智素质（统一性、确定性）

- 文化素质
  - 基础文化知识
  - 专业文化知识
  - 科学文化知识
  - 等
  - （多样性、选择性）
- 智力素质
  - 观察力
  - 思维力
  - 想象力
  - 等
  - （多样性、选择性）
- 能力素质
  - 表达能力
  - 实践能力
  - 创造能力
  - 等
  - （多样性、选择性）

身体素质（统一性、确定性）

- 生理素质
  - 体质、体型
  - 发育水平
  - 抗病能力
  - 等
  - （多样性、选择性）
- 心理素质
  - 敏感度
  - 适应性
  - 自制力
  - 柔韧性
  - 等
  - （多样性、选择性）
- 运动素质
  - 力量
  - 耐力
  - 柔韧性
  - 等
  - （多样性、选择性）

注：根据杨民清的有关资料设计。

十六

内容性中的思维方式规律目的性图景

"所谓目的就是一事物的概念（本质）之中包含着它自己内在可能性的根据，因而它的形成与发展不取决于任何外在的因素，而是凭其内在的必然性实现的"。

"自然的目的性包括两个方面，一是'形式的合目的性'，二是'质料的合目的性'，亦即主观的性和客观的合目的性，前者是合目的性的逻辑表象，后者是合目的性的美学表象"。

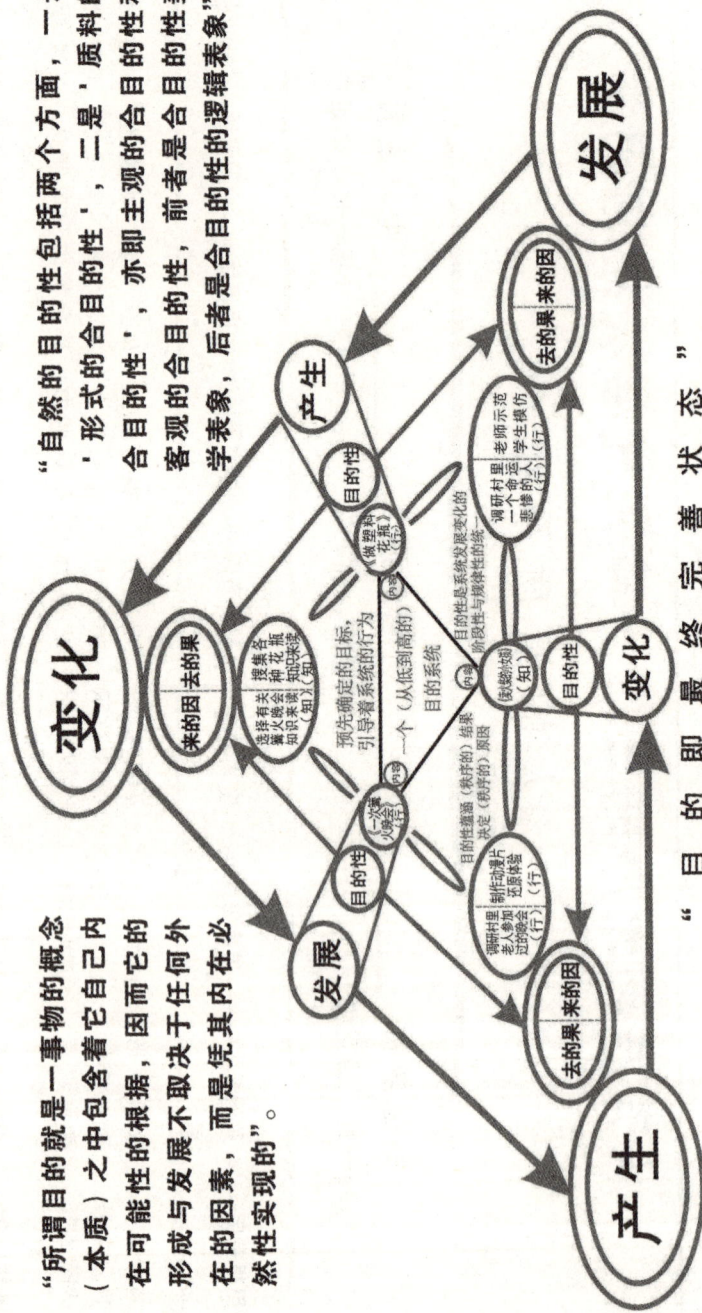

发展

变化

产生

来的因 去的果

目的性

选择有关氢火箭会知识来讲（知）

一次氢火箭（知）

目的性

预先确定的目标，引导着系统的行为一个（从低到高的）目的系统

目的性蓝图（执行的）结果决定着（程序的）原因

调研村里制作动景片还原情境（行）

调研村里老人命名的过程晚会（行）

目的性（物质科技整体观）（行）

目的性是系统发展深化的阶段性与具体性的统一

调研村里老师示范学生模仿一个命名的人（行）

去的果 来的因

目的性

变化

"目的即最终完善状态"

"一个事物同时既是自己的原因又是自己的结果"。

"目的同时既是自己的原因又是自己的结果"。

十七

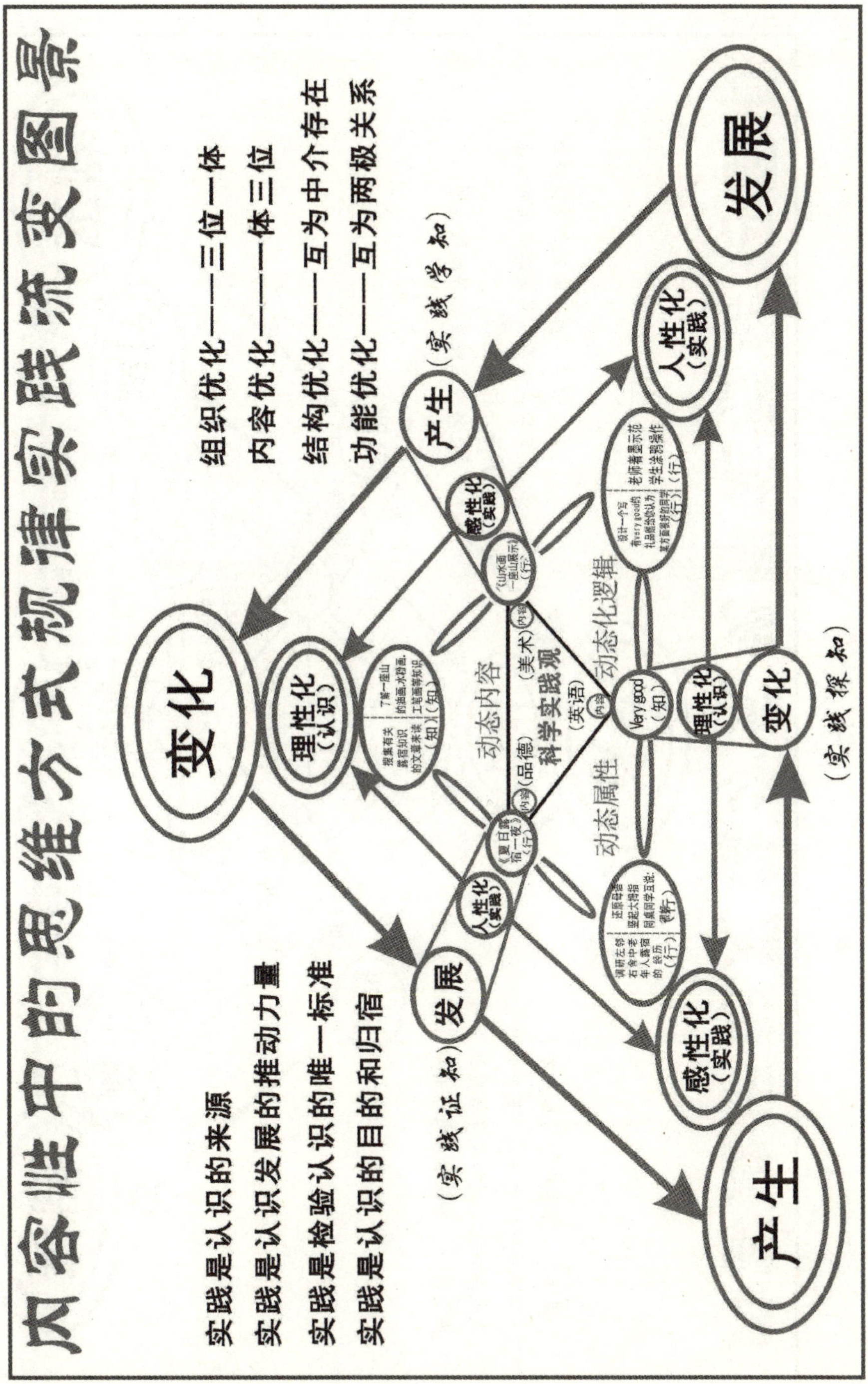
内容维度中的思维方式规律实践流变图景
组织优化——三位一体
内容优化——一体三位
结构优化——互为中介存在
功能优化——互为两极关系
实践是认识的来源
实践是认识发展的推动力量
实践是检验认识的唯一标准
实践是认识的目的和归宿
变化
发展
产生
（实践学知）
（实践证知）
（实践探知）
理性化（认识）
感性化（实践）
人性化（实践）
动态内容
动态属性
动态化逻辑
科学实践观
（美术）
（品德）
（英语）
Very good（知）

十八

内容性中的思维方式规律经验结构图景

爱因斯坦："物理学是尝试概念上为实在世界及其支配结构的规律构造一种模型。""全部存在就是一种结构模型。"

怀特海："哲学建设的真正方法是构成一种观念图式，最好的图式是那种人们能够毫不畏惧地根据这种图式去探索对经验的解释。"

实践

践行

认识

体验

操作

《写字·耕田》

实践

经验是一个连续不断的历史过程
（实践活动）

（生产实践）（内省）
（科学实践）（内省）

自身经验、前辈经验、书本经验

一个经验是用某种子另一个经验以诱导和意义

操作

师造各种
资源设备
装置应用

师傅把手
传授，后生
勤勉课练

（探索雷电）

体验

认识

实践

《谋客》

学习掌握技术维修技巧培养操作运用能力增长知识

一分为二又合二为一

演问了解人们古人道飞及群事对话及演习行为语言论述语习

合二为一又一分为二

践行

实践

操作

实践

十九

三个课堂课程文化整体结构功能图景

二十

三个课堂课程文化内在结构操作图景

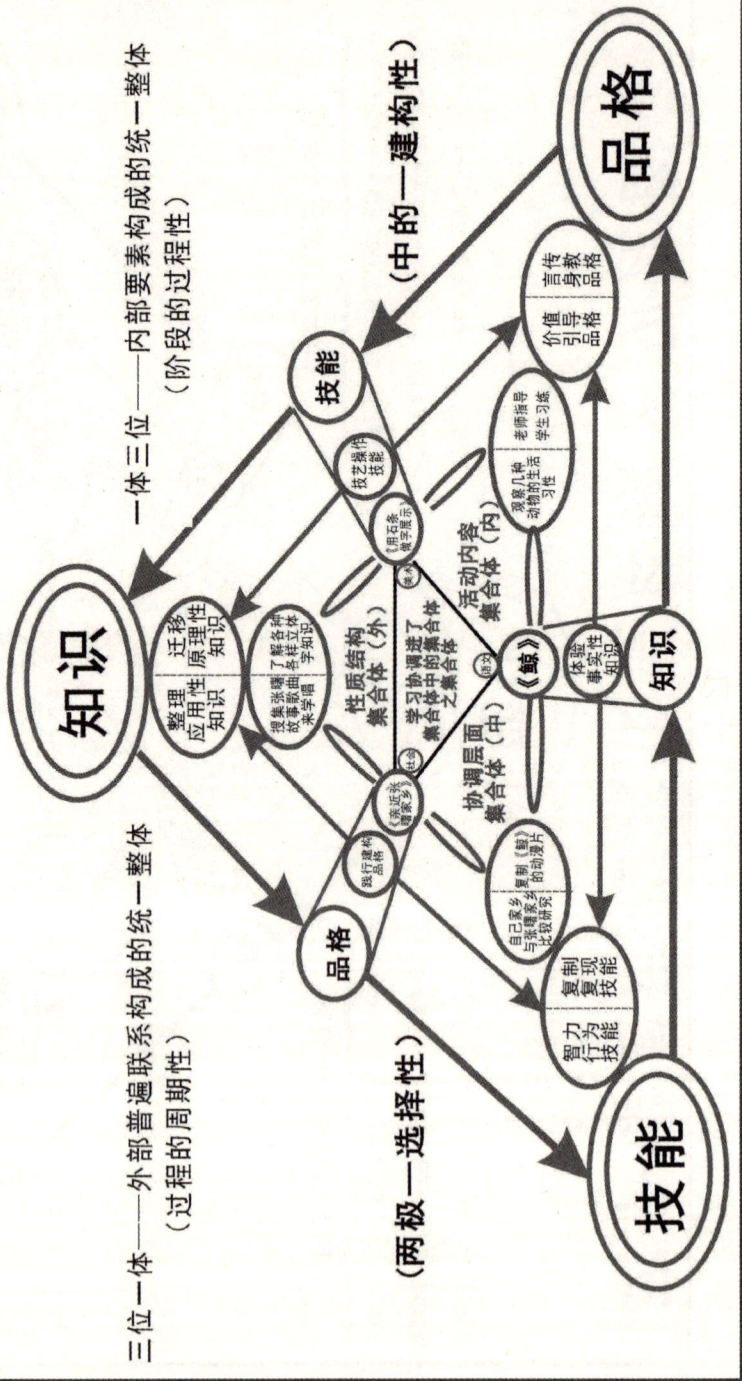

二十一

课程实在论与构成论相统一策略

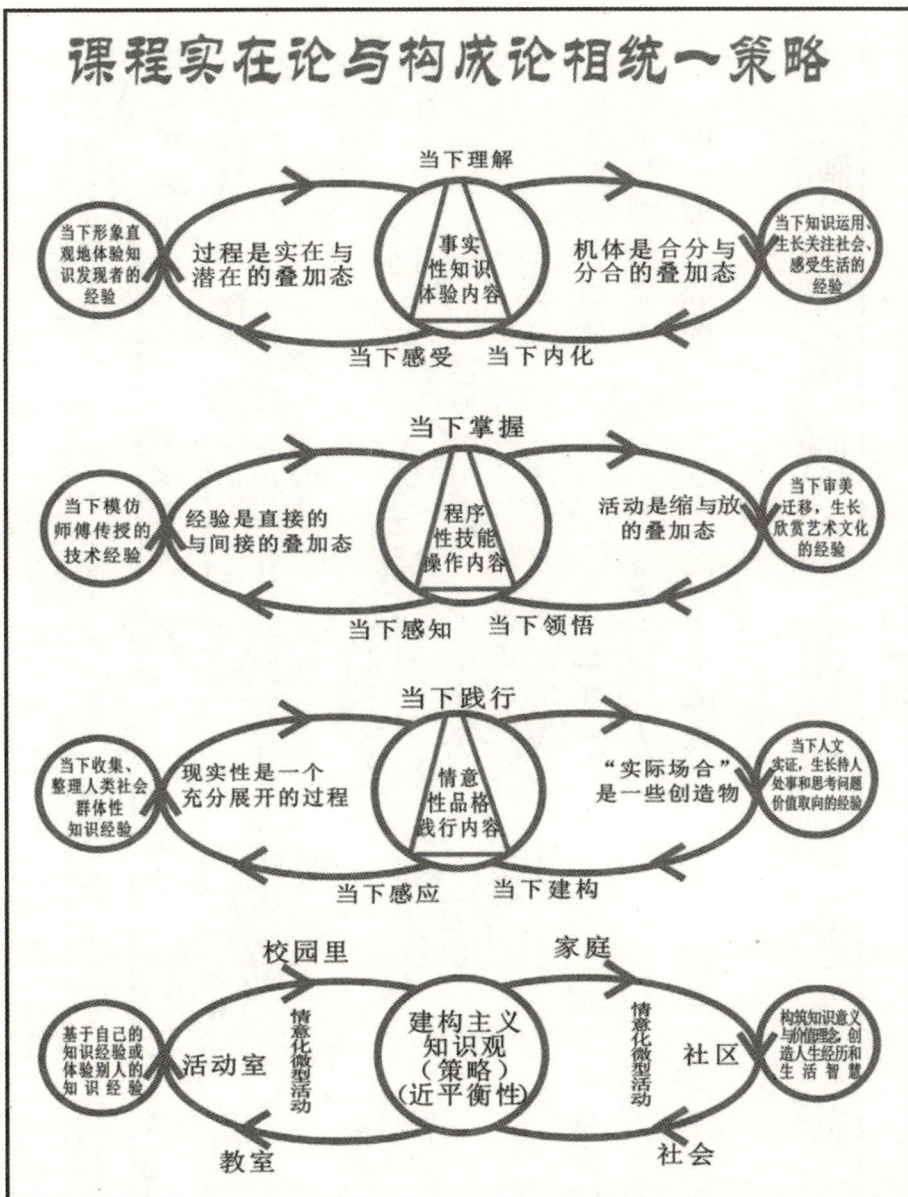

当下理解

当下形象直观地体验知识发现者的经验

过程是实在与潜在的叠加态

事实性知识体验内容

机体是合分与分合的叠加态

当下知识运用,生长关注社会、感受生活的经验

当下感受　当下内化

当下掌握

当下模仿师傅传授的技术经验

经验是直接的与间接的叠加态

程序性技能操作内容

活动是缩与放的叠加态

当下审美迁移,生长欣赏艺术文化的经验

当下感知　当下领悟

当下践行

当下收集、整理人类社会群体性知识经验

现实性是一个充分展开的过程

情意性品格践行内容

"实际场合"是一些创造物

当下人文实证,生长持人处事和思考问题价值取向的经验

当下感应　当下建构

校园里　　　家庭

基于自己的知识经验或体验别人的知识经验

活动室

情意化微型活动

建构主义知识观（策略）（近平衡性）

情意化微型活动

社区

构筑知识意义与价值理念,创造人生经历和生活智慧

教室　　　　　社会

二十二 整个宇宙的综合模式图景

近平衡性是"三"
非线性是"三"
协同现象是"三"
复杂性是"三"

组织性是"三"
系统性是"三"
整体性是"三"
周期性是"三"

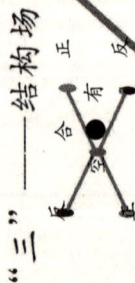

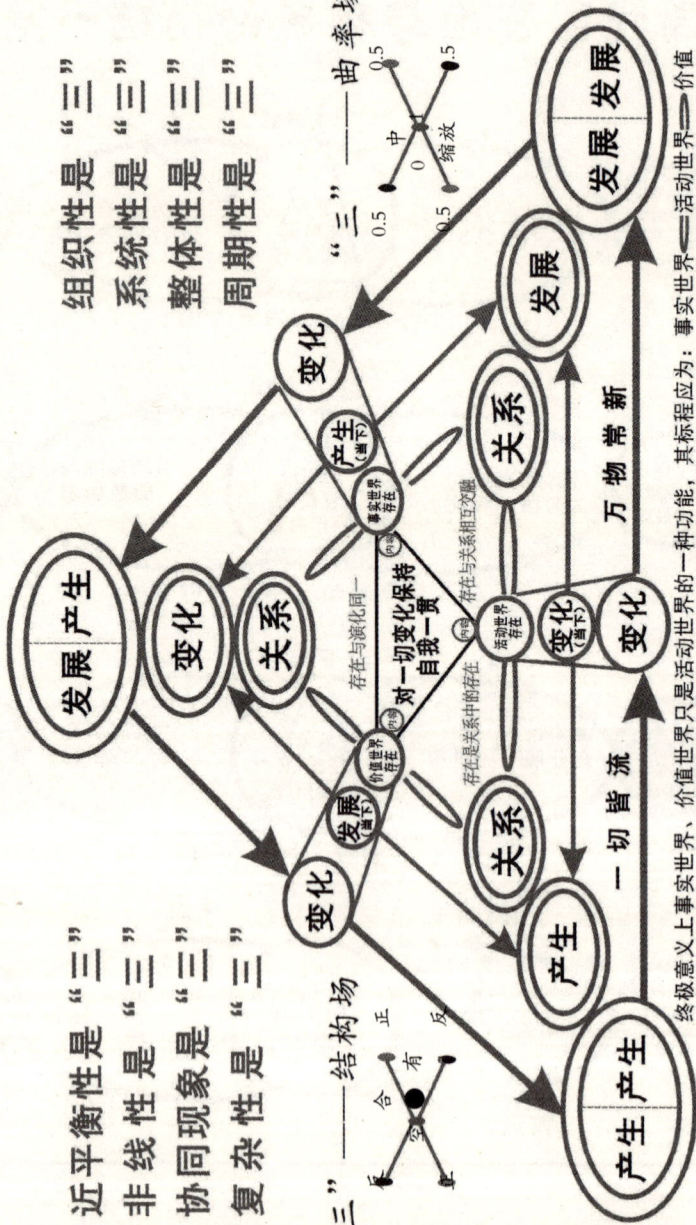

终极意义上事实世界、价值世界只是活动世界的一种功能，其标程应为：事实世界⇌活动世界⇌价值世界；若把事实世界与价值世界都看作活动世界的一种功能的话，那么，其标程均为：价值世界⇌活动世界⇌事实世界，活动世界是可以进行选择的"终极实体"。

二十三

实在过程辩证法中正反合原理示意图

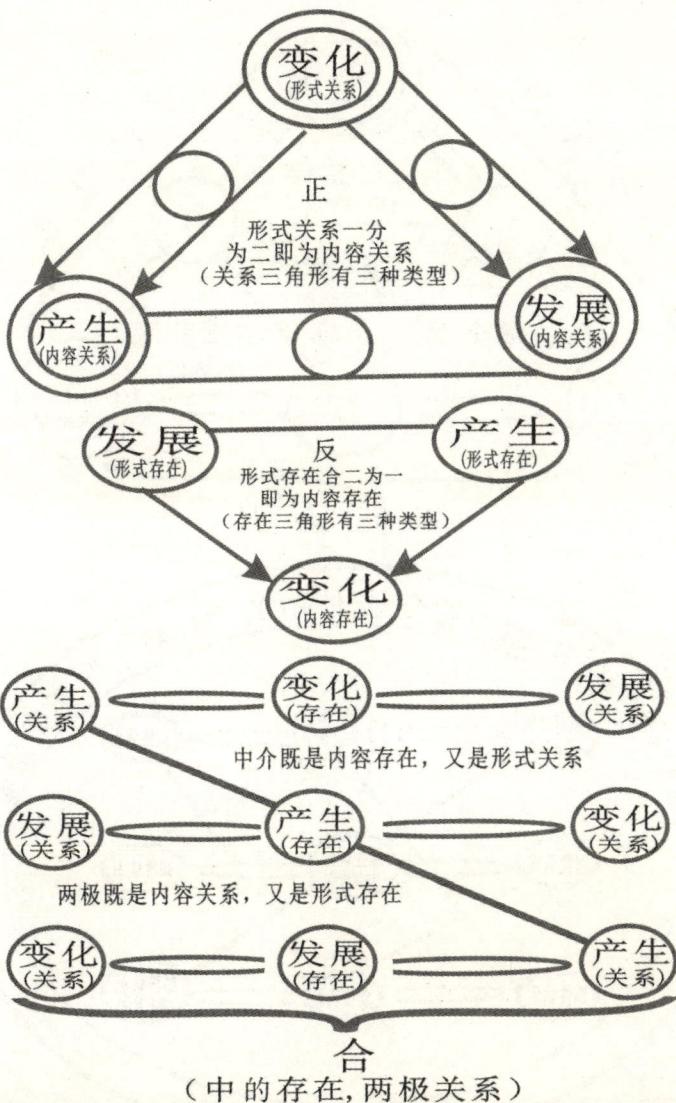

变化
(形式关系)

正

形式关系一分
为二即为内容关系
（关系三角形有三种类型）

产生
(内容关系)

发展
(内容关系)

发展
(形式存在)

反

形式存在合二为一
即为内容存在
（存在三角形有三种类型）

产生
(形式存在)

变化
(内容存在)

产生
(关系)

变化
(存在)

发展
(关系)

中介既是内容存在，又是形式关系

发展
(关系)

产生
(存在)

变化
(关系)

两极既是内容关系，又是形式存在

变化
(关系)

发展
(存在)

产生
(关系)

合

（中的存在,两极关系）

　　站在中的立场看，来的一极是因，去的一极是果；
站在两极立场看,中的既是去的果，又是来的因。因果
关系具有反直观性。

二十四

系统化过程认识论图景

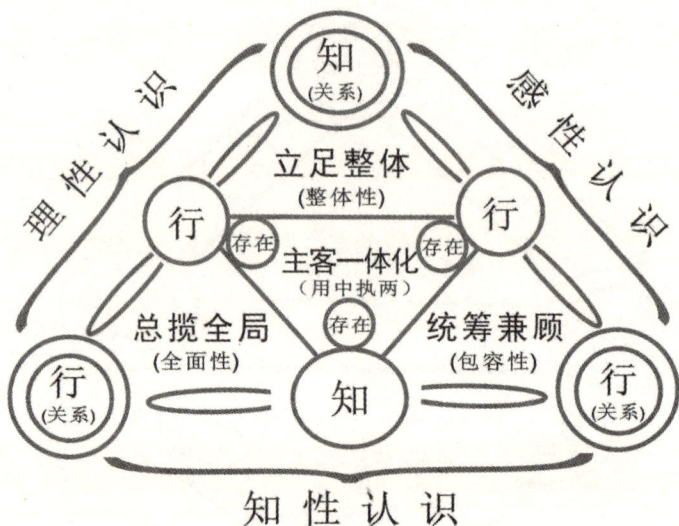

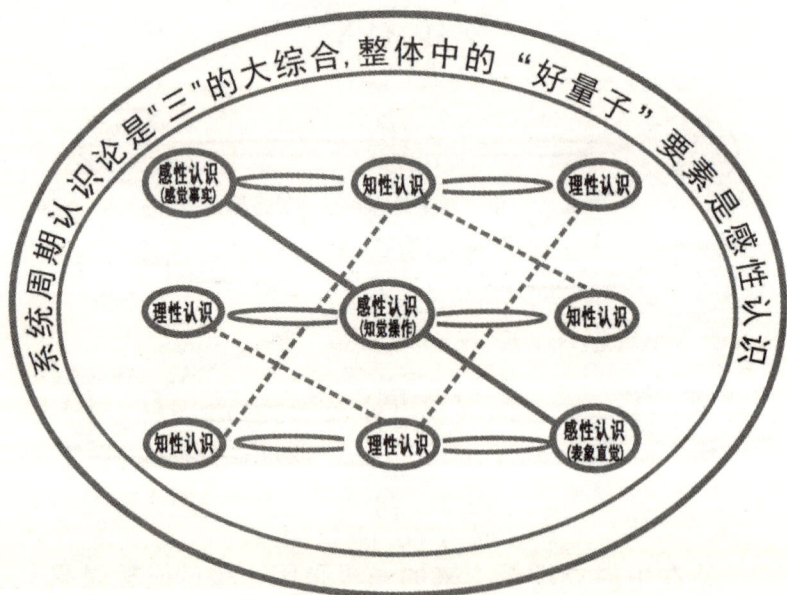

坚持主观和客观、理论和实践具体的历史的统一于"中"。

二十五

系统化过程实践论图景

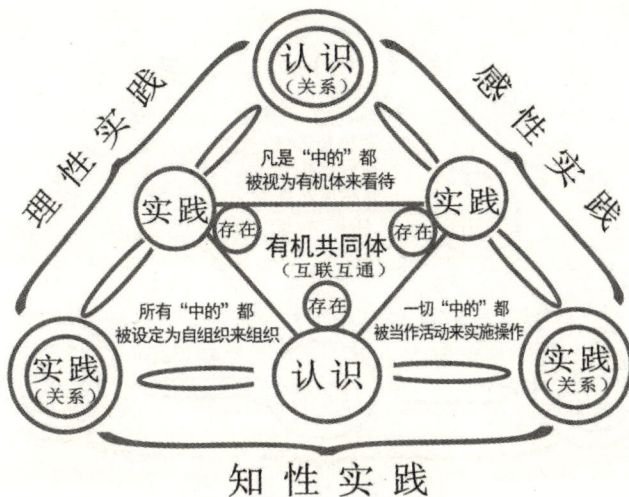

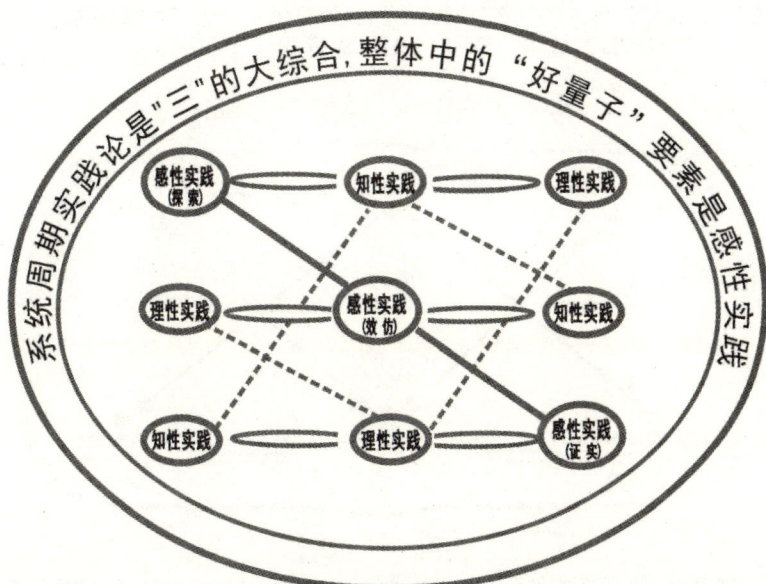

认识
（关系）

理性实践

感性实践

凡是"中的"都
被视为有机体来看待

实践 存在 实践 存在

有机共同体
（互联互通）

所有"中的"都 存在 一切"中的"都
被设定为自组织来组织 被当作活动来实施操作

实践
（关系）

认识

实践
（关系）

知 性 实 践

系统周期实践论是"三"的大综合,整体中的"好量子"要素是感性实践

感性实践
（探索）

知性实践

理性实践

理性实践

感性实践
（微伤）

知性实践

知性实践

理性实践

感性实践
（征实）

"社会生活本质上是实践的。
实践既是主体的能动活动，又是感性的物质运动。"

二十六

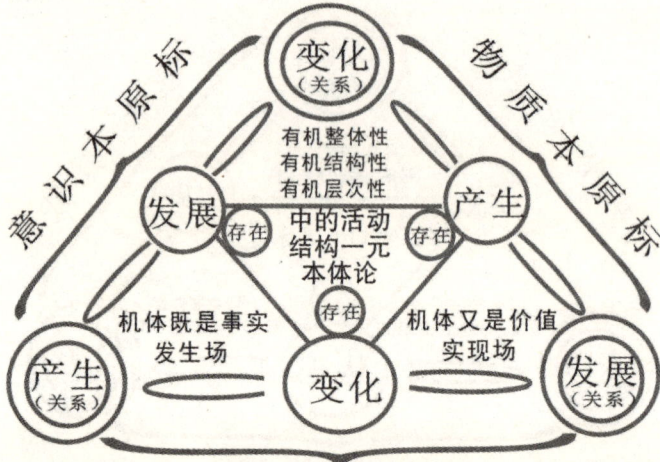

系统化过程本体论图景

变化（关系）

意识本原标　物质本原标

有机整体性
有机结构性
有机层次性
中的活动
结构一元
本体论

发展　存在　产生

机体既是事实
发生场　存在　机体又是价值
实现场

产生（关系）　变化　发展（关系）

机 体 本 原 标

机体的能动性创造性：若"产生"（存在）为机体，"变化"（关系）即物质；
若"发展"（存在）为机体，"变化"（关系）即意识。

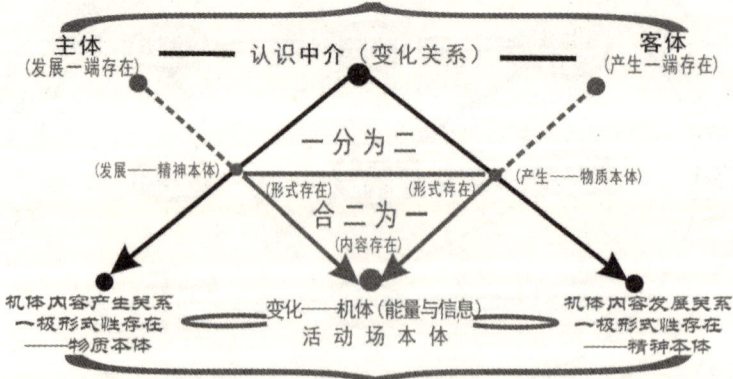

形 式 结 构

主体（发展一端存在）——认识中介（变化关系）——客体（产生一端存在）

一分为二

（发展——精神本体）　（形式存在）　（形式存在）　（产生——物质本体）

合二为一
（内容存在）

机体内容产生关系　变化——机体（能量与信息）　机体内容发展关系
一极形式性存在　活动场本体　一极形式性存在
——物质本体　——精神本体

内 容 结 构

物质本体（原初本性）、精神本体（后继本性，它也是自然界物质系统
发展的产物）均为机体本体的一种功能，"本体"永远是作为中的自我合生
的。机体是可以进行选择的"终极实体"。机体论即场结构论。

二十七

"1"具有先在性、基础性、根本性、融通性等特证

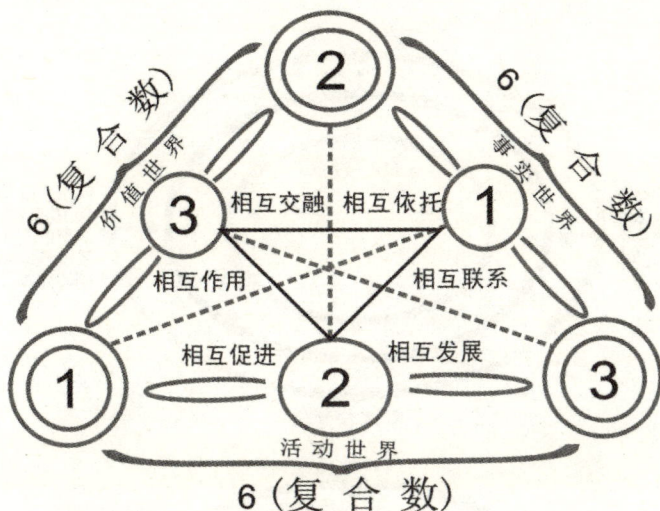

6(复合数)

6(复合数)

价值世界

3 相互交融 相互依托 1 事实世界

相互作用 相互联系

1 相互促进 2 相互发展 3

活动世界

6(复合数)

若中的均为"2",其标程就是1—2—3、3—2—1、3—2—1,
两极为形式——活动结构的功能,"活动世界"中的一体化。

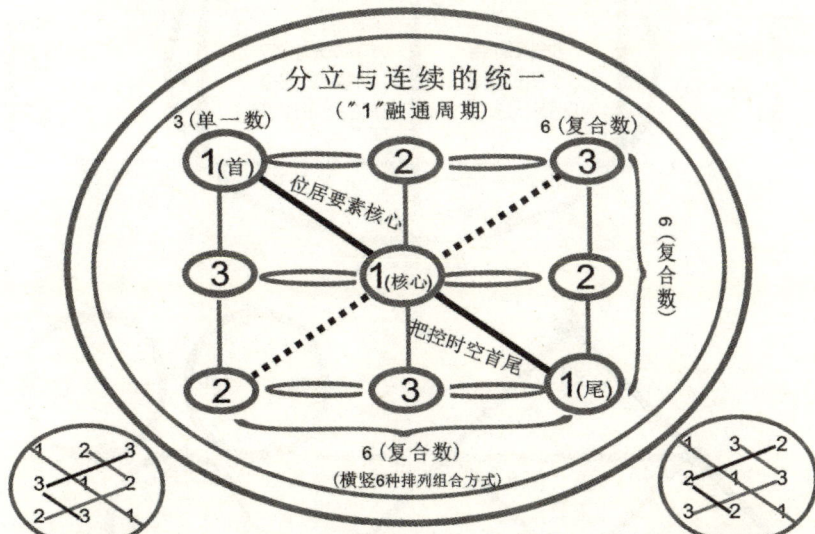

分立与连续的统一
("1"融通周期)

3(单一数) 6(复合数)

1(首) 2 3

位居要素核心

3 1(核心) 2

把控时空首尾

2 3 1(尾)

6(复合数)

6(复合数)
(横竖6种排列组合方式)

在黑格尔看来,"相互作用是事物的真正的终极原因,我们不能追溯到
比这个相互作用的认识更远的地方,因为正是在它背后没什么要认识的了"。

二十八

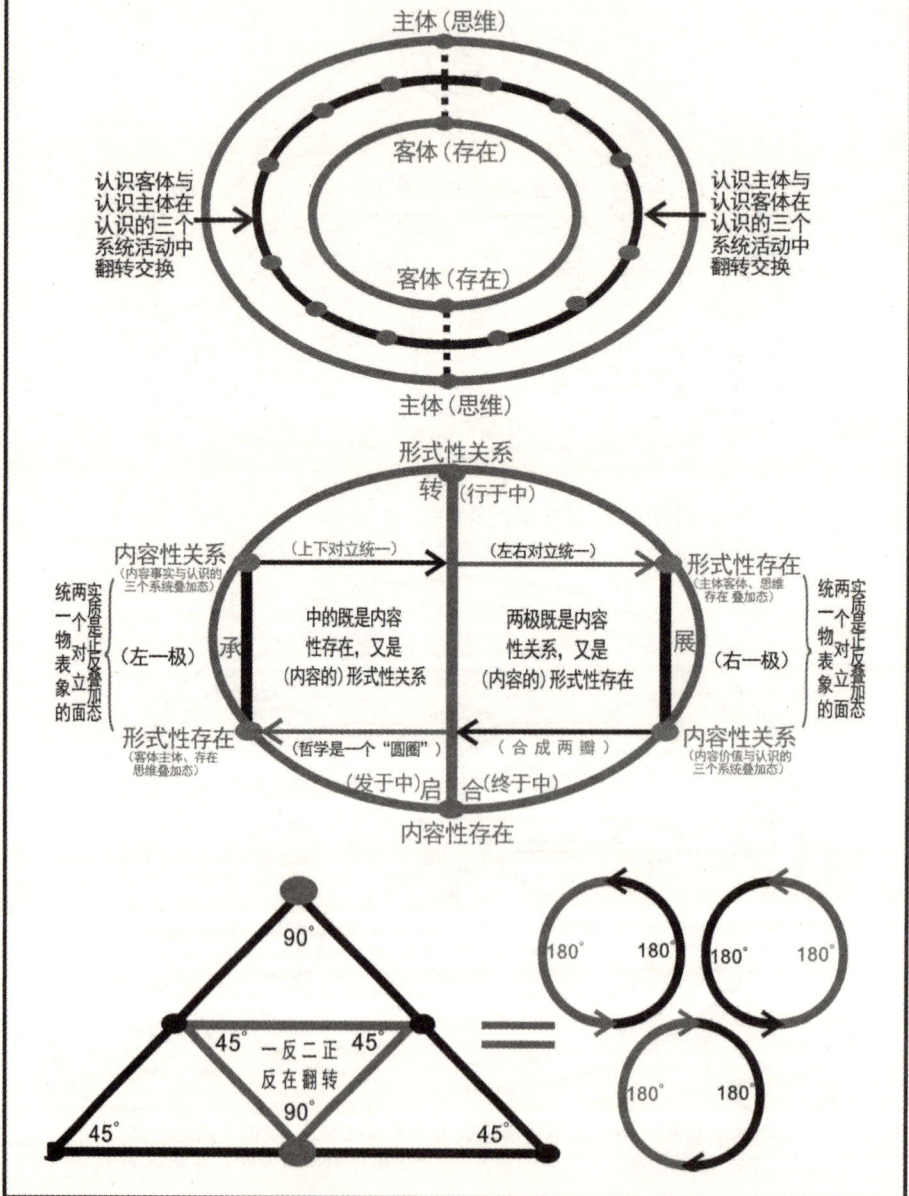

内容形式一体化游戏规则示意图

主体(思维)

客体(存在)

认识客体与认识主体在认识的三个系统活动中翻转交换

认识主体与认识客体在认识的三个系统活动中翻转交换

客体(存在)

主体(思维)

形式性关系

转 (行于中)

内容性关系
(内容事实与认识的三个系统叠加态)

(上下对立统一)

(左右对立统一)

形式性存在
(主体客体、思维存在 叠加态)

统两个实质正反叠加态一个物表象的面态

(左一极)

承

中的既是内容性存在,又是(内容的)形式性关系

两极既是内容性关系,又是(内容的)形式性存在

展

(右一极)

统两个实质正反叠加态一个物表象的面态

形式性存在
(客体主体、存在思维叠加态)

(哲学是一个"圆圈")

(发于中)启

(合成两瓣)

合(终于中)

内容性关系
(内容价值与认识的三个系统叠加态)

内容性存在

90°

45° 一反二正 45°
反在翻转
90°

45°   45°

≡

180° 180°

180° 180°

180° 180°

二十九

规律正反合周期游戏规则示意图

线性倒着看、顺着看、交错着看

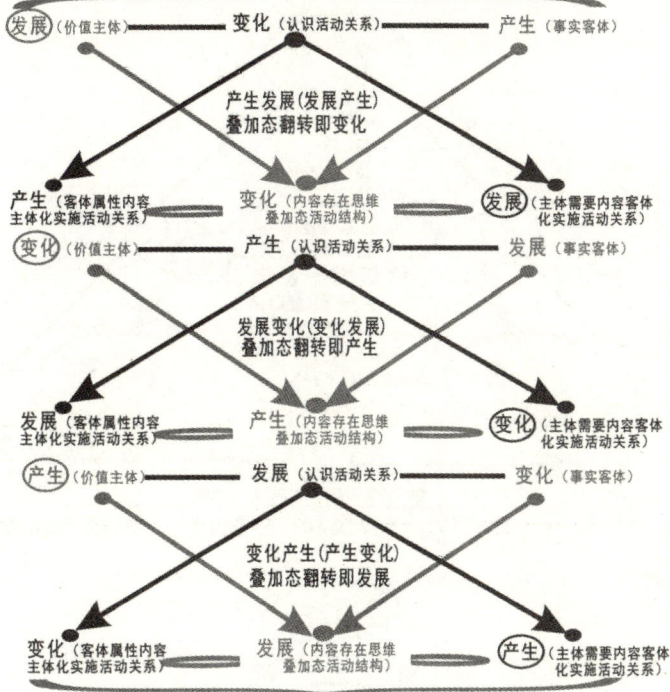

发展（价值主体）————变化（认识活动关系）————产生（事实客体）

产生发展(发展产生)
叠加态翻转即变化

产生（客体属性内容
主体化实施活动关系）　变化（内容存在思维
叠加态活动结构）　发展（主体需要内容客体
化实施活动关系）

变化（价值主体）————产生（认识活动关系）————发展（事实客体）

发展变化(变化发展)
叠加态翻转即产生

发展（客体属性内容
主体化实施活动关系）　产生（内容存在思维
叠加态活动结构）　变化（主体需要内容客体
化实施活动关系）

产生（价值主体）————发展（认识活动关系）————变化（事实客体）

变化产生(产生变化)
叠加态翻转即发展

变化（客体属性内容
主体化实施活动关系）　发展（内容存在思维
叠加态活动结构）　产生（主体需要内容客体
化实施活动关系）

非线性倒着、顺着看；顺着、倒着看；回环合起来看

大尺度看存在合二为一，又一分为二，三次翻转

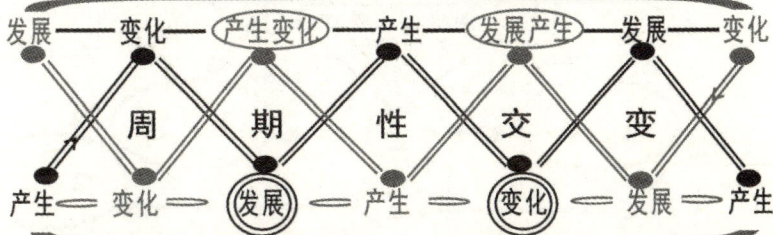

发展——变化——产生变化——产生——发展产生——发展——变化

周　期　性　交　变

产生——变化——发展——产生——变化——发展——产生

大尺度看关系一分为二，又合二为一，三次聚合

三十

中与两极等价等效性验证
——一个自洽的数学理论的形式

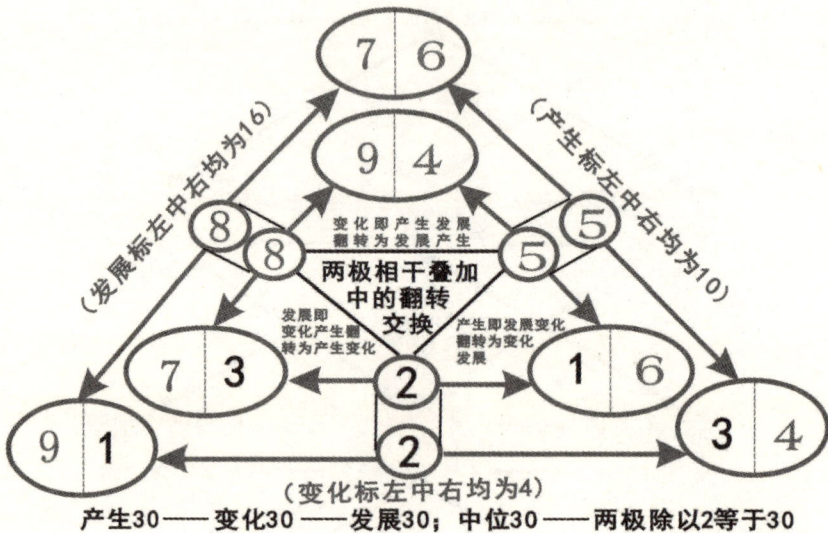

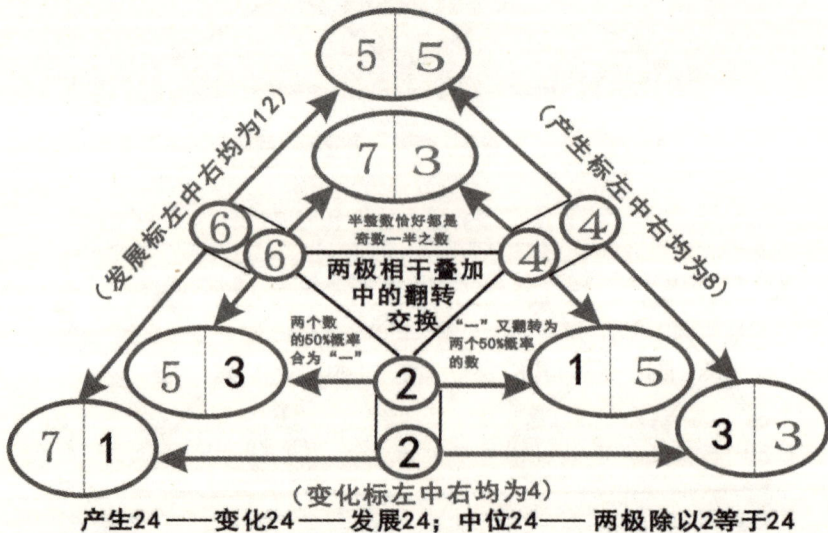

产生30——变化30——发展30；中位30——两极除以2等于30

产生24——变化24——发展24；中位24——两极除以2等于24

可实证的"图式"将思辨的"论述"做到了位

1. 魏宏森、曾国屏著的《系统论》66 页、68 页中有一段论述：马克思把社会作为一个有机整体来看待，并把它们作为研究社会现象的基点。马克思根据组成社会机体的不同的要素、结构、层次、环境以及作用条件等揭示出这个机体的不同运动规律。他在《政治经济学批判·导言》中把生产、分配、交换、消费看作是构成经济有机体的不同要素，这些不同要素之间存在着相互作用。马克思写道："我们得到了结论并不是说生产、分配、交换、消费是同一的东西，而是说，它们构成了一个总体的各个环节、一个统一体内的差别。……一定的生产决定一定的消费、分配、交换和这些不同要素相互间的一定关系。……不同的要素之间存在着相互作用。每一个有机整体都是这样。"

怎么全面完整地理解上面这段话的意思？中的活动过程辩证法给出的一步到位的形态结构（如图 1 所示）。

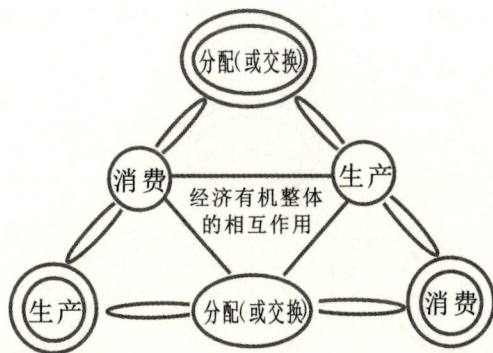

图 1　经济有机整体的相互作用示意图

根据《经济常识》前言中的阐述："在一定的社会中，人们总是按照一定的组织形式进行生产活动，生产出各种产品。产品通过分配和交换进入消费者手里以后，人们又要按照一定的形式进行消费。"所以分配和交换应属一个环节里的两种不同手段，是同一个层次。这里所讲到的要素是指：生产—分配或交换—消费；结构是指：三要素的互为中的存在，互为两极关系；层次是指：三要素之间客观的、横向向上联系的质的等级秩序性；环境是在开放的两极中出现的。

2.《系统论》139页、140页中有一段论述：真正意义上的原始人的生活，最基本的就是劳动生活。而"劳动是从制造工具开始的"。劳动的产生、工具的出现，标志了人从动物界里分化出来，标志了人——更确切地说是原始人——的起源，标志了人的生活的开始。人的起源、劳动的产生、工具的出现，是不可分离地交织在一起的（姑且不论同样极为重要的语言、社会等因素）。没有人，哪有劳动？劳动是人的劳动，人在劳动之先。同样，没有劳动，哪会有人？劳动使猿变成人，劳动在人之先。机械地、线性地、单方面地看待这些问题，而不是有机地、非线性地、系统地来认识问题，都会觉得难以理解，以致只会把它当作一种悖论。这实质上是一种互为因果的反馈循环关系，相互之间存在的反馈作用才是这里的终极原因。

再说人手制造出来工具，人是制造工具的原因；工具制造使猿手成为人手，工具制造是人的原因。这又是互为因果的反馈循环关系。循环未形成之前，在先的是天然自然物和猿，循环一旦形成，再问何者在先就是片面的，因为人工自然物和人一起出现，是一种相互依存的缺一不可的关系。

怎么全面完整地把握上面这段话的意思？中的活动过程辩证法给出的一步到位的形态结构（如图2所示）。

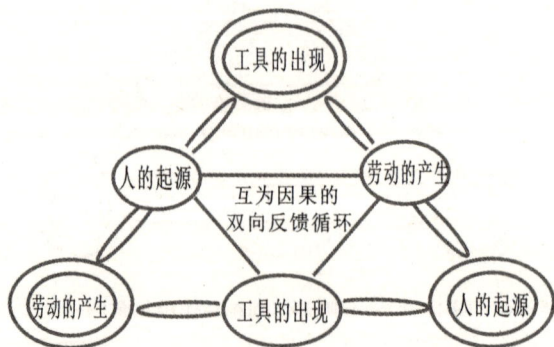

图2　互为因果的双向反馈循环示意图

3.《系统论》147 页、148 页、150 页中有一段论述：脑的进化经历了爬虫脑的出现（古皮层），古生哺乳动物脑的形成（旧皮层）和新哺乳动物脑（新皮层）的形成这样三个重要阶梯。

一般认为，在爬虫复合体层次，信息加工主要涉及机体的生理活动，包括调节躯体、内脏活动，对环境作本能性适应等。在边缘系统，信息加工不仅涉及调节躯体内脏的活动，还体验着感情和情绪，与记忆密切相联系，因此，这里涉及机体的心理活动。新皮层的信息加工不仅与机体的调节、情感和情绪的调节相联系，更重要的是与理智和智慧相联系，这里调节着认知、学习、意志、抽象、预见等高级的反映意识活动。

在进化史上，这三个层次的相继出现，反映了动物意识从生理水平上的意识进化到心理水平上的意识，再进化到反映水平上的意识。它们的协同作用就构成了知、情、意统一的人的意识的物质基础。三种脑同在一个大脑中，它们相互密切联系并常规地互相协调，思维活动涉及的就是多个区域的合作，涉及的是集体的效应。

怎么全面完整地理解上面这段话的意思？中的活动过程辩证法给出的一步到位的形态结构（如图 3 所示）。

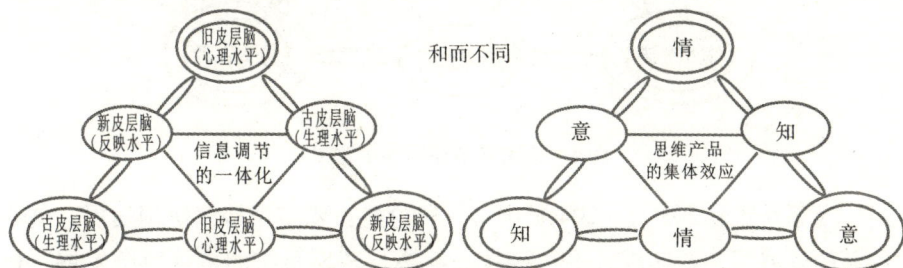

图 3　信息调节的一体化思维和产品的集体效应示意图

4.《系统论》167 页、168 页中有一段论述：生态系统可以划分为生产者、消费者、分解者等子系统，各个子系统既发挥着相对独立的特定的功能，又有机地整合在一起，使得整个生态系统协同地整体运动。

生产者主要指绿色植物，还包括单细胞的藻类和能把无机物转化成为有机物的一些细菌。绿色植物通过光合作用，把太阳能转化成为化学能、把无机物转化成为有机物，成为生物的食物和能量的来源，因此成为生态系统的生产者。消费者主要是指动物。它们不能直接利用外界的能量和无机物作为直接食物，而以消费生产者为生（消费者之间又有不同的等级，即一级消费者、二级消费者和三级消费者）。分解者主要是指具有各种分解能力的各种微生物，也包括一些低等原生动物。分解者把动植物的尸体分解成简单的无机物，使得营养成分得以在生物和非生物之间循环。无机界可以看作这三个子系统的环境，通过它们与环境的交换而发生作用。

总之，地球上的各种生物可以划分为生产者、消费者和分解者，它们通过与环境的交换，或说通过与无机界的相互作用，依靠太阳提供的能源以及大气、水、土壤中的营养物质生存和发展，组成了一个处于不断演化发展之中的生态系统。

怎么完整全面地理解上面这段话的意思呢？中的活动过程辩证法给出的一步到位的形态结构（如图4所示）。

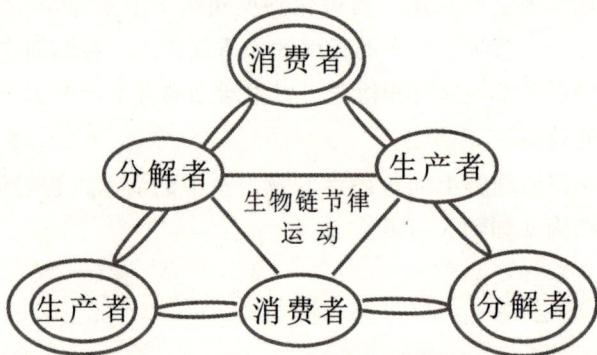

图4　生物链节律运动示意图

5.《系统论》203页、204页中有一段论述：要实现持续协调发展，就要树立新的发展观，要实现社会、科技、经济与环境系统的持续协调发展，科技与社会、经济是三个相对独立的系统，三者相互依存、相互适应、相互促进。其中科技发展是持续协调发展的动力，经济发展是持续协调发展的中心，社会发展是持续协调发展的目的。三者之中任一个方面的发展都需要考虑有利于其他两者的发展以及整体协调发展，并且最终要与环境效益联系起来加以考虑。这种协调要以目标协调、机制协调、后果协调加以具体体现。目标协调指的是科技、社会、经济协调的宏观总目标与各自的子目标之间的发展要相匹配、相协同。机制协调是三者之间运行机制的协调。后果协调就是指在科技、经济、社会协调发展给人类社会生活带来的直接、间接、积极、消费的影响时，要立足整体进行统筹规划，兴利除弊，充分利用各种调节手段的协同管理作用，注意城市生态系统和农村生态系统的协调发展，并积极进行有效的国际合作，使三者效益兼顾，服从大局，都要与环境问题联系起来考虑。

怎么全面完整地理解上面这段话的意思？中的活动过程辩证法给出的一步到位的形态结构（如图5所示）。

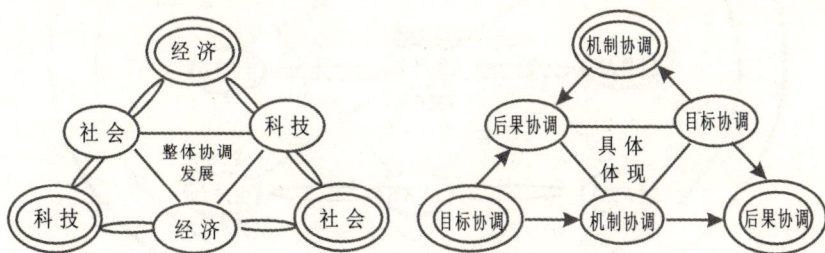

图5　整体协调发展和具体体现示意图

6.《系统论》192页中说：经济基础和生产关系指的是同一客观对象。相对于生产力而言，它就是经济基础。生产力、生产关系和上层建筑之间的关系，也不是线性的因果链，生产力⟺生产关系⟺上层建筑的描述就有这种准线性的痕迹，尽管这里强调了生产力的重要地位。在我们看来，更为合适的是把它们描述为一种三者之间相互作用的关系，同时也承认生产力起着终极意义上的决定作用。怎么来把握它的意思呢？中的活动过程辩证法给出了一种优化组合的形态结构设计图景，如图6和图7所示。

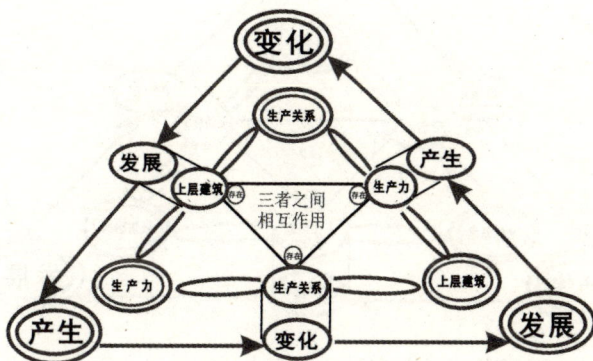

图6　生产力、生产关系和上层建筑三者之间相互作用示意图（1）

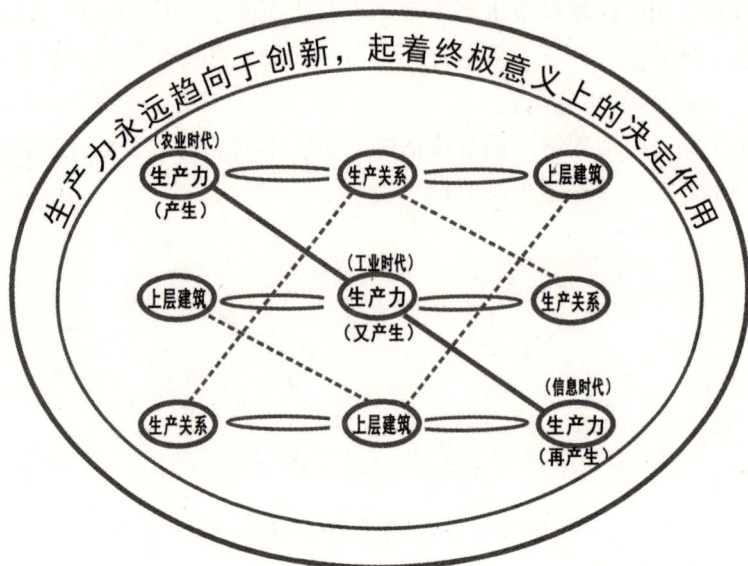

图7　生产力、生产关系和上层建筑三者之间相互作用示意图（2）

7. 党的十八届三中全会提出要"紧紧围绕党的领导、人民当家作主、依法治国有机统一深化政治体制改革"。中的活动过程辩证法给出了一种优化组合的形态结构设计图景，如图8和图9所示。

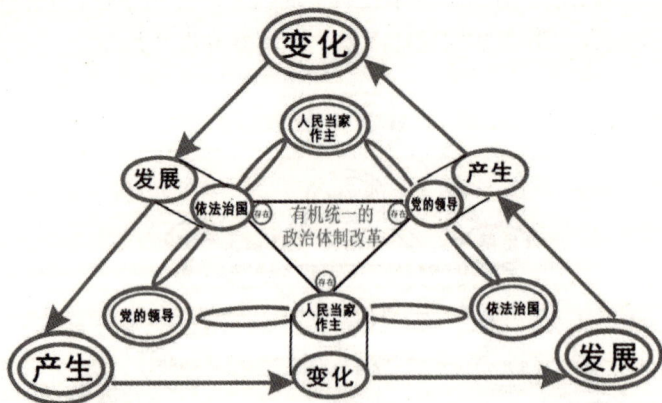

图8　有机统一的政治体制改革各方面关系示意图（1）

三位一体：（来一极）依法治国 ⟵ （当下）党的领导 ⟶ （去一极）
人民当家作主

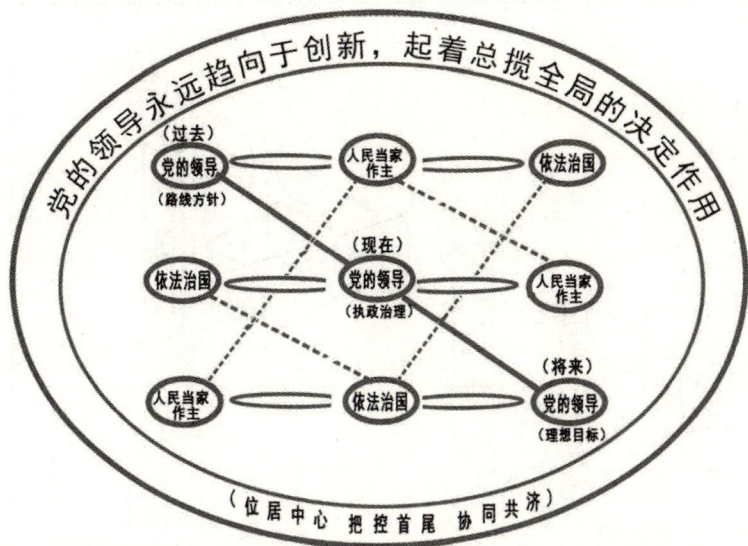

图9　有机统一的政治体制改革各方面关系示意图（2）

一体三位：（过去）党的领导←——（现在）党的领导——→（将来）党的领导

制度道路领导←——执政治理领导——→理想信念领导

一标要点：人民之所以能够当家作主，是由于党曾经领导人民浴血奋战，建立了新中国，凡作主的事都要按党制定的路线政策办。

二标要点：新时期党的执政领导要吸取国内外已有的依法治国经验，以保证人民更好地当家作主。

三标要点：依法治国是为了规范和完善党今后的领导，建设有效的学习型、服务型、创新型执政党，实现党的"两个一百年"的奋斗目标。

综述：党的领导具有内在联系的、持续的创造过程，统筹兼顾、协调各方（分立与连续的统一），因而表现为一个生生不息的执政过程。

8. 社会主义核心价值观也可以用中的活动过程辩证法来思维，如图10所示。

总而言之，"系统论就是对'整体'和'整体性'的科学探索，从而把以前被看作形而上学的、哲学思辨的概念变成为一个可定量描述的、可实证研究的科学概念"。上述思辨的"论述"中尚存有扑朔迷离、含糊不清的地

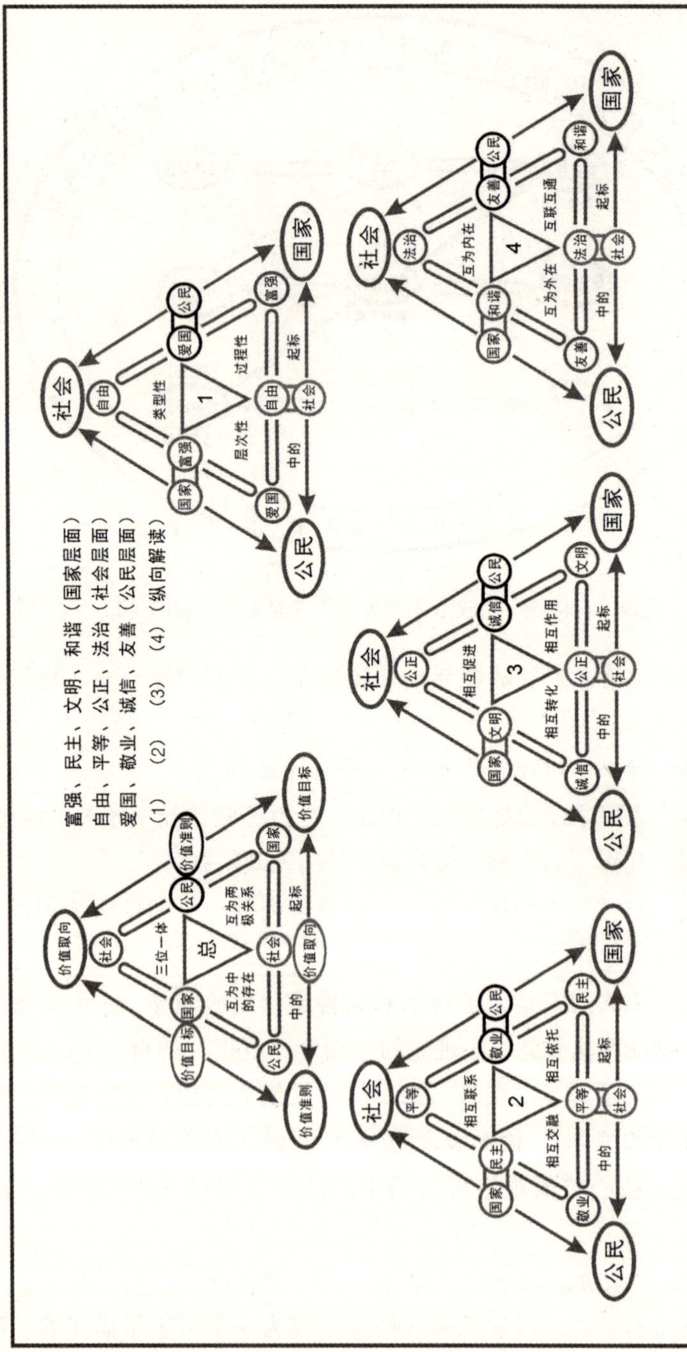

图10 社会主义核心价值观表述为中的活动过程辩证法示意图

富强、民主、文明、和谐（国家层面）
自由、平等、公正、法治（社会层面）
爱国、敬业、诚信、友善（公民层面）
（1）　（2）　（3）　（4）（纵向解读）

方，可实证研究的"图式"里皆清晰明白且一步到位地全给揭示出来了。所有三要素之间的相互联系、相互作用、相互转化并不是线性的，两两相对、两两循环，而是非线性的三位一体翻转式超循环，即"三位一体，互为中的存在，互为两极关系"。三者互为内在，互为依托，相互交融，解开了系统之谜——何为相互作用与联系的总和。非线性的、客观化的"三位一体"是系统整体的综合，关键要做的还是如何去进行非线性的、主客一体化的"一体三位"的具体内容结构的分析。中的活动过程辩证法实际上是分析方法和整体方法的综合。

中的活动过程辩证法是
对几种新的系统理论的综合

《系统论》中说："20世纪60年代末以耗散结构理论的诞生为先导，在70年代相继诞生了协同学、超循环理论、突变论、混沌学和分形学等一系列关于系统的新学科、新理论。人们对于客观世界的复杂性、组织性和整体性的认识又发展到了一个新的阶段。如果说一般系统论、控制论和信息论还主要是建立在平衡系统的概念和理论基础上，以既成系统为研究对象，那么，耗散结构理论等一系列关于系统的理论，则将人们对于系统的认识推进到以非平衡系统理论作为自己的理论和概念基础上，以非线性系统的组织演化为自己的研究对象。"

首先来看，发生"耗散结构"或"协同协象"的系统，《新知识手册》中说，都包含有大量的多层次多组分。第二，发生"耗散结构"或"协同现象"的系统必定同外界进行着物质与能量的交换，是开放系统。第三，当系统发生"耗散结构"或"协同现象"时，系统必然处于远离平衡的状态。第四，"耗散结构"或"协同现象"的出现是从无序到有序的突变。概括起来说，所谓"耗散结构"和"协同现象"就是含有多粒子多组分多层次的开放系统处于远离平衡时，在涨落的诱导下从无序突变为有序的时—空结构。

中的活动过程辩证法在自己的图景里是这么来综合"耗散结构"与"协同现象"的，见下图：

再说突变理论，它包括：（1）突变的突发性。新的基本种可不经过任何中间阶段而突然出现。（2）突变的方向性。新的基本种突变的形成是在所有的方向上发生的。（3）突变的稳定性和不可逆性。从新的基本种产生的时刻起，通常是完全稳定的，不可逆性导致突变体直接形成一个新物种。（4）突变的周期性。突变是周期性出现的，不管研究的材料及其性质是什么，突变

多组分　　　　　　多层次

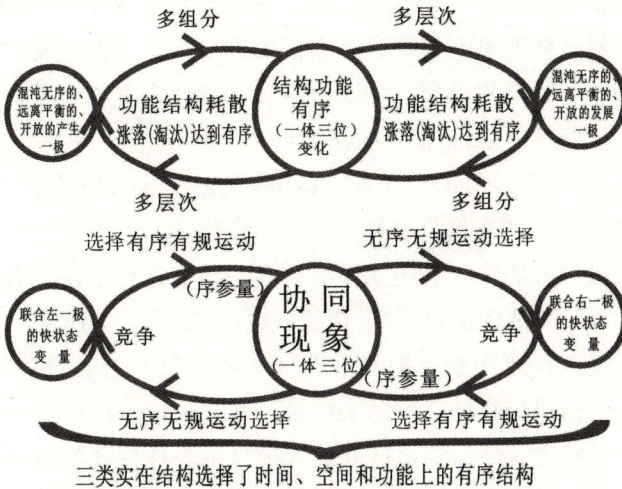

三类实在结构选择了时间、空间和功能上的有序结构

出现的概率是有规律可循的。德弗里斯和托姆的突变论观点具有普遍的意义，它转换了人们认识的角度，使人们可以用非连续性进化观，进入一个迥异于连续性进化观的世界，从而成为当今世界上应用极为广泛的现代方法论之一。

中的活动过程辩证法在自己的图景里是这么来综合"突变理论"的（道路、途径是迂回曲折的，总趋势是前进、上升的），如下图所示：

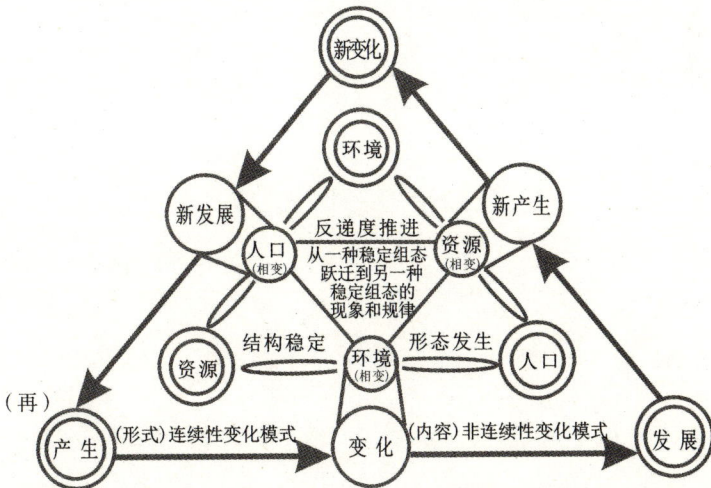

至于说到其他的系统新理论，比如"超循环理论"，"实质上可以说就是一种高级的功能和结构的非平衡非线性相互依赖、相互作用和相互转化"。这些系统新理论之间是联系的、相通的。

　　一般系统论的发现者贝塔朗菲认为："复杂现象大于因果链的独立属性和简单总和。解释这些现象不仅要通过它们的组成部分，而且要估计它们之间的联系的总和。有联系的总和，可以看作具有特殊的整体水平的功能和属性的系统。"中的活动过程辩证法已把系统定义为："三位一体，互为中的存在、互为两极关系的整体。"所谓"联系的总和"在这个定义中是昭然若揭的，即整体是部分（要素）的三倍叠加和。

　　中的活动过程辩证法对上述几种综合性的理论进行了再综合，揭示出以下的原理：世界的复杂性是"三"，组织性也是"三"，整体性同样是"三"，也就是说，用复杂性来组织，把复杂性（一体三位）当整体（三位一体）。世界的大统一，归根结底是"三的大综合"——三位一体缩放为一体三位或者说合二为一翻转为一分为二。这就是六种自组织理论（耗散结构理论、协同学、突变论、超循环论、分形理论和混沌理论）内在相互联系相互凸显的统一的自组织方法论。

中的活动过程辩证法：
最高和合理形态的辩证法

——用周期性智慧地处理人与世界的关系

　　辩证法是事物、关系、过程的辩证方法，从操作层面上来说，唯物辩证法"一次性"只能把握一事物内部或两事物（两方面）之间矛盾的关系和过程，即对立统一的单向或双向思维。中的活动过程辩证法"一次性"却能把握一事物内部、两事物或三事物（三方面）之间的关系和过程，即三位一体，互为中的存在、互为两极关系中作用与反作用，又作用再反作用的双向及多向思维。三者之间关系如图所示：

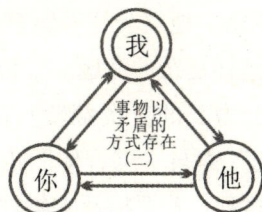

　　上图为对立统一的三个相对独立的过程（或称矛盾体系）：你中有我，我中有你（无他）；我中有他，他中有我（无你）；他中有你，你中有他（无我）。

　　另则，传统哲学中还有两种不同的存在视角，也是可以用以下图式来勾勒的：

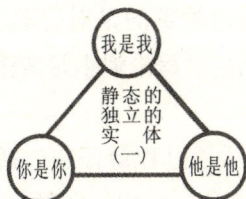

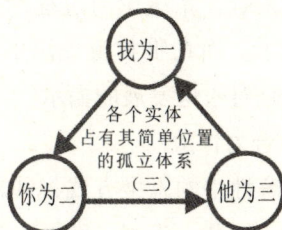

下图为实际存在物相互联系、相互作用、相互转化的一个完整的系统过程：你中有他（你中）又有我；我中有你（我中）又有他；他中有我（他中）又有你的相互关系周期性。也可以说是我为一、你为二、他为三，你为一、他为二、我为三，他为一、我为二、你为三，互为依托、相互交融的复杂体系及综合性整体。"这意味着成员为整体作贡献，而整体则帮助成员生存。整体的存在是为了帮助所有的人"。

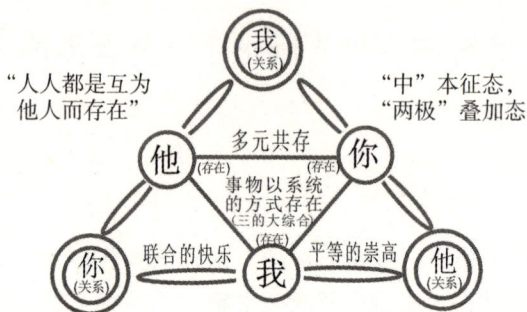

由此比较可见，对立统一的唯物辩证法（包括传统哲学）难以整体性（一体化）地驾驭"事物都是作为系统而存在的"和"事物是多方面的综合体"这样复杂的命题。三位一体，互为中的存在、互为两极关系（合而为一又一分为二的三次翻转）的中的活动过程辩证法却能稳操胜券。有"三"，"系统"内与"综合体"内的变化也就在其中了。它是一种化繁为简已能统一的过程。若要提及唯物辩证法的另外两条基本规律，中的活动过程辩证法里描述的都是带有目的性的非线性的质量互变与否定之否定，并且涵盖了逻辑的方法与历史的方法在其中。在中的活动过程辩证法里过程的实质不仅仅是发展，过程的实质是联系与发展、发展与联系的相互作用，相互转化，即三位一体联系中有发展，互为中的发展中有联系。三位一体系统即过程，互为中的过程即系统，系统论与过程论无缝焊接，融为一体——演化系统与周期过程一体化了。而在唯物辩证法中"系统论侧重的是对普遍联系的揭示，过程论侧重的是对永恒发展的揭示"。系统论与过程论似乎是两张皮，形成不了"大兵团"合力作战。

再说，内容性中的思维方式规律即中的活动过程辩证法包括物质运动过程，即"产生—变化—发展；发展—产生—变化；变化—发展—产生"。它是唯物的客观辩证法；认识活动过程的"感性—知性—理性、理性—感性—知

性、知性—理性—感性"是意识的主观辩证法;实践活动过程中的"行—知
—行、行—行—知、知—行—行"是物质和意识相统一的人的活动辩证法,
它们是形而上学的变易,两者相结合(或称辩证的形而上学),即解决了怎么
看与怎么办的统一问题。物质运动过程、认识与思维活动过程、人的实践活
动过程三者内在一致地统一在一个非线性自组织超循环的整体过程中,即层
次性与类型性相统一的周期律中,其帮助人们智慧地处理好人与世界关系的
整体功能超越了仅为现象的矛盾对立统一的唯物辩证法。也就是说,它是一
体三位内在自身的对立统一;一体三位与三位一体内外的对立统一及三位一
体与三位一体外在的对立统一,本质上是"三"(一种存在、两种关系)的
对立统一,并不仅仅只是"二"(矛盾)的对立统一。正如列宁所说的:"辩
证法是一种学说,它研究对立面怎样才能够同一,是怎样成为同一的——在
什么条件下它们是同一的,是互相转化的。"这里的存在(同一)就是合分的
场、就是自我运动翻转变换。因此,承认不承认对立,尤其是承认不承认对
立有多种形式(上下、左右、前后)的同一,并能清晰地表述,就成了是否
具有辩证法思想的重要标志。举个例子可能更容易理解对立有多种形式的同
一,比如从中观上说:"技能—知识—品格"这三个要素构成了一个完整的学
习内容范畴系统。系统的第一个标程学习是"技能←知识→品格"。在这个标
程里,是陈述性知识为中心的(需要还原),以学习"月"字为例,它产生
一极的关系与形式是天上的月亮,画中的月亮,大月、小月、平月等可以用
投影、挂图演示,然后是小篆、秦篆、钟鼎文、行书、草书的"月"字的进
化,可以画出来,描出来(技能)。中的"知"为"月"字的笔画是:撇、
横折钩、横、横。结构:半包围结构。意思:月球;计时单位,12 个月;每
月的,月刊;形象象月的:月琴、月饼等。发展的关系与形式一极可以为观
月组词、赏月造句、月下活动写话及座谈交流人类登月探月的憧憬等(品
格)。过程系统的第二个标程学习是:"品格←技能→知识"。在这个标程里,
是程序性知识为中心的(应按顺序推进),以学习《给玉米锄草》为例,来
的一极的关系与形式(品格)为老师以身作则亲自示范,耐心细致地讲解锄
草要注意的事项及学生学的态度等,中的"技能"为学生独立操作,老师点
拨矫正。去的一极的关系与形式(知识)为搜集有关石灰灭草、机器除草、
除草醚除草的应用文拿来对照阅读,拓宽视野。系统的第三个标程学习是:
"知识←品格→技能"。在这个标程里,是情意性知识为中心的(需要"拉"

到当下来），以学习《一次捐爱心款活动》为例，来的一极的关系（知识）为搜集捐爱心款的有关规定、要求、事迹故事等资料拿来阅读，为行动做准备。中的"品格"即捐爱心款行动。去的一极的关系（技能）可以为调研爸爸、妈妈或爷爷、奶奶等亲人曾经捐款的次数原因场景等情况，进行比较研究，证验价值的操作。三个标程构成的三个课堂，是一个本真（理想）的课程文化系统。它既对应着物质运动的客观辩证周期性，又对应着意识活动的主观辩证周期性，并且建构起认识与实践活动的周期性："行—知—行，行—行—知，知—行—行"。"哲学建设的真正方法是构成一种观念图式，最好的图式是那种人们能够毫不畏惧地根据这种图式去探索对经验的解释。"周期性（新秩序类型）其实就是系统内的活动循环结构。它是由"果决性"即结果决定原因的结构功能推动所形成的规律。就教育教学而言，它所要回答的是：知识是什么？技能是什么？品格又是什么？它们从何处而来？又向何处而去？并实现了教育教学"与人类生活世界沟通，与学生经验世界、成长需要沟通，与发现、发展知识的人和历史沟通"。中的活动过程辩证法一以贯之"坚持任何事物的存在都是关系中的存在，没有哪种事物是一座'孤岛'"。这种三位一体的控制论方式方法适用范围，"其大无外，其小无内"，包括混沌系统，也可以优化组合结构，有序控制参量。一体三位内容嘛，应全是小微活动——最小构成单位的复合，基本运动规律与本质内容两者是合生的统一体。其终极性意义是三位一体即一体三位，一体三位即三位一体。若你对中的活动过程辩证法的优越性还存有质疑的话，那么当你理解了下面几个中的活动过程辩证法的关键图式后，相信你一定会认为中的活动过程辩证法才是真正哲学意义上的最高形态和合理形态的辩证法。

一、中的活动过程辩证法概念建构图景

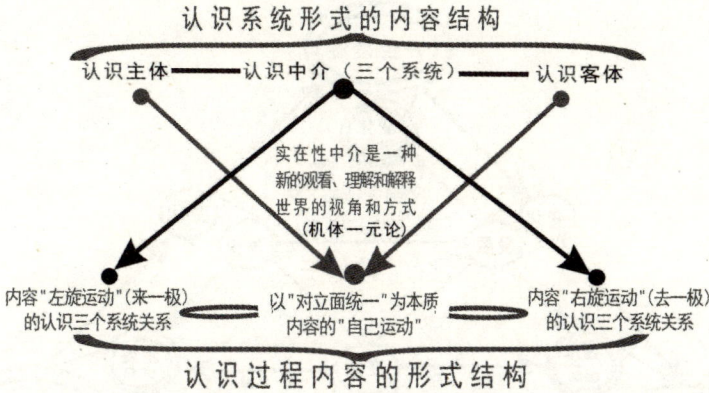

认识系统形式的内容结构

认识主体 —— 认识中介（三个系统）—— 认识客体

实在性中介是一种
新的观看、理解和解释
世界的视角和方式
（机体一元论）

内容"左旋运动"（来一极）的认识三个系统关系 ──── 以"对立面统一"为本质内容的"自己运动" ──── 内容"右旋运动"（去一极）的认识三个系统关系

认识过程内容的形式结构

　　上图中认识系统形式的内容结构合二为一又一分为二转化为内容的形式结构——内容形式一体化。认识系统从外部分立，走向内部一体，"系统"化解为"过程"。它对应起"世界是以物质（实在）为内容，以时间和空间为形式，依其固有规律运动、变化、发展的世界"这一极抽象的概念，使之具有可操作性———"材料在时间的分段中完全是它的本身"。"变化"被规范起来与"存在"同一，内容与形式又有机地统一在一条基本规律上，自我同一性与自我多样性结合起来了，"合生"与"转化"相互交融，人们似乎可以通过这么一个"在其它的存在物中显现自身"的简单美妙的公式来描述和预测宇宙中均具多种多样关系的每一件事情。

二、中的活动过程辩证法方法操作图景

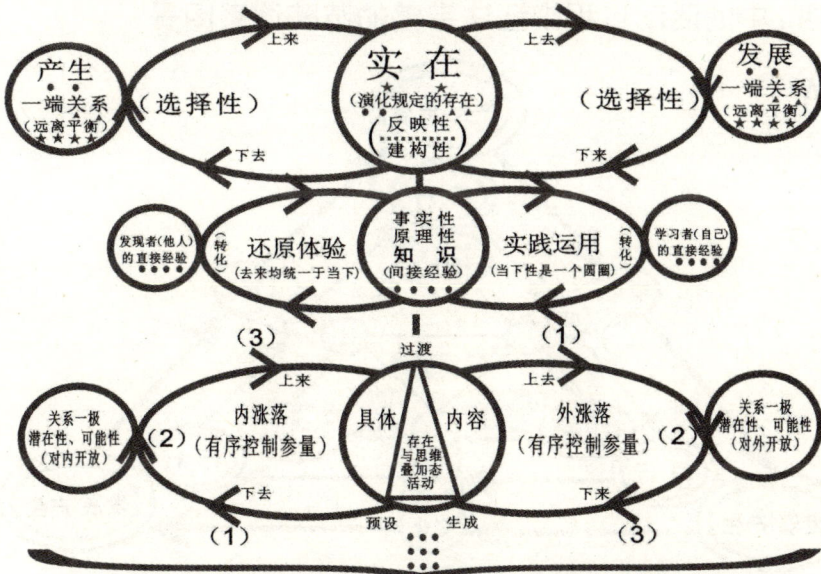

产生
一端关系
（远离平衡）
★ ★ ★

（选择性）

上来

实　在
（演化规定的存在）
反映性
建构性

上去

（选择性）

发展
一端关系
（远离平衡）
★ ★ ★

下去

下来

发现者（他人）的直接经验

转化

还原体验
（去来均统一于当下）

事实性
原理性
知识
（间接经验）

实践运用
（当下性是一个圆圈）

转化

学习者（自己）的直接经验

（3）

（1）

过渡

关系一极
潜在性、可能性
（对内开放）

（2）

上来

内涨落
（有序控制参量）

具体
存在与思维叠加态活动

内容

上去

外涨落
（有序控制参量）

（2）

关系一极
潜在性、可能性
（对外开放）

下去

下来

（1）

预设　生成

（3）

存在物是不断变易和生成的有机的实际场合

三、中的活动过程辩证法总体（周期性）图景

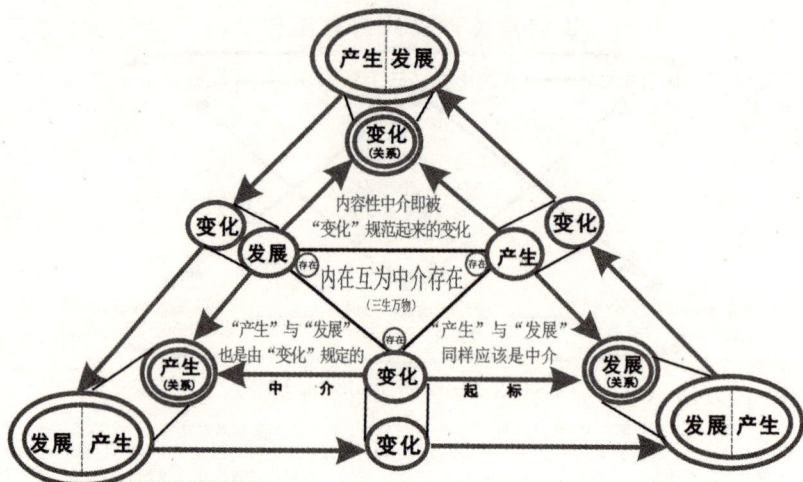

上图揭示的哲学世界观为：

1. 三生万物——"产生"、"变化"、"发展"三个标程中孕育万物。

2. 一切的一切都在变，只有变（中介）是不变的。

3. "变化是宇宙的基本属性。时间源于我们为了让周围不断变化的世界并井有序所付出的精神努力"。
　　三位一体，互为中介存在、互为两极关系揭示的是周而复始的周期性："产生—变化—发展；
　　发展—又产生—又变化；又变化—又发展—再产生"。这个世界永远趋向于新颖性或创断。

四、中的活动过程辩证法完整的范畴体系图景

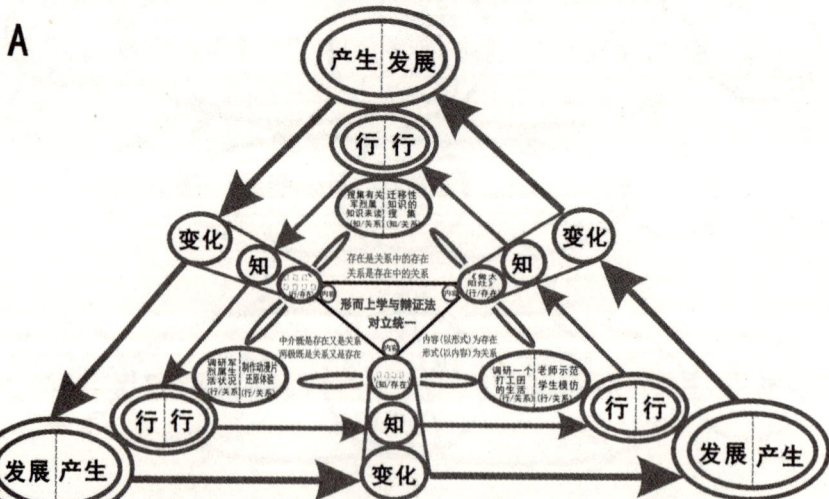

上图揭示了世界的层次性、类型性——可见世界、可知世界、可用世界三位一体，
运动规律、认识规律、实践规律三位一体，物质观、意识观、实践观三者统一起来看，
复合系统体现了整体性、全面性、复杂性及最优化原则。

B 系统方法实际上是分析方法和整体方法的整合

中的活动过程辩证法体现了著名哲学家怀特海提出的却没有取得成功的过程哲学思想："过程就是实在，实在就是过程，自然、社会和思维乃至整个宇宙，都是活生生的、有生命的机体，处于永恒的创造进化过程之中。有机体的根本特征是活动，活动表现为过程，过程则是构成有机体的各元素之间具有内在联系的、持续的创造过程，它表明一个机体可以转化为另一个机体，因而整个宇宙表现为一个生生不息的活动过程。"中的活动过程辩证法里讲到的"有机体"，不光是"由性质和关系所构成"，它首先是"实在"，是由实是及其本性禀赋和关系所构成。也就是说，实在本身就是一个有机体（一体三位），每个实在均有一个相对稳定的互依的关系模式（三位一体），它们是一个对应的整体，一种叠加态。"活的东西的基本特征是组织"。比方说，物质本质性的东西是"质子—中子—电子"三种基本粒子，它们本身就是"有机体"。社会发展规律："生产力—生产关系—上层建筑"内在的内容也都是"有机体"，思维上的"概念—判断—推理"内在的内容同样都是"有机体"。因为互为中的存在，互为两极关系是它们互依的相对稳定的模式——具有整体结构（相互作用的三要素复合体，其性质均对应一体三位实在与潜在的实是内容的变化生成）。要说学习内容上的有机体，系统概括起来不外乎就是"技能—知识—品格"的内容了。它是如何"处于永恒的创造进化过程之中"的呢？我们可以这样来理解它的向上生成的过程："技能—知识—品格；品格—新技能—新知识；新知识—新品格—更新技能"。就"有机体的根本特征是活动"而言，在中的活动过程体系教育里就是"三个课堂活动"，即"知识体验活动—技能操作活动—品格践行活动"。就"活动表现为过程，过程则是构成有机体的各元素之间具有内在联系的、持续的创造过程"而言，举个例子来看："传道—授业—解惑；解惑—又传道—又授业；又授业—又解惑—再传道"的内在内容相互联系、相互作用，岂不就是持续的创造过程吗？就"它表明一个机体可以转化为另一个机体，因而整个宇宙表现为一个生生不息的活动过程"而言，"机体的持续性意味着它持有一个相对稳定的关系模式，一种关系模式可以转化为另一种新的关系模式。"这就是说，知识存在的关系模式可以转化为新的技能存在的关系模式，新的技能存在的关系模式又可以转化为新的品格存在的关系模式。生产关系存在的关系模式可以转化为新的生产力存在的关系模式，新的生产力存在的关系模式又可以转化为新的上层建筑存在的关系模式。"在存在之网中，所有的机体都是互依的"（由于组合排列方式不同，另外还有一种下降活动转化过程与一种平行活动转化过程）。概括起来说，也就是一标程存在的关系模式可以转化为二标程存在的关系模式，二标程存在的关系模式，又可以转化为三标程存在的关系模式，如此循环往复，因而整个宇宙表现为一个生生不息的活动过程。凡是这样的整体都是动态的实在、动态的属性、动态化逻辑三位一体与一体三位对应的连续叠加周期活动过程。其内存在结构左右交互作用、关系结构前后交互作用、发生学与形态学结构上下交互作用。

中的活动过程辩证法的意图，正如怀特海所言："是阐述一种严密的宇宙论观念，通过直面各种有关的经验话题而发展这些宇宙论观念的意义，并且最后详细阐述所有具体话题都可据之而发现它们的相互联系的某种恰当的宇宙论（笔者注：如天象周期、地象周期、生命周期等节律论）。因此，对这种讨论的内在统一性，不要在对具体话题的连续讨论中去寻找，而应在这种图式的逐渐发展中、在意义和关联性中去寻找。比如，关于时间、空间、知觉和因果性的学说，随着这种宇宙论的发展而一再地反复出现。在每一次重现中，这些话题都给这个图式作了某种新的阐释，或者获得某些新的说明。在最后，如果这项事业能够取得成功，那么，任何有关时空的、认识论的或因果关系的难题就不必再进行讨论了。这种图式应当把所有那些一般概念发展为适合于表达事物的任何可能的相互联系。"其实，中的活动过程辩证法之所以能够使这项事业取得成功，主要还是得益于在"内在统一性"中，对具体话题的连续研讨之关联性（行知行的广延性操作）中寻找到的。

怀特海说："关于科学兴趣的各种特殊话题的所有建设性思想，是由某种虽然没有被公开承认然而在引导这种想象中影响重大的这类图式所支配的。哲学的重要性就在于，它持续不变地努力使这类图式清晰明白，并因而能够批判和改进。"是的，哲学建设的真正方法是构建一种观念图式。可以告慰怀特海的是，他老来数年间苦思冥想的那种影响重大的观念图式，现在已经在我们持续地探索新课改的实践征程中构成，并且非常清晰明白，需要做的是在推广和运用中去接受批判和改进。

中的活动过程辩证法确立了客观实在为第一性，主体意识为配对性——思想与思想对象是叠加态。它不仅是"唯物"的，而且是物我一体的，本体论——缩放与翻转孕育了认识论、实践论，它们具有同步性、相关联性，一种同构的场。心物是合生的系列，它是由于"机体"的组织而和合为一个统一体的——本体论中的结构一体化。确切地说，中的结构统一性中就包括了第一性（存在）与第二性（意识），它们的叠加翻转（即存在的运动与思维的活动翻转变换），由此推动着过程的进展。奉劝人们，不要去穷究"第一性"或"第二性"，它们是相互规定的，一开口就应该是"三位一体翻转为一体三位"，这是一种永不分离的结构——认识的活动所行使的就是本体论的结构。"结构的实在论所主张的不是客体存在不存在，而是客体应当被作为结构来理解"，这结构里客体与主体作为两极在中的活动上翻转，这也就是说，存在与意识的同构性表征为一个不可分离的整体。有矛盾叠加才会有翻转，即把颠倒的东西再重新颠倒过来，例如：思维存在翻转为存在思维，存在思维翻转为思维存在（形式的翻转是落实在一个个具体的活动/内容上的）。两个一半结构合成一个圆圈结构——"任何部分只能在整体中获得意义"，其周期性应为物质—意识—物质、物质—物质—意识、意识—物质—物质。

中的活动过程辩证法观念图式的构成，"从整体上说，那种支配着上两个世纪对孤立的问题进行历史批判和哲学批判的运动，已经完成其历史使命"。同时将会推动"唯物主义改变自己的形式"，把哲学研究提升到更高的阶段——即态叠加中的相对论性结构本体论、态叠加中的相对论性结构认识论、态叠加中的相对论性结构实践论相统一阶段。

有人可能还要问，中的活动过程辩证法高于唯物辩证法，请你明白清晰地挑明高在何处？借用闫顺利教授的说法来指证："过程规律是唯物辩证法的总括规律，对立统一规律、质量互变规律、否定之否定规律内在于过程规律，每一规律都不能单独发挥作用，只是从不同侧面反映了事物过程联系发展的动力、状态和趋势。因此过程规律与三大规律才是包含与被包含的关系。"既然过程规律、中的活动过程辩证法包含了唯物辩证法的三大规律，也就是说唯物辩证法的三大规律全都被中的活动过程辩证法"一次性"包含在内，并且是心物一元的——"意识和思维不过是物质世界发展到一定阶段的产物"。世界的统一性在于态叠加中的相对论性运动与活动性（反作用力翻转为作用力运动）。中的活动过程辩证法继承和发扬了唯物辩证法，并创新和完善了唯物辩证法。这也就是说中的活动过程辩证法是在唯物辩证法基础上的创造性转化、创新性发展。它才是最高形态和合理形态的辩证法——有机（场）结构辩证法。存在与思维是中的活动组织结构的两极，统一于中的运动（活动）结构存在论——"物质是运动的，没有不运动的物质"，"精神是活动的，没有不活动的精神"，两者在其共同的内核禀性上的统一，是更为全面、更为深刻、更为内在一致的统一性。这说明态叠加中的相对论性结构运动与活动是普遍的、永恒的、无条件的，因而是绝对的。

至此，可以给中的活动过程辩证法下个清晰的无歧义的定义了：事物（结构）即中的，关系（功能）为两极，过程是非线性圈定域的一体三位场合及三位一体、互为中的存在、互为两极关系（相互交融、相互依托、相互作用）的集合体。正如恩格斯所说的："辩证法是关于普遍联系的科学"。辩证法 "在考察事物及其在头脑中反映时，本质上是从它们的联系、它们的联结、它们的运动、他们的产生和消亡方面去考察的"。中的活动过程辩证法即可操作的、可实证的、具有系统联系的实践唯物主义、实践辩证法（包括感性实践辩证法、知性实践辩证法与理性实践辩证法的内在一致性）——它的"全部问题都在于使现存世界革命化"。用周期性来智慧地处理人与世界的关系——这个宇宙就是建立在不断出现的新秩序类型的基础之上的，它"永远趋向于新颖性或创新"。

中的活动过程辩证法大统一于"三"

"三"是个极具体的数目：1+1+1＝3；"三"又是个极抽象的数目：三生万物。这就是说，"三"既代表具体概念，又代表类概念或终极概念。在中的活动过程辩证法里，这二者是如何统一起来的呢？让我们来细致地剖析看一看。

一、"一"与"三"的关系

在人类智力活动"广义的演算"中，中的活动过程辩证法里不存在"一"——"某物为了存在，不需他物，只需自身。""任何事物的存在都是关系中的存在，没有任何事物是一座'孤岛'。"中的活动过程辩证法的基质就是"三"——"因为任何事物都是一个复杂的统一整体，其中任何一个组成部分的性质都不可能孤立地被理解，而只能把它放在一个整体的关系网络中，即把它与其他部分联系起来才能被理解"，那么"一"怎么可能融入"三"呢？这就是"一分为三"，将存在与演化同放在中位，视为"一"（自组织会带着主体认识一块儿行，这样就巧妙地克服了主客二元对立的观点），然后加上它产生一极的形式关系和发展一极的关系形式即为"三"——"每个实际存在物在每个其他的实际存在物中显现自身"，这"一体三位"（实在中的、潜在两极）意味着"不仅是有利的环境对于自然客体延续极其重要，而且环境还融入每一事物的性质之中"。它克服了怀特海所批判的"简单位置是一个谬论——即在时间上可以说'在这一点'，在空间中也可以说'在这一点'，在时空同样可以说'在这一点'，其意义完全肯定，不需要参照时空中其他区域作解释"的问题。"一体三位"还牵涉到一种经验事实："过去在抽象中是现实的。""世界上存在着再现，并因而存在着作为秩序之结果的持久性及秩序的原因。然而，变化永远存在，因为时间不仅是可再现的，而且是累积的，而那种'多'的累积并不是它们作为'多'的再现"，或者说，"按照动力学图像，单个粒子的运动过程是可逆的，尽管由大量粒子组成的热力学系统的宏观运动是不可逆的，但系统中粒子的运动却仍然是可以服从动力学方程的，是可逆的。"在具体的实践过程中，过去的事物、过去的知识，是可以通过图片、影像、仪器等工具手段进行有选择的体验和探索的。比方说，"三角形的面积"，它产生一极的形式关系是正方形、长方形、平行四边形整体面积的对角折一半，这一半学生是可以通过画画拼拼、折折剪剪的方式进行体验的。发展一极的关系形式是三角形围巾的面积、三角形田地的面积、房屋正面三角形挑檐的面积等，在实践中学生是可以进行实际测算的。这里讲到的"三角形的面积"，它不仅存在于自身的各种图形（即锐角三角形、钝角三角形、直角三角形）中，又存在于正方形、长方形、平行四边形的图形里，还存在于围巾、田地、房屋等实体中。"三角形的面积"——"在其他的存在物中显现自身"。而且，在这种学习过程中，"感受者（学生）是从自己的感觉活动中出现的统一体"。

若用这种思维模式来设计"综合实践活动课"——《尝一次饥饿的滋味》。它就不是简单的为活动而活动了。它来的一极形式关系有特别报道《乍得儿童在挨饿》《三年困难时期人们吃什么》，保健知识《适度饥饿有益健康》等。学生打饿肚活动与非洲儿童的挨饿、三年困难时期人们吃草根树皮及吃的控制论等联系起来了。去的一极关系形式可以为走向社会"调研村里三位老人曾经尝过饥饿的经历"，包括时间、原因、结果等。一名学生写道：退休的方老师说，年轻时，他在离家 15 里路远的一所小学里教书，为了不迟到，早上经常是喝上一杯白开水，就赶时间上路了，不吃早餐似乎成了他的习惯。老农尼善说，十五六岁时，生产队里粮食配给，一年只有半年粮，每逢寒冬腊月，雨雪纷飞，不能外出干活，一家人都是睡得迟迟的才起床，一天只吃两餐，甚至一餐，以度粮荒。还有一位婆婆说，她胆囊不好，经常闹胃痛，一疼起来，满床打滚。那时家里穷得叮当响，掏不出钱治病，都是饿两天，病也自然好了。学生开展饿肚活动又与村邻的赶时间、度粮荒、治病等联结起来了。这种活动是"需要参照时空中其他区域作解释的"。是"环境融入了每一事物的性质之中"去的。这种知识←品格→技能的学习过程整合了怀特海在《过程与实在》中所指的每一事件都有两种"摄入"的模式——"第一种是该事件将其他事件的状态摄入其自身统一体的模式。另一种是其他事件将该事件的状态分别摄入本身统一体中去的模式。"是所谓的实际存在物相互包含——三位的一体性质摄入一体三位的内容，一体三位内容摄入三位一体的性质。就"中的实在"而言，"肯定性摄入与否定性摄入"都是在两极得到体现的——由需要的随机性、选择性所决定。这种课程结构模式实现了《学会关心：21世纪的教育》中提出的："我们需要一种新的、具有更高整体化的求知方式。把求知集中到寻求我们从地方到全球各个层次上面临的问题的解决办法，也许是实施这种整体化方式的最好办法。"

"一体三位"指的是事物内部各个因素之间的相对稳定的联系方式、组织秩序及时空关系的内在表现形式。这种形式可以嵌套无穷的具体内容。也就是说，任何具体事物（内容）都可以采用这种形式来进行思维分析。这正如恩格斯所言："整个有机界正在不断地证明形式和内容是同一或不可分离。"

"一体三位"又是一种"活结构"。它是靠两极、靠关系在开放系统条件下，依靠物质和能量的耗散来维持其稳定性的（当然也包括信息的传播离不开能量的耗散）。这就是说，两极是无序的，两极是潜在性、可能性，两极是混沌态，两极是量的规定性，两极体现竞争性、选择性、开放性、多样性、不确定性。质的规定性、协同性、统一性、动态平衡性、决定性等均设定在中位，三者是非线性相互作用的统一体。"一体三位"就好比是混沌运动中的奇怪吸引子。"这是一类特殊的稳定中心，在混沌区以外的状态，都被吸引向吸引子里，而一旦达到吸引子之中，又要向吸引子以外的状态奔去；两个相距很远的点，会无限地靠近，而两个相距很近的点，又会无限地发散开来，成为极为典型的动态稳定。"在中的活动过程辩证法里，这种"中心流"，也是由自组织、非线性中的合二为一与一分为二的相互联系、相互作用、相互转化而形成的整体作用所决定的。

"机体哲学是关于现实性的最小构成单位的理论。构成事实的每一种终极单位都是某种最小构成单位的复合"即"一体三位"的内容。内容的"一体三位"把怀特海《过程与实在》中所讲的"上帝与世界"及有关"弦论"、"作为存在之存在"等概念，全涵括在其中了。

"一体三位"也就是马克思主义的活的灵魂——具体问题具体分析。"具体问题具体分析是一切从实际出发的世界观"。马克思说："具体之所以具体，因为它是许多规定的综合，因而是多样性的统一。""因此，具体分析，就是要抓住'许多规定的综合'（笔者注：比如，中的为存在，两极为关系等规定），分析具体事物的各个方面、各个规定，从而形成对实际的全面的深刻的把握。""具体问题具体分析，就是要一切以时间、地点、条件为转移"，在"落细、落小、落实"上下功夫。

总之，"一体三位"（也可以称"一体三态""一体三性"或"一体三段"）关涉到的全是深度分化的内在一致的命题即"命题内在的矛盾"。

二、"二"与"三"的关系

"二"怎么统一到"三"里面去呢？那就是先将对立物统一到"中位"，然后再根据内在一致的原则，即"一体三位"的原则，综合它产生一极的形式关系与发展一极的关系形式来进行思维分析。其实，这种思维方式，在我们平时处理复杂问题时，是常要用到的。比方说，天大旱，甲某与乙某为放田水而发生打架。平时我们在处理这类问题时，也是将对立的双方——甲某与乙某，对立的事物——放田水与打架，统一在"当下"，然后根据"作为原因的过去和作为结果的未来"来进行分析调解的，只不过没有将它固化为"模式"罢了。再比方说，某男生打同学一事。若按"单项因果决定论"来分析，打人就是因为他脾气暴躁，前两次也是为了一点小事就动手打人。有必要压压他的坏脾气——罚他站到黑板前面示众。若用"一分为二"的观点来分析，他的脾气虽然暴躁，但"茅草火"过后往往都能主动地与被打的同学和好。制止事态发展后，相信他自己会去协调好与同学的关系——让他的优点发挥作用吧。"单项因果决定论"也罢，"一分为二"也罢，"它不能如实地说明事物的整体性，不能反映事物之间的联系和相互作用，它只适应认识较为简单的事物，而不能胜任对于复杂问题的研究"。若用中的活动过程辩证法来思维就不同了，牵涉到的就是关系复杂、参数众多的问题了。其思维步骤可以是，先将其缺点——脾气暴躁；优点——不记恨，事后能主动与同学和好，统一在"当下"。然后分析了解它们产生一极的原因——脾气暴躁有可能与家中某位亲人的遗传基因或与家中某位亲人的娇惯有关联；不记恨，事后能主动与人和好，也有可能与家中某位亲人平日待人处事宽宏大量有直接影响。待深入邻居处了解到情况后，发展一极的形式关系便是进行家访——用故事开导其奶奶，使之明白溺爱是一种愚昧的爱，往往会在甜甜蜜蜜之中毁了孩子——"娇子如杀子"。对于其母亲平日里与邻居之间交往表现出的厚道大度表示敬意。还有必要送一本有关"修养"的书给其父亲看看，以示警醒；同时要求家庭各成员共同配合学校进行教育疏导，使其慢慢学会忍让及对别人的尊重。中的活动过程辩证法的威力就在于它能"高屋建瓴、综观全局、别开生面地为复杂问题提供有效的思维"。

诸如此类的"二"，还有好与坏、是与非、美与丑、天与地、男与女等等作为相互规定的叠加态，都可以先将它们统一于"中位内容"——人与活动或事件与活动的翻转条件，然后综合分析"作为原因的过去和作为结果的未来"走向"一体三位"。这里说的全是"二"融入"三"的状态。还有一种方法是"二"也可以凑入"三"。比方说，天与地，没有人，天与地的存在就毫无意义，所以古人要将天、地、人三者紧密联系在一起。男与女，不是为了延续后代，男女性别的差异也就无必要，所以父亲、母亲、子女应是紧密联系在一起、不可分离的。这种类型还有在理论与实践之间楔入方法等。"二"与"三"的关系既有关涉到深度分化的命题，也有关涉到高度整体化的命题。

三、"三"及"多"与"三"的关系

在中的活动过程辩证法里，没有"一"，"一"就是"三"；没有"二"，"二"也就是"三"；"三"呢？"三"是三个连环"三"，里面有着无穷的"多"。其复杂性体现在"一"就复杂，"二"也复杂，"三"更复杂。"多"则仅供选择，反而简单。

所谓"三位一体"，《现代汉语词典》里的释义是："基督教称耶和华为圣父，耶稣为圣子，圣父、圣子共有的神的性质为圣灵。虽然父子有别，而其神的性质融合为一，所以叫三位一体。一般用来比喻三个人、三件事或三个方面联成的一个整体。"我们取用的既是比喻义，又包含本义。三个人、三件事或三个方面联成的一个整体，它就不是一个简单的而是一个复杂的整体了。复杂的整体怎么思维？假设一个人、一件事或一个方面为中的存在（与演化同一），另外两个人、两件事或两个方面为产生一极的形式关系与发展一极的关系形式。这样就能解决问题了吗？不能，没有摆平。存在的永远是存在，关系的永远是关系，谁情愿？要么依次推进，三者都为存在，三者都为关系，相互作用又如何体现？正如霍克斯所说的："在任何情境里，一种因素的本质就其本身而言是没有意义的，它的意义事实上由它和既定情境中的其他因素之间的关系所决定。"也就是说只有把它们放在一个整体的关系网络中，才能被理解。那就必须将三者互为中的存在，互为两极关系，一碗水端平。这样，三个人、三件事或三个方面才会没有话说。"整体大于部分和"，也就有了解法。当然，这种"一碗水端平"并不是作为某种平均作用来处理的，而是一种整体持续协调的发展，是一事物转化为另一事物有方向的前进的过程，即"产生—变化—发展；发展—又产生—又变化；又变化—又发展—再产生"的生生不息地创造性流变——"世界是无休止的事件流"。宇宙、自然、人类，一切的一切都在这么一个顶层规范的统一运转的系统化过程之中。就性质关系的三位一体系统（种属）能置换而言，它既是类型性，同时又具有等级层次性。类型性的流转本身就必然是一种不断向上生成的过程。这也就是怀特海在《过程与实在》里所指的"联结"——"实际存在物之间彼此互为内在"及"一个集合体享受一部对变化中的环境表现出变化作用的历史"。怀特海的所谓"场合"与"集合体"在中的活动过程辩证法里呈现是一致的——三种连续内容"场合"即为一个现象"集合体"。

在我们这个结构与功能、存在方式与演化过程同一的公式里，存在属性、关系属性就是变化属性。存在、关系、属性三者也是完全统一的。既统一于系统内每个存在要素自身结构功能的一体三位（同一性的两极性）之中，又统一于整个系统运动过程结构功能的三位一体（两极性的同一性）之中，即周期性（过程集合体）中。

"三位一体"同构同态的特征，具有普适性。它属于多层次、多类型、多方位、多变量的。比方说，既成的形态有：小学、中学、大学三位一体的现代学校教育制度。爬虫脑、古生哺乳动物脑、新哺乳动物脑同在一个大脑中的所谓"三位一体脑"。锥体细胞、菱形细胞、颗粒细胞三位一体构成大脑皮层的神经元。概念、判断、推理的三位一体思维方式。大前提、小前提、结论的逻辑推理三段论。音、形、义的三位一体识字教学，如此等等，不一而足。既成的"三位一体"也都是来自人类长期实践的高度化整合。它研究按存在本性来说属于存在的（范畴）属性。如果将它们都互为中的存在、互为两极关系的话，任何系统内要素之间关系的复杂网络，便都可以被发现、联结和打通，它是自洽的。

再讲几个"多"统一于"三"的例子。在社会系统发展的自组织中，生产力与生产关系、经济基础和上层建筑是两对基本矛盾（四要素），但本质上经济基础和生产关系指的是同一客观对象，它们之间的关系也不是线性因果链，更为合适的应是一种三者之间相互作用的关系，即生产力—生产关系—上层建筑互为中的存在、互为两极关系。它所形成的就是社会发展的周期性。

请允许我作一大胆的猜测，人类目前所知的所有的力，即强相互作用、弱相互作用、万有引力、电磁相互作用，也就有可能统一在我们这个椭圆形图景中——量子引力处中的，电磁相互作用处两边，即为强力弱力在引力中叠加翻转相互作用。四种力的大统一有可能就统一在三种"一体三位"中。"四"融入"三"的状态也是多种多样的。

"中共十八大把中国特色社会主义建设总体布局确定为经济建设、政治建设、文化建设、社会建设、生态文明建设'五位一体'。'五位一体'总体布局标志着我们党对经济社会可持续发展规律、自然资源永续利用规律和生态环保规律的认识进入了新境界。""五"不也就被"三"统进去了吗？

还有"赤橙黄绿青蓝紫"七种颜色，它不也是由红色、绿色和蓝色三原色组合而成的嘛。八音在竹笛里是分三个音区来吹奏的，在胡琴里是用三把来拉唱的，如此等等。"多"是可以被"三"整合起来的。确切地说，"多"就是供"三"作取舍增减的选择所用的。"多"在中的活动过程辩证法里，全是潜在的"暗物质""暗能量"，特别是在一体三位的两极里，更是无穷无尽的。

类概念"三位一体"关涉到的主要是高度整体化的命题。逐级抽象起来的"三位一体"，为了避免"误置具体性的谬误——把抽象误认为是具体的谬误"。一定要与深度分化的"一体三位"相对应，把牢经验的丰富复杂性和动态过程的实践，才算得上"不辱使命"。反之，"一体三位"也只有可能被摆放到"三位一体，互为中的存在、互为两极关系"中的任何一个标程里去进行操作，方显"神通广大"。"三位一体"是外在的实在（形而上），"一体三位"是内在的实在（形而下），交互"摄入"使它们成为同生共长的统一体。若要说"三位一体"是战略思维的话，那么"一体三位"就是战术思维。"宏观要管住、管好，微观要放开、搞活"，成为可以操作的现实。并且"一体三位"个体发生过程还有着"三位一体"系统演化过程的重演特性。

"三位一体"终极概念是规律，"三位一体"类概念是关系性质，"三位一体"具体概念是"一体三位"内容。既成的"三位一体"都是人类高度整体化的实践成果。人类从对既成事物或事物的现时状态的研究，进入对既成"三位一体"系统与"一体三位"共时（含历时）状态的研究，当代全球性认识活动又翻开新的灿烂一页。

　　写到这里，有人可能要问，什么是没有歧义的过程？阶段性过程即中的存在、两极关系，一体三位扭结翻转为一个闭合圈；周期性过程即三位一体，互为中的存在、互为两极关系对应折叠为两个正反合生的三角形。也就是说，"变化"是阶段性过程，"产生"也是阶段性过程，"发展"同样是阶段性过程，合则即为持续性过程（全是中的视角的过程）。其实，在中的活动过程辩证法里，一个内容非线性过程就是（张力、行力、聚力）三种形式线性过程的复合体。这就是说，"复杂的现象总是可以分解成为简单的现象来理解的，非线性系统就总是可以化简为线性问题来解决的"。"存在"究竟怎样存在？内容性存在在其当下两极时空的形式性存在中显现自身。认识的存在就是存在的自在与自为。当下性是一个弹性时空的概念，它取决于速度。怎么阐述其本体论？现实世界统一于中的结构，物质与意识统一于中的结构，认识及其对象统一于中的结构，价值与事实统一于中的结构，中的活动结构是物质和意识相统一的哲学本体论（概念图式中已强调了客观实在与主体意识，它们是合生的叠加序列，本体论中的活动结构一体化）。系统发展的终极动因是什么？即实际存在物之间的相互联系、相互作用、相互转化，也就是三种范畴存在的合二为一又一分为二中的运动。那么概括提炼起来说，各种系统高度整体化的共同特征都具有"三位一体"同构同态性质吗？用数学方法定量描述其功能就是 $E_{总} = \sum 3_{组} (E_{中的} + E_{两极})$ 吗？确定适用于一切系统的原理、原则就是"三位一体"对应"一体三位"吗？从简单到复杂的自然法则，难道就是从"一就是一""一就是二"到"一就是三"的自然法则吗？复杂性根源的问题难道就是"三生万物"的问题吗？回答是肯定的。世界的复杂性是"三"，组织性也是"三"，整体性同样是"三"，世界的大统一是"三（场——宇宙基本常数）的大综合"——三种类型态叠加中的相对论性运动性、三种类型态叠加中的相对论性存在性、三种类型态叠加中的相对论性经验性、三种类型态叠加中的相对论性逻辑性等。它们皆为"三"的高度整体化（正曲率场）与"三"的深度分化（负曲率场）相对应的大综合。"综合就是创新"。

　　中的活动过程辩证法"用动态的存在物代替传统哲学的种种静态的实体，以互为依托的存在物代替传统哲学独立的实体，以相互交融的复杂体系和整体宇宙观代替传统哲学中各个实体占有其简单位置的孤立体系和宇宙观"。用我们的观点和思想来阐述就是：世界是在联系中发展、在发展中联系的。各种联系和发展的整体优化（周期化、系统化）均为相互交融、相互作用的三要素集合体。也可以说，世界普遍联系与永恒发展的最大公约数是"三"（三位一体），最小公倍数也是"三"（一体三位）。一体三位是从发生学的角度上来定义的，三位一体是从形态学角度上来定义的。一体三位与三位一体的对立统一即为生成论与预成论、认知结构与知识结构、形而下与形而上、人世与出世、后现代主义哲学思维与传统及现代主义哲学思维的对立统一。在哲学史上，它具有"新的里程碑意义"。

的确，"书本哲学和课堂哲学的生命似乎走到尽头了"。马克思倡导的应用（实践）哲学领域的大门又一次在中国的新课改中被创造性地打开。"三个课堂"是一个伟大的教育实践梦。它孕育着一种新的人与自然的关系、新的人与人的关系、新的人与事物的关系。现在关键的是，需要我们拿出更大的政治勇气和智慧，义无反顾地向前迈去——哪怕前面是悬崖峭壁或惊涛骇浪。

中的活动组织结构理论的解（附 26 个图式）

——弦圈原理、还原性惯性原理阐释

一、中的存在解

1. 中的存在是对传统的中的关系、中的环节概念的瓦解和颠覆。

2. 小尺度上讲是某种最小构成单位的复合：耗散结构的——小微内容。

3. "内容就是构成一事物的一切内在要素，包括事物的各种内在矛盾以及由这些矛盾所决定的事物的特性、成分、运动过程、发展趋势等的总和"。

4. 所谓一体三位内容即一个内容整体是由当下中位及下去上来的左位与上去下来的右位共同组合生成的。这就是说，内容（中位）是形式（两极）中的内容。没有两极关系，中的内容就不可能存在。也就是说，内容性存在是依傍其形式性存在而存在的。换一种说法即是："由一个问题必定走到所有问题，而所有问题又不得不考虑成一个问题。"

5. "实际存在物就是许多潜在性的实在的合生。也就是说，任何一种现实存在的过程或合生，都涉及其构成成分中的其他现实存在。以此方式，世界的那种显而易见的实体性便获得解释"。

6. "中就是太极，而太极就是万事万物的总源头。中是事物的本原，又是事物的法则，而且是处于自发的不断运动之中的"。

7. "系统的结构事实上就是与系统的质的规定性属于同一范畴，它表现出的是一种动态稳定性，是变化发展之中体现出来的不变性"。

8. 中的存在是流变性存在，中的存在是生成性存在，中的存在是创造性存在，中的存在是两极关系中的存在。也就是说，"存在只不过是演化的凝聚状态的表象，演化只不过是存在的变动状态的表象"。中的存在原是一种"胚胎、胚芽"状态或"命题"状态，"指涉一种力量的未展开状态、潜能的未分化状态、意义的未实现状态"，以及展开、分化、实现状态的阶段性完成。

9. 微小线圈理论——现实性是一种有机共同体。"在"是处于时间的流动之中的，它包括过去、现在和未来。"唯有在每一瞬间先已打上过去、未来的痕迹之时，方可想象运动的在场。"我们应该将在场看作从中间向两极"分延的结果"。"当下性"就不仅是一个现时性概念，而且是一个共时性（同时性的相对性）概念。比如说，上午—中午—下午循环（一天圆圈）；周一、周二—周三—周四、周五等循环（一周圆圈）；上旬—中旬—下旬循环（一月圆圈）及家庭—学校—社会一个圆圈。春、夏、秋、冬年轮或者社区、乡域、县域、省域等时间片、时空块、时空包——"不存在摆脱了物体的空间，也不存在摆脱了事件的时间"。从思维角度来看，正如奥古斯丁所说的："时间分过去的现在、现在的现在和将来的现在三类，比较确当。过去事物的现在便是记忆，现在事物的现在便是直接感觉，将来事物的现在便是期望。"实践便可以是还原体验、模仿操作及履行规划等。现实性是围绕当下性来展开的。若用量子理论来描述时空，一个圈环自旋过程全都在一秒钟之内——爱因斯坦的狭义相对论证明时间和空间的特性同物质运动速度之间有着内在联系，它们随着物体运动速度的变化而变化。当物体运动速度接近光速时，物体沿运动方向的空间长度就会缩短，而物体内部变化过程的时间持续性就会延长。并且空间长度变短和时间持续性变长二者在数量上是相互补偿的。这么看来，量子的三位一体又一体三位时空就具有对称的翻转的几何图式特征——缩放的平行四边形结构或可视为相反于自身的两个三角形结构，它们是一份一份的、叠加的、弯曲的。总之，时空都属于相对的当下性，当下性是一个中的存在信息流的圆圈、一个周期。（系统谱有上界——主张时间反演对称性就是"运动规律对时间是可逆的"说法）"中"的概念是"力元"结构的概念、两个半整数与整数交换自旋结构的概念、同位素两类"半衰期"宇称守恒结构的概念、双螺旋结构的概念、波函数的两个值结构的概念及"引力场"结构的概念——还原性圆弧惯性运动概念（"如果引力能够截断，物体将仍旧以它在那一点上所获得的速度继续运动下去"）。凡说到"中"，都可理解成两个一半概率的合与分（翻转变换）组织结构。它既是瞬间，又是永恒。

10. 黑格尔"概念论"研究的是直接性与间接性的统一、自在与自为的统一，相互对立概念现在消融为一个概念——中的活动组织结构。态的叠加纠缠与定域物理实在论矛盾吗？不矛盾！态的叠加纠缠处两级，定域物理实在论在中位。中与两极活动结构一体化。就精确位置而言，"中"均为相对化定义，具有相对确定性的绝对不确定性。

11. 大尺度上讲系统（周期）存在有三种形态：物质存在（产生存在）、机体存在（变化存在）、意识存在（发展存在），贯穿始终的"好维数"是物质存在。系统（周期）实践也有三种形态：感性实践（行—行—知）、知性实践（行—知—行）、理性实践（知—行—行），贯穿始终的"好维数"是感性实践（最高层次为直觉灵感）。三种形态紧密相连，折叠式转换构成一个整体。

12. 终极意义上，中的存在就是有机实在结构与有机形态结构合生的有机集成结构——旋转的中轴结构存在。

二、两极关系解

1. 事物之间相互作用、相互影响中，左一极去又来过程状态与右一极去又来过程状态。过程就是实际存在物本身，即"形式"。过程具有活动性，呈现出的是存在物内在诸因素的"起、承、转、展、合"相继绵延状态。体现在两极中主要是怎样的"承与展"，或者说是"承与展"的各种序列与步骤。它指涉的均为"内在关系和关系的内在性"。

2. "功能是系统内部相对稳定的联系方式、组织秩序及时空形式的外在表现形式。我们所讨论的功能，就是从系统之间关系的角度来讨论的功能，它具有易变性与灵活性"，也就是"不确定性、非连续性、多元多样性、无序、非一致性及不完满性"等后现代主义哲学思维特性。

3. "开放不能只看做某种类似实体一样的有形概念，也是关系之间的开放。开放并非仅仅是一个空间的概念，而且也是一个时间的概念。开放并不仅仅单指空间的开放，不仅仅指的是横向、地域的开放，而且也是时间的开放，包括面向未来开放"。

两极关系（实）最终将与中的存在（虚）走成一个圆圈——"既然基本粒子没有确定的'特性'或个别性，应承认关系结构是真实的，是决定所谓实体的东西"。

三、"系统是相互作用的诸要素复合体"解

1. 系统是三要素、互为中的存在、互为两极关系的复合体。
2. 三者相互依存、相互联系、相互交叉、相互融通、相互作用、相互促

进、协调发展。

比如就"相互交叉"而言：知识为存在，技能与品格则为关系；技能为存在，品格与知识则为关系；品格为存在，知识与技能则为关系；等等。

就"相互作用"而言：知识作用于技能，技能反作用于知识；知识又作用于品格，品格又反作用于知识。技能作用于品格，品格反作用于技能；技能作用于知识，知识又反作用于技能。品格作用于知识，知识反作用于品格；品格作用于技能，技能又反作用于品格，等等。

3. 具有"规范变换不变原理"——三位一体（规范），互为中的存在、互为两极关系（变换），形成三种类型的三位一体（不变），这既符合对称原理又符合等效原理。

4. 理论物理专家认为：直观地说，我们所处的宇宙空间可能是 9+1 维时空中的 D3 膜。弦理论的数学方程要求空间是 9 维的，再加上时间维度总共是 10 维时空（若说是十一维空间，那么时间就是二维，来一维，去一维）。M 理论是现在最有希望将自然界的基本粒子和四种相互作用力统一起来的理论。我们猜想三位一体、互为中的结构存在、互为两极功能关系，对应一体三位有可能就是 9+1 维时空中的 D3 膜（宇宙系统）。推想两极坍缩、信息丢失、引力轴上下垂直运动了，似乎与解决和黑洞的问题有关联。

四、"整体大于部分和"解

1. 表述式：整体是部分的 3 倍和。

2. 一个三位一体整体（周期性——360°大圆圈）有三种类型的一体三位个体（三种历史的具体的中的内容活动过程——阶段性各 120°）。

3. 公式：$E_{总} = \sum_{3组}(E_{中的} + E_{两极})$

4. "相互作用量子场联立方程组表明，相互作用的顶点至少是三个场算符的定域乘积"，即 3×3＝9，三种类型的三位一体。真正意义上的三位一体是九位一体。

五、对立统一范畴的包容性解

1. 明显同化在"过程"之中的范畴有：人与自然、主体与客体、存在与思维、演绎与归纳、历史方法与逻辑方法、目的性与规律性、线性与非线性、形而上学与辩证法等。

2. 明显融合在"存在与关系"之中的范畴有：内容与形式、可能与现实、具体与抽象、分析与综合、结构与功能、协同性与竞争性、统一性与多样性、确定性与不确定性、质的规定性与量的规定性等。

3. 明显对应或连贯在三位一体与三位一体之中的范畴有：永恒规律与流变性质、完整经验与性质类型、层次性与系统性、阶段性与连续性等。

4. 明显对偶在"一体三位（位：方位）与三位一体（位：量词，个等）"之中的范畴有：实践与认识、微观与宏观、描述性与规范性、特殊性与普遍性、流动性与持久性、生成性与预成性、认知结构与知识结构、形而下与形而上、入世与出世、改变世界与解释世界、深度分化与高度整体化、后现代主义哲学思维与传统及现代主义哲学思维等，还可以这么说，套箱式三角形思维，就是广义相对论与量子场论的矛盾统一思维。一种是纵向（上下）相对思维，一种是横向（左右）相对思维，纵横（层次性与类型性）对立统一就是一个螺旋展开的圈环。没有东西在三个中的三位一体连续统过程范式之外。

总之，中的活动过程辩证法范畴中的对立是二，统一为一，合二为一叫"对立统一"，一分为二叫"统一对立"。在这里，怎么去理解"对立面的一个对立面，对方是直接地存在于它自身之内"这句话的意思呢？这就是说，一分为二的一个对立面是合二为一，合二为一的一个对立面是一分为二，一分为二（统一对立）是直接地存在于合二为一（对立统一）自身之内。"对立面的统一"是"四"的统一，并不是"二"的统一（"四"即中的存在正反面的"二"与两极关系的"二"之和，或者说内容性存在及形式性关系的"二"与形式性存在及内容性关系的"二"之和。普朗克小尺度上讲其实是"三"与"三"的对立统一，近似于两个正反扭结三角形的对立统一）。那么，"统一物之分为两个互相排斥的对立面以及它们之间的互相关联"及"两者的每一方当自己实现时也就创造对方，把自己当做对方创造出来"和认识一个事物，就在于认识到它"包含有相反的规定于自身"，在于意识到它是"相反规定之具体统一"等就有了确切的解。正如黑格尔所说的："既然两个对立面每一个都在自身那里包含着另一个，没有这一方也就不可能设想另一方，那么，其结果就是：这些规定，单独看来都没有真理，唯有它们的统一才有真理。这是对它们的真正的辩证的看法，也是它们的真正的结果。"合二而一与一分为二（"二"即"一"的两个一半）合生的过程就是一个自我运动、自我完成、自己实现自己、自己成为自己的过程。过程的特征就是"亦此亦彼"叠加态（态——对称对偶对应性结构）翻转：既是存在又是意识，即是意识又是存在扭结成一个圆圈；既是内容又是形式，既是形式又是内容扭结成一个圆圈；既是现实又是可能，既是可能又是现实扭结成一个圆圈；既是确定性又是不确定性，既是不确定性又是确定性扭结成一个圆圈；既是解释世界又是改变世界，既是改变世界又是解释世界扭结成一个圆圈；既是时间又是空间，既是空间又是时间扭结成一个圆圈；等等。它们均是动的、活的、流的处于一个合生的三条弦线交互扭曲的过程。所谓"自我运动"，也就是由合二为一与一分为二的合分、分合的势能在缩放。换而言之，自组织系统的一般原理即是由合二为一与一分为二翻转进行的合（希格斯玻色子）分（费米子——玻色夸克与玻色电子）快速交换的信使"能量弦线"构成（还原性位能正反翻转产生动能）。再打个浅显的比方，从普朗克尺度上讲，自组织就是由一反一正两个90°的等边三角形翻转变换构成的一根比头发丝还细的"晶体"生长线圈。其整体性也是由三种范畴性存在的合二为一与一分为二集合而成的自己成为自己的周期过程圈环。

六、本体论的解

在狄德罗看来，物质是"活性物质"而非隋性的。"物体就其本身说来，就其固有性质的本性说来，不管就它的分子看，还是就它的整体看，都是充满活动和力的。"怀特海也认为，心物之间并不存在什么不可逾越的鸿沟，而是一个由低级向高级层层相连地逐步由物向心发展的系列，其中低级的接近于物，高级的接近于心。所以孙正聿教授对本体论作了新的解释，他认为本体论作为一种追本溯源式的意向性追求，作为一种对人和世界及其相互关系的终极关怀，它的可能达到的目标是通过存在论、知识论和价值论的统一中追求终极理想或终极关怀。在中的活动过程辩证法中物质本体、机体本体、精神本体是合生的统一体，若用一体三位的视角来看心物一元，那就是：物质⟵⟶机体⟵⟶精神，或精神⟵⟶机体⟵⟶物质两类，再简单明了不过的了，客体性、主体性只不过是机体结构的一种功能，本体论中的活动结构一元化（中的场一体化、中的势能一体化、中的存在一体化）。所谓机体也就是内生实在统一性的活动场合，即物质与精神或精神与物质叠加翻转中的振动弦环（就存在与思维的关系问题是哲学的基本问题而言）。在没有人类之前，物质运动状态或许就是重子⟵⟶介子⟵⟶轻子，或轻子

══════介子══════重子中的交换振动弦环，场（机体）本身就是一种势能实在。说它是"上帝"也罢，"圣灵"也罢，"玄论"也罢，"道"也罢，"性空"也罢，其实机体（场）的特征就是一种自组织结构功能——同位素的两类"半衰期"运动宇称守恒。世界的奥秘也就深藏在"自组织"运动之中，一切皆由势能（引力）一体所化生。从广义相对论性角度上来说"自组织""自我运动"即变化是产生与发展叠加翻转弦环，产生是发展与变化叠加翻转弦环，发展是变化与产生叠加翻转弦环。弦环中的振动、叠加态中的翻转——一种还原性惯性运动。采用"自组织""自我运动"结构功能方式解释世界，采用"自组织""自我运动"结构功能方式改造世界便成为我们向前发展的神圣使命。

七、中的活动过程辩证法定义解

1. 事物（实在）即中的，关系为两极，过程是非线性非定域的一体三位场合及三位一体、互为中的结构存在、互为两极功能关系的集合体。也可以说过程是合二为一与一分为二合生的非线性场合与集合体。场合即阶段性过程（分解小"一"，"一"就是"多"，也就是说，"一不住一、住多里"），集合体即周期性过程（合成大"一"，"多"就是"一"，也就是说，"多不住多、住一里"）。

2. 三位一体即内容、形式、活动，内容与活动是中的存在的反正面，或者说内容即活动、活动即内容，两极皆为形式。一体三位即中的存在的反正面具体的历史的翻转，牵动两极形式叠加交换，整个结构都是动力学的和表示关系的结构，也就是一种描述关系网络的动力学演化结构——合二为一即合两个一半（两个50%概率）为一；一分为二即一又分成两个一半（两个50%概率）翻转变换宇称守恒。两个一半（两个50%概率）与"一"，"一"又与两个一半（两个50%概率）的对应，才是真正意义上的对偶和对称。合二为一又一分为二翻转变换，既保持了"中"的左右平衡，又推动着"中"的向前进展。这也就是所谓的弦圈原理与还原性惯性原理——引力翻转截断，"物体只要不受到外力的作用，就会保持其原来的匀速运动状态不变"。还原性惯性原理即自我运动原理。

3. "事物即过程"——一标一个圈环完成，谓某事物变化性过程；二标一个圈环完成，谓某事物产生性过程；三标一个圈环完成，谓某事物发展性过程。"弦环（中）实际上就是引力子"。过程论即圈量子引力论。

4. "过程就是实在，实在就是过程"——过程是许多潜在性实在逐渐展开的状态，实在是构成过程绵延性里的各种实际角色。换而言之，过程好比是实在组成的波，实在好比是过程中交集的粒。在中的活动过程辩证法中，我们已完全弄清了"在其他的存在物中显现自身"的概念这一任务。这就是中的内容性存在及其形式性关系与两极内容性关系及其形式性存在的对立统一、融合一体。比方说，以一棵树为内容，它来的一极形式性存在于种子、水、肥、光合作用里等（好比量子纠缠），来的一极内容性关系指树的生长事实；去的一极形式性存在于柴火、木板、桌椅门窗、五斗橱里等（好比量子纠缠），去的一极内容性关系指树的应用价值。以一幢房屋为内容，它来的一极形式性存在于砖、钢筋、水泥、设计图纸里等（好比量子纠缠），来的一极内容性关系指房屋的建造事实；去的一极形式性存在是教室、是住所、是餐馆等（好比量子纠缠），去的一极内容性关系指房屋的应用价值。再比如说大河，它来的一极形式性存在是小沟、小溪、洪水冲刷等（好比量子纠缠），来的一极内容性关系指河流的形成事实；去的一极形式性存在是游泳场所，是船舶载体，是水电站坝等（好比量子纠缠），去的一极内容性关系指河流的功用。同样，"三角形的面积"，它来的一极形式性存在于正方形、长方形、平行四边形里等（好比量子纠缠），来的一极内容性关系是三角形的面积计算公式形成事实；去的一极形式性存在于三角形围巾里、红领巾里、道路警示牌里、电信塔里等（好比量子纠缠），去的一极内容性关系为三角形面积应用价值。如此等等，不胜枚举。过程性就是实在性，实在性就是过程性，实在、过程是叠加态，内容性存在与形式性关系是叠加态，形式性存在与内容性关系是叠加态，行与知、知识与认知等是叠加态（正如古人所曰，只说一个知，已自有行在；只说一个行，已自有知在），未分解则为纠缠性。总之，过程是由矛盾的叠加态翻转（纠缠分解）在推进的，矛盾的实质是合二为一又一分为二（"二"即"一"的两个50概率）叠加翻转。过程是由叠加翻转构成的合二为一（如合两类费米子为一个玻色子）与一分为二（如一个玻色子分成两类费米子）上下左右扭结振动的圆圈（超对称性是宇宙规律的基础）。它是合规律性与合目的性的统一。

5. 终极性概念：结构（实际存在）为本、过程（潜在存在）为体，在中的结构过程辩证论中，"创造性""多""一"是同义词；中的活动结构（机体)本体论、中的活动结构(场)认识论、中的活动结构(实在)实践论也是同义词。多种形式的相互联系是可以指证的;多种形式的对立统一也是可以指证的;一体三位的阶段性过程与三位一体的持续性过程同样是可以指证的。"其实那些东西都是现成的,只不过是换了一个视角,就'呼'地一下子把它们全装进去了"。我们发现了客观不朽学说的终极应用:《三角形的面积》《穷人》《自制太阳灶烧水》《露宿一晚》等等,它们是由命题、师生、环境所共同创造的,它们在一年又一年的教育教学中不断地凋谢,然而其生命却永恒地存在着(也就是说过程在不断地凋谢,势能却永恒地存在着)。

6. 我们真的搞清楚了,高居理论结构大厦顶端的概念——宏观上三位一体、互为中的存在、互为两极关系对应微观上的三类一体三位。(三位一体是如何走向一体三位的呢?那就是从形式存在的合二为一走向内容存在的一分为二;形式关系的一分为二走向内容关系的合二为一。内容与形式成为过程中合生的统一体,一分为二与合二为一成为过程中合生的统一体)。微观世界的定律应是存在的势能与其存在的质能翻转交换推进的缩放的合二为一(存在、反)与一分为二(关系、正)合生的"闭合圈"——即既是三位一体又是一体三位。微观、中观、宏观连续统即存在方式及其关系属性是三种不同类型左右对应、正反相成螺旋展开的弦环。一言以蔽之,万有引力形成的过程即中的活动过程,"量子场受零点能涨落的干扰,不断地产生和湮灭它的粒子"——通俗地说,就是引力收缩(落)使质子与电子湮灭,中子产生;惯性力翻转拉伸(涨),中子湮灭,又产生出电子和质子,如此循环往复、生生不息。切断能量总和的东西就是中子的生灭翻转变换。

八、中的活动结构一体化思维模式解

"理论最宝贵的性质是能够解释真实世界本身是如何构造的。"中的存在、两极关系构成一个圆圈,中的内容、两极形式构成一个圆圈,中的现实、两极可能构成一个圆圈,中的结构、两极功能构成一个圆圈,中的综合、两极分析构成一个圆圈,中的协同性、两极竞争性构成一个圆圈,中的统一性、两极多样性构成一个圆圈,中的确定性、两极不确定性构成一个圆圈等等。从物理学角度上来讲,中为电荷中性、两极正负叠加翻转构成一个圆圈,中的性为运动速率保持不变的惯性(还原性匀速惯性)、两极实虚叠加翻转构成一个圆圈。圆圈就是上下左右协同联动的全息关系网络。简而言之,"中"的终极概念属还原性惯性的"自我运动"概念，其量子化定律为同位素的两种"半衰期"（玻色子与配对的费米子翻转变换）宇称守恒。中的活动结构一体化思维即环绕中轴自己完成自己（内在一致）的三种类型圆圈构成一个周期的思维。也就是三个中的三位一体连续统思维。它揭示出了黑格尔的所言"真理是全体，哲学是一个圆圈"的内涵。并印证了爱因斯坦的话："如果把哲学理解为在最普遍和最广泛的形式中对知识的追求，那么它显然就能被认为是全部科学之母。"

"这是一种古老的探索，探索那些不可能有更深层原理来解释的原理"——终极意义上，时间、空间、物质"三"的相互作用还是现象；中的物质势能与质能的翻转，牵动两极时空缩放（来时空缩，去时空放），"四"的相互作用才是本质（"体四用三结构"）。我们相信，无论是"三位一体"或者是"一体三位"，它们都是合二为一又一分为二或一分为二又合二为一（既是合分又是分合）的几何学方法——假定为引力的量子理论的最终形式。"如果广义相对论能被量子化，形成一个量子引力理论，那么广义相对论与量子力学的矛盾都可以消除。"这将成为闪耀的灯塔，将照亮整个结构，可以用它来描述和预测宇宙中的每一件事情，而且还将解答那些尚未解决的关键问题。

中的活动组织结构理论（态叠加中的相对论性全新理念）微观上"可下五洋捉鳖"；宏观上"可上九天揽月"。广义相对论与量子力学真正意义上统一起来了。正如布赖恩·格林所言："统一之梦的关键在于科学家们会被带到一个关于宇宙的独一无二的理论面前。如果研究人员只需建立一个理论框架就可以将量子力学和广义相对论统一起来，那么物理学家们便到了真正的天堂。如果是这样，即使没有实验数据，人们仍然有理由相信所有的一切都是可靠的。"

【附图】

中的活动过程辩证法的对立统一示意图
——对立统一规律形式化极限

一、明显同化在过程之中的范畴有：

主体、主观、思维 —— 认识中介（关系）—— 客体、客观、存在

一分为二又合二为一
合二为一又一分为二

来的一极存在思维 叠加态关系 ——客体主体化 主体客体化活动（具体的历史的统一）—— 去的一极思维存在 叠加态关系

二、明显融合在"存在与关系"之中的范畴（中均为活动结构）有：

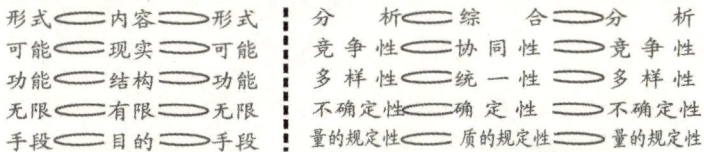

形 式	内 容	形 式	分 析	综 合	分 析
可 能	现 实	可 能	竞 争 性	协 同 性	竞 争 性
功 能	结 构	功 能	多 样 性	统 一 性	多 样 性
无 限	有 限	无 限	不确定性	确 定 性	不确定性
手 段	目 的	手 段	量的规定性	质的规定性	量的规定性

三、明显对应或连贯在三位一体与三位一体之中的范畴有：

规律结构关系 经验结构关系 性质结构关系

梯级性 阶层性 连续性

整体性 系统性 协同性

经验结构关系 规律结构关系

类型性 层次性 阶段性

四、明显对偶在"三位一体"与"一体三位"之中的范畴有：

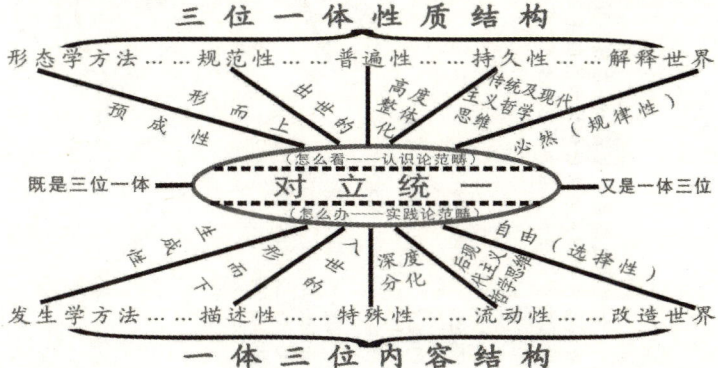

三 位 一 体 性 质 结 构

形态学方法……规范性……普遍性……持久性……解释世界

形而上 预成性 高度整体化 传统及现代主义哲学思维 必然（规律性）

（怎么看——认识论范畴）
既是三位一体 —— 对 立 统 一 —— 又是一体三位
（怎么办——实践论范畴）

自由（选择性）

发生学方法……描述性……特殊性……流动性……改造世界

一 体 三 位 内 容 结 构

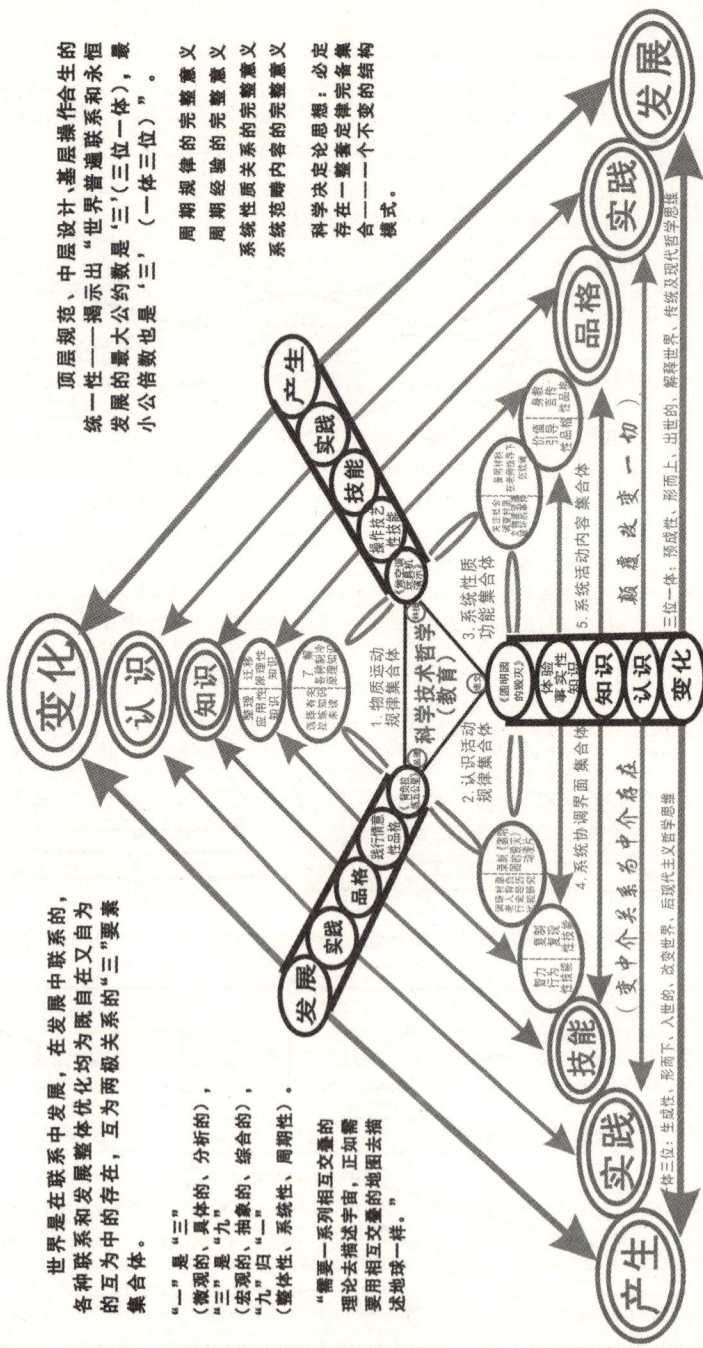

中 的 整 体 结 构 方 法 论 观 念 图 式

——存在及其关系性质形式化极限（M理论：存在一个对偶性的关系网，它们是等效的。）

中 的 活 动 过 程 总 体 运 行 示 意 图

—— "中的" 对称 破缺 与 破缺 的对称 (量子过程造成了 "左宇宙"、"右宇宙" 两个世界手征性)

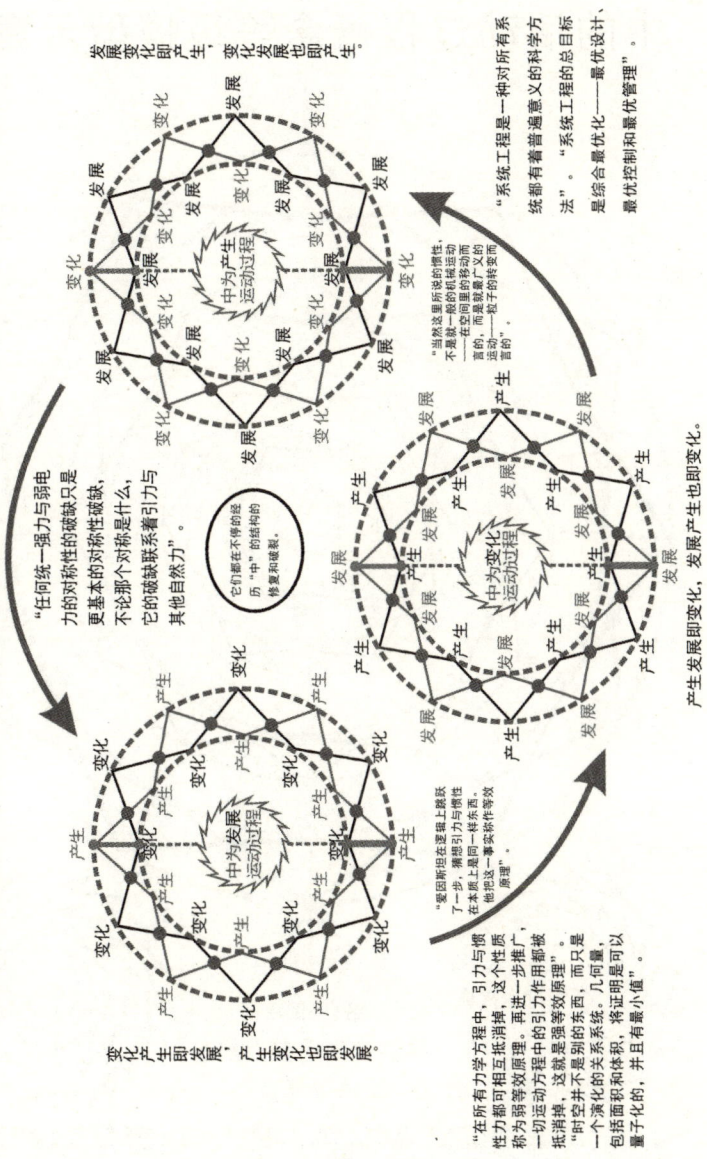

发展变化即产生，变化发展也即产生。

"任何统一强力与弱电力的对称性的破缺只是更基本的对称性破缺，不论那个对称是什么，它的破缺联系着引力与其他自然力。"

"当所在这里所说的惯性不是最一般的机械运动——在空间里的移动而言的，而是较量广义的运动，一粒子的任何变而言的。"

中为产生 运动动过程

它们都在不停的经历 "中" 的结构的修复与破裂。

中为变化 运动动过程

"系统工程是一种对所有系统都有着普遍意义的科学方法。" "系统会最优化——最优设计、是综合最优化——最优控制和最优管理"。

中为发展 运动动过程

"爱因斯坦的在逻辑上联系了一步、排斥引力与惯性在本质上是同一样东西，他把这一事实称等效有——原理"。

"在所有力学方程中、引力与惯性力相互抵消掉。再进一步推广，一切运动方程中的引力作用都被抵消掉，这就是等效原理"，一个演化的关系系统，几何量，包活面积和体积，将证明是可以量子化的，并且有最小值"。

产生发展即变化，发展产生也即变化。

中的活动过程概念等级模型示意图

这些推导，
根据来之于前面那些
《单课活页》

以上图为例：统一性、现实性、确定性、存在、产生等概念均属内容范畴的规定性；多样性、可能性、不确定性、思维、发展等概念均属形式范畴的规定性；"形式具有内容实质和效用"。它们均在"缩放运动（活动）"上翻转。宏观或中观层面上"中"可以单独视为"一"——活动；微观尺度上"中"必须看做"二"——势能（运动）与粒子（内容）两面翻转交换，运动即物质场，物质场即运动。

存在及其关系性质轴自旋网络模型示意图

（关系、性质）

（性质、关系）

（关系、性质）

"全息原理"最终是实现了世界是关系网络的见解。这个网络中的任何一个元素只不过是其他元素之间关系的局部实现。

如果两极螺缩就可能形成"黑洞"。

（转化、优胜劣汰法）

（反时针）

（顺时针）

（反时针）

发展

实践

品格

价值引导品格

三角形使用的面积等

复制实现技能

实践

产生

认识

知识

有些人把量子关联解释为"每件事物总是与其它相关物"或"量子力学使我们生活在一个整体中"。

中的活动过程三重形式化

——高度整体化走向深度分化

形式性结构（线性律）

形式性存在（主体） → 形式性关系 → 形式性存在（客体）

认识的　三个系统

合二为一　又一分为二

内容性关系就是原形式性存在 ← 既是一分为二 → 内容性存在 ← 又是合二为一 → 内容性关系就是新形式性存在

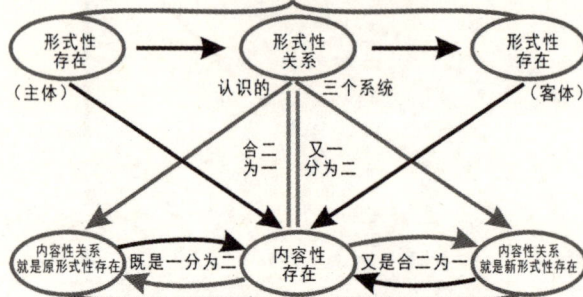

内容性结构（非线性律）

具体内容与形式叠加翻转 以《三角形的面积》为例。

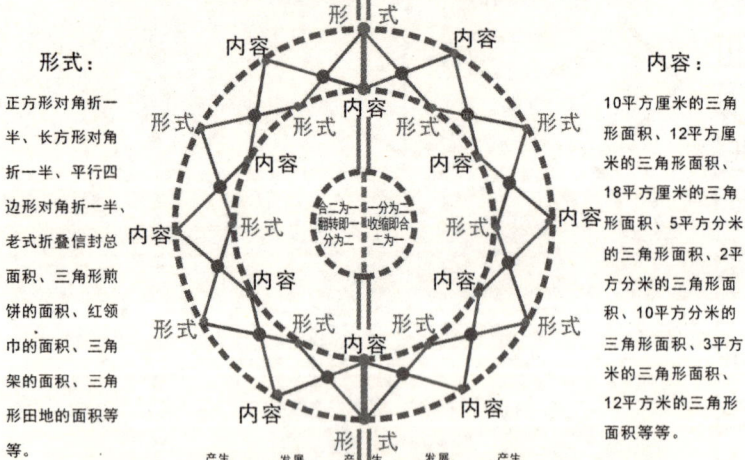

形式　内容　形式　内容　形式

内容　形式　内容

合二为一翻转即收缩即合
分为二　一分为二收缩即合

内容　形式　内容

形式　内容　形式　内容　形式

形式：

正方形对角折一半、长方形对角折一半、平行四边形对角折一半、老式折叠信封总面积、三角形煎饼的面积、红领巾的面积、三角架的面积、三角形田地的面积等等。

内容：

10平方厘米的三角形面积、12平方厘米的三角形面积、18平方厘米的三角形面积、5平方分米的三角形面积、2平方分米的三角形面积、10平方分米的三角形面积、3平方米的三角形面积、12平方米的三角形面积等等。

产生（内容）　发展（形式）　产生（内容）　发展（形式）　产生（内容）

（活动）　变化 变化　变化　变化 变化　变化 变化　（活动）

发展（形式）　产生（内容）　发展（形式）　产生（内容）　发展（形式）

自我运动结构（二象性律）

（"整个有机界正在不断地证明形式和内容是同一或不可分离"）

产生、变化、发展与发展

——产生——变化——发展、发展——（变化、变化）

中的活动过程微观终极意义推想示意图

——基本常数（自然常数）合二为一又一分为二

（中轴）
反
正

二次翻转
上下翻转

一个圆圈
两瓣合成

转化 ← → 转化

一个整体：比如说着形式内容
牵引着看内容形式，内容形式
又牵引看形式内容，牵引力
就是引力。

推测：一个粒子的存在是依
偎与它的两种反粒子存在而
存在的。

正
正

（中轴）

"自然界应当满足简单性原则"

中轴
反粒子
正

引 力 量 子 化 定 律

正

反粒子
中轴

合变（吸引）、分变（排斥）相互作用形成一个弦场，即引力场。合分、合分
扭得时空弯曲，即胶子的吸引、W玻色子与Z玻色子的展开使得时空弯曲。胶子与规
范玻色子是引力子结构的两种功能性粒子。或者说，引力就是强力与弱力对称性自
发破缺的力。（超对称一定是破缺的对称）

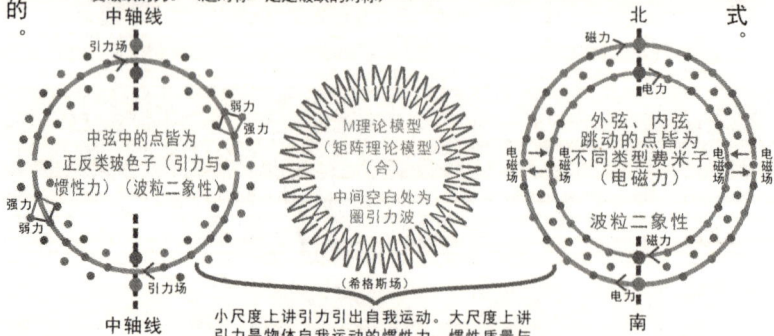

中轴线
引力场
弱力
强力

中弦中的点皆为
正反类玻色子（引力与
惯性力）（波粒二象性）

强力
弱力
引力场
中轴线

M理论模型
[矩阵理论模型]
（合）

中间空白处为
圈引力波

（希格斯场）

北
磁力
电力

外弦、内弦
跳动的点皆为
不同类型费米子
（电磁力）

电磁场
电磁场
电磁场
电磁场

波粒二象性

磁力
电力
南

小尺度上讲引力引出自我运动。大尺度上讲
引力是物体自我运动的惯性力，惯性质量与
引力质量在概念上是等价的。时空是中的存
在及左右伸展的一个圆圈。

引力场、电磁场、希格斯场（翻转场）三种场合一

这许多点是与前面的事实经验有直接或间接联系的。

类比的就是那些题型呀、作文呀、活动呀等等内容与形式。

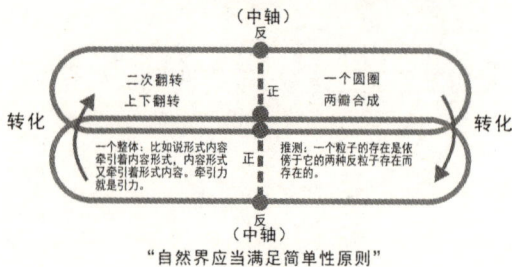

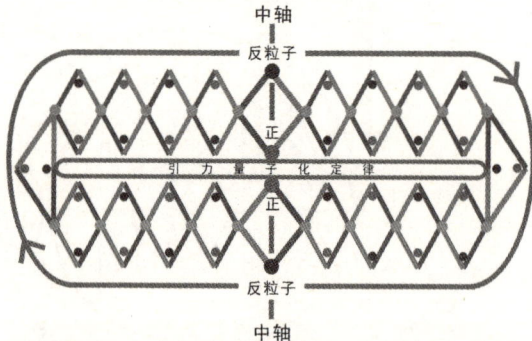

逻辑推想四种基本相互作用力统一规则
——中的活动过程圈量子引力框架结构

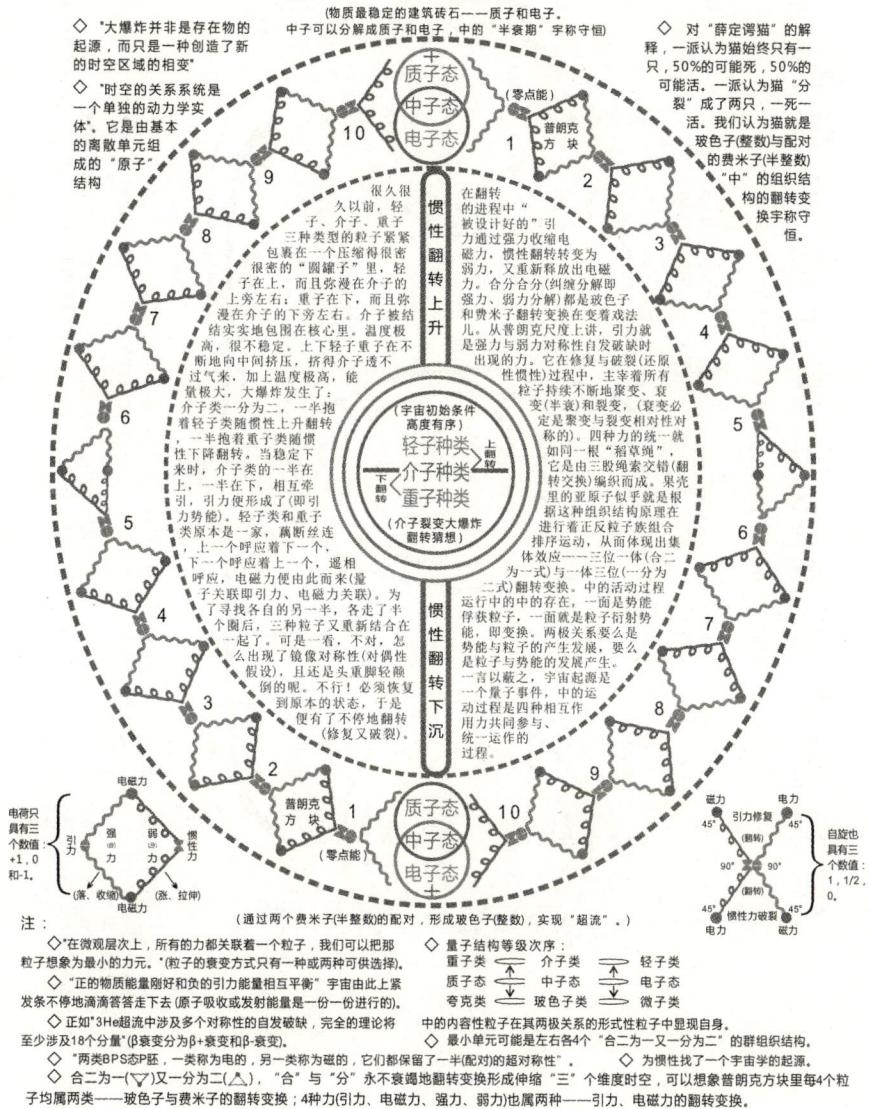

◇"大爆炸并非是存在物的起源，而只是一种创造新的时空区域的相变"

◇"时空的关系系统是一个单独的动力学实体。它是由基本的离散单元组成的"原子"结构"

(物质最稳定的建筑砖石——质子和电子。中子可以分解成质子和电子，中的"半衰期"字称守恒)

◇对"薛定谔猫"的解释，一派认为猫始终只有一只，50%的可能死，50%的可能活。一派认为猫"分裂"成了两只，一死一活。我们认为猫就是玻色子(整数)与配对的费米子(半整数)"中"的组织结构的翻转变换宇称守恒。

质子态 中子态 电子态

零点能　普朗克方块

10　1　2　9　3

惯性翻转上升

很久很久以前，轻子、介子、重子三种类型的粒子紧紧包裹在一个压缩得很密密的"圆罐子"里，轻子在上，而且妆着介子的上旁左右；重子在下，而且弥漫在介子的下旁左右。介子被结结实实地包围在核心里，温度极高，很不稳定。上下轻子重子在不断地向中间挤压，挤得介子透不过气来，加上温度极高，能量极大，大爆炸发生了：介子类一分为二，一半妆着轻子类随惯性上升翻转，一半抱着重子类随惯性下降翻转。当稳定下来时，介子类的一半在上，一半在下，相互牵引，引力便形成了(即引力势能)。轻子类和重子类本来是一家，藕断丝连，上一个呼应着下一个，下一个呼应着上一个，遥相呼应，电磁力便由此而来(量子关联即引力、电磁力关联)。为了寻找各自的另一半，各走了半个圈后，三种粒子又重新结合在一起了。可是一看，不对，怎么出现了镜像对称性(对偶性假设)，且还是头重脚轻颠倒的呢。不行！必须恢复到原本的状态，于是便有了不停地翻转(修复又破裂)

(宇宙初始条件高度有序)
轻子种类　上翻转
介子种类
重子种类　下翻转
(介子裂变大爆炸翻转猜想)

在翻转的进程中"被设计好的"引力通过强力收缩电磁力，惯性翻转转变为弱力，又重新释放出电磁力。合分合分(纠缠分解即强力、弱力分解)都是玻色子和费米子翻转变换在变着戏法儿。从普朗克尺度上讲，引力就是强力与弱力对称性自发破缺时出现的。它在修复与破裂(还原性惯性)过程中，主宰着所有粒子持续不断地聚变、衰变(半衰)和裂变，(衰变必定是聚变与裂变相对性对称的)。四种力的统一就如同一根"稻草绳"，它是由三股绳索交错(翻转交换)编织而成。果壳里的亚原子似乎就是根据这种组织结构原理在进行着正反粒子族组合惯性翻转运动，从而体现出集体效应——三位一体(合二为一式)与一体三位(一分为二式)翻转变换。中的活动过程运行中的中的存在，一面是势能俘获粒子，一面就是粒子衍射势能，即交换。两极关系要么是势能与粒子的产生发展，要么是粒子与势能的发展产生。一言以蔽之，宇宙起源是一个量子事件，中的运动过程是四种相互作用力共同参与、统一运作的过程。

惯性翻转下沉

普朗克方块　1　质子态 中子态 电子态
零点能
10

电磁力

(通过两个费米子(半整数)的配对，形成玻色子(整数)，实现"超流"。)

电荷只具有三个数值+1,0和-1.
引力　强力　弱力　惯性力
落、收缩　涨、拉伸
电磁力

自旋也具有三个数值1,1/2,0.
磁力　引力修复　电力
45° 45°
90° 90°
(翻转) (翻转)
电力　惯性力破缺　磁力

注：
◇在微观层次上，所有的力都关联着一个粒子，我们可以把那粒子想象为最小的力元。"(粒子的衰变方式只有一种或两种可供选择)。

◇"正的物质能量刚好和负的引力能量相互平衡"宇宙由此正负发条不停地滴滴答答走下去(原子吸收或发射能量是一份一份进行的)。

◇正如^3He超流中涉及多个对称性的自发破缺，完全的理论将至少涉及18个分量"(β衰变分为β+衰变和β-衰变)。

◇"两类BPS态P胚，一类称为电的，另一类称为磁的，它们都保留了一半(配对)的超对称性"。

◇合二为一(▽)又一分为二(△)，"合"与"分"永不衰竭地翻转变换形成伸缩"三"个维度时空，可以想象普朗克方块里每4个粒子均属两类——玻色子与费米子的翻转变换；4种力(引力、电磁力、强力、弱力)也属两种——引力、电磁力的翻转变换。

◇量子结构等级次序：
重子类 ⇄ 介子类 ⇄ 轻子类
质子态 ⇄ 中子态 ⇄ 电子态
夸克类 ⇄ 玻色子类 ⇄ 微子类
中的内容性粒子在其两极关系的形式性粒子中显现自身。

◇最小单元可能是左右各有"合二为一又一分为二"的群组织结构。

◇为惯性找了一个宇宙学的起源。

中的活动过程时空量子化示意图

——以"对立面统一"为本质内涵的"自己运动"（时空纠缠的均匀性）

"在还原论者看来，认识了事物的组成，也就认识了事物本身。还原论者的世界观叫我们必须忠实地接受它，不是因为我们喜欢其意义，而是因为世界本来就是那样运行的"。

（能量具有惯性）

（顺时针观测左顾右盼）

中的半衰期守恒

（相对论实际上是建立上是因如果存在必定是相对性对性对称的）

继续模糊如此实在论：对于运动为最有的实在性。人们可以也必须采用有效的理论，决定论的所谓——它是重系统在某一瞬间的所存在的状态，自然定律使我们能够从过去的概率来。而自然定律也是现在概率来。

三维量管网空间，
CPT联合各向同性，
（空间各向同性）
（时间反演对称性）
（同时性的相对论）

（大爆变中空里无满了暗物质和暗能量）

所谓"字称"，粗概地说，可理解为"左右对称"或"左右交换"，按照这个解释，所谓"字称不变论"就是"左右交换左右对称"。根据"左右对称性就是伸出"字称守恒律"。

（模性是能量的属性）

（逆时针观测右顾左盼）

M理论的关键概念是最初的弦。所谓超对称性，是指弦色的子和费子之间的对称性。弦色的子和费子之间的对称性——弦色的子和它的超对称伙伴必定是费子，费子的必对必定是玻色子。

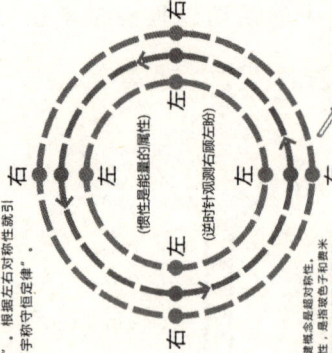

中的翻转交换
（ 或把可以将中子描述成质子和电子之间的交换吗" ）

△ 先前——产生，当前——变化，后来——变革，变化，后来——发展，既是"三位一体"又是"一体三位"翻转变换。
△ "概率波塌缩——50%的一致率，两个波函数叠加，概率在有有的地方变成(1+1)×2=4倍，有的地方变成(1-1)×2=0"（关于概率的定律"在C=1时，没有什么无序"），
△ "具体地说，两个波函数叠加，概率在有有的地方变成(1+1)×2=4倍，有的地方变成(1-1)×2=0" 不是因为有了强力、弱力、电磁力的统一，才出现包括引力在内的大统一，而是本来就有引力，它一直在那儿，是由它主宰着强力、弱力、电磁力的大统一。
△ 有专家说，"如果你想知道世界为什么是现在在这个样子，答案完全就在于左右之间的差异，你只要看看镜子就行了。"将上图上下或左右合成两瓣，才真正揭示出了——"互为镜像"的切实意义呢。

中的翻转守恒
（相对论实际上是建立上是因如果存在必定是相对时对称的）

三族基本粒子中的活动过程猜想示意图

——果壳(原子)里的运动规律揭秘猜想

一又分为两个百分之五十概率

合两个百分之五十概率为一

又一分为二

合二为一

"从原子核里放出的质子,在极大的压力下会和电子结合成为中子。这样一来,物质的构造发生了根本的变化,原来是原子核的电子,现在却都变成了中子状态。"

"这一技术壮举还要冒险给先进文明来解决——把强大的负能量脉冲与尾随其后的正能量脉冲断开,而不产生第二个脉冲把负能量全全抵消。"

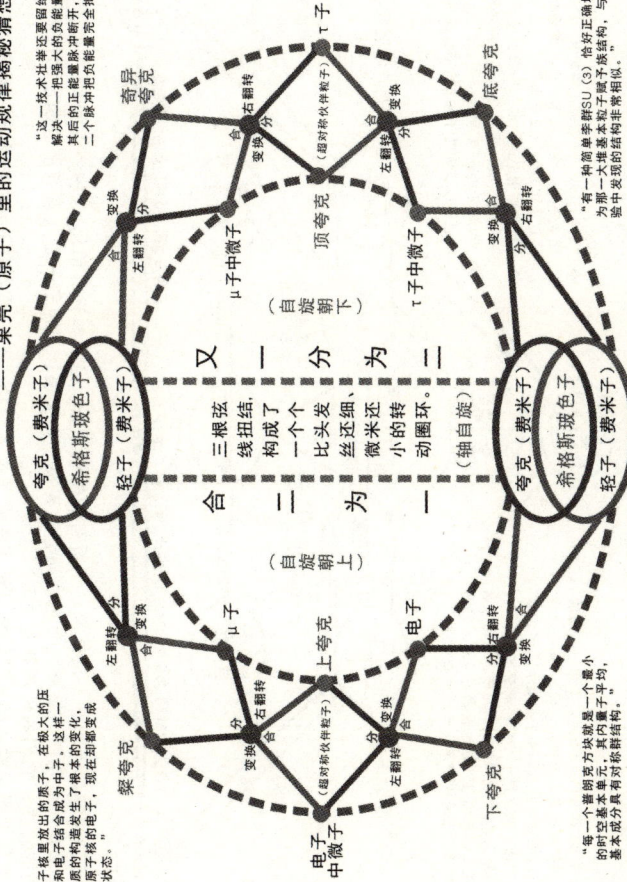

"有一种简单辜群SU(3)恰好正确地为那一大堆基本粒子赋予族结构,与实验中发现的结构惊异相似。"

"每一个普朗克方块就是一个最小的时空基本单元,其内藏大量平均、基本成分具有对称群猜想。"

夸克(费米子) 希格斯玻色子 轻子(费米子)

合三根扭结线构成了一个比头发丝还细微米还小的转动圈环。

(自旋朝下) (自旋朝上) (轴自旋)

μ子中微子 τ子中微子 顶夸克 奇异夸克 底夸克 粲夸克 电子 μ子 上夸克 下夸克 电子中微子

左翻转 右翻转 变换 合 分

(超对称伙伴粒子)

三代基本粒子中的活动过程猜想示意图（2）

——超过普朗克能量（1000亿亿吉电子伏）粒子极限结构序列

- "当我们从10维弦理论中把其中6个维度卷起或紧致化成一个小球，剩下一个四维超对称空间，这样就得到了卡拉比—丘流形"
- "希格斯海形成之前，所有的粒子具有相同的质量——零质量，事物具有高度的对称性。"
- "当温度高于10^{15}摄氏度时，光子、强子、强核力的胶子以及W粒子和Z粒子全部可以彼此自由交换。"

（"中微子激发"）

- "我们需要9条重要信息：3条用以确定它在普通三维空间中所有点的位置；另外6条确定它在该点的6维卷曲空间中的位置，再考虑到时间因素，这就是一个10维时空的宇宙。"
- "双当有宇宙有9个全同性的时候，理论才有意义。也就是说，加上时间维度的话，理论上的宇宙必须需用10维时空。"

（"由"中"生发"）

翻转《引强力拉伸》
变化《自组织》
发展《惯氪力拉伸》
产生

翻转《反领势能》
存在《喷能量》
50%磁性（物质势能）
50%磁性
50%电性
50%电性（反领势能）

用一种方法驾驭明显的复杂性（无限复杂的宇宙最基本结构为3）

"力量是通过"换粒子来传递的"
（关系：正向物质子能收缩为正的物质质能）

"任何一种基本粒子都会彼此全同"
（存在：负的引力势能翻转为正的物质质能）

- 著名物理学家赖恩·格林说："所有这些粒子——电子和它的弟兄，6种夸克和3种中微子——就是现代物理学家对古希腊的最小物质组成问题的答案"。又说："粒子一直具有那些确定的性质——由于它们共同的过去，它们间的性质依此关联"。
- 日本超神冈实验验证发现了中微子振荡现象，即一种中微子能转换为另一种中微子。

产生（1+5+9）=15，变化（6+2+7）=15，发展（3+8+4）=15，存在（5+2+8）=15，关系（10+13+7）÷2=15。

上图数学总和同性，自洽性：产生：15，变化：15，发展：15：15，存在：2（关系2：15）

节点：变化（夸米子，7，6）、原ξ夸克、τ子中微子、发展（夸米子，8）、底夸克、产生（夸米子，9，1）、产生（夸色子，5）、μ子中微子、下夸克、电子中微子、变化（夸色子，2）、上夸克、发展（夸米子，3，4）、观察等夸克

密度和曲率结构模式的对偶对称对应性假设

"物理学家发现，宇宙的三个不同意义的物质密度竟然好像是相等的"。

（1、顺时针从里向外盘旋膨胀，达到临界值，又逆时针向内盘旋塌缩，黑洞形成是惯性在收缩，引力在拉伸。）

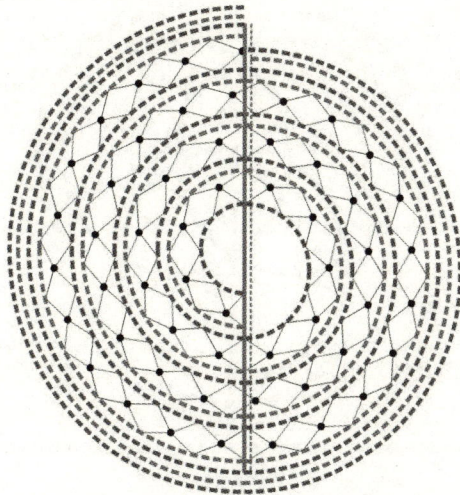

"从'排中律'飞跃到'复数真值法则'，左与右的几率之和必定为1"。

（2、逆时针从里向外盘旋膨胀，达到临界值，又顺时针向内盘旋塌缩，黑洞形成是弱力在收缩，强力在拉伸。）

"中"均为1，左右两极配对的50%几率翻转序列为：$\frac{1}{2}$与$\frac{1}{2}$、$\frac{2}{4}$与$\frac{2}{4}$、$\frac{3}{6}$与$\frac{3}{6}$、$\frac{4}{8}$与$\frac{4}{8}$、$\frac{5}{10}$与$\frac{5}{10}$……

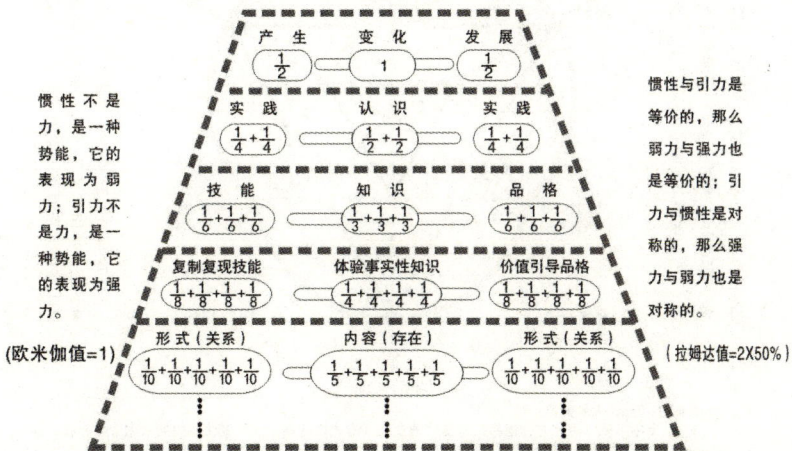

惯性不是力，是一种势能，它的表现为弱力；引力不是力，是一种势能，它的表现为强力。

（欧米伽值=1）

产生	变化	发展
$\frac{1}{2}$	1	$\frac{1}{2}$

实践	认识	实践
$\frac{1}{4}+\frac{1}{4}$	$\frac{1}{2}+\frac{1}{2}$	$\frac{1}{4}+\frac{1}{4}$

技能	知识	品格
$\frac{1}{6}+\frac{1}{6}$	$\frac{1}{3}+\frac{1}{3}+\frac{1}{3}$	$\frac{1}{6}+\frac{1}{6}$

复制复现技能	体验事实性知识	价值引导品格
$\frac{1}{8}+\frac{1}{8}$	$\frac{1}{4}+\frac{1}{4}+\frac{1}{4}$	$\frac{1}{8}+\frac{1}{8}$

形式（关系）	内容（存在）	形式（关系）
$\frac{1}{10}+\frac{1}{10}+\frac{1}{10}+\frac{1}{10}$	$\frac{1}{5}+\frac{1}{5}+\frac{1}{5}+\frac{1}{5}+\frac{1}{5}$	$\frac{1}{10}+\frac{1}{10}+\frac{1}{10}+\frac{1}{10}$

惯性与引力是等价的，那么弱力与强力也是等价的；引力与惯性是对称的，那么强力与弱力也是对称的。

（拉姆达值=2X50%）

　　每一个知识点的学习都与其关系性质及人类的经验、大自然运动的基本规律是完全等价的。换一种说法就是个体与总体、简单与复杂、低层次与高层次等也是完全等价的。

289

中的活动过程宏观终极意义猜想示意图

——系统宇宙论（3D宇宙）猜想

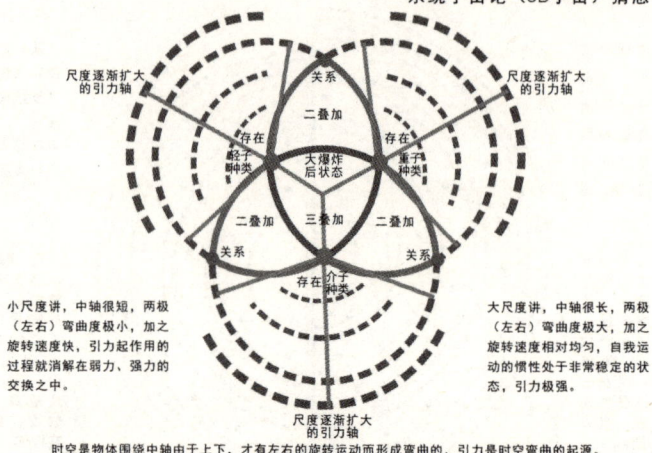

小尺度讲，中轴很短，两极（左右）弯曲度极小，加之旋转速度快，引力起作用的过程就消解在弱力、强力的交换之中。

大尺度讲，中轴很长，两极（左右）弯曲度极大，加之旋转速度相对均匀，自我运动的惯性处于非常稳定的状态，引力极强。

时空是物体围绕中轴由于上下，才有左右的旋转运动而形成弯曲的，引力是时空弯曲的起源。

九维时空（三重天）概念：
1、上中下轴（变化方程组标）：变化的变化（形式性存在）——变化的发展（内容性存在）——变化的产生（形式性存在）；
2、左中右轴（产生方程组标）：产生的产生（形式性存在）——产生的变化（内容性存在）——产生的发展（形式性存在）；
3、右中左轴（发展方程组标）：发展的发展（形式性存在）——发展的产生（内容性存在）——发展的变化（形式性存在）。额外六维时空是卷曲的关系时空，存在关系一体化结构。

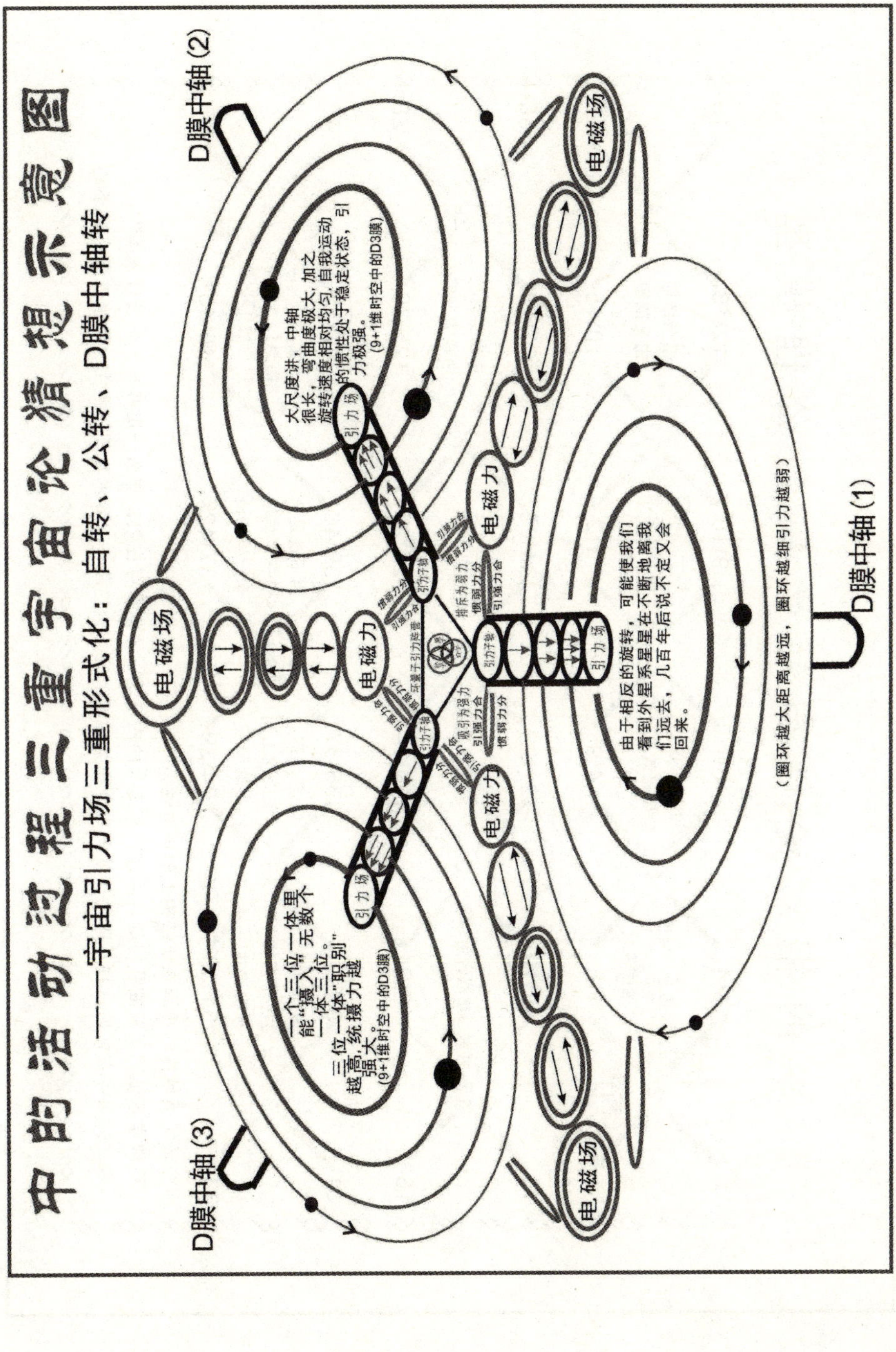

中的活动过程三重宇宙论猜想示意图
——宇宙引力场三重形式化：自转、公转、D膜中轴转
电磁场
D膜中轴(3)
D膜中轴(2)
一个三位一体里能“摄入”无数个一体三位。三位一体“职别”越高，统摄力越强大。
(9+1维时空中的D3膜)
大尺度讲，中轴很长，弯曲度极大，加之旋转速度相对均匀，自我运动的惯性处于稳定状态，引力极强。
(9+1维时空中的D3膜)
引力场
电磁力
引力子轴
环量子引力陪管
吸引为强力
排斥为弱力
引强力合
惯弱力分
由于相反的旋转，可能使我们看到外星系星星在不断地离我们远去，几百年后说不定又会回来。
(圈环越大距离越远，圈环越细引力越弱)
D膜中轴(1)

中 的 相 对 论 性 自 然 数 集 合 公 理 模 型

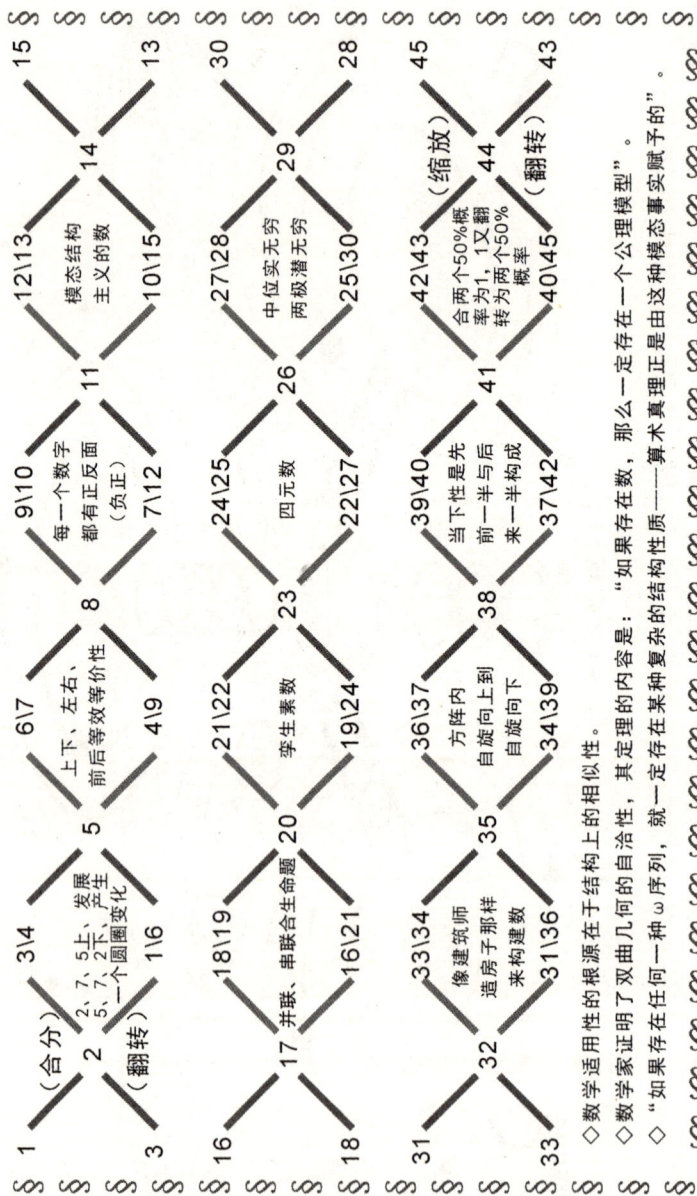

§15 §13 §30 §28 §45 §43

模态结构主义的数 14

每一个数字都有正反面（负正）11

中位实无穷两极潜无穷 29

合两个50%概率为1，1又翻转为两个50%概率 44（翻转）

12\13　10\15　27\28　25\30　42\43（缩放）　40\45

上下、左右、发展、产生 8
前后等效等价性

串联合生命题 20

孪生素数 23

四元数 26

当下性是先前一半与后来一半构成 41

方阵内自旋向上到自旋向下 38

6\7　9\10　21\22　24\25　36\37　39\40
4\9　7\12　19\24　22\27　34\39　37\42

（合分）
2、7、5上、5下；5、7、2下、2下、一个圆圈变化 1\6
（翻转）

并联、造房子那样来构建数 17

像建筑师 32

3\4　5　18\19　20　33\34　35
1\6　16\21　31\36

§1 §2 §3 §16 §17 §18 §31 §32 §33

◇ 数学适用性的根源在于结构上的相似性。

◇ 数学家证明了双曲几何的自洽性，其定理的内容是："如果存在数，那么一定存在一个公理模型"。

◇ "如果存在任何一种ω序列，就一定存在在某种复杂的结构性质——算术真理正是由这种模态事实所赋予的"。

三位一体与一体三位全等性验证

——共形几何方法（正反合）

发展+产生+变化=15
变化+发展+产生=15
产生+变化+发展=15

践行+操作+体验=12
体验+践行+操作=12
操作+体验+践行=12

三维空间数的和谐：
上中下15、前中后15、左中右15

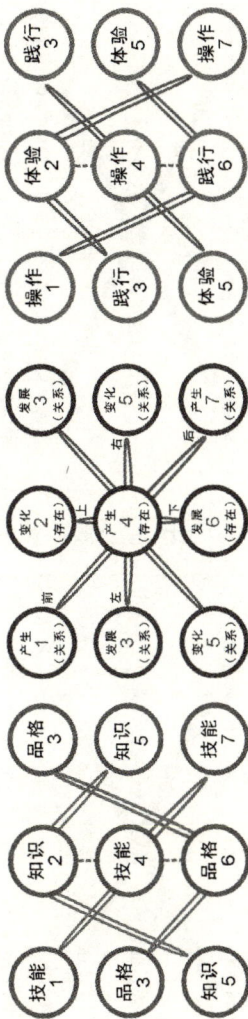

三维空间数的和谐：
上中下12、前中后12、左中右12

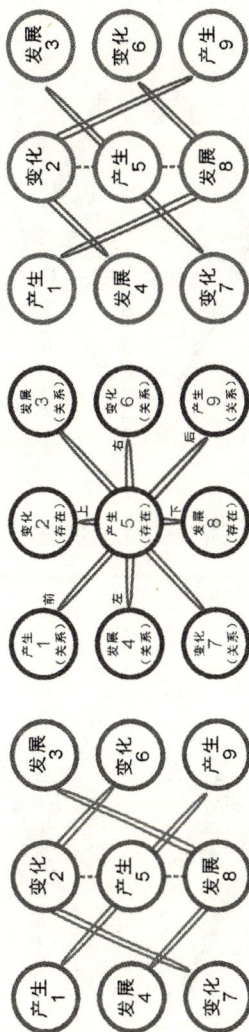

产生：1+5+9=15
变化：7+2+6=15
发展：4+8+3=15

技能：1+4+7=12
知识：5+2+5=12
品格：3+6+3=12

中的活动/存在结构一元本体论观念图式（一）

50%概率客体主体化形式　　活动内容（来）　　50%概率客体主体客体化形式　　50%概率主观能动多样性　　活动第三脑室存储信息

合分　　翻转　　修复又破裂　　活动统一性　　翻转　　意识与意识 猜想　　翻转

（去）内容活动　　50%概率客体主体化形式　　统一性活动　　50%概率客体观实在多样性　　第三脑室存储 信息活动　　50%概率左脑感应信息

50%概率右脑抽象形式　　50%概率主观能动多样性　　50%概率右脑抽象信息

中的 合二为一 翻转为一 分为二

50%概率产生　　活动变化（来）　　50%概率发展　　活动现实性　　50%概率选择子类　　50%概率质子类

缩放　　翻转　　聚散　　翻转　　物质与物质 假定　　翻转

（去）变化活动　　现实性活动　　（分）中子类活动（合）

50%概率发展　　50%概率选择可能性　　50%概率竞争可能性　　50%概率电子类　　50%概率质子类

注：非经典形式逻辑思维：产生是发展，发展产生也是变化，发展变化也是发展；产生变化也是发展。弃排中律，拥排中律。形式的翻转是发展、产生、发展也是产生，变化/产生也是变化/发展；发展变化也是发展。变化/发展是要落实在一个个具体上的。活动上的内容/活动就是存在，存在就是活动。

中的活动/存在结构—元本体论观念图式（二）

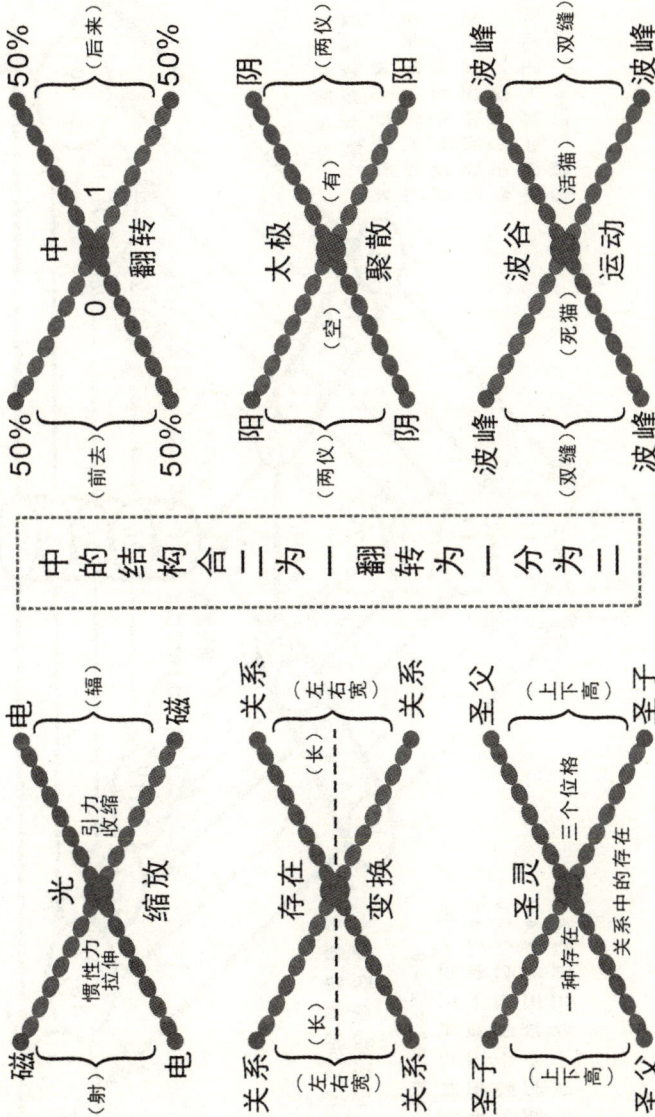

50% （后来） 50%
中 1 翻转 0
50% （前去） 50%

阴 （两仪） 阳
太极 （有） 聚散 （空）
阴 （两仪） 阳

波峰 （双缝） 波峰
波谷 （活猫） 运动 （死猫）
波峰 （双缝） 波峰

中的结构 合二为一 翻转为一 分为二

电 （辐） 磁
光 引力收缩 缩放 惯性力拉伸
磁 （射） 电

关系 （左右宽） 关系
（长） 存在 变换 （长）
关系 （左右宽） 关系

至父 （上下高） 至子
至灵 三个位格 至子
至子 （上下高） 至父
一种存在 关系中的存在
至父 至子

§ △ "当观察者出现时，量子系统便从叠加态转变为单一确定的状态（中），这称之波函数坍塌。"
△ "量子行走系统通常基于原理，通过对边界态的研究反推物理系统的体拓扑性质。"一边对应原理，一边基于拓扑一个特殊的身份，它既是物质，又是反物质
△ "马约拉纳本征粒子有一个特殊的身份，它既是物质，又是反物质，它集正反物质于一身。不带电、静止质量为零的光子，其反粒子也就是它自身。"

相对论性优美和复杂的数学秩序

总数720÷45＝16（整体权重数）
单项两极产生在系数÷2等于其
产生在存数
单项两极变化存在系数÷2减3等于
其变化存在数
单项两极发展存在系数÷2加3等于
其发展存在数
统计数据验证了三维空间
各自同性。

产生一体三位240
变化一体三位240
发展一体三位240
存在三位一体240
两极关系三位一体＝240
480÷2＝240

纵向以6的数级增长
横向以5的数级推进

"半整数恰好都是奇数——半之数"

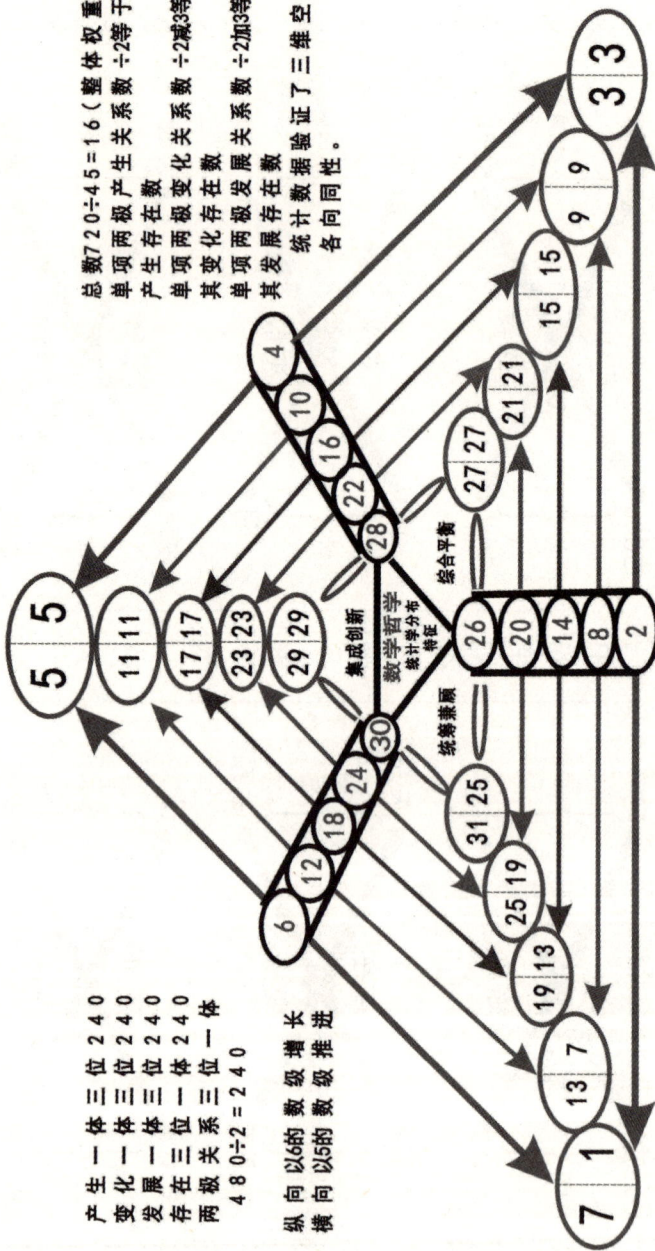

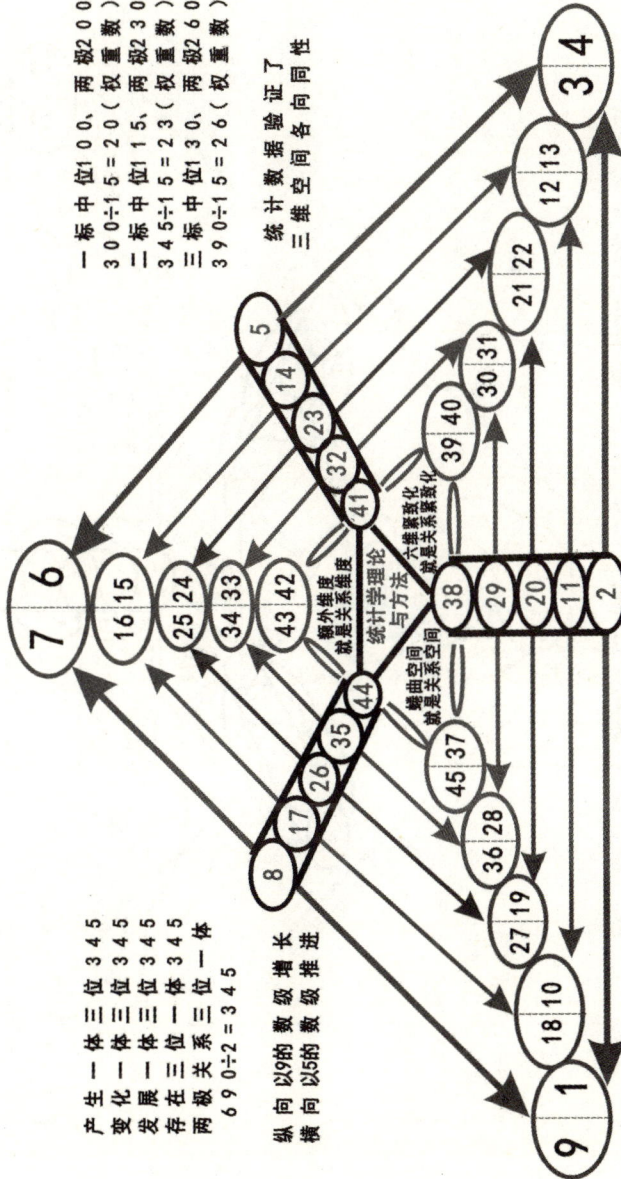

相对论性大数定律及中心极限定理

世界的统一性在于物质与物质、物质与意识、意识三种类型的相对论性运动性与活动性。

唯动论定义："中"的牵引力（合分与分合）将上下、左右、前后同时扭曲——不间歇地翻转交换式的相互作用。

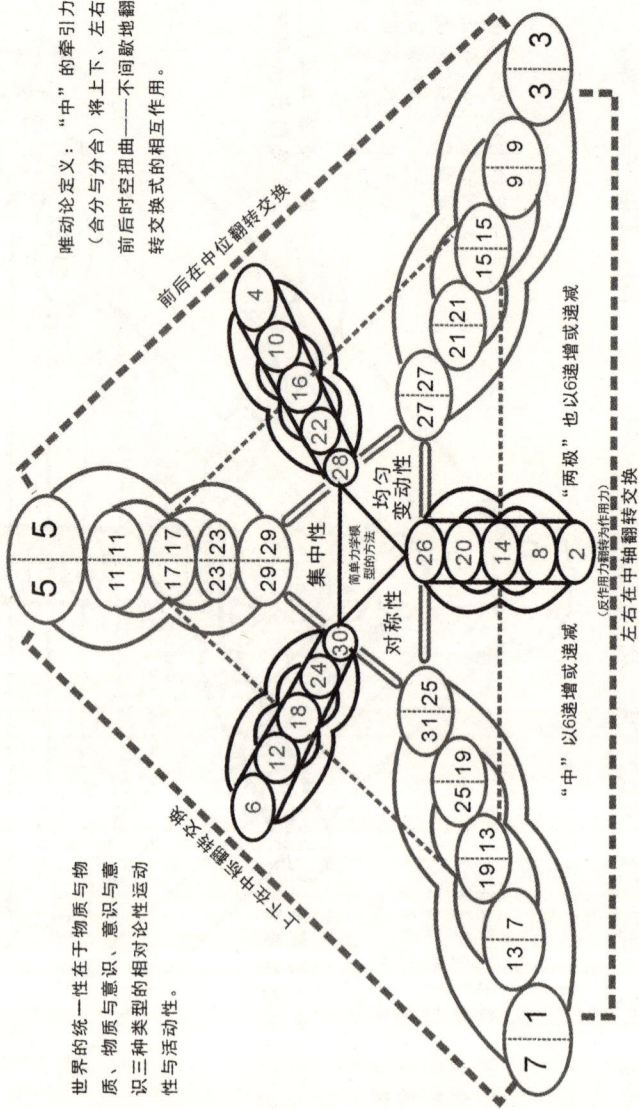

前后在中位翻转交换

均匀变动性

集中性

对称性

简单动力率模型的方法

"中"以6递增或递减

"两极"也以6递增或递减

左右在中轴翻转交换
（反作用力翻转为作用力）

1、层级的中位数（神性）破解了无穷大量的难题。
2、合两个50%概率为中位数，中位数又翻转为两个50%概率，正态分布。

5 5
11 11
17 17
23 23
29 29

4
10
16
22
28
30
24
18
12
6

27 27
21 21
15 15
9 9
3 3

26
20
14
8
2

31 25
25 19
19 13
13 7
7 1

相对论性大数定律及中心极限定理

蜷曲空间亦即两类形式性性功能能存在合为一种内容性结构存在，一种内容性结构存在又翻转为两类形式性性功能关系的三维结构化空间。

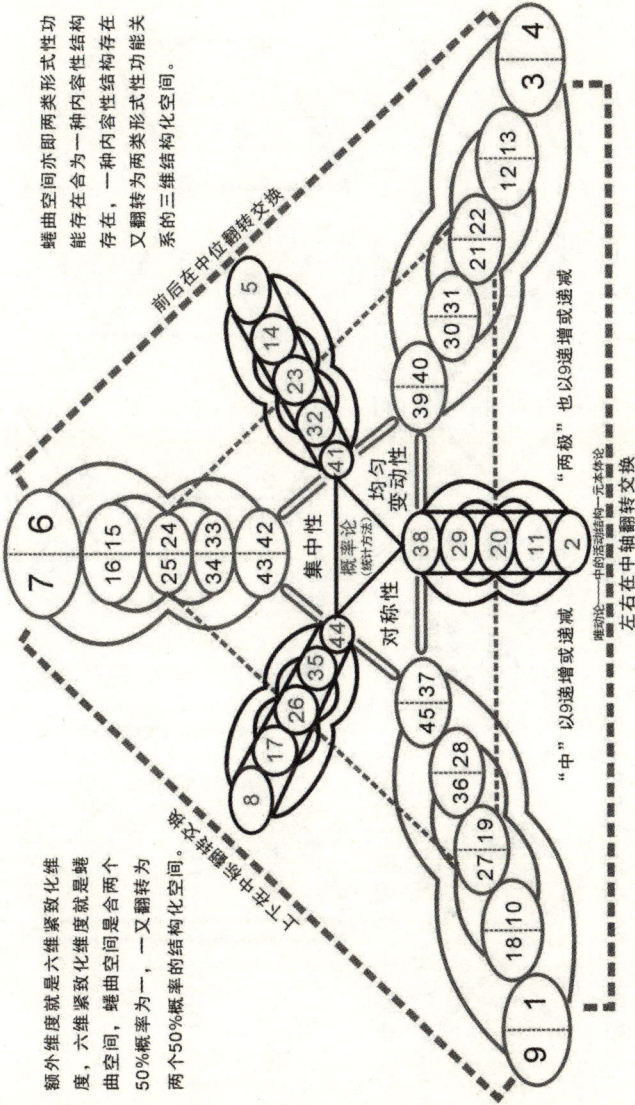

额外维度就是六维紧致化维度，六维紧致化维度就是蜷曲空间，蜷曲空间是合两个50%概率为一、一又翻转为两个50%概率的结构化空间。

前后在中位翻转交换

集中性
概率论
统计方法
对称性

均匀变动性

"中"以9速增或速减
"两极"也以9速增或速减
左右在中轴翻转交换

破动性——中的活动性种一元本体论

中位中上下

1、层级的中位数（神性）破解了无穷大量的难题。
2、两个50%概率合为中位数，中位数又翻转为两个50%概率，正态分布。

中的相对论性三类曲率场示意图

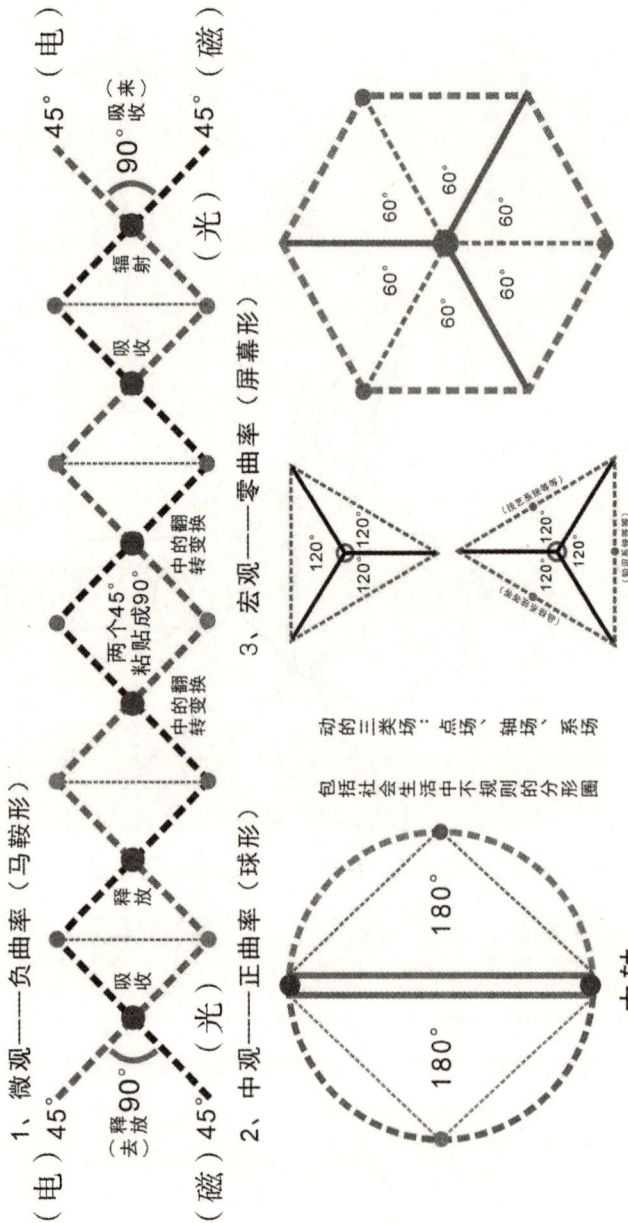

1、微观——负曲率（马鞍形）

（电）45° （磁）45°

（光）

吸收 释放
去释放90°
吸收 90°吸收（来）
辐射

两个45°粘贴成90°
中的翻转变换
中的翻转变换

45°（电） 45°（磁）

（光）

2、中观——正曲率（球形）

180°
180°

3、宏观——零曲率（屏幕形）

120° 120°
120° 120°
（接受盖盘体系）

120° 120°
120° 120°
（阳识系转变部）
（基态能量辐射部）

60° 60°
60° 60°
60° 60°

动的三类场：点场、轴场、系场
包括社会生活中不规则的分形圈

中轴

"中的结构化"定义：中的活动的存在轴结构，连接着盘地两极关系功能一体化。

1."中的结构化"定义：中的活动，从微观到宏观的全是圈，圈是集合，一种大统一结构理论。
2.中论动就是圈，从微观是比宏观大的圈，比微观大的它是集合，空间集合即大统一论。
3."中论即动论——动论圈论即集合论"重要的它是宏观和微观结合合部的概念。
4.中观并不仅仅是比宏观小，比微观大的它是宏观结合微观结合合部的概念。

300

态叠加中的相对论性原理正态分布示意图（一）

"一个不受外力作用的有限闭合系统的物质运动，必将作周期循环式的内在运动，这叫始态复现定理，也称回复论。"

"引力以某种方式决定惯性质量。质量决定引力的紧密联系强烈地向我们暗示：惯性质量在所有相互作用中最明显的引力中找来到它的来源。"

"同一种东西却分离成两种不同的东西，它们之间就是差异，它们之间的差异是密度的不同所以了……之外有质称为中间体，而且必须处在正负密度之间，它由位置正处在正负空体之间基本元由三种体构成：正空体又中间体、负空体。"

"势能同样还是压缩或拉伸的弹簧所储存的能量……每一轮振荡都在重复动能与势能的转化，而它们的和总是不变的"

"尽管从波函数中做出了数以千计算的精确意义，它的确切意义对科学家来说仍然不清楚。但在一件事上，他们似乎意见一致：波函数的平方见有几率意义。"

态叠加中的相对论性原理正态分布示意图（二）

（中的流形性质——中的缩翻转为中的放交换活动）

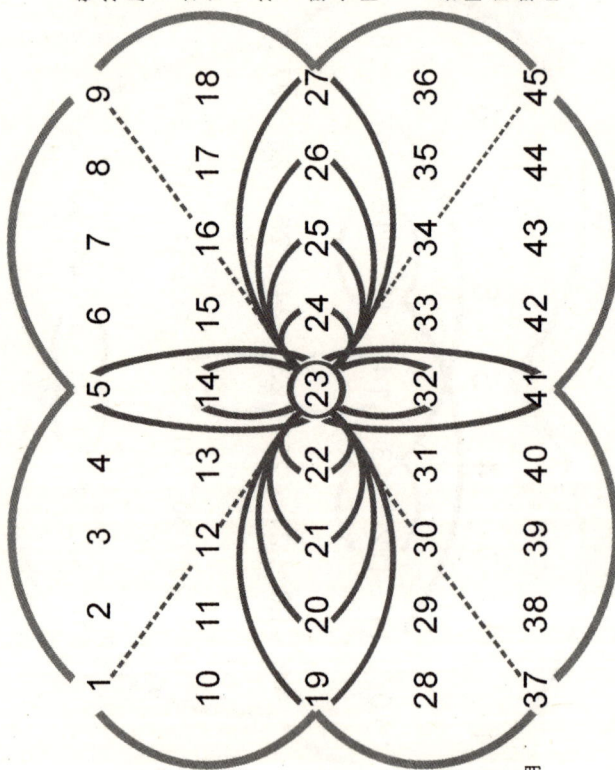

横中位数：
207÷9=23
周关系数：
(45+1)÷2=23
全部总数：
1035÷45=23
23是一种核心。

彭加勒说："数学是一门为不同事物起相同名字的艺术。"

"阴是向内行的，阳是向外行的。所以，阴内，阳外，两者才能碰到一起，阴阳交媾，则万物生，交媾到大极。"

1		9	18	27	36	45

9 8 7 6 5   24 25 26   35 34 33   44 43 42
18 17 16 15 14   23   36
1 2 3 4 5   22 21 20   31 30 29   40 39 38
10 11 12 13   32   41
19 20 21 ...   37

竖中位数：
115÷5=23
周关系数：
(37+9)÷2=23
(19+27)÷2=23
23是一个奇点。

库蒂拉说："1就是任何两个元素相同名的类的数。"

"光子定义：光子是一个稳定的基本粒子，无静止质量，自旋为1，有确定的能量，正比于其频率，是电磁相互作用的媒介粒子。"

1. 大数量的几率法则：含两个50%概率为一，一又分为两个50%概率，正态分布。中论即动论（中的存在是启动来又动去的）——动论即圈论（动论是圈）——圈论即集合论（圈论的过程是集合体）——集合论即统一性（集合体整体性）。
2. 中论即动论：集合体论——圈论即集合论就是集合体——集合论即统一性（集合体论统一性）——集合体具体整体性就形成一个整体规则（全息律）。
3. "宇宙的本质就是变化"——九五之尊（中）通力协作形成一个整体规则（全息律）。

现代化思维体系——中的三维结构化散谈

1. 回答洪明晓学者的问。研究发现：世界的统一性并非物质性或意识性即第一性或第二性，世界的统一性在于物质与物质、物质与意识、意识与意识三种类型态叠加中的相对论性运动性与活动性。三者是物质世界由低级阶段向高级阶段发展的一个不可分离的整体，且又具有相对的独立性。其中段周期性应为：物质—意识—物质；物质—物质—意识；意识—物质—物质。唯物论、唯心论统一于唯活动论——合二为一翻转为一分为二——中的流形性质即中的缩翻转为中的放交换活动（能量振动频率方式）。

2. 三种类型的相对论性运动性与活动性可以这么来看：物质与物质即离子（磁性）与电子（电性）中的光子缩放翻转；物质与意识即存在与思维中的命题或假设内容/活动缩放翻转；意识与意识即左脑与右脑中的信息缩放翻转交换。物质的三种类型应为：自然物质—人力物质—智能物质；意识的三种类型应是：前意识—意识—潜意识。"事实上，思想是高度发展的物质器官——大脑的产物，思维运动是一种最高级的运动状态。"从果壳里的相互作用走向脑壳里的相互作用是一种全面、全程、全域性运动与活动。恩格斯早就说过："随着科学领域中每一个划时代的发现，唯物主义必然要改变自己的形式。"——从物质性、客观实在性走向自我运动性。

3. 唯动论（活动论）——运动与活动既是物质的基本属性又是意识的基本属性。"一切都在变，都在过渡，只有全体不变。世界生灭不已，每一刹那它都在生都在灭，从来没有例外，也永远不会有例外"。动的结果皆为一个圆圈、大统一。中的图式里每个标程 120 度，三个标程合成一个周期 360 度的一个圆圈。量子动合成原子，天地动合成星球，意识动有了脑壳，农民动有了村庄，市民动有了城市，56 个民族劳动成就中华……动的结果均是圆圈——大统一。唯动论（活动论）又称唯圈环论、唯集合体论、唯统一性论。

4. 非经典逻辑：产生发展即变化，反过来，发展产生也是变化；发展变化即产生，反过来，变化发展也是产生；变化产生即发展，反过来，产生变化也是发展。排中律走向唯中律。形式的翻转是落在一个个具体的内容活动/活动内容结构上的。三个课堂—三个学习领域—三维范畴结构化。其经验性相互作用序列则为：操作 ⟷ 体验 ⟷ 践行（自我探索经验），践行 ⟷ 操作 ⟷ 体验（师傅传授经验），体验 ⟷ 践行 ⟷ 操作（书本引导经验）。三种经验相互交融，统一为整体。"理论化要受到必须同经验吻合的约束"。它们皆为态叠加中的相对论性运动性与活动性。

5. 回答洪元颐总工程师问的表述：一就是中（定域实在性）、二为两极（时空叠加态），一分为二又合二为一地动就是一个圈（即动的关系）。比如"三角形的面积"，它来的一极为长方形对角折的一半，将正方形对角折的各一半涂上不同的颜色，沿平行四边形的对角线剪开等；去的一极是量一量红领巾的面积，量一量道路警示牌三角形的面积，测量三角形田地的面积等，再加上三角形面积文字公式、字母公式等的认知，这一个圈就是各式各样的三角形面积的集合体。再比如"饥饿一餐"，它将非洲乍得儿童的饥饿，三年困难时期中国人的饥饿，适度饥饿有益健康的知识及"我"（体验者）的饥饿，退休方老师在职时为赶上班不吃早餐饥饿，老农尼善冬季一天只吃两餐的饥饿和一位老婆婆胆囊不好，疼时饿几餐就好了等等"饥饿"集合于一课程之中。三位一体范畴集合体、一体三位命题集合体。它所要阐释的哲理是"所有组成部分，不论分离多远，都是相关的，世界是一个大写的'一'"。在这种课程里技能—知识—品格整体统一起来了，又将实践（操作）—认识（体验）—实践（践行）整体统一起来了，而且还将产生—变化—发展规律整体统一起来了。这种研究秉持的也就是维也纳学派的核心主张："命题的意义就在于它的证实方法"（"可确认性"或"可检验性"）。事实连同价值全被检验了。

6. 回答贺良治老师的问。谈"物质的唯一特性就是客观实在性"。房屋是客观实在性吗？是的。可它是由设计图纸、砖木工师傅的操作智慧而建成的。这就是说它的内禀有50%的概率属主观能动性。田地亦如此，如果没有农民的主观能动性参与，它便是一片荒芜。所以马克思说，我们所讲的物质是社会性物质。社会性物质应均由50%概率的客观实在性（质因）与50%概率的主观能动性（思因）构成，无一例外。统而言之即由两个50%概率湮灭生成1，1湮灭又生成两个50%概率，1与0是中的反正结构，4种50%概率为两极功能。它们联结成一个整体。

7. 再以"活动/房屋"为例，谈客观实在性与主观能动性的各一半概率。地基（客观实在性），其设计（主观能动性）；砖（客观实在性），购运（主观能动性）；沙、水泥（客观实在性），比例配料（主观能动性）；钢筋（客观实在性），绑扎（主观能动性）；等等。再看室内装修：门窗（客观实在性），选择（主观能动性）；家具（客观实在性），摆设（主观能动性）；等等。再看功用：厅堂（客观实在性），会客（主观能动性）；厨房（客观实在性），烧吃（主观能动性）；等等。从目标分析转向相对论性过程分析，才是内在一致的综合分析、分析综合。它要阐释的是一种普适性的形式化哲理——合二为一翻转为一分为二（既是对立统一，又是统一对立），一分为二又收缩为合二为一（既是统一对立，又是对立统一）的唯动论即活动论或有机体论。

8. 回答程小明研究员的问。"广义相对论的方法是高度数学化的，量子系统也是遵循统计规律的运动。"合二为一翻转为一分为二、一分为二又收缩为合二为一的统计学意义可以这么来看，如微观上：两个1/2合为1，1又分为两个2/4，两个2/4又合成1……它构成的晶格是正方形的。大数上来看，如：4的50%是2，28的50%是14，2与14合成16，16又分为28的50%14与4的50%2。16是中的三维结构化图式里五层级的一个中心数。研究发现，凡是奇数层级都有一个中心数（等差中项），这个中心数都可以用上下对偶的两个50%概率数合得又分去，构成的是一个个8字形的圈环（好比量子跃迁）。无穷大量的奇数层级也只有一组中心数，这才真正称得上是中心极限定理。中的三维结构化总图式不是很科学吗？在这种研究里态叠加原理就是相对论性原理，相对论性原理就是态叠加原理，内禀是一致的。

9. 继续回答程小明研究员的问。"中心极限定理"（如：技能—知识—品格），不但可以用数据来验证，而且还可以用逻辑来实证。还是以"三角形的面积"为例，谈技能、知识与品格上下的两个50%概率的合与分。来的一极：平行四边形对角折的一半是操作实践、还原产生，操作实践、还原产生还有长方形对角折的一半；正方形对角折的一半也是操作实践、还原产生，操作实践、还原产生还有……上下各50%概率在技能上翻转交换。去的一极：测量红领巾的面积是践行实践、发展运用，践行实践、发展运用还有测量道路警示牌的三角形面积；测量田地三角形面积也是践行实践、发展运用，践行实践、发展运用还有……上下各50%概率在品格上翻转变换。再说中轴"知识"的上下翻转交换：三角形的面积"底×高÷2"是通过变化认识到的事实性知识；通过变化认识到的三角形的面积"底×高÷2"又是体验性知识等。它要阐释的哲理是："理性（上）在关于实际的判断中（下）所起'同语反复'（及循环定义）的作用"。和"个体发生过程（下、无数课例）有着系统演化过程（上、规则框架）的重演特性"。便于理解请一定要对照总图式来看。

10. 在"中的三维活动组织结构"方法论研究里，"中心极限定理"不仅属于概率论的正态分布，而且还属于范畴论的正态分布和系统论的正态分布。中的缩放和中的翻转将上下、左右、前后时空扭曲，上下、左右、前后联动构成的就是一个螺旋展开的圈环，在这圈环里上下维、左右维、前后维是等效（统一）的正态分布——三维空间各向同性。中论又可以说就是"中心极限定理"哲学和正态分布哲学。它有三种形态范畴：在中论的纵向层级模式里，许多概念如：富强—民主—文明、个人—集体—国家、蓝天—碧水—绿地、改革—发展—稳定、共商—共建—共享等等三位一体概念都属于中心极限定理、正态分布哲学范畴。在中论的横向类型模式的"产生存在轴"里，如中的"技能""富强""个人""蓝天""改革""共商"等一体三位概念也属中心极限定理、正态分布哲学范畴。另外还包括"变化存在轴"与"发展存在轴"翻转对应的正态分布。

11. 回答汪昌良老师的问。还是以"三角形的面积"为例，来谈存在与思维、统一性与多样性的相对论性活动性。来的一极：钝角三角形的面积（存在），平行四边形对角折的一半（思维）；锐角三角形的面积（存在），利用长方形的对角线设法求出（思维）；直角三角形的面积（存在），正方形对角折的一半（思维）等等。去的一极：红领巾的面积计算（思维），底×高÷2（存在）；道路警示牌三角形的面积计算（思维），底×高÷2（存在）；三角形田地的面积计算（思维），底×高÷2（存在）等等。底×高÷2即统一性，平行四边形对角折的一半、利用长方形对角线设法求得以及正方形对角折的一半、红领巾的面积、道路警示牌三角形的面积、三角形田地的面积等皆为多样性。具体操作时你会发现存在与思维、思维与存在在活动中翻转变换，统一性与多样性、多样性与统一性也在活动中翻转变换——"没有存在即无思维，没有思维也无所谓存在"。"没有统一性即无多样性，没有多样性也无所谓统一性。"它们皆为中的互动结构。具有可操作性的哲学才叫实践哲学。实践哲学高于论理哲学。

12. 回答学者曹雄威的问。再比如说，形式⟷内容⟷形式、可能性⟷现实性⟷可能性、技能⟷知识⟷品格等模式里翻转的具体表述：（1）内容性还原的形式性，还原形式性的内容性；内容性运用的形式性，运用形式性的内容性。（2）现实性右一极的可能性，右一极可能性的现实性；现实性左一极的可能性，左一极可能性的现实性。（3）知识性复制的技能性，复制技能性的知识性；知识性价值的品格性，价值品格性的知识性等等。"体四用三结构"在上下、左右、前后的箭头里具体的历史地体现出来了。

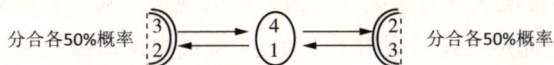

分合各50%概率 ⟨3 2⟩ ⟵⟶ ⟨4 1⟩ ⟵⟶ ⟨2 3⟩ 分合各50%概率

还是以《三角形的面积》来详释上图。1——内容性存在（三角形的面积底×高÷2），4——形式性关系（中的活动）。右2——形式性存在（长方形对角折一半、正方形对角折一半、平等四边形对角折一半等），右3——内容性关系（事实性）。左2——形式性存在（红领巾里、道路警示牌里、三角形田地里等），左3——内容性关系（价值性）。中及两极为叠加态，上下、左右、前后为相对论性，其概念名曰：态叠加中的相对论性结构。每一个自然数的排序结构都可以作为"中"，却只有一个"中"，既是不确定性又是确定性；既是确定性又是不确定性。也就是说，"中"既是测不准又是测得准，既是测得准又是测不准。研究所秉持的就是态叠加中的相对论性结构方法论，态叠加中的相对论性结构本体论，态叠加中的相对论性结构逻辑推理论。

13. 再回答曹雄威学者的问。中的活动组织结构方法论，归根结底就是一句话——具有可操作性的现代化思维体系：三位一体、互为中的存在、互为两极关系结构对应合二为一又一分为二运动/一分为二又合二为一事件结构的一体三位。简而言之即三位一体集范畴结构对偶一体三位运动/事件结构态叠加中的相对性论。可以说双缝干涉问题、非连续运动问题、波粒二象性问题、时空包结构问题等都在合二为一又一分为二或三位一体又一体三位的中论中找到了归宿的答案。中的三维结构化思维——大格局、大境界、大和谐思维：思考力体系的完整性与思维方式的完善性统一。

14. 回答程健总经理的问。关于三个基本概念的区分与统一的说明：（1）

"中"的概念——中点、中轴、中三维，一体化。（2）"翻转"（两个50%概率交换）概念——中的上下对偶性翻转、中的左右对称性翻转、中的前后对应性翻转，一体化。（3）"合分与分合"（合—存在、隐性；分—关系、显性）概念——事件一分为二又合二为一、运动合二为一又一分为二，一体化——事件里面有运动。[运动是无条件的、绝对的、永恒的，在"体四用三"结构里已将其隐去不提了，只说"三"，"三"就是运动结构，其表述如：两种50%概率形式合（运动）为内容，内容又翻转（运动）为两种50%概率的形式]。现象（关系）一分为二又合二为一、本质（存在）合二为一又一分为二，一体化——现象里面含本质。（存在与关系、关系与存在，内与外、外与内在翻转交换，方法论里所采用的不是"非此即彼"模式，而全是"亦此亦彼"模式。）宏观一分为二又合二为一、微观合二为一又一分为二，一体化——宏观世界全部建立在微观世界上面。（微观中论精致化表述：中的内容活动/活动内容相对论性结构连接着态叠加前后两极形式功能一体化。事件中论精致化表述：中的内容性结构下右、上左伸展活动即为两极的形式性功能，两极形式性功能上右、下左收缩活动完成中的内容性结构。）合二为一又一分为二是相对快的结构关联过程，一分为二又合二为一是相对慢的结构关联过程。凡整体结构化表述皆为既是合二为一一分为二又是一分为二合二为一。以上三个基本概念又是统一的：中就是翻转、翻转就是合分与分合。中的实践论推理思维，串点成线，掌控全局：中论即动论——动论即圈论——圈论即集合体论——集合体论即大统一性论。这也就是说，中的存在就是动来又动去的——动的关系就是圈——圈的过程里实在与潜在就是集合体——集合体的具体整体性就是系统统一性。这里需要强调说明一下，所谓的"具体整体性"即凡是具体的命题或假设其关系性质皆为三位一体整体，认识范畴与实践范畴也是三位一体整体，运动与活动规律同样是三位一体整体，在这种网格式集合体里，"小"的定律与"大"的定律是完整的一族对偶对称对应性定律。全部存在也就是态叠加中的相对论性三维结构化。

能作为中的结构化工程
方法论注解的前沿理念拾掇

△ "加莫夫在 1946 年提出一个假定：大爆炸有一个超热的中子核"。

△ "我们知道物质都是由原子组成，原子又是由质子和电子组成，至此我们已经有了两个物质基本形态。中子却可分解成质子和电子"。

△ "从原子核里放出的质子，在极大的压力下会和电子结合成为中子。这样一来，物质的构造发生了根本的变化，原来是原子核的电子，现在却都变成了中子状态。"。——布赖恩·格林

△ "中子是原子自我调整的产物"。"以中子的数目来划分同位素"。

△ "本质上讲，粒子只有两类，带负电的电子和比电子重的离子（氢离子就是质子）。世界上的一切电磁现象都可以追溯到电子和离子的行为。假如物质的电磁性质几乎能够完全决定其力学性质，我们会发现把它们归结到电子和离子是多么简单"。

△ "量子跃迁是波尔提出的一个关于原子结构的理论。表现原子就像一栋多层建筑，底层是原子核的位置，电子位于上面的各个楼层，电子能瞬间从一层跃迁到另外一层。当一个电子从高层向底层跃迁时会发光，更重要的是，光的颜色取决于电子跃迁时所具备的能量大小，比如一个电子从三层跃迁至二层时会发出红光，而一个电子从十层跃迁至二层时会发出蓝光"。

△ "一定存在某种东西能切断能量的总和，不让无穷出现。这样的切断也许能够发生，因为空间从本质上说是原子的，而不是连续的。可能存在一个基本长度，从而也该有一个基本的周期，因为时间与空间最终是相互联系的，像晶体，空间有晶格结构，它的单位元胞比原子核还小；像时钟，时间在嘀嗒声中流逝。这当然是纯粹的想象，但值得认真考虑。"——S. 温伯格

△ "这一技术壮举还要留给先进文明来解决——把强大的负能量脉冲与尾随其后的正能量脉冲断开，而不产生第二个脉冲把负能量完全抵消。"

△ "毕竟，我们理想的空间是'齐'性的介质——一个均匀而各向同性的连续体，它没有令人偏爱的空间和方向。坐标系受到的唯一约束是，它必须有 3 个独立的变量来确定位置。"

△ "这是一种空间技术——实际上是一种维的工程——为物质赋予准低维的新结构，从而具有全新的性质。当然，这些物质都是嵌在良好的齐性介质的空间里的，每一个位置，即使是在膜上或线上的，都能用 3 个数来确定。"——B. K. 里德雷

△ "每个位置有 3 种选择，我们想象应存在 3 组轨道，也就是需要 3 个数字，它告诉我们，物理学实体有 3 个运动的自由度。大致说来，任意位置的一个物体的运动，可以向前、向上或者向两边。"——史蒂芬·霍金

△ "三体的运行轨迹将形成三个首尾衔接的 8 字形"。

△ "人们都相信物理定律分别服从三个叫作 C、P、T 的对称。C（电荷）对称的意义是，定律对于粒子和反粒子是相同的；P（宇称）对称的意义是定律对于右手方向自旋的粒子的镜像变成了左手方向自旋的粒子是相同的；T（时间）对称的意义是，定律对于前进或后退的时间方向是一样的"。

△ "建筑是 DNA 与生俱来的能力。众所周知，DNA 是两条缠绕在一起的双螺旋。具有互补序列的核苷酸，即 A 和 T、C 和 G 相遇，一定会配上对，伸出小触手紧紧握住对方，搭出螺旋向上的阶梯。它们可以彼此正着缠、反着缠、夹花儿缠。"

△ 目前 M 理论是大统一理论的唯一候选者，它 "需要 9 条信息：3 条用以确定它在普通三维空间中所有点的位置，另外 6 条确定它在该点的 6 维蜷曲空间中的位置，再考虑到时间的话，这就是一个 10 维时空的宇宙。"——李·斯莫林

若说是十一维空间的话，那么时间就是二维，来一维，去一维。

△ "北京大学药学院研究组以流感病毒为模型，仅突变病毒基因的一个三联遗传密码为终止密码，流感病毒就由致病性传染源变为预防性疫苗，再突变多个三联码为终止密码，病毒就变为治疗性药物。该方法可针对几乎所有病毒。有评述该进展为病毒疫苗领域的革命性突破。"

△ "我们身体里几乎所有细胞都有 23 对染色体。""在 23 种主要生命形式中，只有 3 种——植物、动物和真菌——大到人的肉眼能看得见的程度。"

△ 心脏怎样工作呢？心脏收缩期是 0.3 秒，舒张期是 0.6 秒，有张有弛。

心脏很敬业，当你需要的时候，它把速度提上去，但它不蛮干，一定是一收一放，张弛有度。

△"物理学家发现某些流形是成对的"。"他们仔细考察计算机生成的大量卡——丘空间例子，发现这些空间几乎都是成对出现的，两个空间的差别仅在于奇数维和偶数维的洞的数目相互交换了"。

△ 科研团队研究发现，细胞的"返老还童"也就是成体细胞特异的染色质由开放（分）到关闭（合），而干细胞特异的染色质则由关闭（合）到开放（分）的更替过程。

三类干细胞：全能干细胞—多能干细胞—单能干细胞

△ DNA 的绝妙之处在于它的复制方式。当需要产生一个新的 DNA 分子时，两条单链从中间裂开，就像夹克上的拉链一样，每条单链的一半脱离而去，形成新的组合。

△"弦耦合常数的大小描述了三根弦——原来的一根和分裂成的两根。"

△"人们认识到修改后的弦论中不同自旋的振动模式之间存在一种完美平衡——一种新颖的对称性。研究者们发现，新的振动模式按自旋相差 1/2 的方式成对出现。每一种自旋 1/2 的振动模式有自旋 0 的振动模式伴随；每一种自旋 1 的振动模式有自旋 1/2 的振动模式伴随。整数自旋与半整数自旋之间的对称性称为超对称性，于是超弦论诞生了。"

——B. 格林

△ 最新科学实验显示，当水周围的温度降到某一温度时，水会被分为两种不同的液体物质。而当周围温度超过此温度后，两种相互分离的液体物质便会迅速融为一体。

△"一旦某一物理学理论的数学描述被找到，就会发现它们通常都非常简单。物理学上的突破往往发生在出现一种全新的看待问题的方法时，这种方法需要的是一个从前没被用来思考这一问题的数学框架，又或者是全新的数学框架。最简单的那个方程成了描述宇宙运行规律的方程。"此方程假定为合两个 50% 概率为一，一又分为两个 50% 概率结构。

（引自未知名资料网）

中的活动过程体系教育图片选

组织教师学习新课改理念

科学课教学活动

语文课思考活动

攀登飞布山活动

采访五保户庄志和活动

少先队争章评章活动

活动前进行安全教育

田头河畔查螺活动

捡石条做字活动

学生书画展活动

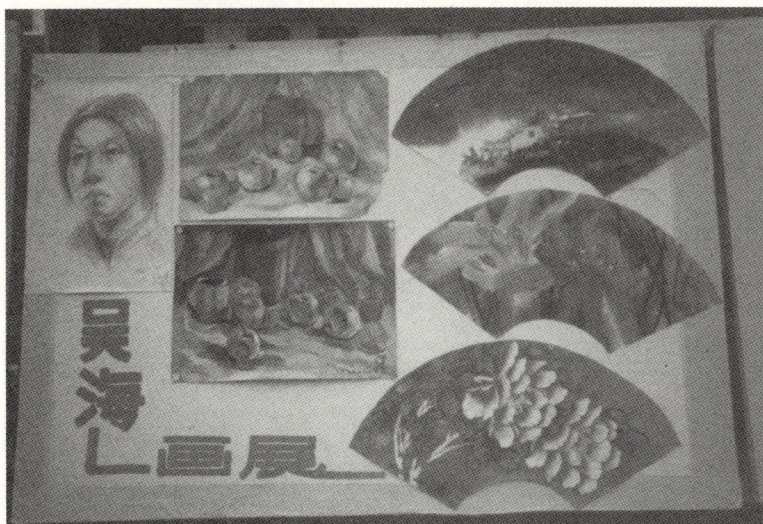

教师书画展活动

盆景制作活动

曹飒爽自由画作

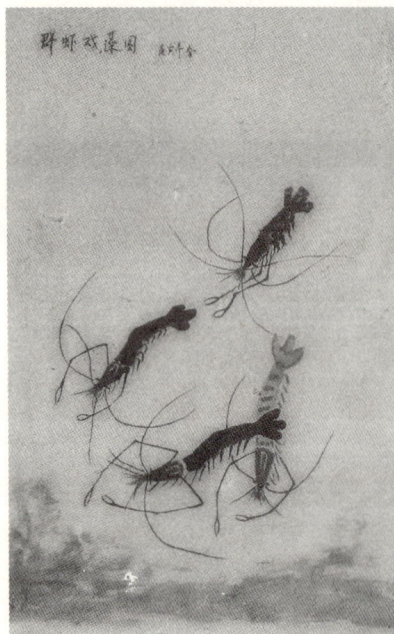

曹飒爽随性画作

小制作展活动

讲村史活动

徒步牌坊群秋游

寻"宝"活动后合影

组织欣赏大自然美

参观宋村葡萄沟

参 考 文 献

［1］陈旭远．新课程新理念［M］．长春：东北师范大学出版社，2002.

［2］郭根福．小学语文新课程教材教法［M］．长春：东北师范大学出版社，2003.

［3］陆丽萍．小学数学新课程教材教法［M］．长春：东北师范大学出版社，2003.

［4］孔企平，胡杉林．新课程理念与小学数学课程改革［M］．长春：东北师范大学出版社，2002.

［5］马云鹏，孔企平．新课程理念下的全新教学设计·小学数学［M］．长春：东北师范大学出版社，2003.

［6］张贵新，侯国范．新课程理念下的创新教学设计·小学语文［M］．长春：东北师范大学出版社，2002.

［7］陆志平．语文课程新探［M］．长春：东北师范大学出版社，2002.

［8］杜威教育名篇［M］．赵祥麟，王承绪编译．北京：教育科学出版社，2006.

［9］欧阳康，冯卓然．马克思主义哲学原理·成人本［M］．北京：高等教育出版社，2004.

［10］杨春贵，张绪文，侯才．马克思主义哲学简明教程［M］．北京：当代世界出版社，2001.

［11］教育部．素质教育观念学习提要［M］．北京：生活、读书、新知三联书店，2001.

［12］魏宏森，曾国屏．系统论［M］．北京：清华大学出版社，1995.

［13］郝克明．面向21世纪·我的教育观（综合卷）［M］．广州：广东教育出版社，1999.

［14］夸美纽斯．大教学论［M］．傅任敢译．北京：教育科学出版社，2004.

［15］中共中央宣传部理论局．马克思主义哲学十讲［M］．北京：学习出版社，2013.

［16］怀特海．过程与实在［M］．杨富斌译．北京：中国城市出版社，2003.

［17］闫顺利．马克思主义哲学过程论［M］．北京：中国书籍出版社，2013.

［18］丁立群，李小娟，王治河．中国过程研究（第3辑）［C］．哈尔滨：黑龙江大学出版社，2011.

［19］庞朴．浅说一分为三［M］．北京：新华出版社，2004.

［20］张永德．量子菜根谭［M］．北京：清华大学出版社，2012.

［21］张志伟．西方哲学史［M］．北京：中国人民大学出版社，2010.

［22］大统一理论［EB/OL］ 弦理论［EB/OL］ 布赖恩·格林的观点［EB/OL］ 形而上学的概念［EB/OL］．

［23］曾仕强．易经的奥秘［M］．西安：陕西师范大学出版社，2009.

［24］［美］B. 格林．宇宙的琴弦［M］．长沙：湖南科学技术出版社，2007.

［25］［美］李·斯莫林．通向量子力学的三条途径［M］．上海：上海科学技术出版社，2003.

［26］［美］S. 温伯格．终极理论之梦［M］．长沙：湖南科学技术出版社，2003.

［27］［美］布赖恩·格林．宇宙的结构［M］．长沙：湖南科学技术出版社 2015.

［28］［苏］B. H. 瑞德尼克．量子力学史话［M］．北京：科学出版社，1979.

［29］楚丽萍．图解《时间简史》［M］．北京：中国华侨出版社，2015.

［30］［美］罗伯特·劳克林．不同的宇宙［M］．长沙：湖南科学技术出版社，2008.

［31］［美］史蒂芬·霍金．大设计［M］．长沙：湖南科学技术出版社，2014.

[32]［美］史蒂芬·霍金.果壳中的宇宙［M］.长沙：湖南科学技术出版社，2012.

[33]［英］罗杰·彭罗斯.宇宙的轮回［M］.长沙：湖南科学技术出版社，2015.

[34]［美］马丁·戴维斯.逻辑的引擎［M］.长沙：湖南科学技术出版社，2007.

[35]王治河.扑朔迷离的游戏［M］.北京：社会科学文献出版社，1998.

[36]丁柏铨，胡治华.人文社会科学基础［M］.北京：首都师范大学出版社，2001.

[37]［美］B.K.里德雷.时间·空间和万物［M］.长沙：湖南科学技术出版社，2016.

[38]［美］加来道雄.平行宇宙［M］.重庆：重庆出版社，2016.

[39]［英］约翰·查尔顿·珀金霍恩.数学的意义［M］.长沙：湖南科学技术出版社，2016.

后 记

统率全书的基本概念是时间、空间和万物。就中的"万物"而言，书中是从三个层面来进行研究探索（或假设）的——物理学中的量子（玻色子）、教育教学中的事件（课程）、哲学中的存在（结构场）。事件（实在）的两极关系即时空，一个个事件信息流，一圈圈时空（时空是事件信息通道的容量量度，具有个性与共性对偶模式），事件、时空一体化结构。"中"与"两极"构成的一般性标准模型为：

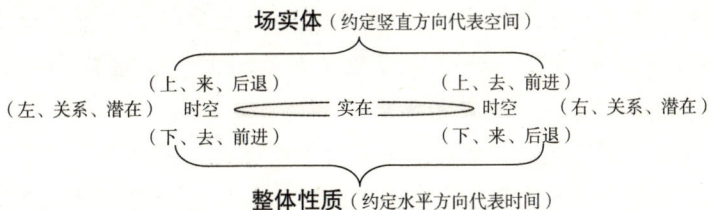

场实体（约定竖直方向代表空间）

（上、来、后退）　　　（上、去、前进）

（左、关系、潜在）　时空　━━━实在━━━　时空　（右、关系、潜在）

（下、去、前进）　　　（下、来、后退）

整体性质（约定水平方向代表时间）

其终极性标准模型即猜想中果壳（原子）里运动的几何学方法（拓扑相变）——既是三位一体缩放为一体三位或者说又是合二为一翻转为一分为二的圆圈（态叠加中的相对论性结构运动）。这样微观物理学上许多概念就要倒过来说了，不是涨落而是落涨，不是膨胀收缩而是收缩膨胀，不是破裂又修复，而是修复又破裂，不是呼吸而是吸呼，等等。这里的1（退相干性）是"虚"的，两个50%概率（相干性）是"实"的，所谓"虚"的实际上是更加基本的概念，"实"的只是"虚"的关系。其实，虚与实也是需要倒过来说的。

本体论中的存在缩放（机体）一体化、中的存在翻转（场）一体化、中的自组织结构功能一体化。凡是对立统一的概念与范畴，没有一个在"一体化"之外。也就是说所有的对立统一概念与范畴都可以在《总的观念图式》（相互作用之网）里得到指证和阐释。存在方式是合二为一翻转为一分为二自为方式的形式过程。

统一实在性的探索是通过我们的经验（包括非经典逻辑证明）展现在我们面前的——相对论事件、时空实在性，社区事件、时空实在性，量子事件、时空实在性统一于共形几何方法—曲率场（三类圈）——物质与物质（离子与电子）、物质与意识（存在与思维）、意识与意识（左脑与右脑）三种类型的相对论性运动与活动性。意识与意识（信息交换）相对论性活动是物质世界发展到最高阶段的产物。从果壳到脑壳是一种全面、全程、全域性运动与活动。唯物论、唯心论统一于唯动论即唯圈论——中的活动结构一元本体论。还原性惯性给出的就是一个动力学的说明。全息原理、M 理论、三生万物论等就是"中"的实在结构一体三位对应"中"的形态结构三位一体大成智慧学的对偶对称对应性场论——集重叠共识的大统一信息场论——中的相对论性整体结构方法论或曰中的活动组织结构工程方法论。其形式逻辑体系——上中下、左中右、前中后是一个有机结构共同体——合两个 50% 概率为一，一又翻转为两个 50% 概率是能够用数学验证的。时空的单元也就是由分—合两部分关系构成（可以逻辑实证）。结构化形而上学使哲学集于形式化之大成。"所有组成部分，不论分离多远，都是相关的。世界是一个大写的'一'！""同意一切是一，这就是智慧。"

层层推理，追根究底：中论即动论（中的存在就是动来又动去的）——动论即圈论（动的关系就是圈）——圈论即集合体论（圈的过程里实在与潜在就是集合体）——集合体论即统一性论（集合体的具体整体性就是系统统一性）。全部存在也就是态叠加中的相对论性三维结构化。

著名物理学家霍金有见地地说过："真正的奇迹也许在于，逻辑的抽象思考导致一个唯一的理论。""它并不需要实验来证实它——所需要的是证明它在数学上是自洽的。"

作者衷心感谢《生活教育》原副主编张青运教授及中共黄山市委党校《黄山论坛》主编毛新红教授和《重庆陶研文史》采编罗春秀老师等专家学者对这种研究的鼎力支持与勇于担当。

作 者